EL CONSEJO DE ESTADO Y LOS ÓRGANOS CONSULTIVOS AUTONÓMICOS

EL CONSEJO DE ESTADO Y LOS ÓRGANOS CONSULTIVOS AUTONÓMICOS

Orlando Triguero Ortiz

A mi padre, que está siempre presente en mis pensamientos

AGRADECIMIENTOS

Quisiera aprovechar la publicación de esta obra para manifestar mi más sincero y profundo agradecimiento al Profesor Vera Santos, por su enorme ayuda, comprensión, apoyo, y ante todo, muy especialmente, por su amistad.

Igualmente mi agradecimiento debe dirigirse a mi querida y valiosa amiga Ruth Gárgoles García, por su confianza, que cada día me demuestra su amistad y apoyo incondicional.

Concluyo agradeciendo a mi familia y a mis apreciados amigos, el cariño y paciencia que tan desinteresadamente me brindan. Muchas gracias.

Luarca (Asturias), a 10 de febrero de 2014.

ÍNDICE

PRÓLOGO

El estudio de una institución tan antigua y tan nueva, parafraseando a San Agustín, como el Consejo de Estado, además de los correspondientes órganos autonómicos homólogos, supone, obviamente, la sistematización actualizada de sus diferentes y complementarios ámbitos institucional y funcional dentro de la España autonómica. Y pido perdón por recalcar el calificativo de "autonómico", que soy consciente de que tanto unos como otros, a veces "hunos y otros" unamunianos, se encuentran ya en el "derecho a decidir", en la confederación o en un federalismo mal entendido.

Por eso, reflexionando sobre el quid de "El Consejo de Estado y los órganos consultivos autonómicos", lo que con carácter general devendría en crítica, en este momento de nuestra accidentada vida política y constitucional, se convierte en virtud esencial: la reflexión pausada sobre las instituciones, en este caso las denominadas genéricamente consultivas, refleja una vuelta a la temática clásica objeto de tesis doctorales en el área del Derecho constitucional.

Un tema, sí, que es "Derecho" en tanto que se estudia una institución, bien que asimilado a hidra de múltiples cabezas; es Derecho, además, "Constitucional" (el artículo 107 de nuestra Constitución recoge al órgano estatal); y, por último, es Derecho Constitucional "español".

Derecho constitucional español que, como las instituciones estudiadas, a día de hoy recibe numerosos envites, a veces tan viejos como los carros de lanza, si se me permite la expresión, en numerosas ocasiones provenientes del desconocimiento de la tarea realizada dentro de las competencias propias que la normativa establece para cada institución. Y claro, el que no sabe es como el que no ve, aunque algunos, muchos quizás, no quieran ver. Demasiados contertulios opinan de instituciones tales como el Senado, el Tribunal de Cuentas, el Ministerio Fiscal o el Defensor del Pueblo sin ubicarlos en su justa medida dependiendo, decía, de las coordenadas competenciales que el ordenamiento jurídico establece para ellos. Dejo al margen a aquellos canes que siempre ladraban desde las cunetas del camino quijotesco que supone la democracia. Siguen ladrando los fascismos y comunismos, los integrismos y populismos actuales... A ellos mi desprecio, como siempre.

Esto mismo podríamos decir respecto al Consejo de Estado y los órganos consultivos autonómicos, de la función consultiva estatal (entendida *lato sensu* después de la reforma acaecida en virtud de la Ley Orgánica 3/2004, tanto en cuanto a la composición como, sobre todo, a las funciones), y autonómica. No seré yo quien no permita críticas a estas y otras instituciones, tal y como he relatado en numerosos artículos referidos desde al refrendo regio a las Cámaras de Cuentas regionales; lo que deploro es que el desconocimiento o, lo que es peor, la política mal entendida, arrase con las instituciones. No tengo que recurrir a la clásica definición del Derecho como conjunto normativo e institucional; ni siquiera a los canonistas medievales y su institucionalización del poder, con su consiguiente y necesaria, también hoy, despersonalización.

Los nuevos tiempos tecnológicos, junto a problemas endémicos de la democracia representativa (dicho sea de paso y salvo escasísimas excepciones, la única manera de organizarse socialmente que ha permitido el desarrollo de los derechos fundamentales de la persona y el control del perverso Leviatán hobbesiano), tales como la desafección entre representante y representado, las oligarquías partidocráticas, ... o la falta de integración en el sistema, dotan de una mala salud de hierro a las instituciones clásicas conformadoras de una orquesta que, insisto, con sus deficiencias, ha permitido la elaboración de un sistema al servicio de los ciudadanos.

De ahí que defienda lo clásico. De ahí que cuando el Profesor Triguero me sugirió diferentes temas para estudiar y presentar su tesis doctoral, me inclinase por éste. Culpa mía pues, el objeto de estudio, no tanto las reflexiones del autor sobre el mismo, apartándose de mis posturas al respecto. Así entiendo yo la academia; así entiendo la vida en general, como espejo de polémicas racionalizadas para lograr encontrar la verdad, si ésta existiese.

Desechamos en este punto temas tan apasionantes como el estudio de la democracia y sus posibilidades, entendidas éstas como una potenciación y mejora del sistema democrático occidental, para nada como superación del mismo hacia un contramodelo inexistente, que tal era la democracia directa desde sus orígenes; o el modelo italiano de participación política..., temas "de más actualidad" que la reflexión sobre los órganos consultivos. O quizás no. Me explico. En estos tiempos donde la rapidez en la toma de decisiones, la volatilidad de las mismas, la simpleza argumental, la falta de rituales democráticos, la confusión entre los intereses generales y los de todos; la irresponsabilidad de elegidos (y de los electores que nos escudamos en ver la paja en el ojo ajeno y no la viga en el nuestro), volver a los orígenes me parece esencial. Y el origen es la norma; el origen son las instituciones. Sí, porque el estudio pausado, la permanencia institucional, la vuelta a los procedimientos tasados en la toma de decisiones políticas y técnicas, nos reconduce de nuevo a la racionalidad del quehacer político, a la necesidad de estar regidos por leyes y no por hombres, a la necesidad de nuestras instituciones.

Derecho constitucional español. Sí. Derecho como conjunto de prescripciones que permiten la convivencia social; Constitucional, destacando la vida democrática: sin

Constitución no hay democracia; sin democracia no hay Constitución; Y Derecho Constitucional español. De una España que ocupa (y a veces preocupa).

Valgan estas reflexiones para presentar esta excelente obra de Orlando Triguero. Nunca he creído que los prólogos deban ser a modo de resúmenes del trabajo realizado. Por eso llamo al lector interesado a que, dejando atrás estas reflexiones, se introduzca en la monografía. En ella aprenderá, sin duda, mucho y bien sobre la realidad actual del Consejo de Estado, de los órganos autonómicos y de sus funciones dentro del sistema; de sus aspectos destacables y, también, cómo no, de los menos deseables. Cualquier demócrata parte de esta reflexión, de la "falibilidad" de la obra humana. Y la democracia lo es, sus normas e instituciones participan indefectiblemente de aciertos y de errores.

Por mi parte, amando y defendiendo el Derecho como conjunto de normas e instituciones básicas y necesarias para la convivencia; valorando la Constitución como adalid de la democracia y, por ende, de la libertad; y a España como realidad y como símbolo concreto de lo anterior, como proyecto común, con sus defectos y también sus fortalezas, sólo recordar, de nuevo, la importancia de conocer y defender las instituciones, para mantenerlas, reformarlas o, incluso, suprimirlas. Desde la razón, no desde la pasión, Desde el conocimiento, no desde la ignorancia. Desde un espíritu constructivo general y nunca desde el desapego institucional. Ello conllevaría grandes riesgos y la desembocadura en tortuosos mares cuyas profundas aguas podrían hacer naufragar esta tan frágil barca que es el Derecho constitucional que, sin instituciones, quedaría en nada.

José Manuel Vera Santos

Catedrático de Derecho Constitucional. Universidad Rey Juan Carlos

Madrid, febrero de 2014

INTRODUCCIÓN

El Consejo de Estado es comúnmente considerado el supremo órgano consultivo del Gobierno, cuya función principal es la de emitir Dictámenes a petición de la autoridad consultante. Como tal es contemplado en la Constitución Española de 1978 por el artículo 107 que le confiere rango constitucional afirmando de este modo su existencia en el Estado, si bien difiere la regulación de su competencia y funcionamiento a una Ley orgánica.

Consecuentemente el Consejo de Estado se rige por su Ley reguladora, Ley Orgánica 3/1980, de 22 de abril, del Consejo de Estado desarrollada por el Reglamento Orgánico del Consejo de Estado, Real Decreto 1674/1980, de 18 de julio siendo una y otro objeto de modificaciones puntuales posteriores, siendo la más importante reforma la realizada por la Ley Orgánica 3/2004, de 28 de diciembre.

El Consejo de Estado refleja las diversas manifestaciones e interpretaciones del principio de separación de poderes en nuestro Estado constitucional, por eso su configuración específica en cada momento histórico resulta un mirador privilegiado desde el que observar las distintas variaciones políticas de nuestra reciente historia constitucional[1].

Ahora bien, y en todo caso, antes del nacimiento del Consejo de Estado en cuanto órgano, surge la función consultiva, existente desde los propios orígenes de la moderna civilización, cuyas funciones eran las propias del soberano. Aunque se ignoraba la división orgánica o funcional de los poderes del Estado, los órganos asesores participaban en todos los poderes con independencia del modelo de organización social seguido, preparando actos que formalmente emanaban del Rey, si bien con la progresiva consolidación del Estado maduran tales funciones consultivas, desgajándose en otros tantos órganos diferenciados[2]. En todo caso, el proceso de evolución del constitucionalismo incide en el concepto propio de función consultiva, de forma que dicha evolución va desvinculando la clásica concepción de dicha función como instrumento al servicio del poder del monarca para integrarlo, paulatinamente, al conjunto de valores y principios democráticos. En este sentido, nos encontramos con una institución vinculada a las concepciones políticas sobre las que se construyeron los textos constitucionales o impidieron su existencia.

Sea como fuere, podemos constatar una evidencia, y es que mientras las monarquías absolutas buscaron consejeros del Rey, las monarquías constitucionales, procuraban la existencia de un órgano consultivo de la administración antes que del gobierno como órgano político. De ese modo, y frente al modelo absolutista donde la concentración de poderes en el Monarca hacía necesaria la existencia de órganos de asesoramiento político,

---

[1] VALERO TORRIJOS, J. *Los órganos colegiados. Análisis histórico de la colegialidad en la organización pública española y régimen administrativo vigente*, Madrid, Instituto Nacional de Administración Pública-Centro de Estudios Políticos y Constitucionales, 2002.

[2] RODRÍGUEZ-ZAPATA Y PÉREZ, J. *Ley Orgánica del Consejo de Estado*, Madrid, Instituto Nacional de Prospectiva, 1980, pág. 12.

durante las monarquías constitucionales y en los sistemas democráticos, el Consejo de Estado se desvincula del poder político para asumir funciones esencialmente administrativas, atrayendo en ocasiones parte de la jurisdicción administrativa delegada. Nuestra Constitución Española continuará la tradición histórica de nuestro país con la regulación en su artículo 107 del actual Consejo de Estado, como "supremo órgano consultivo del Gobierno", dentro de un contexto constitucional de reconocimiento del pluralismo y la garantía de los presupuestos y valores del Estado constitucional de Derecho, como desarrollaremos en el capítulo primero.

De otro lado, la historia demuestra que, mientras que en el Antiguo Régimen la consulta constituía un principio de gobierno cuyo origen se hallaba en el deber de consejo de los vasallos al señor, ejerciendo el Monarca su gobierno por consejos especializados que, en alguna medida, constituyen antecedentes de los consejos decimonónicos, por el contrario, y con la Revolución Francesa se eliminarán todas aquellas instancias consultivas intermedias que podían constituir un obstáculo entre el Estado y el individuo, cuya especialización culminará con la etapa napoleónica, bajo los principios de eficacia y jerarquía, resultando un Consejo de Estado a modo de síntesis del modelo del Antiguo Régimen y el de la Revolución, a partir de la distinción entre función activa, deliberante y consultiva, atribuida a Sieyès, y que para autores como Parada Vázquez será el "prototipo institucional"[3].

En fin que, la existencia de un Alto Cuerpo Colegiado con funciones predominante consultivas es una de las notas características constantes de nuestro período constitucional, aunque su concreta configuración y la naturaleza de su competencia habrían de variar en función de los numerosos e importantes vaivenes políticos que se sucedieron; y es que, el Consejo de Estado, reflejaba como pocas instituciones la realidad de la vida política de cada momento, sufriendo con gran intensidad los cambios producidos en el más alto nivel de la organización pública del Estado constitucional.

Entendemos conveniente, empezar el Capítulo I, con el estudio del Consejo de Estado en el ordenamiento jurídico español procediendo al estudio del debate constituyente del Consejo de Estado, tanto en su constitucionalización a través del artículo 107 CE, como en su mención en el apartado b) del artículo 153 CE. Se analiza la Ley Orgánica 3/1980, de 22 de abril, del Consejo de Estado y el Real Decreto 1674/1980, de 18 de julio, por el que se aprueba el Reglamento Orgánico del Consejo de Estado junto con la regulación autonómica de creación y desarrollo de órganos consultivos propios.

La siguiente cuestión que podemos considerar es la referida a la naturaleza jurídica del Consejo de Estado, que se trata en el Capítulo II, y se identifica con un órgano de carácter supremo, en cuanto que ocupa una posición suprema dentro de su orden, que se refleja, principalmente, en la imposibilidad de someter nuevamente a dictamen de ningún otro

---

[3] PARADA VÁZQUEZ, R. "El Consejo de Estado", *Documentación Administrativa*, nº226, 1991, pág. 113.

cuerpo u órgano de la Administración del Estado todo asunto que ya haya sido dictaminado previamente por el Pleno del alto órgano consultivo.

Sobre ello, y en relación a la naturaleza funcional del Consejo de Estado, se procederá al estudio de las dos posturas doctrinales existentes, la primera de ellas, referida a aquellos autores que defienden su doble naturaleza, consultiva y de control; y en segundo lugar, la de aquellos autores, que abogan porque esta institución se configure como órgano únicamente consultivo, postura esta última que defenderemos a lo largo de del presente estudio.

El propio Consejo de Estado, en su Memoria de 1993[1], sostuvo que era indiscutible la posibilidad constitucional de las Comunidades Autónomas de crear un órgano consultivo propio, en ejercicio de su potestad de auto-organización, equivalente al Consejo de Estado. Añadiendo que por tratarse de una institución de relevancia para el gobierno y administración de la Comunidad Autónoma, su creación y regulación debiera llevarse a cabo por norma autonómica con rango de ley, de forma que debe reunir ciertas características de organización y funcionamiento que aseguren su independencia, objetividad y rigurosa cualificación técnica, pudiendo establecer tales requisitos el legislador estatal. El informe del órgano consultivo autonómico sustituye al del Consejo de Estado en los asuntos cuya resolución competa al Gobierno de la Comunidad Autónoma, y en los de carácter local cuando las leyes así lo establezcan.

Los Consejos Consultivos autonómicos son, pues, una expresión de la autonomía y una respuesta institucional a las exigencias derivadas de la complejidad del sistema normativo, donde la coexistencia de una pluralidad de ordenamientos, el estatal, los autonómicos y el europeo, precisa instituciones autonómicas de garantía de la constitucionalidad y estatutoriedad y la legalidad de las actuaciones de los centros de poder. Su creación pone de manifiesto la voluntad de sus centros territoriales creadores de garantizar la efectividad de los principios constitucionales esenciales del Estado constitucional de Derecho añadiendo un plus para el ordenamiento, al asegurar el respeto de su Estatuto y del resto del sistema normativo desde las propias instituciones autonómicas.

En lo referente al ámbito orgánico, le dedicaremos el Capítulo III al estudio del mismo, señalando, que la vigente normativa reguladora del Consejo de Estado español es especialmente garantista con su independencia e imparcialidad, al recoger una exhaustiva regulación en este sentido a favor de sus miembros, con un completo régimen de incompatibilidades, y, en consecuencia, de garantía de inamovilidad.

La importancia de dotar a un órgano consultivo de autonomía orgánica y funcional, es imprescindible para poder ejercer la alta función consultiva encomendada al mismo con independencia, función esta cuyo fundamento tradicional, respecto de la Administración consultiva, se basa en la ajenidad respecto a la toma de decisión, por cuanto que un órgano es el que resuelve y otro órgano diferente quien asesora con carácter previo, con la

[1] *Memoria del Consejo de Estado. Año 1993*, Madrid, Consejo de Estado, 1994, págs. 105-106.

independencia de criterio que deriva de no estar sometido a relación jerárquica respecto al decisor, de forma que la objetividad técnica y la separación respecto a la acción administrativa directa son, por tanto, dos notas fundamentales que deben caracterizar a los órganos consultivos, ya que la credibilidad e importancia de todo órgano consultivo es directamente proporcional a su independencia y autonomía. Cuando ésta falta, el órgano consultivo se desnaturaliza y se dirige a justificar las actuaciones de la Administración activa.

Igualmente, se procederá al estudio de la reforma operada en la Ley Orgánica 3/1980, de 22 de abril, mediante la Ley Orgánica 3/2004, de 28 de diciembre, que vino a ampliar, la composición de los consejeros Natos del Consejo de Estado, al introducir a los ex Presidentes del Gobierno con el fin de enriquecer y potenciar tan relevante función consultiva. Además, esta reforma, atribuye al Consejo de Estado una serie de potestades o funciones, que se tratarán en el Capítulo II, que puede llevar a cabo y que perfecciona su tarea consultiva como son: la elaboración de estudios, informes o memorias que el Gobierno le solicite o juzgue oportuno para el mejor desempeño de sus funciones; la elaboración de propuestas legislativas o de reforma constitucional que el Gobierno le encomiende, teniendo en cuenta que en este último caso atenderá a los objetivos, criterios y límites de la reforma constitucional señalados por el Gobierno y podrá hacer también las estimaciones que estime pertinentes acerca de ellos; y por último, en la elaboración de propuestas o mociones.

Finalmente, y respecto a la autonomía funcional del Alto Órgano Consultivo, se hará un análisis del mismo en el Capítulo IV siguiendo lo establecido en la Constitución española en cuanto al ámbito competencial del Consejo de Estado, que viene caracterizado como órgano consultivo, lo que excluye la posibilidad de que por Ley Orgánica se le atribuya una competencia distinta de la consultiva, si bien, como ya señalaremos, se le podrán atribuir otras funciones, siempre y cuando se reconduzcan a la naturaleza consultiva propia de dicho órgano.

Podemos considerar esta introducción como el haz de cuestiones a las que vamos a dedicar nuestra reflexión y nuestra consideración académica y científica. Para ello hemos utilizado jurídica trabajando sobre las fuentes directas así como con la utilización de las aportaciones especializadas de carácter científico que nos han permitido afrontar los diversos pasos del tratamiento jurídico de la institución y desarrollarlos con profundidad.

CAPÍTULO I. LA REGULACIÓN DEL CONSEJO DE ESTADO ESPAÑOL Y DE LOS ÓRGANOS CONSULTIVOS EN ESPAÑA

I.1. La regulación constitucional del Consejo de Estado

I.1.1. El artículo 107 CE

Siguiendo la tradición y en términos similares a los recogidos en la Constitución gaditana de 1812, nuestra Carta Magna se ocupa del Consejo de Estado en primer lugar y con carácter principal, a través del precepto que encabeza el presente epígrafe, incluido en el Título IV de dicho texto constitucional, dedicado al Gobierno y a la Administración, otorgándole un tratamiento desde una perspectiva funcional, al mismo tiempo de posición o rango, al definirlo como "el supremo órgano consultivo del Gobierno" añadiendo que "Una Ley Orgánica regulará su composición y competencia".

La Ley orgánica 3/1980, de 22 de abril, del Consejo de Estado y el Reglamento Orgánico del Consejo, aprobado por Real Decreto 1674/1980, de 18 de julio, que veremos más adelante, acotan el ámbito organizativo y funcional del Consejo de Estado. Desde esta perspectiva y cabe encuadrar al Consejo dentro de los órganos consultivos clásicos.

Según los caracteres antes trazados se comprueba que es fiel al esquema tradicional:

a) Plano estructural: de acuerdo con lo previsto en el artículo 1.2 de la LOCE ejerce la función consultiva con autonomía orgánica y funcional para garantizar su independencia de acuerdo con la Constitución y con las leyes.

b) Plano funcional: el Consejo de Estado emitirá dictamen en cuantos asuntos sometan a su consulta el Gobierno o sus miembros (artículo 2.2). Se constata que el Consejo actúa a instancia de la Administración consultante y de manera solemne y formal a través de dictamen.

La inclusión del Consejo de Estado en la CE, después de debatirse si debía acogerse en el texto constitucional o diferirlo al legislador ordinario, supuso un acontecimiento de gran relevancia para la actual caracterización del Consejo de Estado, fruto, muy probablemente, del alejamiento del poder político del que había sido objeto desde principios del siglo XX, al perder sus competencias contencioso-administrativas, y diluirse entre otros Consejos (del Reino, del Movimiento) durante la época franquista, circunscribiéndose a su tarea consultiva, lo que contribuyó a la consolidación del órgano y a su supervivencia frente al proceso de consolidación democrática, consiguiendo finalmente su incorporación al texto de nuestra vigente Constitución[5], lo cual le convirtió en indisponible para el legislador ordinario[6].

---

[5] Así lo destaca SÁNCHEZ NAVARRO, A. *Consejo de Estado. Función consultiva y reforma constitucional*, Madrid, 2007, pág. 103, comparándolo con el caso italiano, treinta años antes, donde el

Ha de destacarse que la Constitución no creó el Consejo de Estado si bien sí le dio rango constitucional, afirmando de ese modo tanto su existencia en el Estado como algunas de sus competencias, si bien a una ley orgánica la regulación de competencias y funcionamiento; como consecuencia de ello, los constituyentes deliberadamente constitucionalizaron el Consejo de Estado[7].

Consejo de Estado se vio reducido al papel de consejero administrativo durante la época fascista, de forma que la crisis constitucional posterior a 1945 no afectó a dicho órgano que se vio reconocido por la Constitución de 1948.

[6] OLIVER ARAUJO, J. "Consejo de Estado y Órganos Consultivos de las Comunidades Autónomas", *Revista de Estudios Políticos*, nº 98, 1997, pág. 28.

[7] AROZAMENA SIERRA, J. "La caracterización constitucional del Consejo de Estado", *Documentación Administrativa*, nº. 244-245, 1996, pág. 138. Su inclusión en el Anteproyecto constitucional fue por unanimidad aunque la misma resultó posteriormente contradictoria con las posturas que se mantuvieron en el debate parlamentario del precepto en cuestión, si bien la importancia de la constitucionalización del Consejo de Estado, añade dicho profesor, se advierte en la remisión en cuanto a su desarrollo a una ley orgánica, poniendo de manifiesto, aún más, la importancia que atribuyó el constituyente a dicho órgano. DE LA CUADRA SALCEDO, T. "El Consejo de Estado en un Estado Social y Democrático de Derecho", en *Gobierno y Administración en la Constitución*, Madrid, IEF, 1988, I., págs. 207 y ss. Otros autores destacan que la actuación de un Estado social y democrático de Derecho está sujeta al control posterior de los tribunales, al control parlamentario, al control de la opinión pública y al control del Tribunal Constitucional, lo que utiliza como base para justificar la inclusión del Consejo de Estado en la Constitución Española, a través de cinco pilares: el primero se apoya en que para dicha norma fundamental el juego de los anteriores controles del poder y muy especialmente del Ejecutivo no es suficiente, por lo que se necesita un control más, derivado de la obligación constitucional de consultar con el Consejo de Estado, en "El Consejo de Estado en un Estado Social y Democrático ...", o.c., págs. 218-219; si bien, en este caso, y frente a la argumentación De la Cuadra, Ruiz Miguel entiende que no parece desprenderse de la Constitución el carácter preceptivo de la consulta al Consejo de Estado, aparte de la cuestión, continua dicho autor, de si la función consultiva se distingue de la de control o es una forma de esta última; el segundo pilar en cuestión, se basa en la ausencia, en ocasiones, de experiencia y personal adecuado, por una Administración intervencionista bajo la dinámica del Estado social, capaz de proporcionar conocimiento suficiente, con el rigor exigido, como corresponde al Consejo de Estado; el tercero, en el riesgo de una disgregación del sistema español, debido a la obra expansiva del Estado social y a la multiplicación de administraciones, lo que urge la presencia de un órgano con gran preparación técnico-jurídica, que permita contrarrestar y controlar ese proceso centrífugo, además del Tribunal Constitucional, que coordine por la vía consultiva la existencia de una normativa que puede llegar a ser inconexa con detrimento del principio de eficacia, ayudado por Consejos, Comisiones o Conferencias compuestas por representantes de las Administraciones afectadas, "la constitucionalización del Consejo de Estado supone la configuración de un determinado modelo de Gobierno y Administración, es una forma de entender la realización del valor justicia" y sus proyecciones de los principios consagrados en el artículo 9.3 CE, de forma que la sujeción a la CE y al resto del ordenamiento jurídico "no es sólo una sujeción externa a los tribunales sino también interiorizada y previa, que ha de realizar la Administración y que encuentra su servicio y a nivel constitucional la consagración de la propia necesidad de consulta"; finalmente, como quinto pilar, la

Es más, se ha resaltado por algunos, la paradoja de nuestro Consejo de Estado en este punto, por cuanto que cuando el mismo "atraviesa el momento más bajo de su existencia, es cuando resulta inmune a su supresión o reforma sustancial por haber sido constitucionalizado", debido a que una vez "perdidas las características funcionales y orgánicas que históricamente determinaron su creación" las funciones de asesoramiento jurídico que le restaban "podían ser ya fácilmente cubiertas por otra institución, como la Dirección General de lo Contencioso del Estado u otro cuerpo de funcionarios letrados", de forma que el "Consejo pudo haber sido silenciado por la Constitución" e incluso suprimido por una Ley ordinaria, destacando incluso que "la lógica constitucional llevaba al silenciamiento del Consejo de Estado y a la derogación de la ley que venía rigiendo desde el régimen político anterior"[8], si bien y a pesar de lo cual, "el Consejo de Estado salvó su vida y aseguró su continuidad institucional porque los Constituyentes de 1978 lo citaron para exigir su dictamen preceptivo en el ejercicio de la delegación de materias de titularidad estatal a las Comunidades Autónomas (artículo 153 CE).

Según establece el artículo 107 el Consejo de Estado aparece configurado como *supremo órgano consultivo del Gobierno,* remitiendo a una Ley Orgánica la regulación de su composición y competencia. Sea como fuere, es ahí, precisamente, donde reside gran parte de la de este órgano, esto es, "en su irrepetible -y, ciertamente discutible, o al menos, matizable- condición "de institución varias veces centenaria"[9].

En cualquier caso, la constitucionalización del Consejo de Estado fue resultado de un debate constitucional que, en cuanto a la altura de las intervenciones parlamentarias, ha

---

remisión a una Ley Orgánica para regular el desarrollo de la composición y atribuciones del Consejo de Estado, por la Constitución Española, también pone de manifiesto la importancia de su constitucionalización, y que, según dicho autor, puede conectarse con el peso de la tradición de dicho órgano o con la relevancia de su función, (RUIZ MIGUEL, "Consejo de Estado...", o.c., págs. 79 y ss., siguiendo a autores como DE LA CUADRA SALCEDO o MARTÍNEZ MARTÍN).

[8] En PARADA VÁZQUEZ, "El Consejo de Estado", o.c., págs. 114, 120 y 121. Para dicho autor, además, no era posible la vuelta atrás respecto a las funciones originarias de dicho órgano, por el principio de unidad judicial que impedía atribuirle de nuevo funciones judiciales, y "por el principio democrático de plena responsabilidad del Gobierno en la función ejecutiva y ejercicio de la potestad reglamentaria, incondicionadas, en principio, por exigencias de dictámenes o consultas preceptivas y, menos aún vinculantes." Muy significativas a este respecto las siguientes palabras: "el Consejo de Estado es una institución de gran prestigio, pero de discutible utilidad en el funcionamiento actual de la Administración Pública", añadiendo que "yo me atrevería a decir que no pasa nada porque se suprima..., que no se va a resentir por ello la buena marcha de la Administración" a pesar de lo cual "creo que conviene conservarlo". Las extraemos de PÉREZ HERNÁNDEZ, "El Consejo de Estado", o.c., págs. 57-58.

[9] SÁNCHEZ NAVARRO, A. "El Consejo de Estado y la Reforma Constitucional", *Revista de Derecho Político,* nº 71-72, 2008, págs. 517-550.

generado las más dispares reacciones en el ámbito científico, ensalzadas por algunos y muy cuestionadas por otros[10].

El primer antecedente parlamentario del precepto constitucional ahora considerado es el artículo 106 del Anteproyecto de Constitución Española, publicado en el boletín oficial de cortes número 44, de fecha 5 de enero de 1978, a cuyo tenor se establecía que "El Consejo de Estado es el supremo órgano consultivo del Gobierno. La ley regulará su composición y competencia"[11].

La característica más importante del proceso legislativo que nos ocupa fue, sin duda, la circunstancia de que el mencionado texto se mantuvo prácticamente inalterado a lo largo del debate constituyente, de forma que al final de dicho proceso legislativo, únicamente se produjo una pequeña modificación en su redacción, que en nada afectaba a la configuración del Consejo tal y como se había votado por unanimidad respecto del texto del Anteproyecto de Constitución Española.

En este sentido, debe destacarse, que las posturas que se defendieron en los diferentes debates parlamentarios, a partir de la redacción aprobada en el Anteproyecto de Constitución Española fueron, fundamentalmente, tres[12]. La primera de ellas se contenía el siguiente texto: "El Consejo de Estado es el supremo órgano consultivo del Gobierno. La ley regulará su composición y competencia", y fue defendida por los Grupos Socialista del

---

[10] Para GARRIDO FALLA, los debates sobre el artículo 106 del Anteproyecto CE , (hoy 107), *"alcanzaron una calidad técnica poco frecuente"* por lo que *"resulta sorprendente que ninguna de las razonables enmiendas ni votos particulares defendidos consiguiesen alterar su redacción"*, en GARRIDO FALLA, "Comentario al artículo 107 de la Constitución", o.c., págs. 1655 y ss., por su parte, destaca, sobre todo, la intervención del Diputado Herrero de Miñón, ALZAGA VILLAMIL, O. (dir.), "La Constitución Española de 1978" (Comentario Sistemático), Madrid, Ed. del Foro, 1978, pág. 657. Por el contrario, RUIZ MIGUEL, "Consejo de Estado...", o. c., págs. 84 y ss. considera que tales opiniones suponen un grave desdoro para el resto de debates constituyentes, al entender que las intervenciones de los Diputados Herrero de Miñón y Ollero Gómez incurrían en inexactitudes históricas al defender sus posturas respecto de la constitucionalización del Consejo de Estado. *"Se tiene la impresión de una cierta incomunicación entre las partes intervinientes para transmitir sus respectivas posiciones. El debate no llega a ser tal porque no se traban los argumentos de unos y otros; parece que hay referencias mutuas, en ocasiones incluso contestaciones y réplicas, pero no da la impresión de que el debate quede trabado con la oposición de posturas contrarias o contradictorias"*, destaca DE LA CUADRA SALCEDO, "El Consejo de Estado....", o.c., pág. 229.

[11] Las Actas de la Ponencia constitucional recogían, respecto del precepto que nos ocupa, el siguiente texto: *"Se aprueba, tras el correspondiente debate en la forma habitual, un texto que figura como art.102 referente al Consejo de Estado, y al cual formula reserva de voto particular el representante de UCD, señor Herrero de Miñón, a título personal"*, lo que supuso, posteriormente, la oposición de dicho diputado al texto propuesto, como seguidamente veremos. En "Las actas de la ponencia constitucional", *RCG*, nº2, 1984, págs. 251 y ss. vid. págs. 304-307 (Minuta de la Ponencia de Constitución en su sesión del día 27 de octubre de 1977).

[12] Sigo, en este punto, la brillante narración que efectúa RUIZ MIGUEL, "Consejo de Estado...", o. c., págs. 82 y ss.

Congreso, Socialistas de Cataluña y Comunista, respectivamente, y recogida en el artículo 106 del Anteproyecto de Constitución (como ya se ha indicado), en el artículo 99 del texto de la Ponencia en el Congreso de los Diputados, en el artículo 100 de la redacción del Pleno del Congreso, en el artículo 106 del texto del Senado y en el artículo 107 de la Comisión Mixta, designada al efecto. La segunda de las posturas de referencia, fue mantenida por los grupos parlamentarios de Alianza Popular y Unión Centro Democrática, y apareció recogida en el artículo 100 del Dictamen de la Comisión de Asuntos Constitucionales y Libertades Públicas del Congreso bajo la siguiente redacción: "El Consejo de Estado es el supremo órgano consultivo en materias de Gobierno y administración. La Ley regulará su composición y competencia". La tercera postura, finalmente, fue apoyada por el Grupo Parlamentario Mixto del Congreso y por el de Progresistas y Socialistas Independientes así como por el Grupo Parlamentario Mixto del Senado, solicitando, abiertamente, la supresión de toda mención constitucional respecto del Consejo de Estado.

Fue, finalmente, la primera de las posturas la que recogió el texto del Anteproyecto Constitucional, como ya se indicó, teniendo en cuenta que frente al mismo se interpusieron cuatro enmiendas, tres de ellas a favor de mantener la mención a materias de "Gobierno y administración"[13] y una enmienda apoyando la supresión del Consejo de Estado en la Constitución Española[14]. Como ya hemos dicho la falta de brillantez y consistencia de tales propuestas ha sido destacada por algún autor[15].

---

[13] Más concretamente, la enmienda nº 7, defendida por Juan Luis de la Vallina Velarde, de Alianza Popular, proponía la siguiente redacción "supremo órgano consultivo del Gobierno y de la Administración", recordando que "también el Consejo de Estado es órgano de la Administración, máxime cuando el título en que va incluido este artículo distingue entre Gobierno y Administración". La enmienda nº 74, sostenida por Federico Silva Muñoz, de Alianza Popular, mantenía el siguiente texto: "supremo Órgano consultivo en asuntos de gobierno y administración", al considerar que la configuración constitucional del Consejo de Estado reflejada en dicha enmienda era "conforme a la tradición política, jurídica y administrativa de España en todos los regímenes". Y, por fin, la tercera de las enmiendas, nº 779, defendida por UCD, proponía la siguiente redacción: "supremo órgano consultivo en asuntos de gobierno y administración", afirmando que la expresión propuesta era la "tradicional en las Constituciones y Leyes Orgánicas del Consejo de Estado", manteniendo "las tradicionales competencias del mismo, incluyendo el control de oportunidad de la actividad administrativa, que en otro caso desaparecerá".

[14] Enmienda nº 543, defendida por el Diputado Raúl Morodo Leoncio, del Grupo Parlamentario Mixto, sobre la base de que "en nuestro régimen jurídico-administrativo no se estima necesaria la constitucionalización del Consejo de Estado".

[15] RUIZ MIGUEL ("Consejo de Estado…", o. c., pág. 84), destaca que o bien no tienen en cuenta que el Gobierno dirige a la Administración (y, entiendo yo, hacen un todo), o bien, no son muy originales (número 74) al proponer una redacción ya contenida en las leyes anteriores a 1944 sobre el Consejo de Estado, o, finalmente, llevan a cabo afirmaciones gratuitas, como la desaparición del control de oportunidad, a falta de constitucionalización del Consejo de Estado, destacando, también, que ninguna de tales enmiendas hacían referencia al hecho autonómico.

En cuanto al debate sobre el artículo 99 del texto contenido en la Ponencia constitucional[16], dentro de la Comisión del Congreso, fue el Diputado Herrero de Miñón, el que defendió el texto alternativo, partiendo de una exposición histórica sobre el Consejo de Estado, que pretendía defender su inicial configuración napoleónica exclusivamente asesora del Gobierno, para luego, con el constitucionalismo liberal y democrático convertirse en una institución asesora del Estado, como un todo, siendo así que, según dicho Diputado, la Constitución de Bayona y el Estatuto Real contenían la visión napoleónica del Consejo, y la Constitución de Cádiz y sus leyes orgánicas desde mediados del XIX, la visión democrática[17], de forma que la denominación tradicional sólo se sustituye por la Ley Orgánica del Estado de 1967 con la que parece corresponder la redacción contenida sobre dicho Consejo en el Proyecto de la Ponencia[18]. Junto a dicha introducción, argumentaba las negativas consecuencias de reducir el Consejo de Estado a órgano consultivo exclusivamente del Gobierno, pues con ello se impedirían a las Corporaciones Locales disponer de su asesoramiento, al tiempo que entendía dicho Consejo como órgano de control, y, por tanto, como órgano del Estado[19]. Frente a ello, contestando al Sr. Herrero, intervino el Sr. Peces-Barba, en defensa de la primera de las posturas enumeradas y

[16] Y cuya redacción era idéntica al artículo 106 del Anteproyecto de Constitución, cambiando solo la numeración.

[17] Frente a tales argumentaciones, debemos compartir, en este punto, las objeciones que RUIZ MIGUEL, "Consejo de Estado...", o.c., págs. 84 y 85. plantea a Herrero de Miñón, siguiendo la evolución histórica del Consejo de Estado que ha sido estudiada en el precedente capítulo de esta obra, por cuanto que: el Consejo de Estado también asesoraba a las Cortes en el Estatuto de Bayona (artículos 57 y 83), siendo, de otro lado, Consejo del Rey, en la Constitución de Cádiz, y no del Estado (artículo 236); además, el Estatuto Real de 1834, sólo menciona al Consejo de Estado, como ya vimos, por lo que difícilmente puede configurarse de una u otra forma, siendo, además, Consejo del Rey (artículo 3). Además, las leyes orgánicas reguladoras del Consejo de Estado desde mediados del XIX no recogen la fórmula defendida por dicho Diputado, configurándolo como órgano o cuerpo consultivo del "Gobierno", excepto la Ley Orgánica del Consejo de Estado de 1944, ya que la Ley Orgánica de 1967 lo configura como "supremo cuerpo consultivo de la Administración", configuración muy diferente a la contenida en la Ponencia como "supremo cuerpo consultivo del Gobierno".

[18] Circunstancia por la cual, dicho parlamentario concluía que *"Unión de Centro Democrático considera que (el texto propuesto) es regresivo hacia los orígenes bonapartistas y autoritarios del Consejo de Estado"* y también "hacia la fórmula de la Ley Orgánica del Estado de 1967", en *Diario de Sesiones del Congreso de los Diputados*, nº 81, de 6 de junio de 1978, págs. 2967 y 2968.

[19] Pues según dicho parlamentario el Consejo de Estado intervenía en "la revisión de actos de las Corporaciones Locales", tal y como se preveía también por el Anteproyecto en materia de control del ejercicio de potestades delegadas de las comunidades autónomas, por lo que entendía que sería no sólo *"progresivo, sino coherente con la técnica jurídica y con sus funciones reconocer en el Consejo de Estado un órgano consultivo supremo en materias tan omnicomprensivas como el Gobierno y la Administración"*. DE LA CUADRA SALCEDO, "El Consejo de Estado...", o.c., págs. 230-231 critica abiertamente las anteriores argumentaciones sobre las funciones del Consejo de Estado en cuanto al ámbito local y autonómico.

finalmente aprobada, defendiendo la amplitud del término Gobierno, señalando que "cuando aquí se habla de Gobierno, evidentemente, debe entenderse en sentido amplio en que también lo ha entendido el Sr. Herrero y Rodríguez de Miñón cuando pretende el cambio", añadiendo que, por tanto, dado que el término Gobierno "comprende también al poder ejecutivo y a la Administración", de acuerdo con la aportación de otro ilustre miembro del Consejo de Estado, el profesor Jaime Guasp[20], la modificación propuesta resultaba innecesaria. Frente a ello, Herrero y Rodríguez de Miñón argumentó que chocaría con el concepto de Gobierno contenido en el Proyecto de Constitución[21]. Las enmiendas defendidas por Rodríguez de Miñón fueron aprobadas por 18 votos a favor, 14 en contra y 2 abstenciones.

El texto aprobado por la Comisión de Asuntos Constitucionales y Libertades Públicas, recogido en el artículo 100 de su Dictamen, ya reproducido páginas atrás como segunda de las posturas mantenidas en la tramitación parlamentaria que nos ocupa, fue objeto de tres enmiendas, mantenidas, aunque no defendidas posteriormente, por los Grupos Socialistas del Congreso, Socialistas de Cataluña y Comunista, respectivamente, las cuales fueron votadas conjuntamente y aprobadas por ciento treinta y cinco votos a favor, tres en contra y ciento veintiocho abstenciones, incluyendo entre estas últimas las de los Grupos parlamentarios de Unión Centro Democrático y Alianza Popular[22]. En consecuencia, el texto del Proyecto de Constitución, inicialmente enmendado en la Comisión del Congreso fue recuperado por el Pleno del Congreso, al aprobar las tres enmiendas que acabo de enumerar, enmiendas a cuya defensa, sin embargo, renunciaron los portavoces de los Grupos que las presentaban[23].

La enmienda sobre supresión del Consejo de Estado en la Constitución, como tercera de las posturas enumeradas, no fue defendida ni en Comisión del Congreso ni en su Pleno.

Por el contrario, las enmiendas presentadas en la Comisión Constitucional del Senado, relativas a las tres posturas que enumeramos *ut supra*, sí fueron defendidas por sus proponentes: de un lado, la supresión del Consejo de Estado por el Sr. Martín-Retortillo Baquer del Grupo Progresistas y Socialistas Independientes, como enmienda nº 1, motivada en la ausencia de sentido de dicha constitucionalización y posibilidad de dejarlo en manos del legislador ordinario y, de otro lado, por el Sr. Xirinacs, del Grupo Mixto, como enmienda nº 526, que la justificaba "por simplificación de la estructura orgánica de la Confederación"; en segundo lugar, la definición del Consejo de Estado como órgano

---

[20] En su obra "El Derecho Político como Derecho de Gobierno", en VV.AA. *Homenaje al Profesor Pérez Serrano,* Madrid, Reus, 1959, II, págs.70 y ss.

[21] Vid. *Constitución Española. Trabajos Parlamentarios* (Preparado por Fernando Sainz Moreno), Madrid, Servicios de Estudios y Publicaciones, Cortes Generales, 1980, II, págs. 2967 y ss.

[22] Postura confusa donde las haya, pues no se entiende la abstención cuando previamente habían votado en contra del texto de referencia, que fue finalmente aprobado como artículo 100 del Proyecto de Constitución por el Pleno del Congreso de los Diputados.

[23] Sres. Peces-Barba, Martín Toval y Solé Tura, respectivamente.

supremo de consultas en materia de gobierno y administración, fue defendida por Carlos Ollero Gómez, de Agrupación Independiente, como enmienda nº 617, bajo la justificación de que era incoherente el texto del proyecto con las funciones normales del Consejo e incluso con algunas que le encomendaba la Constitución (en relación con la intervención en el control de las CCAA, prevista en el artículo 147 b) del Proyecto), entendiendo que el texto aprobado por la Comisión de Asuntos Constitucionales y de Libertades Públicas, que era el que se debatía, era regresivo hacía fórmulas autoritarias, que recordaban "la Constitución Francesa del año VIII, la proclama constitucional de Luis Napoleón (1852), la Constitución de Bayona (1808) y el Consejo Real bajo el Estatuto de 1834, sin olvidar el art.40.IV de la Ley Orgánica del Estado de 1967", añadiendo a dicha justificación que la definición propuesta resultaba muy inconveniente pues "supondría la inmediata derogación de cuantas competencias del Consejo exceden al mismo Gobierno", razón esta última a la que otorgaban aún mayor importancia que a las anteriores.

Las enmiendas relatadas no prosperaron[24]. En el caso de la supresión del Consejo de Estado de la Constitución Española, que en el debate de la misma fue expuesta por el Sr. Martín-Retortillo[25], se rechazó por 14 votos en contra, 3 a favor y 7 abstenciones, de forma que ya no se volvió a debatir posteriormente, por cuanto no se mantuvo para la discusión plenaria. Respecto de la enmienda relativa al Consejo de Estado como "supremo órgano consultivo en materias de gobierno y administración", que fue sostenida por el Sr. Ollero Gómez[26], fue rechazada por 10 votos en contra, 7 a favor y 7 abstenciones, teniendo en

---

[24] Ciertamente el texto no sufrió variaciones en el Senado por el acuerdo entre los diferentes grupos parlamentarios.

[25] Dicho Senador entendía que la mención del Consejo de Estado en la Constitución excedía del contenido de la misma, manteniendo al igual que Herrero de Miñón la identidad entre el texto combatido y el artículo 40.4 de la Ley Orgánica del Estado. En todo caso, el mencionado Senador insistió en su motivación estrictamente técnica, argumentando el cambio de escenario en el que se debía situar el Consejo de Estado al señalar que "hoy no vemos en los Consejos órganos de Gobierno, no vemos más que órganos de asesoramiento y no hay recelo por ahí", añadiendo que "como jurista, ha tenido la posibilidad de apreciar el mérito, la solidez de sus actuaciones y de su jurisprudencia" pese a lo cual "creo que cada cosa debe colocarse en su sitio. Hay cosas que es imprescindible que estén en la Constitución y otras pueden quedar en las leyes ordinarias", precisando que "constitucionalizar de una manera expresa el Consejo de Estado, señalándole este rango y esta procedencia… es algo que excede del cometido de la Constitución". Y justifica esta postura en que ello supone "malbaratar la energía constitucional" consagrando "una rigidez hacia el futuro que va a ser fuente de tensiones, pero al mismo tiempo puede impedir cualquier evolución que sería sana y positiva". En *Diario de Sesiones,* Comisión, nº 50, o.c., págs. 2369-2370.

[26] Manteniendo la postura de Herrero de Miñón y añadiendo que la definición propuesta era incongruente con las funciones del Consejo de Estado que asesora no sólo al Gobierno, sino también a las Corporaciones Locales para la revisión de oficio de sus actos, además de la intervención de dicho Consejo en el control a las CCAA; igualmente, era considerada regresiva, conforme la visión histórica de Herrero de Miñón, y, finalmente inconveniente, porque "implicaría la inmediata derogación de cuantas competencias del Consejo excedan al mismo Gobierno", de forma que además de eliminarse

cuenta que frente a la misma, y previa a su votación, se propuso por el parlamentario de UCD y representante de dicho grupo, el Sr. Jiménez Blanco, una enmienda transaccional[27], que tras ser inicialmente aceptada por el Sr. Ollero, fue modificada en su redacción por el Sr. Jiménez Blanco en el texto de la misma que presentó a la Mesa del Senado, lo cual supuso una modificación sustancial[28] que motivó la oposición del Sr. Ollero y la retirada de dicha enmienda transaccional por su proponente.

Durante el debate del artículo que nos ocupa en el Pleno del Senado, el Sr. Ollero mantuvo su voto particular, bajo los mismos argumentos que sostuvo en la Comisión de Constitución del Senado, y ante la falta de apoyo de los senadores[29], retiró su voto particular, siendo aprobado el artículo 106 por 118 votos a favor, 1 en contra y 1 abstención.

La Comisión Mixta Congreso-Senado, sin introducir modificaciones en la definición constitucional, precisó en su Dictamen sobre el Proyecto de Constitución que la ley que habría de regular la composición y competencias del Consejo de Estado debía ser de carácter orgánico[30] sin ninguna otra mención o redacción alternativa[31].

En conclusión, la redacción inicial del que terminó siendo el artículo 107 CE coincidió, prácticamente, con la final, pues únicamente se cambió la expresión "La Ley" por la finalmente aprobada "Una ley orgánica", en lo que al segundo inciso del artículo 107 CE respecta, teniendo en cuenta que el debate sobre dicho precepto no se centró, como hemos

---

el control sobre las Corporaciones Locales por el Consejo de Estado "sería inaplicable, incluso con carácter transitorio, la Ley de Conflictos de 1948".

[27] Cuyo texto era el siguiente: "El Consejo de Estado es el supremo órgano consultivo del Gobierno y otros poderes públicos en materia de gobierno y administración".

[28] La redacción modificada de la enmienda de referencia era la siguiente: "El Consejo de Estado es el supremo órgano consultivo del Gobierno en materia de gobierno y administración". Lo que suponía eliminar el importante inciso "y otros poderes públicos", justificándolo "para adaptarnos lo más posible al deseo general y también al del señor Ollero". Para SÁNCHEZ NAVARRO, el rechazo del Sr. Ollero resulta incomprensible, añadiendo que dicho parlamentario estaba más preocupado "por la excelencia del texto que por el éxito en la votación".

[29] "A la vista de la inmutabilidad del gesto de los portavoces" de los Grupos mayoritarios, en *Diario de Sesiones*, nº 50 y 63, págs. 2370-2373, y 3160, respectivamente.

[30] Dictamen Comisión Mixta Congreso-Senado sobre Proyecto de Constitución publicado en el B.O.C. de 28 de octubre de 1978.

[31] Resulta, pues, que la posibilidad de asesoramiento por el Consejo de Estado a favor de las CCAA no quedaba recogida, al menos expresamente, en la Constitución de 1978, y así ha sido evidenciado por autores como RUIZ MIGUEL y DE LA CUADRA SALCEDO, para los que de haberse aceptado la enmienda transaccional propuesta por Jiménez Blanco, se hubiese evitado muchos de los problemas posteriores del Consejo de Estado en cuanto a su posición en el sistema, y más concretamente respecto de las CCAA., a pesar de que el constituyente, defendía la acción del Consejo de Estado más allá de la Administración Central.

visto, en la supresión del mismo, como algunos sostienen[32], pues las propuestas relativas a dicha supresión, según hemos podido comprobar, fueron pocas, diferentes y carentes de apoyo significativo. Antes al contrario, la cuestión central fue la relativa a la definición del Consejo de Estado, bien como "supremo órgano consultivo del Gobierno", o bien como "supremo órgano consultivo en materias del Gobierno y administración", haciendo referencia a su competencia por *ratione materia*, y que finalmente no prosperó[33].

Al mismo tiempo, el constituyente acogió la atribución al Consejo de Estado de la función consultiva que históricamente caracterizaba al mismo, "por más que -seguramente en contraposición al antecedente de la Ley Orgánica del Estado- se reforzase su vinculación al Gobierno, en detrimento (más aparente que real) de su orientación estrictamente administrativa".[34]

I.1.2. El artículo 153 b) CE

El segundo de los preceptos constitucionales que se ocupan del Consejo de Estado es, como aparece en el encabezamiento del presente epígrafe, el artículo 153 b) CE que, como bien puede comprobarse[35], confiere a dicho órgano una función relevante en el control de la actividad de los órganos de las Comunidades Autónomas, así encomendada al Gobierno, al establecer el carácter preceptivo del dictamen de dicho órgano consultivo a fin de que el mencionado Gobierno pueda desarrollar el control que determina el precepto de referencia respecto del ejercicio de funciones delegadas a las Comunidades Autónomas, en los

---

[32] Así por ejemplo GARRIDO FALLA, "Comentario...", o.c., pág. 1655, señalando que *"Ciertamente que la cuestión fundamental que se propuso fue la relativa a su permanencia en el texto constitucional. Y si bien es cierto que ni la existencia ni la pervivencia del Consejo de Estado necesitan del apoyo constitucional, también lo es la vigencia de una tradición que arranca de la Constitución de 1812; por eso, en una Constitución prolija, como la nuestra, hablar del Consejo de Estado no resulta una ociosidad, máxime si existe, cuando menos, una intervención constitucionalmente preceptiva: el control del ejercicio por las Comunidades Autónomas de las funciones delegadas por el Gobierno (art.153 b)".* FONT I LLOVET, T. "Órganos Consultivos", *Revista de Administración Pública,* nº 108, 1985, págs. 74-75, afirma que durante el debate "se discutió abiertamente la oportunidad misma de esa mención al Consejo de Estado".

[33] GARRIDO FALLA sostiene que "con refrendo constitucional o sin él, el Consejo de Estado no puede ser hoy sino lo que en su Ley Orgánica de 25 de noviembre de 1945 se decía: un Cuerpo consultivo (supremo o no) "en asuntos de gobierno y administración" (art.1), y esto es lo que desde luego no queda desgraciadamente claro en el precepto constitucional que comentamos", manifestándose claramente a favor de la redacción "en materias de Gobierno y Administración", propuesta en su día por el profesor Ollero Gómez, según hemos analizado, en "Comentarios al Artículo 107", o.c., pág. 1655.

[34] SÁNCHEZ NAVARRO, "El Consejo de Estado y la Reforma Constitucional...", o.c., pág. 525.

[35] A través de su texto: *"El control de la actividad de los órganos de las Comunidades Autónomas se ejercerá: ...b) Por el Gobierno, previo dictamen del Consejo de Estado, el del ejercicio de funciones delegadas a que se refiere el apartado 2 del artículo 150".*

términos que habilita el artículo 150.2 CE. Es lo que algunos autores destacan como atribución al Consejo de Estado de una función de relevancia constitucional en el diseño y operatividad del modelo autonómico del Estado[36].

El precedente inmediato del vigente artículo 153 b) CE, se contenía en el artículo 141 b) del Anteproyecto constitucional, el cual venía a establecer que "El control de la actividad de los órganos autonómicos se ejercerá: (...) El concerniente al uso de las funciones delegadas... por el Gobierno, previo dictamen vinculante del Consejo de Estado, sin perjuicio del que pueda corresponder a los Tribunales".

El precepto de referencia fue objeto de diversas cuestiones en el Congreso, las cuales, respecto al Consejo de Estado, se circunscribieron a un voto particular[37], y tres enmiendas[38], respectivamente.

Sin embargo, la Ponencia constitucional no aceptó ninguna modificación, de forma que su informe atribuía el control de la actividad de los órganos autonómicos, en cuanto al ejercicio de funciones normativas delegadas a favor de las CCAA, al Gobierno, "previo dictamen vinculante del Consejo de Estado".

---

[36] AROZAMENA SIERRA, "La caracterización constitucional...", o.c., pág. 139. En la página siguiente, dicho autor, además, explica que el mencionado precepto atribuye al Gobierno central el control de la actividad de los órganos de las CCAA, en el ejercicio de funciones delegadas (no transferidas), si bien introduce que se requerirá dictamen del Consejo de Estado, dictamen preceptivo y no vinculante, pero cuya omisión impide el ejercicio de la potestad de control atribuido al Gobierno, justificando que el control es posible en el ámbito de la delegación (y no transferencia) al configurarse como un acto político, que entraña sucesión en un ámbito competencial público manteniendo en el Gobierno, y no en el legislativo, ese ámbito de control sobre el objeto de la delegación, *"control en el que se inserta, por prescripción constitucional, el dictamen del Consejo de Estado, y que, como tal dictamen previo al ejercicio de una potestad de control, se configura, sin dejar de ser un acto emanado de un Órgano consultivo, con un cierto carácter de control preventivo de la acción de Gobierno"*.

[37] Formulado por el Ponente, Sr. Fraga, del Grupo Parlamentario de Alianza Popular, que venía a reforzar el papel del Consejo de Estado en cuanto le atribuía del control del uso de las funciones delegadas por las CCAA, conforme el artículo 10 de su voto particular, publicado en el BOC de 5 de enero de 1978, pág.701.

[38] La primera, nº 573 del Congreso, fue sostenida por Manuel Sánchez Ayuso, del Grupo Mixto, defendiendo la desaparición de la mención al dictamen del Consejo de Estado por innecesaria, al igual que lo hiciera el senador Martín-Retortillo, al defender la enmienda en el Senado, en ese caso como nº 89, señalando que "dejaba de lado la mención al Consejo de Estado, que estimo ociosa". En *Diario de Sesiones*, Comisión de Constitución, nº 54, pág. 2684. La segunda y tercera de las enmiendas mencionadas, fueron presentadas por los Grupos Socialistas de Cataluña en el Congreso y Socialista del Congreso, con los números 311 y 359, respectivamente, señalando ambas, con idéntico fundamento, que *"el contenido de la letra b) ...es inaceptable, porque si de ninguna manera debe corresponder al Gobierno controlar una legislación delegada que no ha delegado él, sino las Cortes, menos aceptable todavía es que ese control lo efectúe, mediante un dictamen vinculante, un órgano consultivo como es el Consejo de Estado"*.

La redacción contenida en el Informe de la Ponencia fue, definitivamente modificada a partir de los debates de la Comisión del Congreso de los Diputados, en el que si bien no se defendió ninguna de las tres enmiendas señaladas, sí se hizo mención al Consejo de Estado a través de otra enmienda, presentada por UCD y defendida por el Sr. Meilán Gil[39], el cual no se refirió al órgano consultivo propiamente dicho en su escueta defensa, aunque propició la intervención, por parte del Diputado Sr. Carro Martínez, de Alianza Popular, a favor de mantener el carácter "vinculante" del dictamen del Consejo, se justificaba partiendo de un reconocimiento en la mejora del texto por la nueva redacción, estableciendo que "sería más congruente y técnicamente más perfecto si este control se realizara, efectivamente, por el Gobierno, pero por el Gobierno vinculado por un órgano jurídico, equiparable o similar a los órganos jurisdiccionales que se citan en los otros apartados", como si "el Gobierno tuviera que actuar vinculado por un dictamen del Consejo de Estado y no libremente, como parece que queda ahora".[40]

El texto finalmente aprobado en la Comisión del Congreso, y que posteriormente se convirtió en la redacción definitiva del precepto en cuestión, fue apoyado unánimemente por los 29 votos emitidos, atribuyendo el control del ejercicio de las funciones delegadas a las CCAA al Gobierno previo dictamen del Consejo de Estado.

Dicha redacción, no fue objeto de enmienda ni debate en el Pleno del Congreso de los Diputados, que aprobó conjuntamente el artículo en cuestión y el siguiente, con 265 votos a favor, 2 en contra y 14 abstenciones[41].

La redacción que llegó al Senado, atribuyendo el control de referencia al Gobierno "previo dictamen del Consejo de Estado", no fue objeto de modificación alguna ni en la

---

[39] La enmienda fue presentada *in voce*, con muy leves retoques al Informe de la Ponencia, señalando el Sr. Meilán que *"la única innovación es la relativa al apartado b), puesto que la redacción del Informe era equívoca al referirse a las funciones normativas delegadas, cuando en realidad debería referirse como se hace en la enmienda oral a funciones delegadas; y para que no haya ninguna duda de qué funciones delegadas se trata, se ha añadido la referencia al artículo 143 (ahora 150.2), y entonces resulta lógico que sea el Gobierno quien controle el ejercicio de esas funciones delegadas, que el mismo Gobierno ha delegado de acuerdo con lo establecido en el artículo 143 (hoy 150.2), y con la garantía, obviamente... del Consejo de Estado". Diario de Sesiones del Congreso de los Diputados*, nº 91, de 16 de junio de 1978.

[40] En la réplica, el Diputado Sr. Peces-Barba contestó que "el Consejo de Estado es un órgano consultivo" por lo que "parece que no sería procedente que tuviera la facultad de vincular al máximo órgano del poder ejecutivo". Igualmente, el Sr. Pérez-Llorca se limitó a decir que "la supresión del término vinculante en la Constitución no previene" el que la correspondiente Ley Orgánica "dé carácter vinculante a las atribuciones del Consejo de Estado con carácter omnicomprensivo o en algún tipo de ellas", por lo que consideraba que la solución propuesta era más progresiva y dejaba menos problemas para el futuro. En *Diario de Sesiones del Congreso de los Diputados*, Comisión de Asuntos Constitucionales y Libertades Públicas, nº 81, págs. 3414-3415.

[41] *Diario de Sesiones del Congreso de los Diputados*, nº 116, pág. 4560.

cámara Alta, que fue aprobado en el Pleno por 138 votos a favor y 2 únicas abstenciones[42], ni en la Comisión Mixta, quedando definitivamente como artículo 153 b)[43] de la vigente CE.

I.2. Normas estatales de aplicación al Consejo de Estado

I.2.1. La Ley Orgánica 3/1980, de 22 de abril, del Consejo de Estado

La justificación que algunos autores han dado frente a la remisión del artículo 107 de nuestra CE a una Ley Orgánica, para regular la composición y competencia de la institución del Consejo de Estado, se ha fundamentado, sobre todo, en que dicha remisión es una expresión de la función principal que el Consejo de Estado desempeña en el conjunto de las instituciones públicas, de forma que su Ley Orgánica aparecería justificada por la relevancia del órgano y por la función que a él se encomienda[44]. Sea como fuere, lo que parecía claro es que el legislador tenía sobre sí, a partir del artículo 107 CE, un mandato constitucional que, muy tempranamente, se encargó de perfilar el Tribunal Constitucional, a través de su Sentencia 32/1981, de 28 de julio[45], en la que si bien se refiere, genéricamente, a las

---

[42] *Diario de Sesiones*, nº 66, pág. 3296.

[43] Cabe plantearse, tras la redacción final del precepto en cuestión, porqué sólo se hace referencia a funciones delegadas y no se incluyen las funciones que pueden ser transferidas a las CCAA, vía artículo 150.2CE. La explicación, siguiendo a ENTRENA CUESTA, GARRIDO FALLA, "Comentarios a la Constitución", Madrid, Civitas, 2001, pág. 2607.

[43] AROZAMENA SIERRA, "La caracterización constitucional...", o.c., pág. 140, reside en que la enmienda del Sr. Meilán *"se aprobó por la Comisión del Congreso cuando el artículo 150.2, según la redacción del Informe de la Ponencia, sólo hablaba de funciones delegadas, y a partir de ese momento no fue objeto de controversia alguna ni en el Pleno del Congreso ni en la Comisión o en el Pleno del Senado, que se limitaron a ratificar lo que ya había sido acordado. De donde se infiere que cuando el artículo 153 b) establece el control del Gobierno sobre el ejercicio de las funciones delegadas, silenciando a las funciones transferidas, no lo hace para diversificar el régimen jurídico de ambas, sino, pura y simplemente, por una falta de adaptación del precepto a la nueva redacción del artículo 150.2. En el que, por otra parte, como hemos visto, el establecimiento de control estatal, en el caso de transferencia de funciones, resulta incuestionable"*, en "Comentario al artículo 153 CE". GARRIDO FALLA, "Comentarios a la Constitución", o.c., pág. 2607.

[44] AROZAMENA SIERRA, "La caracterización constitucional...", o.c., pág. 140.

[45] Dictada en el Recurso de inconstitucionalidad interpuesto por el Abogado del Estado contra la Ley de la Generalidad de Cataluña 6/1980, de 17 de diciembre, por la que se regulaba la Transferencia urgente y plena de las Diputaciones catalanas a la Generalidad, publicada en el Diario Oficial de la Comunidad Autónoma, nº 104, correspondiente a los días 30 y 31 de diciembre de 1980. En dicho recurso, se solicitaba que se dictase Sentencia declaratoria de la inconstitucionalidad y la consiguiente nulidad de los artículos 1, 2, 3, 5, 9 y Disposición Final Segunda de dicha Ley, al tiempo que, invocándose el artículo 161.2 de la Constitución en relación con el artículo 30 de la Ley Orgánica del Tribunal Constitucional, se interesaba con la mayor urgencia la suspensión de la vigencia y aplicación de la Ley de cuantos actos hubieren sido adoptados hasta ese momento para ejecución de la mencionada Ley. Dicha Sentencia estimó íntegramente el Recurso de inconstitucionalidad de referencia, y declaró inconstitucionales todos los artículos y Disposiciones impugnadas.

instituciones previstas en la CE, resulta de plena aplicación, por ello, al Consejo de Estado, señalando que no obstante el carácter prácticamente incondicionado de la remisión al legislador orgánico, en nuestro caso efectuada por el artículo 107 CE, éste había de regular dicha institución en términos recognoscibles para la imagen que de la misma tiene la conciencia social en cada tiempo y lugar.

De lo hasta ahora expuesto resulta evidente que la configuración constitucional del Consejo de Estado y la remisión de su desarrollo a una Ley Orgánica, según el artículo 107 CE, para la regulación de su composición y competencias, dejaba un buen margen de apreciación al legislador ordinario a la hora de delimitar concretamente la esencia y funciones del órgano en cuestión. Como señalan algunos autores, resultaba difícil pensar en una transformación radical del órgano[46], pero una vez transformado el contexto institucional y la propia definición tradicional del Consejo, ya no era posible mantener inalterado el modelo anterior[47].

Concretamente, el Fundamento Jurídico Tercero de dicha Sentencia establece literalmente: "*El orden jurídico-político establecido por la Constitución asegura la existencia de determinadas instituciones, a las que se considera como componentes esenciales y cuya preservación se juzga indispensable para asegurar los principios constitucionales, estableciendo en ellas un núcleo o reducto indispensable por el legislador. Las instituciones garantizadas son elementos arquitecturales indispensables del orden constitucional y las normaciones que las protegen son, sin duda, normaciones organizativas, pero a diferencia de lo que sucede con las instituciones supremas del Estado, cuya regulación orgánica se hace en el propio texto constitucional, en éstas la configuración institucional concreta se difiere al legislador ordinario, al que no se fija más límite que el del reducto indisponible o núcleo esencial de la institución que la Constitución garantiza. Por definición, en consecuencia, la garantía institucional no asegura un contenido concreto o un ámbito competencial determinado y fijado de una vez por todas, sino la preservación de una institución en términos recognoscibles para la imagen que de la misma tiene la conciencia social en cada tiempo y lugar. Dicha garantía es desconocida cuando la institución es limitada, de tal modo que se la priva prácticamente de sus posibilidades de existencia real como institución para convertirse en un simple nombre. Tales son los límites para su determinación por las normas que la regulan y por la aplicación que se haga de éstas. En definitiva, la única interdicción claramente discernible es la de la ruptura clara y neta con esa imagen comúnmente aceptada de la institución que, en cuanto formación jurídica, viene determinada en buena parte por las normas que en cada momento la regulan y la aplicación que de las mismas se hace*".

[46] Para una institución como ésta que sobrevive, en buena parte, por el peso de la tradición, cualquier cambio de forma puede ser funesto, aunque todo podrá soportarlo mientras conserve el nombre, ese bonito "nombre comercial" que no se sabe bien lo que quiere decir y por eso resulta más atractivo", en PÉREZ-TENESSA, "Perspectivas del Consejo de Estado", o.c., pág. 116.

[47] Ibídem. "*El Consejo ha estado siempre al servicio exclusivo de la Administración y para asuntos administrativos*", añadía que "*en las postrimerías del siglo XX, buscar al Consejo de Estado una función exclusiva, práctica, adecuada y de importancia es tarea casi tan ardua como encontrársela al Consejo de Indias*", lanzando tres posibles hipótesis de evolución del Consejo, señalando: "*el Consejo...podría ser en el futuro una de estas tres cosas que ahora no existen: 1) Un verdadero órgano consultivo del*

Ello explica, en buena medida, la importancia del proceso que condujo a la aprobación de la Ley Orgánica 3/1980, de 22 de abril, aún vigente, a los efectos de conocer, de primera mano, la intención del legislador en la configuración de la institución objeto de nuestro estudio. Este proceso se inició con un Proyecto de Ley Orgánica[48] que dejaba pocas dudas acerca de su vocación absolutamente continuista. Entre apelaciones a la Historia y al Derecho comparado (particularmente francés e italiano), su Exposición de Motivos presentaba al «Alto Cuerpo... fundamentalmente [como] asesor del Gobierno y de la Administración Central», sin perjuicio de abrirlo incluso a las Comunidades Autónomas, destacando, en cuanto a su contenido, la "continuidad sustancial" de sus competencias y el mantenimiento de "su estructura tradicional". Sin embargo, y a diferencia de lo que ocurrió en el debate constituyente, en esta ocasión el modelo tradicional español del Consejo de Estado sí fue seriamente cuestionado, aunque minoritariamente, como seguidamente veremos.

En este sentido, el Proyecto legislativo fue enviado a la Comisión de Presidencia del Congreso de los Diputados, y publicado en el Boletín Oficial de las Cortes Generales con fecha 21 de septiembre de 1979.

Al Proyecto se formularon ciento diez enmiendas, detalladas y justificadas en los ochenta y tres escritos presentados, de un lado, en el Congreso, por diversos Diputados y Grupos Parlamentarios dirigidos a la Mesa de la Comisión, al amparo de lo entonces establecido en el artículo 94 del Reglamento provisional del Congreso de los Diputados, junto con treinta y seis escritos de enmiendas presentados en el Senado, que contenían un total de cuarenta y seis enmiendas, siendo así que las mismas afectaron a 22 artículos del Proyecto que nos ocupa y una Disposición Final, al tiempo que también se proponía la introducción de una nueva Disposición Adicional. Ninguna enmienda se formuló a la totalidad del Proyecto de Ley Orgánica de referencia[49].

Gobierno; 2) El departamento de control de calidad del Derecho Administrativo; 3) Un Tribunal arbitral de la Administración".

[48] Publicado en Boletín Oficial de las Cortes Generales, Congreso de los Diputados, I Legislatura, Serie A, nº 74-I, de 21 de septiembre de 1979. Seguimos en este punto, al igual que en otros anteriores, la narración de SÁNCHEZ-NAVARRO, "Consejo de Estado, función consultiva...", o.c., págs. 116 y ss., que a su vez utiliza la recopilación de materiales de GÁLVEZ MONTES, F.J. (ed.), *Ley Orgánica del Consejo de Estado: trabajos parlamentarios*, Madrid, Cortes Generales, 1980.

[49] El preceptivo informe de la Ponencia constituida en la Comisión de Presidencia para informar el Proyecto, en el Congreso, de fecha 22 de noviembre de 1979, estableció como rasgo general de las enmiendas presentadas *"una significativa preocupación por el aseguramiento de la independencia orgánica y funcional del Alto Cuerpo Consultivo"* al tiempo que se había exteriorizado, según dicho informe, en el conjunto de dichas enmiendas, *"la necesidad de evitar una politización del Consejo que pudiera traducirse en una mengua o desprestigio de sus cometidos técnico-jurídicos."* Dicha Ponencia estuvo integrada por los Diputados señores Buil Giral, Escartín Ipiens, Herrero Rodríguez de Miñón,

La Comisión de Presidencia del Gobierno emitió su dictamen con fecha 5 de diciembre de 1979, de forma que el Pleno del Congreso de los Diputados debatió y aprobó el dictamen de dicha Comisión en su sesión de 27 de diciembre de 1979, con una votación sobre la totalidad, como proyecto de Ley Orgánica, con fecha 28 de diciembre de 1979.

El texto de referencia tuvo entrada en el Senado con fecha 14 de enero de 1980, publicado en el Boletín Oficial de las Cortes Generales, Senado, Serie II, nº 61, de fecha 14 de enero de 1980. La Ponencia designada en la Comisión de Presidencia del Gobierno y Ordenación General de la Administración Pública, constituida al efecto, al formularse enmiendas, estuvo integrada por los Senadores señores Azcárate Flórez, Nieves Borrego, Prat García, del Valle Arévalo y Villar Arregui, emitiendo el preceptivo informe con fecha 21 de febrero de 1980[50].

La Comisión de Presidencia del Gobierno y Ordenación General de la Administración Pública, dictaminó el Proyecto con fecha 5 de marzo de 1980[51], de forma que el Pleno del Senado debatió y aprobó el Proyecto en su sesión de 12 de marzo de 1980[52], admitiendo la introducción de doce enmiendas y la adición de un nuevo artículo. El nuevo texto de Proyecto de Ley Orgánica se envió al Congreso junto con Mensaje Motivado, de acuerdo a la legalidad vigente.

Finalmente, el Congreso volvió a debatir el texto, conforme el artículo 90.2 CE, examinando su Pleno las enmiendas introducidas por el Senado en su sesión de 10 de abril de 1980, aprobando todas las enmiendas planteadas por el Senado hasta el artículo 12 inclusive, las relativas al segundo apartado del artículo 13, artículos 21 y 22, excepto la propuesta para el apartado décimo de este último artículo, y artículos 23, 24 y 26, respectivamente; las enmiendas rechazadas afectaron a los apartados primero del artículo 13 y décimo del artículo 22. La reiteración de la votación final sobre el conjunto del Proyecto, conforme el artículo 81.2 CE, se llevó a cabo en la sesión del Congreso de fecha 10 de abril de 1980.

El Proyecto de Ley Orgánica del Consejo de Estado salió adelante por 268 votos a favor, 20 en contra y 2 abstenciones, conforme fue publicado en el Diario de Sesiones del Congreso de los Diputados, nº 79, 1980, Sesión Plenaria, nº 79, de 10 de abril de 1980.

Ramos Fernández-Torrecilla, Solé Barberá, Verde Aldea, Carro Martínez, Arzalluz Antía, Cuatrecasas Membrado y Aguilar Moreno.

[50] Publicado un día después en el Boletín Oficial de las Cortes Generales, Senado, Serie II, nº 61-C. La Ponencia designada en la Comisión de Presidencia del Gobierno y Ordenación General de la Administración Pública, constituida al efecto, al formularse enmiendas, estuvo integrada por los Senadores señores Azcárate Flórez, Nieves Borrego, Prat García, del Valle Arévalo y Villar Arregui, emitiendo el preceptivo informe con fecha 21 de febrero de 1980.

[51] Publicado con fecha 8 de marzo de 1979 en el Boletín Oficial de las Cortes Generales, Senado, Serie II, nº 61-d.

[52] Publicado en el Boletín Oficial de las Cortes Generales, Senado, nº 47, págs. 2099 a 2109.

Y así, en relación con el artículo 1 del texto legislativo contenido en el Proyecto de referencia, se formularon tres enmiendas a su apartado segundo, donde se recogía los principios básicos que habían de presidir el ejercicio de la función consultiva, quedando intactos los apartados primero y tercero de dicho artículo, relativos a la definición literal contenida en el artículo 107 de la Constitución Española y a la sede del Consejo de Estado[53], respectivamente. Las enmiendas relativas al apartado segundo fueron presentadas por los Diputados D. Juan Luis de la Vallina Velarde, del Grupo Parlamentario Coalición Democrática y D. Miguel Herrero Rodríguez de Miñón, del Grupo Parlamentario Centrista del Congreso, así como por el Grupo Parlamentario Socialista de Cataluña, quedando registradas con los números 10, 16 y 48, respectivamente.

La redacción original del apartado segundo del artículo primero del Proyecto en cuestión, tal y como fue presentado por el Gobierno, venía a establecer literalmente, en relación al Consejo de Estado, que dicho órgano ejercía "la función consultiva con objetividad y autonomía de acuerdo con la Constitución y las leyes", esto es, dicho apartado venía a establecer las características del órgano en el ejercicio de la función constitucional asignada. En este sentido, la primera de las enmiendas anteriormente enumeradas proponía la sustitución del término "autonomía" por el de "independencia", sobre la base de una mejor técnica legislativa; la segunda de ellas, proponía sustituir la redacción del apartado de referencia por una nueva[54], motivada en una mejor redacción técnica que respondía a la intención plasmada en la Memoria que acompañaba al Proyecto que nos ocupa; y, finalmente, la tercera de las enmiendas enumeradas también contenía una redacción alternativa[55] al apartado segundo del artículo primero del Proyecto en tramitación, justificada en la necesidad de "dar una redacción suficientemente amplia de su cometido, tanto fundamental como accidental y secundario, y a veces simplemente procedimental, y calificarlo con la mayor expresividad posible".

Por su parte, el Informe de la Ponencia constituida en la Comisión de Presidencia del Congreso de los Diputados en relación con el Proyecto objeto de estudio en el presente apartado, respecto del apartado segundo del artículo primero de dicho Proyecto, venía a coincidir con los enmendantes en cuanto a la necesidad de mejorar el texto del Proyecto, al tiempo que proponía una nueva redacción al apartado en cuestión, siguiendo los principios inspiradores de las enmiendas, si bien con algunas modificaciones de índole técnica y

---

[53] Estableciendo que el Consejo *"tiene su sede en el Palacio de los Consejos de Madrid y goza de los honores que según la tradición le corresponden"*, omitiendo cualquier alusión a la precedencia respecto de los demás Cuerpos, que sí se recoge en el artículo 1.4 del vigente Real Decreto 1674/1980, de 18 de julio.

[54] Más concretamente, proponía la redacción originaria por la siguiente: "Ejerce la función consultiva con autonomía orgánica y funcional", basándose en la finalidad de sustituir una reducción retórica por otra más técnica que responda a la misma intención expresada en la misma memoria que acompaña a la ley, en *Boletín Oficial de las Cortes Generales,* págs. 383-384.

[55] La redacción propuesta era la siguiente: "2. *Ejerce sus funciones con independencia, objetividad y autonomía, de acuerdo con la Constitución y las leyes*".

sistemática, recogiendo que el Consejo de Estado ejercía la función consultiva con autonomía orgánica y funcional con la finalidad de garantizar su objetividad e independencia[56].

El Dictamen emitido, asimismo, por la Comisión de la Presidencia del Congreso de los Diputados, publicado en el Boletín Oficial de las Cortes Generales, de 14 de diciembre de 1979, número 74-II, en cumplimiento de lo entonces dispuesto en el artículo 90 del Reglamento provisional de la mencionada Cámara, vino a reproducir la redacción contenida en el informe emitido por la Ponencia, lo que condujo a que el Grupo Parlamentario de Coalición Democrática mantuviera la enmienda al artículo y apartado que nos ocupa, a fin de defender la misma ante el Pleno del Congreso de los Diputados, si bien consultado el Diario de Sesiones, de 27 de diciembre de 1979, en cuyo orden del día se incluía el Dictamen de la Comisión de Presidencia sobre el Proyecto de Ley Orgánica del Consejo de Estado, no aparece debate alguno en cuanto a la defensa de la enmienda de referencia por el mencionado Grupo Parlamentario, constando, por el contrario, que el texto del Dictamen mencionado, en relación al artículo 1, fue aprobado sin discusión, lo que parece ser una renuncia final por parte de dicho Grupo Parlamentario a la defensa de dicha enmienda que, por lo demás, ya había sido recogida por el Informe de la Ponencia aunque con mayor amplitud y especificación junto con el Dictamen del Pleno del Congreso de los Diputados[57]. Remitido al Senado el texto en cuestión, no se introdujo enmienda alguna al apartado de referencia por lo que se elevó a definitiva la redacción inicialmente propuesta por el Informe de la Ponencia del Congreso de los Diputados, tal y como se plasmó en el texto aprobado definitivamente por dicha Cámara, que preceptúa que el Consejo de Estado "ejerce la función consultiva con autonomía orgánica y funcional para garantizar su objetividad e independencia de acuerdo con la Constitución y con las Leyes"[58].

Ahora bien, si hubiera que destacar un punto central de la discusión parlamentaria de la Ley Orgánica objeto de estudio, este fue, ciertamente, el relativo al carácter del órgano y la función llamada a desempeñar, que se planteó abiertamente en relación al apartado primero del artículo segundo del Proyecto que analizamos, como seguidamente veremos.

Dicho precepto venía a regular los criterios generales que habrían de presidir el ejercicio de la función consultiva por el Consejo de Estado, esto es, se concretaba el contenido de la función consultiva encomendada por el constituyente a realizar por el Consejo en cuanto a las competencias que la norma le atribuía[59], frente al cual se presentaron enmiendas a tres

---

[56] Literalmente, la redacción era la siguiente: "*2. Ejerce la función consultiva con autonomía orgánica y funcional para garantizar la objetividad e independencia de acuerdo con la Constitución y las leyes*".

[57] Publicado en el Boletín Oficial de las Cortes Generales, de 4 de enero de 1980, Serie A, número 74-III.

[58] Publicado en el Boletín Oficial de las Cortes Generales de 29 de abril de 1980, Serie A, número 74-IV.

[59] Más exactamente, la redacción del Proyecto de Ley Orgánica era la siguiente: "En el ejercicio de la función consultiva, el Consejo de Estado velará por la observancia de la Constitución y del

de sus siete apartados, y más concretamente a los apartados primero, cuarto y séptimo, por parte del Diputado D. Juan de la Vallina Velarde, del Grupo Parlamentario Coalición Democrática, junto con los Grupos Parlamentarios Comunista, Minoría Catalana y Socialista del Congreso, para el primer apartado; los Grupos Parlamentarios Minoría Catalana y Socialista del Congreso, para el apartado cuarto; y los Grupos Parlamentarios Socialista de Cataluña y Socialista del Congreso en cuanto el apartado séptimo del artículo mencionado, contabilizando las enmiendas número 11, 18, 34, 56, 35, 57, 49 y 58, por el orden enumerado.

La primera de las enmiendas relativas al apartado primero[60], del artículo segundo de referencia, venía a intercalar la expresión "del resto" entre los términos "Constitución" y "del Ordenamiento jurídico", motivada en la propia redacción del artículo 9 de la Constitución Española; la segunda, postulaba la supresión de dicho apartado sobre la base de que la función del Consejo de Estado debía limitarse a los aspectos jurídicos, dejando las consideraciones de tipo político; la tercera, por su parte, proponía una nueva redacción, relativa a la supresión de los aspectos de conveniencia y oportunidad por parte del Alto órgano[61], al entender que son aspectos de estricta consideración política en los que no puede interferirse dicho órgano ni servir de excusa en dictamen para el Gobierno o la Administración. Finalmente, la cuarta y última de las enmiendas del primer apartado correspondiente al artículo segundo del Proyecto de Ley Orgánica de referencia, intercalaba la expresión "del resto" entre "Constitución" y "del Ordenamiento", proponía la sustitución de la expresión "también podrá valorar" por "valorará" y añadía al final del precepto el inciso "así como la mayor eficacia de la Administración en el cumplimiento de sus fines", argumentando la incorrecta redacción del Proyecto que nos ocupa pues parecía disociar como realidades distintas la Constitución y el Ordenamiento jurídico, siendo preciso, además, resaltar el carácter técnico y no exclusivamente jurídico de la labor del Consejo de Estado, según argumentaba la misma.

Fue el Grupo Comunista el que, como enmienda nº 18, criticó, de forma más rotunda, el aspecto "de oportunidad y conveniencia" que se le encomendaba al Consejo de Estado en el

---

ordenamiento jurídico. También podrá valorar los aspectos de oportunidad y conveniencia cuando lo exija la índole del asunto o lo solicite expresamente la Autoridad consultante". De ese modo, se venía a delimitar el contenido de la "función consultiva" encomendada por el constituyente, a ejercer por el Consejo en relación con el listado de supuestos en que se le reconocía competencia, en Pleno, conforme el artículo 21, o en Comisión Permanente, de acuerdo con el artículo 22 del Proyecto en cuestión; fuera con carácter preceptivo o facultativo.

[60] Que hacía referencia a la función de observancia de la Constitución y del ordenamiento jurídico por el Consejo de Estado en el ejercicio de la función consultiva, y la posibilidad, por su parte, de valoración de los aspectos de conveniencia y oportunidad cuando lo exigiese la índole del asunto o lo solicitase expresamente la autoridad consultante.

[61] La redacción recogida en la enmienda mencionada era la siguiente: *"En el ejercicio de la función consultiva, el Consejo de Estado velará por la observancia de la Constitución y del Ordenamiento Jurídico"*.

apartado que nos ocupa, entendiendo que, a su juicio, la función de dicho Consejo, "*por su propia naturaleza*, debía limitarse a velar por la observancia de la Constitución y del Ordenamiento Jurídico, sin entrar en consideraciones de tipo político, para lo cual no es el órgano adecuado".

Igualmente, Minoría Catalana, por su parte, solicitó la supresión de dicho inciso, "por entender que la función de valorar la oportunidad y conveniencia de determinado asunto son aspectos de *estricta consideración política* en los que no puede interferirse el Consejo de Estado ni excusarse el Gobierno o la Administración en el dictamen de dicho organismo".

Aunque, como veremos, finalmente, todas estas enmiendas fueron rechazadas, sus preocupaciones dejaron huella: la Ponencia llegó a "advertir" sobre "los inconvenientes de la posible politización del Alto Cuerpo Consultivo". En este sentido, el Informe de la Ponencia constituida en la Comisión de Presidencia, al que ya hemos aludido anteriormente, en relación al apartado primero del artículo segundo del Proyecto estudiado, distinguía entre las enmiendas que proponían supresiones y las que postulaban adiciones, situando entre las primeras las número 18 y 34, oponiéndose a las mismas al considerar que si se aceptaban se mutilaría un "importante aspecto de la función tradicionalmente atribuida al Consejo de Estado, desaprovechándose, así muchas de las posibilidades que puede ofrecer este órgano en su desempeño de la función consultiva", añadiendo que "si el Consejo ha de ser el supremo órgano consultivo del Gobierno, tal como se proclama en el artículo 107 de la Constitución Española, ha de preverse en su Ley Orgánica el suficiente margen de posibilidades en cuanto se refiere al desempeño efectivo de la función".

Respecto a las enmiendas 11 y 56, la Ponencia se manifestó a favor de ambas, al completar el alcance del precepto, con la adición propuesta, y establecer precisiones técnicas.

Igualmente, el Dictamen de la Comisión de Presidencia del Congreso, venía a reproducir, respecto del apartado que nos ocupa, el Informe de la Ponencia, mejorando, así el texto inicialmente propuesto. No obstante, las enmiendas 18 y 34 se mantuvieron por los grupos parlamentarios que inicialmente las propusieron, para su defensa en la tramitación del texto respecto a su aprobación por el Pleno del Congreso, de forma que el debate parlamentario ganó interés gracias a las intervenciones de sus Ponentes.

La defensa de la enmienda señalada por el Grupo Comunista, a través de su portavoz, Josep Solé Barberá[62], se centró en que para dicho Grupo, "la estricta misión del Consejo... dentro de nuestras instituciones políticas y administrativas" debía ceñirse a "una función consultiva sobre materias jurídicas y de Administración atendiendo a criterios de legalidad y buen funcionamiento objetivo de la Administración..., sin inmiscuirse para nada... en valoraciones de oportunidad y conveniencia que, prácticamente, serán siempre de carácter político, para cuya tarea existen otras instituciones y... [En particular] el Parlamento". La

---

[62] DSC, Pleno, I Legislatura, nº 58, de 27 de diciembre de 1979, págs. 3954-3955.

referencia a los modelos francés e italiano sirvió para resaltar que, en ambos casos, "aparece clara la delimitación de la materia sobre la que versa esta función consultiva y el tipo de análisis efectuado por el Consejo", de donde resulta su concepción "como un órgano consultivo del Gobierno en materia jurídica y... de Administración" que opera "atendiendo a criterios de legalidad y buen funcionamiento de la propia Administración", resaltando que el Proyecto parecía no seguir esa línea pues contenía "unos supuestos de posible intervención del Consejo de Estado que, a pesar de tratarse de un órgano puramente consultivo cuyos dictámenes no son, en principio, vinculantes para el Gobierno... abren la puerta a valoraciones políticas... de las que... entendemos que [el Consejo de Estado]... debe quedar total y absolutamente marginad[o]..., muy especialmente porque esto invadiría funciones que corresponden, única y exclusivamente, al Parlamento".

En definitiva, continuaba dicho portavoz, hablar de oportunidad, "de conveniencia, es introducir criterios que, en auténtica juridicidad, no tienen contenido, o tienen un solo contenido, un criterio y un contenido de carácter político...que permite desviaciones de este concepto de juridicidad que nosotros defendemos". El Consejo precisa de "un criterio objetivo, es decir, si un proyecto de ley se ajusta o no a la Constitución; si un proyecto de ley, o un decreto o cualquier forma legislativa del Gobierno o de la Cámara se ajusta de manera estricta a nuestros principios jurídicos"; mientras que la vigilancia sobre la conveniencia o no de los actos del Gobierno corresponde "exclusivamente a las Cortes". Es más: un Consejo de Estado que cumpla la misión de asesorar al Gobierno "no podrá sustituir jamás en ninguna función de decisión ni en ninguna función de gobierno al propio Gobierno"[63].

La enmienda del Grupo Comunista resultó paralela a la presentada por el Grupo Minoría Catalana, como nº 34, defendida por el Diputado Sr. Llibert Cuatrecasas, que venía

[63] Es por ello que, dicho Grupo Parlamentario proponía la supresión de todos los preceptos que "hagan referencia a situaciones idénticas derivadas de este signo", como el artículo 20.2 en cuanto a la posibilidad de que el Consejo de Estado elevara al Gobierno las propuestas que considerara oportunas acerca de cualquier asunto que la práctica y experiencia de sus funciones le sugiriera, o el 22.5, que exigía la consulta de la Comisión Permanente del Consejo en cuanto el "control del ejercicio de funciones delegadas por el Estado a las CCAA", como enmienda nº 29, en coherencia, defendían, con la motivación de la enmienda al artículo 2. Y es que este Grupo Parlamentario ya afirmó desde el primer momento de su intervención que "se vio claro desde el primer instante que había una concepción diametralmente distinta de nuestra idea de lo que debía ser el Consejo de Estado y aquella que se contenía en la Ley Orgánica". El Diputado Sr. Solé Tura, en su intervención final en el Congreso para justificar la oposición global de su Grupo al Proyecto de Ley, insistió en que en "el artículo 2, a nuestro entender, se extralimita la función del propio Consejo, al introducir cuestiones que van mucho más allá de su tareas consultivas, al hablar, por ejemplo, de que valorará los aspectos de oportunidad y conveniencia", añadiendo que "los artículos 7 y siguientes, que se refieren a la forma de nombramiento de los Consejeros de Estado...anulan prácticamente la pretendida autonomía orgánica y funcional de que se habla en el artículo 1"; así se recoge en DSC, Pleno, nº 79, de 10 de abril de 1980, pág. 5352.

a solicitar idéntica supresión sobre la base de que "la función de valorar la oportunidad y conveniencia de determinado asunto son aspectos de estricta consideración política en los que no puede interferirse el Consejo de Estado ni excusarse el Gobierno o la Administración en el dictamen de dicho organismo", solicitando la supresión de dicho apartado como aspecto de "importancia política capital[64]".

Frente a dichas enmiendas, se pronunció el Sr. Herrero y Rodríguez de Miñón, quien denunció la "inflación del término y significado de la palabra democracia, porque la Administración no tiene tanto que ser democrática, como servir a la sociedad democrática", subrayando "el tremendo arcaísmo" subyacente en la enmienda, pues el Consejo de Estado "se decanta históricamente como un apoyo técnico al Ejecutivo, y no como un control político sobre el mismo Ejecutivo, porque para eso está el Parlamento", añadiendo que el Consejo de Estado "no es un tribunal", por lo cual "puede y debe asesorar al Gobierno en lo que de político tiene la acción del Gobierno, y por eso son pertinentes los criterios de oportunidad", pudiendo entrar en "aspectos de tipo político cuando así lo requiere quien solicita el dictamen".

Por su parte, el Diputado centrista Sr. Escartín Ipiens afirmó compartir "plenamente la preocupación de que el Consejo de Estado no es bueno que se politice", pese a lo cual no creía" que ni de [sus] antecedentes históricos, ni de la propia ley..., como tampoco de los criterios de valoración de oportunidad y de conveniencia se tiene que deducir *necesariamente* una politización" del mismo. Es más: de tales criterios nunca podría deducirse "un criterio antijurídico, porque en tal caso tales decisiones no serían ajustadas al Derecho, serían nulas e impugnables". Pero sí permiten que entre en juego la "prudencia política como base de las decisiones de un Estado".

Respecto al Senado, sólo se formuló una enmienda (con el número uno), al apartado primero, del artículo segundo del Proyecto en cuestión, por parte del Grupo Parlamentario Socialista, consistente, en la sustitución de la frase "y del resto del Ordenamiento Jurídico" por "y todo el Ordenamiento Jurídico", al acentuar, según la misma, el aspecto rector que la Constitución tiene en el Ordenamiento Jurídico y subrayar el carácter integral en espíritu y normas positivas que tiene el Ordenamiento mismo. En este sentido, el criterio de la Ponencia del Senado se manifestó a favor de dicha posición, de forma que en su Dictamen así recoge la mencionada expresión, aprobándose de ese modo la enmienda nº1 del Grupo Parlamentario Socialista por dicha Cámara justificado sobre la base de que "con la nueva redacción se pone de relieve tanto el aspecto rector de la Constitución como el carácter integral y normativo del ordenamiento jurídico". Sin embargo, el Congreso no admitió la enmienda introducida por el Senado y mantuvo la expresión "...y velará por la observancia de la Constitución y del resto del ordenamiento jurídico", así recogido en el Texto finalmente aprobado.

---

[64] *Ibídem*, págs. 3954-3955. A través de la intervención del Diputado Sr. Llibert Cuatrecasas.

Otra de las cuestiones de interés suscitada durante la tramitación parlamentaria del artículo segundo de la Ley Orgánica 3/1980, fue la relativa a su apartado cuarto, cuya redacción preveía que los asuntos dictaminados por el Pleno del Consejo no podrían remitirse a informe de ningún otro Cuerpo u órgano del Estado, frente a la cual se presentaron en el Congreso dos enmiendas: la nº 35, del Grupo Minoría Catalana, proponiendo la supresión de dicho apartado por considerar que introduciría una rigidez innecesaria, impidiendo dictámenes complementarios de organismos técnicos; y, al mismo tiempo, la enmienda nº 57, del Grupo Socialista del Congreso, que proponía sustituir "del Estado" por "de la Administración del Estado", justificada por cuanto en algunos casos cabía dictamen del Tribunal Constitucional. De las dos enmiendas, el Informe de la Ponencia del Congreso admitió la nº 57, no compartiendo el argumento de la nº 35 pues, a su juicio, "la mayor efectividad de los dictámenes de organismos técnicos" se conseguiría "en el supuesto de haberse emitido con anterioridad al del Consejo, suministrando criterios técnicos para ilustrar el enjuiciamiento de este último", de forma que la rechazada enmienda no se mantuvo para su defensa en el Pleno del Congreso. En el Senado se presentó enmienda a dicho apartado por el Grupo Parlamentario de UCD, como nº 19, proponiendo la refundición en un solo apartado, de los señalados como cuarto y quinto del artículo segundo de referencia, por razones de sistemática y gramaticales, pues, señalaba como justificación a la mencionada enmienda que "el sujeto de ambas oraciones es "los asuntos". Igualmente se añadía que quedaba mejor, en un solo apartado, la norma que impide que nadie informe cuando lo haya hecho el Pleno del Consejo de Estado y que solo éste pueda hacerlo si ya lo hubiera hecho la Comisión Permanente". Dicha enmienda, fue aceptada por la Ponencia del Senado y así se reflejó en su Informe que, además, propuso la sustitución del tiempo verbal "hubiere" por "hubiera". Tanto la Comisión de Presidencia del Gobierno y Ordenación General de la Administración Pública, como el Pleno, en el Senado, asumieron el Informe de la Ponencia por una mayor corrección desde el punto de vista sintáctico. En el Congreso se asumieron tales enmiendas, por 278 votos a favor, 4 votos en contra y 3 abstenciones.

El artículo 2 del Proyecto salió adelante, finalmente, incluyendo en su redacción los criterios de oportunidad y conveniencia, rechazándose las enmiendas de los Grupos Comunista y Minoría Catalana por 258 votos a favor y 32 en contra, por lo que resultó aprobado el texto del Proyecto en cuanto a la composición del órgano consultivo, con el consiguiente rechazo de la enmienda del Grupo Comunista por 268 votos a favor y 25 en contra.

Ahora bien, cabe mencionar, en este sentido, un aspecto que, aunque parezca secundario, puede ser útil para entender el sentido institucional atribuido al Consejo de Estado por el legislador, marcando además con toda nitidez una importante diferencia con los ejemplos francés e italiano. En efecto, en España no existe, como en esos otros modelos, una "carrera profesional" dentro del Consejo (una "magistratura" por utilizar la denominación italiana), que abarque desde el acceso como Letrado (*auditeur, referendario*) hasta la condición de Consejero de Estado: la única promoción formal es la que contempla el artículo 15.1 de la Ley Orgánica, según el cual "el ascenso a Letrado Mayor se llevará a cabo entre Letrados por riguroso orden de antigüedad en el Cuerpo". Pero no existe un cauce "automático", profesional, que permita a los Letrados acceder a la condición de miembros de pleno derecho del Pleno del Consejo. De esta forma, en la composición del Consejo se aprecia con toda claridad "la existencia de dos niveles prácticamente incomunicados" (al margen, claro está, del personal subalterno o auxiliar): los Consejeros y los Letrados, que vienen a encarnar un componente «político o superior" y "otro técnico[65]".

La Ley Orgánica 3/1980, terminó por interpretar el mandato de regular "la composición" del Consejo en un sentido amplio, dando cabida, incluso, a la regulación esencial del *status* de los Letrados, como "componentes de las Secciones"[66], si bien con

[65] GARCÍA ÁLVAREZ, "La función constitucional...", o.c., pág. 182.

[66] ROLDÁN MARTÍN, A.M., "La función consultiva de relevancia constitucional", en ÁLVAREZ CONDE, E., (coord.), *Administraciones Públicas y Constitución: reflexiones sobre el XX aniversario de la Constitución Española de 1978,* Madrid, INAP, 1998, pág. 479. Ya el Consejo de Estado puso de manifiesto dicha circunstancia en su Dictamen nº 43985/1982, de 18 de febrero, al señalar que el término "composición" no debe tomarse en un sentido estricto que sólo comprenda la enumeración o designación de los elementos integrantes o componentes del órgano colegiado en cuestión, debiendo incluir la estructuración del órgano en su más amplio sentido y los principios de funcionamiento, a juicio de dicho órgano consultivo, razón por la cual su Ley Orgánica regula el status básico de los Letrados del Consejo de Estado, en cuanto son componentes de las Secciones y son órganos que desempeñan funciones de estudio, preparación y redacción de los proyectos de dictamen sobre los asuntos sometidos a consulta del Consejo, en GÁLVEZ MONTES, "Artículo 107 CE", en ALZAGA, "Comentarios a las leyes políticas...", o.c., pág. 624. Y fue precisamente por dicha circunstancia, por lo que el Tribunal Constitucional en su Sentencia 99/1987, de 11 de junio, dictada con motivo del recurso de inconstitucionalidad interpuesto frente a la Ley 30/1984, de 2 de agosto, de Medidas de la Reforma de la Función Pública, cuya Disposición Adicional Novena, apartado cuarto, creaba el Cuerpo Superior de Letrados del Estado, incluyendo en el mismo al Cuerpo de Letrados del Consejo de Estado junto con el de Abogados del Estado, el de Técnicos de Letrados del Ministerio de Justicia, y el de Letrados de la Dirección General de Registros y del Notariado, vino a declarar inconstitucional dicha Disposición al vulnerar el artículo 81 CE, ya que, en palabras del Tribunal Constitucional, el mencionado Cuerpo de Letrados del Consejo de Estado estaba regulado por Ley Orgánica en determinadas cuestiones, de forma que una Ley Ordinaria no podía modificar aspectos sustanciales de una Ley Orgánica, como la del Consejo de Estado, en relación con el ingreso en el Cuerpo de Letrados del Consejo de Estado mediante oposición, ascenso de Letrado Mayor entre Letrados por orden riguroso de antigüedad, provisión de Secretario General entre Letrados Mayores y acceso de tales Letrados a Consejeros Permanentes, de forma que no podía extinguirse por Ley ordinaria un Cuerpo a través del cual ejerce su función consultiva el Consejo de Estado, así regulado mediante Ley Orgánica, siendo así que "la regulación que lleva a cabo la Ley Orgánica del Consejo de Estado supone una incardinación en la composición de ese órgano inclusión que no puede calificarse de irrelevante", de forma que sólo por Ley Orgánica puede disponerse su modificación estatutaria y su integración en otros cuerpos.

garantías de independencia notables[67], a pesar de lo cual la única posibilidad de promoción es la contemplada en el ya mencionado artículo 15.1, aunque el Proyecto de Ley Orgánica, en su artículo 7.2, inicialmente preveía que "tres[68] Consejeros Permanentes", al menos, "habían de proceder "del Cuerpo de Letrados del Consejo de Estado con la categoría de Letrado Mayor[69]", lo cual suscitó las enmiendas del Grupo Minoría Catalana[70] y del Socialista[71], que fueron aceptadas por la Ponencia, con el voto en contra de Coalición Democrática, al entender que dicha materia debía regularse por el reglamento de desarrollo[72], lo que terminó por eliminar toda posibilidad de "carrera interna[73]" entre los Letrados del Consejo en su acceso a la categoría de Consejero Permanente.

En cuanto a la tramitación parlamentaria del resto de preceptos de la Ley Orgánica 3/1980, de 22 de abril, la cuestión puede sintetizarse la cuestión del siguiente modo:

- Artículos frente a los que no se presentaron enmiendas, aprobándose definitivamente conforme al Proyecto de Ley Orgánica remitido por el Gobierno a las Cortes Generales: 3, 4, 5, 16, 17, 19.

- Artículos frente a los que se presentaron enmiendas y no fueron admitidas durante la tramitación parlamentaria: 21, 22, 24.2.

-Artículos frente a los que se presentaron enmiendas en el Congreso y se admitieron durante la tramitación parlamentaria, hasta conformar el texto definitivo: 7.1, eliminación del apartado segundo del artículo 7, 8, 9, 10, 11.1, 11.3, 11.4, 12.2, 14.1, 14.2, 15.1, 15.2, 18.1, 19.1, 20.1, 21, 22, 23, eliminación del artículo 25 y sustitución por artículo 26 del Proyecto, 25.1 (antes artículo 26.1) y Disposición Final Segunda.

---

[67] GARCÍA ÁLVAREZ, "La función constitucional…", o.c., págs. 80-81. Si bien, la posición de tales Letrados es claramente subordinada, según cita SÁNCHEZ NAVARRO, en palabras de MENÉNDEZ GARCÍA, P. y GARCÍA ÁLVAREZ, G., "Consejo de Estado", en MUÑOZ MACHADO, S. (Dir.), *Diccionario de Derecho Administrativo,* Madrid, Iustel, 2005, I, pág. 612.

[68] PÉREZ-TENESSA ya propuso, en su momento, la ampliación a diez del número de consejeros permanentes, de forma que la mitad de ellos habían de proceder del Cuerpo de Letrados del Consejo. En "El Consejo de Estado…", o.c., pág. 70.

[69] Frente a lo que se establecía en el artículo 6 de la Ley de 1944, por el que "dos de los consejeros permanentes" habían de proceder "del Cuerpo de Letrados del Consejo de Estado".

[70] Enmienda nº 37, postulando su supresión por cuanto no se justificaba objetivamente el carácter corporativista.

[71] Enmienda nº 63, que consideraba innecesario la reserva de un número de puestos a favor de los Letrados del Consejo de Estado como Consejeros Permanentes.

[72] Y así se lleva a cabo por el artículo 25.2 del Real Decreto 1674/1980, de 18 de julio, que establece que "cuando menos, dos de los ocho consejeros permanentes han de proceder del Cuerpo de Letrados del Consejo de Estado".

[73] SÁNCHEZ NAVARRO, "Consejo de Estado, función consultiva…", o.c., pág. 129, por GARCÍA ÁLVAREZ, "La función constitucional…", o.c., pág. 194, lo considera como un retroceso en la profesionalización del Consejo de Estado.

-Artículos frente a los que se presentaron enmiendas en el Senado y se admitieron durante la tramitación parlamentaria, hasta conformar el texto definitivo: 6.2, 7.1, 8, 9, 11.3, 12.1, 13.1, 15.1, 21, 22, 23, 24.2 y adición del artículo 26.

Así las cosas, y una vez desechadas aquellas enmiendas cuya propuesta y posterior debate no contribuyen de manera significativa al análisis de la institución consultiva objeto de estudio, resulta ilustrativo reproducir, ya que en este caso sí lo hacen, la tramitación parlamentaria de las enmiendas relativas a la composición del órgano consultivo, que afectaban a los artículos 7, 8 y 9; las correspondientes a la regulación del acceso a la condición de Letrado del Consejo de Estado y sus incompatibilidades, conforme el artículo 15; y, finalmente, se hará una breve referencia a la enmienda por la que se propuso en el Congreso de los Diputados, y así prosperó, la supresión del artículo 25 del Proyecto que nos ocupa. En consecuencia, las referidas a los supuestos en que resulta preceptivo el dictamen del Consejo, esto es, artículos 21 y 22, no resultan de gran interés en orden a contribuir al esclarecimiento de la voluntad legislativa en la configuración de la Ley Orgánica cuya tramitación es objeto del presente apartado.

Pues bien, los artículos 7, 8 y 9 del Proyecto de Ley Orgánica que se remitió en su día por el Gobierno al Congreso de los Diputados para posterior su tramitación y aprobación parlamentaria, se encuentran insertos en el Título II de la Ley en cuestión, relativo a la composición del Consejo de Estado, refiriéndose en el Proyecto mencionado, al nombramiento de los Consejeros Permanentes[74], a los Consejeros Natos[75] y a los Consejeros electivos de Estado[76].

---

[74] La redacción originaria del artículo 7 del Proyecto en cuestión era la siguiente: "*1. Los Consejeros Permanentes, en número igual al de las Secciones del Consejo, son nombrados por Real Decreto entre personas que estén o hayan estado comprendidas en alguna de las categorías siguientes: 1º Ministro, 2º Consejero de Estado, 3º Letrado Mayor del Consejo de Estado, 4º Académico de número de Ciencias Morales y Políticas o de Jurisprudencia y Legislación, 5º Catedrático de disciplinas jurídicas, económicas o sociales en Facultad Universitaria con cinco años de ejercicio, 6º Oficial General de los Cuerpos Jurídicos de las Fuerzas Armadas, 7º Funcionarios del Estado con veinticinco años de servicios al menos en Cuerpos o Escalas para cuyo ingreso se exija títulos universitario. 2. Tres Consejeros Permanentes, al menos habrán de proceder del Cuerpos de Letrados del Consejo de Estado con la categoría de Letrado Mayor*".

[75] La redacción contenida en el Proyecto de Ley de Orgánica respecto a su artículo 8 era la siguiente: "*Serán Consejeros Natos de Estado: a) Los Presidentes de las Reales Academias de Ciencias Morales y Políticas y de Jurisprudencia y Legislación; b) El Fiscal General del Estado; c) El Fiscal Togado del Consejo Supremo de Justicia Militar; d) El Presidente del Consejo General de la Abogacía; e) El Presidente de la Comisión General de Codificación; f) El Director General de lo Contencioso del Estado; g) El Director del Centro de Estudios Constitucionales*".

[76] La redacción contenida en el Proyecto de Ley Orgánica objeto de estudio, en relación con el artículo 9 rezaba: "*Los Consejeros electivos de Estado, en número de ocho, serán nombrados por Real Decreto, por un período de cuatro años, entre quienes hayan desempeñado cualquiera de los siguientes cargos: a) Presidente del Congreso de los Diputados o del Senado; b) Ministro; c) Presidente de la Junta de Jefes de*

Respecto a las enmiendas relativas al artículo 7 en cuestión, podemos destacar aquellas que fueron dirigidas al Congreso, comenzando por la propuesta, por parte del Sr. Herrero y Rodríguez de Miñón (enmiendas nº 1,2 y 3, respectivamente), de introducción del nombramiento de Consejeros Permanentes, *sin límite de tiempo*, justificado en la necesidad de determinar un límite de tiempo en la duración del mandato, y de acuerdo con los siguientes artículos 8 y 9; la *adición* de los *Presidentes del Congreso y del Senado* entre los posibles candidatos a ser nombrados Consejeros Permanentes, a fin de aprovechar su experiencia; y, finalmente, la *reducción* a *quince años de servicios* respecto de los funcionarios del Estado como aspirantes a Consejeros Permanentes, en armonía, se justificaba dicha enmienda, con el artículo 159.2 CE.

La enmienda nº 23 proponía la *supresión* del artículo 7, en coherencia con lo postulado por el Grupo parlamentario Comunista en las enmiendas 19 a 22, que proponían de un lado, la supresión de la figura de los Consejeros Permanentes, justificada por la necesidad de subrayar la independencia y objetividad del Consejo de Estado, ya que con su existencia se generaba una "clara y total" dependencia del Gobierno, y de otro lado, la no especificación del origen de los Consejeros[77].

Otra de las cuestiones interesantes que se suscitaron en el proceso de tramitación parlamentaria de la Ley Orgánica del Consejo de Estado, fue, precisamente, el relativo a la composición de dicho órgano, presentándose, por parte del Grupo Comunista, coherentemente con la noción estrictamente jurídica del Consejo que postulaban (y que justificó el voto en contra de la totalidad de la ley), una oposición frontal a la composición del órgano establecida por el texto[78], postulando las enmiendas nº 19 a 25, a través de su ponente el Sr. Solé Barberá, la desaparición de las diferentes categorías tradicionales de Consejeros Permanentes, Natos y Electivos, para defender un Consejo formado por un Presidente, Secretario General y 27 Consejeros, designados por terceras partes, por el Congreso, el Senado y el Gobierno, a fin de "subrayar la independencia y objetividad del Consejo de Estado, a la que se hace referencia en la memoria que antecede al proyecto de ley, consideramos indispensable dar al mismo una organización diferente, pues la que se propone conduce exactamente a lo contrario: a una clara y total dependencia del Consejo de Estado del Gobierno... dejando que quede en manos del Gobierno el nombramiento de dos

---

Estado Mayor; d) Presidente de Comunidad Autónoma; e) Magistrado del Tribunal Constitucional; f) Vocal del Consejo General del Poder Judicial; g) Presidente de Consejos de Departamentos Ministeriales; h) Embajador, procedente de la carrera diplomática".

[77] Como enmienda nº 21, que postulaba la introducción de un nuevo artículo 5 bis, proponiendo el nombramiento por el Gobierno de nueve miembros libremente elegidos por el mismo.

[78] La reforma en este punto, resultaba obligada, al contarse entre los miembros del Consejo de Estado en el momento de la tramitación parlamentaria de referencia: a) el Primado de las Españas; b) El Vicesecretario General del Movimiento; c) El jefe del Alto Estado Mayor; c) El Fiscal del Tribunal Supremo de Justicia; d) El Rector de la Universidad central; f) El Director del Instituto de Estudios Políticos; g) El Director General de lo Contencioso del Estado, conforme los artículos 3.2 de la Ley de 1944 y 34 de su Reglamento.

terceras partes del Consejo", en flagrante "contradicción con aquello que nuestros vecinos... de Francia e Italia han establecido en sus propios organismos y formas de componer el Consejo de Estado".

Frente a dicha argumentación, el Sr. Herrero y Rodríguez de Miñón vino a justificar, en su intervención, la composición del órgano consultivo por cuanto que "es un órgano de asesoramiento" y no de control, circunstancia por la cual "está formado por una parte, la cúpula de la vida jurídica nacional, a través de los Consejeros Natos, y, por otra, una serie de personas que por su experiencia administrativa y jurídica proporcionan un apoyo técnico en estas materias al Gobierno y a quienes la absoluta inamovilidad y la iluminación temporal de su mandato, en el caso de los Consejeros Permanentes, garantizan la máxima independencia en el ejercicio de la función de este Consejo[79]".

Igualmente, la enmienda nº 36, del Grupo Parlamentario de Minoría Catalana, proponía la *adición junto al Ministro* (como posible Consejero permanente del Consejo de Estado), de la categoría de "*Consejero de los órganos ejecutivos de las Comunidades Autónomas*", justificado por razones de adecuación de la nueva estructura autónoma del Estado. La enmienda nº 37, del mismo Grupo Parlamentario, proponía la *supresión* del artículo 7.2, justificada en su carácter corporativista que no se fundamentaba, según dicho Grupo parlamentario, en ninguna circunstancia objetiva.

De otro lado, las enmiendas 59 a 62 del Grupo Parlamentario Socialista en el Congreso, proponían la *supresión del supuesto primero de nombramiento* (ser o haber sido Ministro); la *inclusión* como posible Consejero Permanente de la categoría de "*cualquier académico de número de las Reales Academias*"; la *sustitución* de "*Catedrático*" *por* "*Profesor numerario*"; *subjetivar* el requisito de *titulación* exigido a los Funcionarios del Estado, de modo que sólo se requiera la *titulación* universitaria del mencionado funcionario, abstracción hecha de que se hubiera exigido el mismo para su ingreso en el correspondiente Cuerpo o Escala, *reduciéndose* además de veinticinco a *quince años los servicios efectivos prestados*, para lo cual justificaban la primera de ellas, en que su propuesta supondría un incremento de la tecnificación del Consejo, y en cuanto al resto, en que comportaban una adecuada ampliación de los criterios a establecer para el nombramiento de los Consejeros Permanentes. Finalmente, la enmienda nº 63, por su parte, correspondiente a dicho Grupo Parlamentario, proponía la *supresión* del *artículo 7.2*, motivada en que resultaba evidente que tratándose de funcionarios públicos podían ser designados para tal cometido conforme el artículo 7.1, pero sin necesidad de reservarles un número determinado de puestos.

En cuanto a las enmiendas nº 50 y 51, del Grupo Parlamentario Socialista de Cataluña, venían a proponer la *sustitución* del término "*Catedrático*" por "*Profesor numerario*",

[79] DSC, Pleno, I Legislatura, nº 58, de 27 de diciembre de 1979, págs. 3958 y 3960. En la misma línea se pronunció el Diputado del Grupo Socialista del Congreso, Sr. Ramos Torrecilla, añadiendo que la Comisión Permanente del Consejo de Estado no podía ser sólo una cúpula de juristas y funcionarios. *Ibídem*, pág. 3961.

intercalando en el supuesto quinto, al que hacía referencia dicha modificación, la expresión "*al menos*" a continuación de "con cinco años", *subjetivando* el requisito de titulación exigido en el supuesto séptimo, al tiempo que proponían la *reducción* del número de años de servicio a *quince*. La justificación de tales enmiendas pasaba por coherencia con el supuesto séptimo del mismo apartado y artículo, por ampliación del ámbito de candidatos al incluir a profesores numerarios.

En el Congreso, la única enmienda que se mantuvo en su defensa, fue la nº 60, del Grupo Parlamentario Socialista en el Congreso, en cuanto a la inclusión en el número cinco del artículo 7, de la categoría de "Académico de número de las Reales Academias", ya que el resto de enmiendas fueron aceptadas por el Informe de la Ponencia y el Dictamen de la Comisión de la Presidencia en el Congreso, siendo únicamente rechazadas, además de la señalada, las enmiendas que proponían la supresión del artículo en cuestión (enmienda nº 23) y del supuesto primero del apartado primero del artículo 7, en cuanto a la categoría aspirante a Consejero Permanente (Ministro) (enmienda nº 59). Al mismo tiempo, la defensa de la enmienda nº 60, planteada por el Grupo Socialista del Congreso, a través del Sr. Ramos Fernández-Torrecilla, se basó fundamentalmente en que las enmiendas de dicho Grupo Parlamentario habían tratado de ampliar el campo de reclutamiento de los Consejeros de Estado, tanto de los permanentes como de los natos y electivos, de forma que si bien dicho Grupo parlamentario estaba a favor de que se tecnificase la Comisión Permanente, no creían conveniente que dicha tecnificación fuese sólo desde un punto de vista sólo estrictamente jurídico, ya que el campo del Consejo se había ampliado notablemente en su artículo 2, circunstancia por la cual dicho Ponente manifestaba el desconcierto de su Grupo por cuanto que no entendían cómo podía limitarse el acceso a Consejero Permanente, en el número 5, a sólo los académicos de número de Ciencias Morales y Políticas o de Jurisprudencia y Legislación, defendiendo la inclusión de cualquier Académico del Instituto de España, ya que "las funciones atribuidas a la Comisión Permanente y al Consejo pueden incluir incluso el dictamen y la experiencia de otros técnicos, indudablemente, pero no sólo en materias exclusivamente jurídicas, como pretende el dictamen de la Comisión", añadiendo que "nosotros creemos que la Comisión Permanente no puede reducirse a ser una estricta cúpula de juristas y funcionarios, como muy bien ha señalado al replicar otras enmiendas de la competencia del Consejo, los señores del Grupo Parlamentario Centrista", circunstancia por la cual, señalaba, "es por lo que entendemos que no debe limitarse a esas dos Academias sino que debe ampliarse a todos los miembros del Instituto de España"[80].

En el Senado, de las ocho enmiendas propuestas[81], dos de ellas (enmiendas nº 33 y 18), se aprobaron por la mencionada Cámara legislativa, a partir del dictamen de la Ponencia y

---

[80] La referida enmienda fue aprobada en el Congreso por 294 votos a favor y dos abstenciones, en DSC, de 27 de diciembre de 1979, págs. 3961 y 3962.

[81] Enmiendas nº 28 y 33, de los Sres. Galván González y Soriano Benítez de Lugo, al número dos del artículo 7; nº 18, del Grupo Parlamentario de UCD, al número 5 del artículo 7; nº 3 y 32, del Grupo

de la Comisión de Presidencia del Gobierno y Ordenación de la Administración Pública del Senado[82], las cuales además, fueron admitidas por el Congreso, instalándose, definitivamente, en el texto aprobado por este último[83].

Respecto al artículo 8, las enmiendas que se presentaron en el Congreso fueron cinco[84], afectando a todos sus apartados, e incluso proponiéndose la adición de dos nuevos apartados[85], de forma que en el Congreso se admitió la introducción como Consejeros Natos, del Director General de la Función Pública y de los Registros y del Notariado. En el Senado, se eliminó la adición de estos dos últimos, se introdujo en el apartado a) al Director de la Real Academia Española, así como, en el apartado b) al Presidente del Consejo al que se refiere el artículo 131.2 de la Constitución Española, y, finalmente, se sustituyó al Fiscal Togado del Consejo Supremo de Justicia Militar por el Presidente de la Junta de Jefes de Estado Mayor[86], motivado todo ello, en el objetivo de conseguir un equilibrio en cuanto se

---

Parlamentario Socialista y del Sr. Soriano Benítez de Lugo, al número 6 del artículo 7; nº 4 y 28, del Grupo Parlamentario Socialista y del Sr. Galván Gómez, al número 8 del artículo 7; y, finalmente, la enmienda nº 36, presentada por el Sr. Iglesias Corral, al apartado 8 del artículo 7, respectivamente. De ellas, la Ponencia y la Comisión de Presidencia del Gobierno y Ordenación General de la Administración Pública en el Senado rechazó las enmiendas nº 3 al artículo 7.6, la nº 32 al artículo 7.6, y del nº 4 al artículo 7.8.

[82] Publicado en el BOCG de 8 de marzo de 1980, Serie II, nº 61-d.

[83] Las enmiendas en cuestión venían a iniciar el Apartado segundo del artículo 7 con la expresión "Presidente o", aludiendo a las Comunidades Autónomas, y, la segunda de ellas, además, añadía "integrados en el Instituto de España", en cuanto a los miembros de las Reales Academias que había de considerarse para Consejeros Permanentes.

[84] Más concretamente, las enmiendas nº 24, del Grupo Parlamentario Comunista, que proponía su supresión, en coherencia con la motivación ya expuesta a la enmienda al artículo 5 bis; la enmienda nº 64, del Grupo Parlamentario Socialista del Congreso, proponiendo la introducción como Consejeros Natos de los presidentes de las Reales Academias Española, de la Historia, de Ciencias Exactas, Físicas y Naturales, de Medicina y Cirugía y de Bellas Artes de San Fernando, justificando dicha enmienda junto con la nº 65, en cuanto a la adición de dos nuevos apartados, en la conveniencia de ampliar el capítulo de Consejeros Natos con objeto de que el Consejo de Estado pudiera "recibir el influjo de otros organismos administrativos y específicos". Asimismo, la enmienda nº 38, del Grupo Parlamentario de Minoría Catalana, referida al apartado d, proponía adicionar al Presidente del Consejo General de la Abogacía "o, en su defecto, la persona que designen los representantes de los distintos Colegios de Abogados de España".

[85] Enmiendas nº 65, del Grupo Parlamentario Socialista del Congreso, en cuanto apartados h), incluyendo entre los Consejeros Natos del Consejo de Estado al Presidente del Consejo de Rectores, y j), añadiendo "En su caso, el presidente del Consejo a que se refiere el artículo 131 de la Constitución", identificándolo con el Consejo Económico y Social; y nº4, del Sr. Herrero y Rodríguez de Miñón, proponiendo la inclusión, entre los Consejeros Natos, del Director General de los Registros y del Notario, a fin, justificaba dicha enmienda, de aprovechar su experiencia.

[86] Enmienda nº 5 del Grupo Parlamentario Socialista, que fue aceptada casi en su totalidad, a excepción de la eliminación del Director General de lo Contencioso del Estado, y la sustitución de Consejo Económico y Social, en lugar de la denominación definitivamente aprobada.

refiere a los sectores de procedencia de los Consejeros Natos. Y así se aprobó definitivamente el artículo de referencia.

En relación con el artículo 9 del Proyecto que nos ocupa, debe destacarse que se presentaron ocho enmiendas[87], dos de ellas relativas a la adición de un nuevo apartado[88], de las cuales sólo se rechazaron en el Congreso las enmiendas nº 17 y 25, respectivamente, y más concretamente, ésta última en cuanto a la supresión del artículo 9, en cuestión; en el Senado, básicamente, se amplió a diez el número de Consejeros Electivos; se eliminó el apartado k) del Proyecto de Ley Orgánica, que incluía como categoría posible de Consejero Electivo a los Rectores de Universidad como enmienda nº 27 del Grupo Parlamentario de Unión Centro Democrática; asimismo, se incluyó la categoría de presidente del Consejo General del Poder Judicial, y de presidente de Mancomunidad Interinsular, Cabildo Insular y Consejo Insular, respectivamente, como enmiendas nº 27 y 29, de los Sres. Galván González y Soriano y Benítez de Lugo, respectivamente, del Grupo Parlamentario de U.C.D.

---

[87] Enmiendas nº 5, del Sr. Herrero y Rodríguez de Miñón, en cuanto el aumento de 8 a 9 en el número de Consejeros electivos, se justificaba, con el número de Consejeros Natos; enmienda nº 25, del Grupo Parlamentario Comunista, que proponía la supresión al artículo en cuestión en armonía con la motivación a la enmienda al artículo 5 bis; la enmienda nº 6, del Sr. Herrero y Rodríguez de Miñón, en cuanto la sustitución del texto inicial en su apartado a), por "los miembros de algunos de los Cuerpos Colegisladores, durante por lo menos dos legislaturas consecutivas"; enmienda nº 17, del Grupo Andalucista, que proponía la adición de un segundo párrafo al artículo en cuestión del siguiente tenor: "Cada Comunidad Autónoma tiene derecho a designar, de entre los miembros de su órgano legislativo, un Consejero Electivo de Estado. La condición de Consejero Electivo se pierde cuando cesa el mandato legislativo de la persona que ostenta dicha condición"; enmienda nº 66, del Grupo Parlamentario Socialista del Congreso, en cuanto la adición, junto al Ministro, del Secretario de Estado o Subsecretario, a fin de ampliar el campo de selección de los Consejeros Electivos; enmienda nº 39, del Grupo Parlamentario de Minoría Catalana, en cuanto a la inclusión, junto al Presidente de la Comunidad Autónoma de un miembro de su Consejo Ejecutivo, como alternativa a dicho Presidente; y, además, la nº 40, del Grupo Parlamentario de Minoría Catalana, relativa a la supresión del apartado g) del artículo 9, por desconocer dicho Grupo, se justificaba, "de qué se trataba".

[88] Enmienda nº 17 del Grupo Parlamentario Andalucista, en cuanto a la potestad de las Comunidades Autónomas de designar de entre los miembros de su órgano legislativo, un Consejero Electivo del Consejo de Estado, cuya condición se perdería cuando cesase el mandato legislativo de la persona que ostentara dicha condición, bajo la justificación de que el Consejo de Estado tenía atribuidas facultades respecto a las Comunidades Autónomas y que éstas a su vez podrían prever facultades sobre sus actos al mencionado órgano consultivo; y, además, la enmienda nº 67, del Grupo Parlamentario Socialista del Congreso, relativa a la adición de las categorías de Alcalde o presidente de la Diputación Provincial, Defensor del Pueblo, Presidente del Tribunal de Cuentas, Rectores de Universidad, Decanos de Facultades de Derecho y Decanos o presidentes de Colegios Profesionales, con el objetivo de ampliar el campo entre el cual pudieran ser seleccionados los consejeros electivos para incorporar personas con otras experiencias que pudieran resultar valiosas.

Finalmente, el texto del Proyecto en cuanto a la composición del órgano consultivo, fue aprobado con el consiguiente rechazo de la enmienda del Grupo Comunista por 268 votos a favor y 25 en contra.

De otro lado, la mención al artículo 15 del Proyecto de Ley en cuestión resulta interesante, en cuanto a la previsión de dicho precepto relativa a la necesidad de que el acceso al Cuerpo de Letrados debía producirse mediante "oposición entre licenciados en Derecho", ya que la misma fue impugnada por el Grupo Socialista, presentando la enmienda nº 73, por los mismos motivos por los que presentó enmienda al artículo 7.2[89], proponiendo que la oposición se celebrase entre licenciados universitarios, pues "aunque parece evidente que los letrados deben de poseer amplios conocimientos jurídicos, no parece necesario limitar las posibilidades de acceso al Cuerpo a los licenciados en Derecho, pues pueden existir otros licenciados universitarios con los necesarios conocimientos para el desempeño de la función de letrado". Dicha enmienda, además, proponía la sustitución del criterio de antigüedad por el de concurso de méritos para el ascenso a la condición de Letrado mayor.

La mencionada enmienda en el Congreso sólo se aprobó a partir del Informe de la Ponencia, en cuanto a la titulación exigida. En el Senado, el Grupo Parlamentario U.C.D., presentó la enmienda nº 15, por la que proponía volver a la redacción original, mientras que el Grupo Parlamentario Socialista en dicha Cámara legislativa, bajo la enmienda nº 8, también se mantuvo en esa línea, sorprendentemente, sobre la base de que "el trabajo practicado por los Letrados exige la formación jurídica conjunta de las disciplinas todas del Derecho", lo cual, continuaban, exige en nuestra Legislación el título universitario de Doctor o Licenciado en Derecho, añadiendo que "la propia palabra de Letrado resultaría impropia de no aplicarse a abogados según el uso de nuestro idioma"[90].

En consecuencia, en el Senado se aprobó dicha modificación, si bien en el debate final en el Congreso fue definitivamente rechazada por considerar, en palabras de Peces-Barba, que "no podemos privar a los restantes licenciados universitarios de la posibilidad de optar a estas oposiciones", terminando por prescribir que el acceso al Cuerpo de Letrados se haría "mediante oposición entre licenciados universitarios"[91].

En cuanto a la propuesta relativa a la supresión del artículo 25 del Proyecto de Ley Orgánica, el interés que se suscita se manifiesta en su justificación, habida cuenta de que

---

[89] Esto es, "*subjetivizar el requisito de titulación exigido a los funcionarios del Estado, de modo que sólo se exigiera la titulación universitaria del mencionado funcionario, abstracción hecha de que se hubiera exigido el mismo para su ingreso en el correspondiente Cuerpo o Escala*".

[90] Tales argumentos fueron defendidos ante el Pleno del Senado por D. José Prat.

[91] Finalmente, como no podía ser de otra manera, la reforma de 2004, operada mediante Ley Orgánica 3/2004, de 28 de diciembre, ha terminado por limitar la participación en las oposiciones a Letrado del Consejo de Estado a licenciados universitarios en Derecho. La narración de las vicisitudes parlamentarias del artículo 15.1 se ha llevado a cabo siguiendo a SÁNCHEZ NAVARRO, "Consejo de Estado, función consultiva...", o.c., pág. 130.

dicho artículo venía referido al artículo 155 CE, en cuanto al requerimiento a las Comunidades Autónomas para el cumplimiento de sus obligaciones constitucionales o legales, cuando actuasen de forma que atentasen gravemente al interés general del España o cuando se las requiriese para el cumplimiento de sus obligaciones o para la protección del interés general de España[92], pudiéndose recabar en ambos casos el dictamen del Consejo de Estado. A dicho precepto se presentaron cuatro enmiendas, dos de ellas, la nº 15, del Sr. de la Vallina y la nº 31, del Grupo Parlamentario Comunista, postulaban su supresión por cuanto era innecesario; una tercera, con el nº 81 y propuesta por el Grupo Parlamentario Socialista del Congreso, pretendía hacer preceptivo el dictamen del Consejo de Estado en ambos supuestos, mediante la introducción de la expresión "deberá oír"; y, finalmente, una última enmienda, con el nº 46, del Grupo Parlamentario de Minoría Catalana, proponía la adición de un nuevo apartado en cuanto la preceptiva audiencia de los representantes de las Comunidades Autónomas afectadas en los dos supuestos regulados en el artículo en cuestión.

Así las cosas, el informe de la Ponencia aceptó ambas enmiendas, nº 15 y 31, sobre la base de que convenía suprimir dicho artículo por cuanto era "innecesario y puede originar fricciones entre Senado y Consejo de Estado", de forma que dicho precepto fue suprimido y ya no se volvió a tratar sobre el mismo.

Una última cuestión de interés, fue la referida a la función y competencias del Consejo, donde las propuestas más significativas se refirieron a la posibilidad de acceso directo al Consejo de Estado por las Comunidades Autónomas a través de sus presidentes[93], como así

---

[92] Más concretamente, el artículo en cuestión establecía en sus dos apartados: "*1. El Gobierno puede oír al Consejo de Estado en Pleno en los supuestos de requerimiento al Presidente de una Comunidad Autónoma a que se refiere el artículo 155.1 de la Constitución para el cumplimiento por parte de la misma de las obligaciones que la Constitución u otras leyes le impongan, o cuando esta actuare de forma que atente gravemente al interés general de España. 2. El Gobierno puede oír al Consejo de Estado en Comisión Permanente en los supuestos de las instrucciones a que se refiere el artículo 155.2, de la Constitución para el cumplimiento forzoso por parte de las Comunidades Autónomas de las obligaciones que la Constitución u otras leyes les impongan o para la protección del interés general de España.*"

[93] Enmiendas nº 43 y 45, del Grupo de Minoría Catalana, si bien el texto del Proyecto preveía dicha posibilidad pero "por conducto del Presidente del Gobierno", conforme su artículo 23, cuya redacción definitiva, en su primer apartado, del mencionado artículo, es la que sigue: "Las Comunidades Autónomas podrán, por conducto de sus Presidentes, solicitar dictamen del Consejo de Estado, bien en Pleno o en Comisión Permanente:; en aquellos asuntos en que, por la especial competencia o experiencia del mismo, lo estimen conveniente". A dicha regulación se le adicionó, en el Senado, y así se aprobó definitivamente, un segundo apartado cuya redacción fue la siguiente: "El dictamen será preceptivo para las Comunidades en los mismos casos previstos en esta Ley para el Estado, cuando hayan asumido las competencias correspondientes". No debe olvidarse, en este sentido, en relación a las Comunidades Autónomas, que las enmiendas relativas a los artículos 18 y 20 introdujeron aspectos de especial relevancia. Más concretamente, en cuanto al artículo 18, sólo se introdujo una enmienda en el Congreso de los Diputados, la nº 47, por el Grupo Parlamentario de Minoría Catalana,

se plasmó finalmente, resultando de menor interés aquellas propuestas que cuestionaban algunos supuestos de intervención del órgano consultivo o el alcance de dicha intervención[94].

El resultado de la tramitación parlamentaria recién expuesta fue la Ley Orgánica 3/1980, de 22 de abril, del Consejo de Estado[95], integrada por tres Títulos ("Disposiciones Generales, "Composición" y "Competencia") y cuatro disposiciones finales, con un total de 26 artículos, coherentemente hilados.

Y así, la Ley Orgánica 3/1980, de 22 abril, terminó por configurar un Consejo de Estado que continuaba la línea de la Ley de 1944, en composición y funciones, especialmente en función consultiva, adaptándose, eso sí, al nuevo escenario democrático. En composición, excluyendo una profesionalización e incluyendo personalidades que, en su mayoría, forman parte de "la cúpula de la vida jurídica nacional", como afirmó Herrero de Miñón. En su función consultiva, se configuró como una función de "velar por la observancia de la Constitución y del resto del Ordenamiento jurídico", sin perjuicio de valorar "los aspectos de oportunidad y conveniencia" cuando lo exija la índole del asunto o lo solicite

---

en cuanto al apartado primero, a favor de la concesión de audiencia en beneficio de las Comunidades Autónomas ante el Consejo de Estado, frente a cualquier asunto sometido a consulta del mismo en el que se encontrase interesada una Comunidad Autónoma y así lo manifestase. Dicha enmienda se justificó, y así salió adelante, por cuanto que parecía evidente que, según la misma, "tratándose de órganos de la Organización Territorial del Estado, según determina la Constitución, pero que en alguna materia puede sustentar criterios dispares o contradictorios del Gobierno, las Comunidades Autónomas sean oídas preceptivamente cuando consideren que les afecta el asunto sometido al Consejo", en GÁLVEZ MONTES, "Consejo de Estado. Trabajos Parlamentarios", o.c., pág. 36. Respecto al artículo 20, se presentó por el Grupo Parlamentario de Minoría Catalana, una enmienda con el número 43, a su primer apartado, en relación a las Comunidades Autónomas, en cuanto a la emisión de dictamen respecto de aquellos asuntos que le sometiesen a consulta al Consejo de Estado, no sólo el Gobierno o sus miembros, a través de sus Presidentes, sino también (he aquí la enmienda), las Comunidades Autónomas a través de sus Presidentes. La justificación de dicha enmienda, se basó en que, como "órganos de la Organización Territorial del Estado" no parecía necesario el "circunloquio "de que debieran acudir al Consejo de Estado a través del Presidente del Gobierno, "siendo lógico, no obstante, "que quien formule la consulta sea el presidente de la Comunidad Autónoma, en especial atendiendo a las características que dicho cargo atribuye al artículo 152.1 de la Constitución". *Ibídem*, pág. 35.

[94] Por ejemplo, en relación al artículo 155 CE, por parte del artículo 25 del Proyecto, respecto a si dicha intervención habría de ser preceptiva (Grupo Socialista, enmienda nº 81), no debería haber intervención, solicitando su supresión (Grupos de Coalición Democrática y Comunista, enmiendas nº 15 y 31), o necesidad de incluir, además, la audiencia de los representantes de la Comunidad Autónoma afectada ante el Consejo (Grupo Minoría Catalana, enmienda nº 46).

[95] Que fue aprobada por 268 votos a favor, 20 en contra y abstenciones.

expresamente la autoridad consultante, así como la mayor eficacia de la Administración en el cumplimiento de sus fines[96].

La Ley Orgánica 3/1980, de 22 de abril, ha sido objeto de tres reformas hasta el momento (a octubre de 2013). Las dos primeras, de menor alcance y acentuado carácter técnico, contenidas en las Leyes Orgánicas 13/1983, de 26 de noviembre, de modificación del apartado primero del artículo 12 de la Ley Orgánica 3/1980, de 22 de abril, del Consejo de Estado[97] y 2/1987, de 18 de mayo[98], de Conflictos de Jurisdicción, respectivamente. La tercera, sin duda la más trascendente hasta el momento, ha venido a configurarse como la reforma más ambiciosa producida en esta materia en muchos años, tal vez desde antes incluso de la transición, pero cuyo concreto alcance, al menos por ahora, está por determinar[99].

Dicha reforma, por lo demás, aparece muy vinculada al proceso político de reforma constitucional que incluía el Gobierno socialista en su programa electoral y posteriormente en su agenda política, llevando a dicho Gobierno a formular el correspondiente Proyecto de Ley, culminado en la Ley Orgánica 3/2004, de 28 de diciembre[100], dirigida a diversos fines:

---

[96] SÁNCHEZ NAVARRO, "Consejo de Estado, función consultiva...", o.c., pág. 131, que, muy acertadamente, reproduce las palabras de GARCÍA ÁLVAREZ, "La función constitucional...", o.c., págs. 1 y 12, para el que la Ley Orgánica 3/1980, *"no contiene ninguna idea de reforma política de la institución, ninguna nueva orientación de sus funciones. Es una mera actualización de tipo técnico: en realidad, materialmente, un texto refundido"*, añadiendo que el actual modelo de Consejo de Estado sólo se remonta a la Ley de 1944, justificando el freno del legislador en la configuración del órgano consultivo, en "la falsa creencia de encontrarse ante una institución varias veces centenaria", y termina con la idea de que el Consejo de Estado se encuentra "congelado" en un momento de su evolución, esto es, en los años 50 del siglo pasado, por lo que "la evolución del Derecho y de la Administración Pública han convertido su estructura en anacrónica", aunque entiende que dicho órgano mantiene su prestigio, "basado en la eficacia, no en la tradición".

[97] Referido a la remisión a las incompatibilidades de altos cargos de la Administración del Estado para el Presidente y Consejeros Permanentes del Consejo, frente a una mayor especificación de la normativa hasta entonces vigente.

[98] Cuya Disposición Adicional Segunda introdujo el apartado tercero del artículo 12 de la vigente Ley Orgánica del Consejo de Estado, que viene a prever la incorporación al Tribunal de Conflictos regulado por el artículo 38 de la Ley Orgánica 6/1985, de 1 de julio, de tres Consejeros Permanentes designados cada año por el Pleno a propuesta de la Comisión Permanente del Consejo de Estado. Igualmente, su Disposición Adicional Tercera, vino a eliminar el inciso final del apartado 7, que aludía a las cuestiones de competencia.

[99] SÁNCHEZ NAVARRO, A. "La función constitucional del Consejo de Estado tras su reforma por la Ley Orgánica 3/2004", *Revista de Administración Pública*, nº 169, 2006, pág. 355.

[100] Aprobada en el Congreso con amplia mayoría, en un total de 286 votos a favor (de los Grupos Parlamentarios PP, PSOE, CIU y CC), 12 en contra (IU y ERC) y 9 abstenciones, en *Diario de Sesiones, Pleno,* VIII Legislatura, nº 52, de 25 de noviembre de 2004, pág. 2470. En el Senado consiguió, sin modificaciones, 238 votos a favor y 5 en contra, con 8 abstenciones, en *Diario de Sesiones, Pleno,* VIII Legislatura, nº 25, de 13 de diciembre de 2004, pág. 1188. Según se desprende de

1. De un lado, al ánimo de enriquecer la función consultiva, a cuyo fin prevé la incorporación al Consejo de Estado de los ex Presidentes del Gobierno de España, creando a tal efecto la categoría de Consejero Nato con carácter vitalicio[101] como intermedia entre Consejero Nato y Consejero Permanente, con un status personal y económico propio de los Consejeros Permanentes sin perjuicio del que les pueda corresponder como ex Presidentes del Gobierno, estableciendo al efecto una *vacatio legis* de dos meses para la adquisición de dicha condición por aquellos que ya habían desempeñado dicho puesto a la entrada en vigor de la norma, salvo que dichos interesados manifestasen al Presidente del Consejo de Estado su voluntad en contra, si bien con carácter reversible.

2. Además, y en relación también a la composición del Consejo, procede a actualizar las denominaciones de algunos cargos[102], amplía el elenco de cargos que pueden acceder al

---

los debates parlamentarios, apoyaron el proyecto los representantes del Partido Socialista, Partido Popular, Convergencia i Unió y Coalición Canaria, en contra votaron IU y ERC. El PNV se abstuvo, al tiempo que el resto de partidos políticos con representación parlamentaria ni intervinieron para manifestar su posición ni votaron. Con todo, parece existir una falta de concordancia entre la Exposición de Motivos de la Ley y su contenido, pues a la vista de dicha Exposición no parece que se aborde una reforma del calado que la misma contiene, al afirmar un propósito de fortalecimiento de la institución consiliar que no parece anticipar lo que después se regula en cuanto a composición, estructura y competencias.

[101] Figura que justificó la oposición del Grupo Parlamentario de Izquierda Unida frente a la Ley con enmiendas en ambas cámaras, por entender que era "contraria a la esencia del Consejo de Estado", ya que "no supone garantía de mejora en la calidad, la técnica o el rigor de la actuación del Ejecutivo", razonamiento que también podría extenderse al nuevo artículo 9.2 de la Ley Orgánica que nos ocupa, por cuanto que dos Consejeros Electivos deben haber desempeñado el cargo de Presidente del Consejo Ejecutivo de Comunidad Autónoma por un período mínimo de ocho años. La oposición en este punto de dicho Grupo Parlamentario es histórica, según hemos comprobado en su postura y planteamiento frente a la tramitación parlamentaria de la Ley 3/1980, de 22 de abril, en cuanto a sus enmiendas nº 19 a 25.

[102] Como el Presidente del Consejo Económico y Social, en lugar del Presidente del Consejo al que se refiere el artículo 131 de la CE, o, también, entre otros, el Jefe del Estado Mayor de la Defensa, en lugar del Presidente de la Junta de Jefes de Estado Mayor y el Abogado General del Estado-Director del Servicio Jurídico del Estado en lugar del Director General de lo Contencioso. Curiosamente, y en relación con el Presidente del Consejo Económico y Social, el legislador no ha seguido la opinión, años antes, de AROZAMENA SIERRA, "La caracterización constitucional...", o.c., pág. 141, el cual, en relación a la remisión constitucional a una Ley Orgánica para regular la composición y competencia del Consejo de Estado, escribía que dicha norma estructuraba a la institución como "supremo órgano consultivo" configurándole como un "órgano consultivo de estructura colegiada, en el que una parte de sus miembros, los llamados Consejeros Natos, son a la vez titulares de otras organizaciones públicas, integradas o no en la estructura del Estado. Así acontecerá con el Presidente del órgano colegiado a que se refiere el artículo 131.2 de la Constitución, previsto constitucionalmente como órgano de asesoramiento y auxilio en la elaboración de los instrumentos de planificación de la actividad económica general. Se trata de un órgano de carácter asesor y consultivo, auxiliar del Gobierno, al ser colaborador de él en la elaboración de los proyectos de planificación. Se trataría de un

Consejo de Estado como el Gobernador del Banco de España, como Consejero Nato, y los miembros de los Consejos consultivos u órganos equivalentes de las Comunidades Autónomas, así como ex Gobernadores del Banco de España, como Consejeros Permanentes, junto con la condición de Juez o Abogado General del Tribunal de Justicia de la Unión Europea, como Consejero electivo.

3. En tercer lugar, considerando que la función consultiva no debe circunscribirse de modo exclusivo y excluyente a la traducida en dictámenes, crea una Comisión de Estudios[103].

Se cuestiona, muy fundadamente, la creación de dicha Comisión, por cuanto que no se configura como una Sección más, sino como "estructura paralela a la Comisión Permanente", quedando esta última excluida del procedimiento de elaboración de estudios e informes, siendo presidida por el propio Presidente del Consejo, e integrada por dos Consejeros Permanentes, dos natos y dos electivos, junto con el Secretario General, al menos un Letrado Mayor y los Letrados que sean necesarios, con posibilidad de recabar la participación "de funcionarios de otros cuerpos de la Administración", circunstancia por la cual se trata de una Comisión designada a propuesta del Presidente del Consejo (que lo nombra libremente el Consejo de Ministros), con un fuerte componente de Consejeros designados por dos años, renovables a voluntad del Pleno, con un procedimiento de preparación de asuntos específico, que corresponde a los Presidentes de los grupos de trabajo, dirigidos por el Presidente del Consejo o miembro de la Comisión de Estudios que aquél designe, oída la Comisión.

órgano colegiado, previsto constitucionalmente pero no de necesaria constitución en tanto no se elija en los objetivos políticos una política de planificación. El actual Consejo Económico y Social, creado y en funcionamiento, no es al que alude el artículo 131.2 de la Constitución y, por tanto, su Presidente no pertenece a la estructura colegial del Consejo de Estado". Frente a ello, el actual artículo 8.2 b) de la Ley Orgánica 3/1980, de 22 de abril, incluye como Consejero Nato del Consejo de Estado al Presidente del Consejo Económico y Social. Al efecto, SÁNCHEZ NAVARRO, "La función constitucional del Consejo de Estado...", o.c., pág. 371, destaca el dictamen del Consejo de Estado en relación al Anteproyecto de Ley Orgánica por la que se modificaba la Ley Orgánica 3/1980, en el que dicha institución establecía que la sustitución en la LO 3/2004, de la anterior mención de la LOCE ("Presidente del Consejo a que se refiere el artículo el artículo 131.2 CE") por la de "Presidente del Consejo Económico y Social"-art.8.2.b- no se limita a "actualizar" una denominación, sino que *"implica un auténtico cambio en el cargo..., dada la imposibilidad de asimilación"* entre ambos. Por ello, *"una vez hecha esta precisión, nada hay que objetar a la iniciativa de dar carta de naturaleza a la incorporación"* de dicho cargo. También se produce una alteración del cargo, y no mera actualización, en el caso del Presidente de la Comisión General de Codificación, que al ser el Ministro de Justicia no asistía a las sesiones del Consejo, ocupando su lugar, tras la Ley Orgánica 3/2004, el Presidente de la Sección Primera de la Comisión General de Codificación, tal y como también advierte el Consejo de Estado en el mencionado Dictamen.

[103] SÁNCHEZ NAVARRO, "El Consejo de Estado y la Reforma Constitucional", *Revista de Derecho Político*, nº 71-72, 2008, págs. 537-543. BAR CENDÓN, "La función constitucional del Consejo de Estado...", o.c., pág. 356.

En consecuencia, "es un órgano peculiar y claramente diferenciado", tanto por su composición como por sus procedimientos, que tiene su relevancia, por las competencias que la nueva norma le atribuye, sobre todo, en cuanto a la elaboración de "las propuestas legislativas o de reforma constitucional que el Gobierno le encomiende", poniendo de manifiesto la dimensión política de la reforma constitucional, donde el Consejo de Estado, según dicho autor, habrá de elaborar "las propuestas legislativas o de reforma constitucional que el Gobierno le encomiende", atendiendo a "los objetivos, criterios y límites" señalados por dicho Gobierno, actuando, entonces, como "político", al interpretar intereses, adoptar opciones, formular directrices, tanto más en el ámbito de reforma constitucional en el que, conforme nuevo procedimiento establecido en cuanto a las propuestas legislativas o de reforma constitucional.

Se abre un período de propuesta por la Comisión de Estudios al Pleno, el cual habrá de habrá de abordar un debate inicial de conjunto que dará paso a la presentación de enmiendas, en su caso, que serán analizadas por la Comisión de Estudios, la cual habrá de expresar su postura y la ponencia que adopte, que será elevada al Pleno para su debate y decisión, todo lo cual supone una evidente "parlamentarización" de un Pleno en cuya composición juega un importante papel el elemento político, pudiéndole convertir en "primera instancia de debate político", donde, además, continua dicho autor, se suavizan requisitos de quórum y se admite la posibilidad de votos particulares y propuestas alternativas a las adoptadas por el Pleno, si reúnen al menos siete votos, bajo un principio de reserva o deber de secreto de los miembros del Consejo.

El problema se plantea, en relación a la no exigencia de dictamen final del Consejo en los casos en que la propuesta legislativa haya sido elaborada por el propio Consejo de Estado, de forma que si las opciones políticas no están claras puede ocurrir que dicho Consejo termine por ocupar un lugar distinto en el juego de poderes, situándole en un lugar indefinido, asumiendo responsabilidades políticas, que "no le corresponden, para las que no está diseñado y que, en última instancia, pueden afectar gravemente a la auctoritas que constituye el fundamento último de su actividad".

En todo caso, desde ahora puede adelantarse que, a nuestro juicio, el aspecto central de la reforma radica en la profunda transformación operada en la noción misma de la función consultiva que la Constitución encomienda a este órgano. Un cambio que, más que una "renovación" puede significar una alteración esencial de esa función, modificando los términos en que es entendida por el ordenamiento jurídico, la jurisprudencia y la generalidad de la doctrina. Los efectos de dicha reforma se verán muy especialmente en conexión con el proceso de reforma constitucional que inició el gobierno en su anterior Legislatura, cuya tramitación podría llegar a suponer una desustanciación de la función que corresponde al Consejo de Estado.

Finalmente, esta reforma de 2004, acomete una revisión de las competencias del Consejo, introduciendo la de emitir dictamen preceptivo respecto de materias relativas a la ejecución de derecho comunitario europeo, que hasta entonces encontraba su base legal en la Disposición Adicional Primera de la Ley 8/1994, de 19 de mayo, por la que se regula la Comisión Mixta para la Unión Europea, dejándose constancia de las competencias del Consejo de Estado tras la creación de los Consejos Consultivos Autonómicos; asimismo, se delimita la competencia del Consejo de Estado en materia de responsabilidad patrimonial, situando un umbral cuantitativo de 6.000 euros, para que la consulta al Consejo sea preceptiva.

I.2.2. El Real Decreto 1674/1980, de 18 de julio, por el que se aprueba el Reglamento Orgánico del Consejo de Estado

En cumplimiento del mandato de la Disposición Final Tercera[104] de la Ley Orgánica 3/1980, de 22 de abril, el Gobierno aprobó el Reglamento Orgánico del Consejo de Estado, dando lugar al Real Decreto 1674/1980, de 18 de julio, compuesto de 144 artículos, una Disposición Derogatoria[105] y una Disposición Transitoria[106].

El Reglamento Orgánico del Consejo de Estado ha sido modificado en tres ocasiones[107], destacando la llevada a cabo mediante Real Decreto 449/2005, de 22 de abril, en línea con la reforma de la Ley Orgánica 3/1980, de 22 de abril, efectuada por la Ley Orgánica 3/2004, de 28 de diciembre

---

[104] Cuya redacción literal es la siguiente: "*El Gobierno, a propuesta del Consejo de Estado, aprobará el Reglamento Orgánico de ejecución y desarrollo de la presente Ley, inspirándose en cuanto a su organización y funcionamiento en los principios que se deducen de las disposiciones generales de la misma*".

[105] Relativa al Reglamento Orgánico de 13 de abril de 1945 y cuantas disposiciones se opusieran a aquél.

[106] En relación al acceso al Archivo del Consejo de Estado en tanto no se aprobara la Ley reguladora de dicha materia, en desarrollo del artículo 105 b) CE, regulación que se remite expresamente a dicha Ley en el artículo 84 del Reglamento en cuestión. En este sentido, la Ley 30/1992, de 26 de noviembre, de Régimen Jurídico de las Administraciones Públicas y del Procedimiento Administrativo Común, establece, en el apartado IX de su Exposición de Motivos, que el Título IV de dicha norma incorpora "las normas esenciales sobre el uso de lenguas oficiales, regula el acceso a la información de los archivos y registros administrativos, conforme a lo establecido en el artículo 105 b) de la Constitución, y aborda de manera frontal y decidida -en contraposición a la timidez de las previsiones de la Ley de Procedimiento Administrativo de 1958-la instalación en soporte informático de los registros generales…"

[107] Mediante Real Decreto 1405/1990, de 16 de noviembre, en relación al artículo 48.2 del Reglamento Orgánico, en cuanto al temario de los ejercicios a superar por los opositores a Letrados del Consejo de Estado, eliminando el Derecho Canónico e introduciendo el Derecho Comunitario Europeo; y, también, mediante Real Decreto 1990/1998, de 22 de mayo, en relación al artículo 50 del Reglamento Orgánico, en cuanto a la composición del Tribunal que habrá de juzgar las oposiciones a Letrado del Consejo de Estado, eliminando de su composición a un Magistrado del Tribunal Supremo, y elevando a dos el número de Consejeros de Estado que habrán de formar parte de dicho Tribunal.

No debe olvidarse que, conforme Dictamen nº 1484/2004, de 15 de julio, del Consejo de Estado, sobre Anteproyecto de Ley Orgánica de modificación de la Ley Orgánica 3/1980, de 22 de abril, del Consejo de Estado, "la LOCE y el Reglamento Orgánico forman una especie de bloque que debe ser entendido en su intrínseca conexión".

La técnica normativa y la especificación, acertada y necesaria, respecto del Reglamento de referencia, hacen del mismo una imprescindible consulta para la comprensión del Alto Cuerpo Consultivo del Gobierno, su régimen jurídico, composición y competencias.

I.3. Regulación autonómica de creación y desarrollo de órganos consultivos propios

Es sabido que la Constitución Española, en los artículos ya expuestos, no hace referencia a la existencia de órganos consultivos autonómicos propios, de carácter superior, en paralelismo al Consejo de Estado. Es más, ni siquiera establece la posibilidad de creación de los mismos. La legislación general vigente tampoco ayuda mucho en dicha materia, ya sea al momento de promulgarse la Constitución Española, aprobarse la Ley Orgánica 3/1980, de 22 de abril, o su Reglamento orgánico. Sea como fuere, y qué duda cabe a día de hoy, de que en un Estado Social y Democrático de Derecho, descentralizado y garante de la autonomía e independencia de las Comunidades Autónomas resultantes del proceso dispositivo de creación contemplado en nuestra Constitución Española, la posibilidad de creación y reconocimiento de órganos consultivos autonómicos está más que garantizada, aunque, eso sí, en sustitución del Consejo de Estado en los términos y condiciones previstos en nuestro ordenamiento jurídico y en la jurisprudencia, tal y como así se ha consolidado a lo largo de todos estos años.

Mucho se discutió acerca de la posibilidad de creación de tales órganos autonómicos[108], hasta que nuestro Tribunal Constitucional, en Sentencia 204/1992, de 26 de noviembre[109], zanjó definitivamente la cuestión, de forma que a partir de la mencionada resolución judicial ya no se trataba de discutir sobre si la intervención del Consejo de Estado respetaba o no el principio de autonomía si no de descubrir si todos los órganos consultivos creados por las Comunidades Autónomas eran o no semejantes al Consejo de Estado, porque,

---

[108] Aunque por aquel entonces, poco después de promulgarse la Constitución Española de 1978, ya existía el Consejo Consultivo de Cataluña, desde el año 1981, y el de Canarias desde 1984. Pero fue a partir de la Sentencia del Tribunal Constitucional 204/1992, cuando se fueron creando progresivamente el resto de consejos u órganos consultivos hasta nuestros días.

[109] A propósito de la cuestión de inconstitucionalidad nº 2.414/91, planteada por la Sala de lo Contencioso-Administrativo del Tribunal Superior de Justicia de la Comunidad Valenciana en los recursos acumulados nº. 1.368/90 y 1.370/90, sobre la supuesta inconstitucionalidad del art. 23.2 de la Ley Orgánica 3/1980, del Consejo de Estado, en relación con el art. 22.3 de la misma Ley, en cuanto pudiera vulnerar los arts. 2, 137, 148.1.1., 107 y 153 C.E, respectivamente.

precisamente en dicha cuestión radicaba el éxito en la proliferación de tales órganos consultivos autonómicos[110].

Pues bien, teniendo en cuenta que *"ningún precepto constitucional y menos aún el que se refiere al Consejo de Estado, impide que, en el ejercicio de la autonomía organizativa, las Comunidades Autónomas puedan establecer en su propio ámbito, órganos consultivos equivalentes al Consejo de Estado en cuanto a su organización y competencias, siempre que éstas se ciñan a la esfera de atribuciones y actividades de los propios gobiernos y administraciones autonómicas"*[111], y que en donde o en tanto semejantes órganos consultivos autonómicos, dotados de las características de organización u funcionamiento que aseguren su independencia, objetividad y rigurosa cualificación técnica, no existan, esto es, en Comunidades Autónomas que no cuenten con esta especialidad derivada de su organización propia, la garantía que representa la función consultiva *"exige mantener la intervención preceptiva del*

Consejo de Estado"[112], todas las Comunidades Autónomas, excepto Cantabria (a pesar de tenerlo previsto en su Estatuto de Autonomía), cuentan con su Consejo Consultivo.

La regulación actualmente vigente de los Consejos Consultivos autonómicos es la siguiente:

- **Cataluña**: artículo 78 de la Ley 3/1982, de 23 de marzo, del Parlamento, del Presidente y del Consejo Ejecutivo de la Generalidad.

1. Ley 1/1981, de 25 de febrero, de creación del Consejo Consultivo de la Generalidad.

2. Decreto 429/1981, de 2 de noviembre, por el que se aprueba el Reglamento Provisional de organización y funcionamiento del Consejo Consultivo de la Generalidad de Cataluña.

3. Decreto 69/2006, de 11 de abril, de aprobación del Reglamento de organización y funcionamiento de la Comisión Jurídica Asesora.

---

[110] BLANQUER CRIADO, D. V. *Consejo de Estado y Autonomías,* Madrid, Tecnos, 1994, pág. 33. Y ello porque así lo exigía la Sentencia 204/1992, lo cual fue también ratificada por el Tribunal Supremo en Sentencia 16 de enero de 1993. El mismo autor señala que, teniendo en cuenta que la intervención del Consejo de Estado en la tramitación de determinados expedientes administrativos es una garantía, en la medida en que se trata de un órgano cualificado por su competencia técnica y su independencia y objetividad de criterio, resulta que si *"estos rasgos desaparecen al constituirse sus correlatos autonómicos la aparición de estos no podría recibir la bienvenida que expresaba en el párrafo anterior"*, lo que le llevaba a concluir que esta novedad en el panorama de las estructuras organizativas implica una oportunidad (de ampliar las garantías), pero encierra también un riesgo (el de su disminución), añadiendo que *"la balanza se termine inclinando de un lado u otro dependerá del rigor con que se aborde la regulación de la función consultiva autonómica. Dependerá del respeto del modelo de función consultiva que resulta de la Constitución". (Ibídem,* pág. 23).

[111] Sentencia Tribunal Constitucional 204/1992, de 26 de noviembre, Fundamento Jurídico Cuarto.

[112] Sentencia Tribunal Constitucional 204/1992, de 26 de noviembre, Fundamento Jurídico Quinto.

4. Ley 5/2005, de 2 de mayo, de la Comisión Jurídica Asesora.

- **Canarias**: artículo 29.1. de su Estatuto de Autonomía, aprobado mediante Ley Orgánica 10/1982, de 10 de agosto.

1. Ley 5/2002, de 3 de junio, del Consejo Consultivo de Canarias.

2. Decreto 181/2005, de 26 de julio, por el que se aprueba el Reglamento de organización y funcionamiento del Consejo Consultivo de Canarias.

- **Islas Baleares**: artículo 41 de su Estatuto de Autonomía, aprobado mediante Ley Orgánica 2/1983, de 25 de febrero, derogada por Ley Orgánica 1/2007, de 28 de febrero.

1. Ley 5/1993, de 15 de junio, de creación del Consejo Consultivo de las Illes Balears.

2. Decreto 24/2003, de 28 de marzo, que aprueba el Reglamento orgánico del Consejo Consultivo de las Illes Balears.

- **Andalucía**: artículo 44. del Estatuto de Autonomía, aprobado mediante Ley Orgánica 6/1981, de 30 de diciembre.

1. Ley 4/2005, de 8 de abril, del Consejo Consultivo de Andalucía.

2. Decreto 273/2005, de 13 de diciembre, por el que se aprueba el Reglamento orgánico del Consejo Consultivo de Andalucía.

- **Comunidad Valenciana**: artículo 31.1. del Estatuto de Autonomía, aprobado mediante Ley Orgánica 5/1982, de 1 de julio, derogada por Ley Orgánica 1/2006, de 10 de abril.

1. Ley 10/1994, de 19 de diciembre, de creación del Consell Juridic Consultiu de la Comunitat Valenciana.

2. Decreto 138/1996, por el que se aprueba el Reglamento de Consell Juridic Consultiu de la Comunitat Valenciana.

- **Aragón**: Disposición Adicional Primera de la Ley 3/1993, de 15 de marzo, del Presidente, Diputación General y Administración de la Comunidad Autónoma de Aragón.

1. Texto refundido de la Ley del Presidente y del Gobierno de Aragón, aprobado por Decreto Legislativo 1/2001, de 3 de julio.

2. Decreto 132/1996, de 11 de junio, por el que se aprueba el Reglamento de organización y funcionamiento de la Comisión Jurídica Asesora del Gobierno de Aragón.

- **La Rioja**: artículo 42 del Estatuto de Autonomía, aprobado mediante Ley Orgánica 3/1982, de 9 de junio.

1. Ley 3/2001, del Consejo Consultivo de La Rioja.

2. Decreto 8/2002, de 24 de enero, por el que se aprueba el Reglamento del Consejo Consultivo de La Rioja.

- **Galicia**: artículo 27.1 del Estatuto de Autonomía, aprobado mediante Ley Orgánica 1/1981, de 6 de abril.

1. Ley 9/1995, de 10 de noviembre, del Consejo Consultivo de Galicia.

2. Decreto 282/2003, de 22 de mayo, por el que se aprueba el Reglamento de organización y funcionamiento del Consejo Consultivo de Galicia.

- **Castilla-La Mancha**: artículo 13.4 del Estatuto de Autonomía, aprobado mediante Ley Orgánica 9/1982, de 10 de agosto.

1. Ley 11/2003, de 25 de septiembre, del Gobierno y del Consejo Consultivo de Castilla-La Mancha.

2. Acuerdo de 27 de junio de 1996, de las Cortes de Castilla-La Mancha, por el que se aprueba el Reglamento del Consejo Consultivo de Castilla-La Mancha.

- **Murcia**: artículo 10.1. del Estatuto de Autonomía, aprobado mediante Ley Orgánica 4/1982, de 9 de junio.

1. Ley 2/1997, de 19 de mayo, del Consejo Jurídico de la Región de Murcia.

2. Decreto 15/1998, de 2 de abril, que aprueba el Reglamento de organización y funcionamiento del Consejo Jurídico de la Región de Murcia.

- **Navarra**: artículos 49.1.a) y e), de la Ley Orgánica 13/1982, de 10 de agosto, de Reintegración y Amejoramiento del Régimen Foral de Navarra.

1. Ley Foral 8/1999, de 16 de marzo, de creación y regulación del Consejo de Navarra.

2. Decreto Foral 90/2000, de 28 de febrero, que aprueba el Reglamento de organización y funcionamiento del Consejo de Navarra.

- **País Vasco**: acuerdo del Gobierno Vasco sobre la Comisión Jurídica Asesora de la Comunidad Autónoma del País Vasco, mediante Decreto 187/1999, de 13 de abril por el que se crea la Comisión Jurídica Asesora del Gobierno Vasco.

1. Ley 9/2004, de 24 de noviembre, de la Comisión Jurídica Asesora de Euskadi.

2. Decreto 167/2006, de 12 de septiembre, por el que se aprueba el Reglamento de organización y funcionamiento de la Comisión Jurídica Asesora de Euskadi.

- **Extremadura**: artículo 51 del Estatuto de Autonomía, aprobado mediante Ley Orgánica 1/1983, de 25 de febrero

1. Ley 16/2001, de 14 de diciembre, de creación y regulación del Consejo Consultivo de Extremadura.

2. Decreto 146/2004, de 28 de septiembre, de aprobación del Reglamento de organización y funcionamiento del Consejo Consultivo de Extremadura.

- **Castilla y León**: artículo 24 del Estatuto de Autonomía, aprobado mediante Ley Orgánica 4/1983, de 25 de febrero, modificado mediante Ley Orgánica 14/2007, de 30 de noviembre.

1. Ley 1/2002, de 9 de abril, de creación del Consejo Consultivo de Castilla y León.

2. Decreto 102/2003, de 11 de septiembre, que aprueba el Reglamento orgánico del Consejo Consultivo de Castilla y León.

- **Principado de Asturias**: artículo 35 quater del Estatuto de Autonomía, aprobado mediante Ley Orgánica 7/1981, de 30 de diciembre modificada mediante Ley Orgánica 1/1999, de 5 de enero.

1. Ley 1/2004, de 21 de octubre, de creación del Consejo Consultivo del Principado de Asturias.

2. Decreto 75/2005, de 14 de julio, por el que se aprueba el Reglamento de organización y funcionamiento del Consejo Consultivo del Principado de Asturias.

- **Comunidad de Madrid**: artículo 26.1.1. del Estatuto de Autonomía, aprobado mediante Ley Orgánica 3/1983, de 25 de febrero.

1. Ley 6/2007, de 21 de diciembre, reguladora del Consejo Consultivo de la Comunidad de Madrid.

2. Decreto 26/2008, de 10 de abril del Consejo de Gobierno, por el que se aprueba el Reglamento orgánico del Consejo Consultivo de la Comunidad de Madrid.

Por lo tanto, debemos destacar, que todas las Comunidades Autónomas, excepto Cantabria, cuentan con Consejos Consultivos Autonómicos, propios y de carácter superior, con identidad de funciones y similares características a las del Consejo de Estado, por lo que cumplen con los requisitos que, tanto el Tribunal Constitucional como el Tribunal Supremo, exigen para suplir al Consejo de Estado en dichas autonomías.

En aquellas Comunidades Autónomas donde no se ha procedido a la creación y puesta en funcionamiento de tales órganos, tal es el caso de Cantabria, no es posible prescindir de la intervención del Consejo de Estado en los supuestos en que esta es preceptiva.

CAPÍTULO II. NATURALEZA JURÍDICA Y FUNCIÓN CONSULTIVA DEL CONSEJO DE ESTADO ESPAÑOL Y DE LOS CONSEJOS CONSULTIVOS AUTONÓMICOS

II.1. Naturaleza jurídica del Consejo de Estado

Una síntesis sobre la naturaleza y trascendencia de la suprema institución consultiva objeto de estudio, debe, sin duda alguna, identificar a dicho órgano con una institución histórica, de carácter constitucional, con competencia consultiva[113], que realiza al mismo tiempo y en diversa medida, potestades consultivas y de asesoramiento de distinta naturaleza e intensidad, de control preventivo, de garantía de la legalidad, de aseguramiento de acierto y oportunidad, de cooperación en la creación de una doctrina jurídica que influye en la elaboración de textos legislativos de diverso rango, con proyección sobre la función jurisprudencial, y que, al mismo tiempo, participa en la formación de órganos de composición destinados a superar conflictos "inter-órganos", a través de su presencia en el Tribunal de Conflictos.

A todo ello se ha de añadir, su independencia e imparcialidad, garantizadas por la autonomía orgánica y funcional que se le atribuye, así como su singularidad, ya que en ningún otro órgano de los incluidos en la Constitución Española concurren la acumulación de características tales como antigüedad, colegialidad, independencia, estabilidad y autonomía orgánica y funcional, rematado todo ello con una peculiar regulación de su ubicación, albergada en un histórico y representativo edificio, según su propia Ley Orgánica, "cerca del Palacio Real, pero fuera de él[114]".

El Consejo de Estado[115] recoge buena parte de la tradición de los últimos dos siglos, especialmente respecto a la participación múltiple de perfiles jurídicos y de sectores sociales, asumiendo un marco competencial caracterizado por la búsqueda de la calidad normativa, la previsión de incompatibilidades legales y constitucionales y la racionalización en la adopción de los actos administrativos, sin descuidar la protección de las garantías ciudadanas.

---

[113] Como más adelante volveremos a evidenciar en el Capítulo IV, distinguimos entre "competencia" como elemento más característico de cada órgano, el que [le] define (...) y también [podemos definirla] como el conjunto de funciones y potestades que el ordenamiento jurídico atribuye a cada órgano (...). Así pues, la competencia define la naturaleza jurídica mientras que las potestades concretas, se encuentran inmersas en la anterior. PARADA VÁZQUEZ, R. *Organización y empleo público, Derecho Administrativo II*, Madrid, Marcial Pons, 1993, págs. 33-36.

[114] Así lo destaca CAVERO LATAILLADE, I. *La función consultiva del Consejo de Estado y su aportación al ordenamiento jurídico, Lección inaugural apertura del curso académico 2001-2002*, Madrid, Universidad San Pablo CEU, 2002, págs. 4-7.

[115] BELDA PÉREZ-PEDRERO, E. "Constitución de 1812 y función consultiva: evolución del Consejo de Estado en España", *Revista española de la función consultiva*, nº13, 2010, págs. 149-183.

Su regulación constitucional, al mismo tiempo, establece una garantía institucional de permanencia sobre este órgano y un perfil básico de su naturaleza, que el legislador debe desarrollar. Primero, se acoge la denominación tradicional que había sido constitucionalmente omitida en la anterior constitución republicana de 1931. Segundo, se posiciona dentro del Título IV, como acompañante del Gobierno, aunque al servicio de la concepción del Estado bajo la Constitución de 1978[116]. Tercero, se lleva a la Constitución, como en 1931, la competencia que desempeña en el ámbito de este poder del Estado: la consultiva, pero también la calificación de la citada función como de carácter "superior". Y cuarto y último rasgo, remite a la ley orgánica la regulación del órgano en lo referente a composición y competencia del mismo.

En consecuencia, el Consejo de Estado español se estructura en nuestra Constitución, con una denominación concreta, una ubicación en el entramado de los poderes públicos (órgano estatal en el ámbito del Ejecutivo), una naturaleza competencial asignada (consultiva del máximo nivel), y finalmente se acompaña con una reserva de ley orgánica que ha de contemplar quiénes desempeñan el cargo, cómo lo hacen y qué hacen.

A partir de estas alusiones anteriores, pasamos a observar las características definitorias de la naturaleza jurídica de los órganos objeto de estudio.

II.1.1. El Consejo de Estado como órgano de relevancia constitucional

Es pacífica la opinión de que el Consejo de Estado no es un órgano constitucional aunque sí se configura como órgano de relevancia constitucional; aun no alcanzando el rango de órgano constitucional en sentido estricto, puede calificarse como órgano auxiliar, junto con el Tribunal de Cuentas y el Defensor del Pueblo[117], este órgano consultivo ha pasado de ser uno de los contrapesos del Gobierno (destinado en el pasado a mantener la libertad de maniobra del Jefe del Estado, a ser, tras su regulación por la Constitución Española, un órgano auxiliar del Gobierno, al que apoya en su labor de dirección de la Administración Pública, la cual goza de una legitimación específica basada en la atribución a la misma de la función de cumplimiento de los fines del Estado, mediante criterios

---

[116] Conforme STC 59/1990, de 29 de marzo.

[117] RODRÍGUEZ-ZAPATA PÉREZ, en su estudio preliminar a la "Ley Orgánica del Consejo de Estado...", o.c., págs. 40 y 41. GARCÍA ROCA, F.J. *El conflicto entre órganos constitucionales*, Madrid, Tecnos, 1987, págs. 84; GÓMEZ MONTOSO, Á. J. *El conflicto entre órganos constitucionales*, Madrid, Centro de Estudios Constitucionales, 1992, pág. 347; LAVILLA RUBIRA, "Consejo de Estado...", o.c., pág. 1476, señala que la relevancia constitucional del Consejo de Estado fue declarada expresamente por el Tribunal Constitucional en el sentencia 56/1990, de 29 de marzo, añadiendo que, no obstante el carácter prácticamente incondicionado de la remisión al legislador orgánico practicada por el artículo 107 CE, éste ha de regular la institución en términos recognoscibles para la imagen que de la misma tiene la conciencia social en cada tiempo y lugar, tal como señala la STC 32/1981, de 28 de julio, y ya recogimos en el Capítulo anterior.

objetivos, que es precisamente lo que justifica la presencia de un órgano, junto al Gobierno, caracterizado por su cualificación jurídica.

En este sentido se define, la categoría de órgano de relevancia constitucional[118] de forma residual y negativa a partir de la propia categoría de órgano constitucional, para calificar a ciertas entidades que no cumplen los requisitos que se exigen a la propia de órgano constitucional, cuales son:

1. En primer lugar, dicho órgano ha de estar establecido y configurado directamente por la Constitución[119], de forma que el Consejo de Estado está establecido en la Carta Magna pero su constitución apenas está esbozada en la misma, ya que no determina ni su composición, ni los órganos ni métodos de designación de sus miembros, ni su status institucional, ni la relación precisa de sus competencias, ya que la Constitución sólo señala que es un órgano consultivo, de lo que se deduce que posee competencias consultivas, de las que sólo se menciona la del artículo 153 b) de la Constitución Española, aunque se remite a una Ley Orgánica para desarrollar tales extremos.

2. Como segundo requisito, ha de ser un componente fundamental de la estructura constitucional, de forma que una hipotética desaparición de dicho órgano o desorganiza completamente al Estado o lo transforma fundamentalmente[120], teniendo en cuenta que, en este sentido, el Consejo de Estado, pese a que es un órgano de gran relevancia para la defensa del Estado de Derecho, al velar en el ejercicio de su función consultiva por la observancia de la Constitución y del resto del ordenamiento jurídico (art. 2.1 de su Ley Orgánica), no puede considerarse tan esencial como para pensar que su desaparición desorganizaría completamente al Estado o lo transformaría sustancialmente.

3. Al mismo tiempo, como tercer requisito, un órgano constitucional debe participar en la dirección política del Estado, o, en términos de Santi Romano, en la soberanía[121], de forma que teniendo en cuenta este tercer requisito, resulta que el Consejo de Estado obviamente no participa en lo que la doctrina italiana califica como "indirizzo", sí lo hace en las funciones legislativa y reglamentaria dictaminando diversos instrumentos normativos (proyectos de Decretos legislativos, Anteproyectos de leyes que desarrollen tratados internacionales o afecten al Consejo de Estado, Anteproyectos de leyes orgánicas de transferencia o delegación de competencias a las Comunidades Autónomas, reglamentos ejecutivos de leyes o tratados), y también participa en la función ejecutiva dictaminando

---

[118] RUIZ MIGUEL, "Consejo de Estado...", o.c., págs. 90 y 91. GONZÁLEZ-TREVIJANO SÁNCHEZ, P.J. *"El Tribunal Constitucional"*, Navarra, Aranzadi, 2000, págs. 53-55.

[119] GARCÍA-PELAYO, M. "El status del Tribunal Constitucional", *Revista Española de Documentación Científica.* nº 1, 1981, págs. 11 y ss.

[120] GARCÍA-PELAYO, "El status...", o.c., págs. 14-15, JELLINEK, G. *Teoría General del Estado*, Buenos Aires, Albatros, 1978, pág. 42.

[121] GARCÍA-PELAYO, "El status...", o.c., pág. 22 y ROMANO, S. "Nozione e natura degli organi costituzionali dello Stato", en *Scritti minori*, Milán, Giuffrè, 1950, I, págs. 1-10.

diversos actos administrativos y en la función jurisdiccional, si bien esta participación es de tipo vicario, y no es decisiva.

4. En cuarto lugar, un órgano constitucional debe gozar de paridad de rango respecto a los demás órganos constitucionales, siendo cada uno de ellos supremo en su orden, de lo que se deriva su posición de independencia recíproca que no impide una interdependencia organizativa o sistemática de los órganos entre sí que lleve a que un órgano constitucional pueda nombrar a los titulares de otro o incluso controlarlo[122], de forma que, en este sentido, el Consejo de Estado está definido en la Constitución Española como el supremo órgano consultivo del Gobierno, no subordinado a ningún otro, siendo así que para el profesor Ruiz Miguel la preposición "del" Gobierno no implica subordinación sino conexión, por lo que concluye que el Consejo de Estado es un órgano que se establece por la Constitución Española previendo algunos de sus elementos pero "en un grado significativamente menor de lo que sucede con los órganos constitucionales".

Y es que la doctrina más acreditada se ha centrado en la división de referencia respecto de los órganos estatales superiores, a la hora de dilucidar la naturaleza jurídica del Consejo de Estado. En este sentido, Vera Santos[123], explica la categorización de los órganos estatales superiores y su división, en dos subtipos, esto es, los órganos constitucionales, caracterizados por "un conjunto de criterios que hacen referencia a aquellos que son configurados y definidos absolutamente en el texto constitucional, y cuya desaparición conllevaría un cambio en la configuración estructural del Estado al tiempo que participan en la dirección política del mismo, gozando de rango parejo y de coordinación interrelacional"; y los órganos auxiliares o de relevancia constitucional, que aparecen "a contrario sensu" de los anteriores, "siendo denominados de una u otra forma según se atienda a un concepto funcional u organicista, destacando bien la realización de actividades técnicas y no políticas, bien su imbricación en el texto constitucional, aunque incumpliendo los criterios aplicados a los órganos constitucionales".

El mismo autor, para llegar a dicha diferenciación parte de la premisa, que compartimos, de que dentro de los órganos estatales superiores (definidos como estructuras organizativas expresamente previstas por la Constitución, como cauces de expresión continuada, concentrada y unitaria de una determinada parcela de la global actuación del Estado[124]), se distinguen las siguientes categorías; a saber, órganos mediatos e inmediatos (estos últimos son aquellos que forman la voluntad del Estado, no dependen ni están subordinados a ningún otro órgano y cuya desaparición conllevaría la desorganización del Estado o su transformación de manera capital, mientras que los primeros sólo ejecutan la

[122] GARCÍA-PELAYO, "El status...", o.c., pág. 28, y ROMANO, "Nozione e Natura...", o. c., pág. 12.

[123] VERA SANTOS, J.M. *El Tribunal de Cuentas y los órganos de control externos de las Comunidades Autónomas,* Madrid, Centro de Estudios Políticos y Constitucionales, 2001, págs. 41-46 y 48.

[124] AGUILAR FERNÁNDEZ-ONTORIA, E. "A propósito del Defensor del Pueblo: los rasgos definidores de la posición jurídica de los órganos auxiliares", *Revista de la Administración Pública,* nº 109, 1986, págs. 7-117.

voluntad o cumplen la voluntad del Estado, por lo que no tienen ningún poder que no reciban de los órganos inmediatos); en segundo lugar, órganos constitucionales y administrativos, de forma que los primeros adquieren auge allá por los años treinta del siglo pasado, tras la superación de la división tripartita de Montesquieu y con la llegada del fascismo y la teoría de la participación en la dirección del poder político supremo o "indirizzo" italiano, siendo aquellos órganos inmediatamente partícipes de la soberanía, mientras que los órganos administrativos participan sólo de forma mediata de la soberanía, derivando su poder de los primeros. Siguiendo a García Pelayo, los órganos constitucionales se configuran inmediatamente por la Constitución, que "los determina absolutamente en su condición de tal", se encuentran presentes con carácter fundamental en la estructura constitucional, participan en la dirección política del Estado, en el "indirizzo" de la doctrina italiana, y existe paridad de rango y relaciones de coordinación entre los mismos, con el "lógico corolario de su independencia", si bien pone de relieve el carácter demasiado amplio y poco definido de tales rasgos, sin poder resaltar ninguno de ellos por encima de los demás, por lo que termina por acudir a la definición " a sensu contrario" de órgano de relevancia constitucional.

Y es por ello que, siguiendo a la doctrina italiana, define Vera Santos los órganos de relevancia constitucional como aquellos órganos "que siendo regulados o estando previstos en disposiciones o normas constitucionales, no pueden ser suprimidos -y tal vez reformados en todo o en parte- sino mediante leyes de reforma constitucional", de forma que son órganos recogidos en el texto constitucional "cuya configuración institucional concreta se defiere al legislador ordinario", no gozando así del requisito antes citado de su configuración inmediata por la Constitución. Tampoco se predica de tales órganos, que su presencia sea fundamental para la estructura constitucional, y que tengan participación en la dirección política del Estado y ostenten paridad de rango y relaciones de coordinación entre ellos mismos, teniendo en cuenta que su posible supresión, a pesar de realizarse vía reforma constitucional, no desvirtuaría la estructura orgánica definidora del Estado. Además, la actividad de tales órganos, es de un carácter más técnico que político o de dirección, y su posición dentro del organigrama estatal no es la predicada de los órganos constitucionales.

Como órgano de relevancia constitucional, el Consejo de Estado goza de una garantía institucional evidente que tiene una doble consecuencia inmediata; esto es, no es posible su desaparición, ni siquiera a través de una Ley Orgánica, siendo necesario una reforma constitucional para que el Consejo de Estado deje de existir, y, además, tampoco es posible alterar, ni siquiera mediante Ley Orgánica, su función genuina, que es la consultiva, la que le presta su verdadera naturaleza competencial. De ello resulta que sería contrario a la Constitución mantener nominalmente la existencia del Consejo de Estado vaciándole de su función propia como es la de emitir declaraciones de juicio sobre los asuntos que se le consulten. Se trata, en realidad, de un órgano de relevancia constitucional que, con independencia del presupuesto de que se nutra, así como de su incrustación formal, funcionalmente (que es el aspecto definitivo) es independiente, ajeno a la Administración del Estado y a la Administración activa en general, a cuyo fin se le reconoce la autonomía precisa para hacer realidad dicha independencia funcional[125].

En este mismo sentido se manifiesta Garrido Mayol[126], apoyándose en la Sentencia del Tribunal Constitucional 56/1990, de 29 de marzo, en cuanto a su Fundamento Jurídico 37º, señalando que *"En efecto, el Consejo de Estado no forma parte de la Administración activa. Es, por el contrario, conforme el artículo 107 de la Constitución y el artículo 1.1 de la Ley Orgánica 3/1980, de 22 de abril (LOCE), un órgano consultivo que actúa, en todo caso, con autonomía orgánica y funcional en garantía de su objetividad e independencia (artículo 1.2 LOCE).*

El Consejo de Estado, pese a la dicción literal del artículo 107 de la C.E., que se refiere a él como órgano supremo consultivo del Gobierno, tiene en realidad el carácter de órgano del Estado con relevancia constitucional al servicio de la concepción del Estado que la propia Constitución establece. Así resulta de su composición artículos [7 y 9 .h) de la LOCE] y de sus funciones consultivas que se extienden también a las Comunidades Autónomas, según prevén explícitamente en el diseño competencial a que se remite la Norma fundamental, realizado por los artículos 20 a 23 de la LOCE."

Y es que, la posición del Consejo de Estado viene marcada, por la distinción entre Gobierno y Administración a propósito de la legitimación democrática y la calidad de órgano constitucional inmediato del primero, y de organización vicaria o servicial de la segunda, de forma que el Consejo de Estado proporciona al Gobierno criterios estables, independientes y jurídicamente fundados para facilitar la dirección de la Administración y facilitar el cumplimiento del objetivo de la sumisión plena de la Administración a la Ley y al Derecho que establece la Constitución Española[127].

II.1.2. El Consejo de Estado como órgano auxiliar

El Consejo de Estado es, también, un órgano de naturaleza auxiliar, entendida esta como órgano coadyuvante en el ejercicio de las funciones administrativas y gubernamentales del Gobierno y de las Comunidades Autónomas.

En efecto, no debe olvidarse que dicha configuración fue introducida en nuestro país, bajo la influencia de la doctrina italiana, por Aguilar Fernández-Hontoria[128], el cual, además

---

125 GARCÍA-TREVIJANO FOS, "La Función Consultiva...", o.c., págs. 142 y 146.

126 "La función consultiva en la Comunidad Autónoma de Madrid", en ÁLVAREZ CONDE, E. (Dir.), *El Derecho Público de la Comunidad de Madrid. Comentarios al XX Aniversario del Estatuto de Autonomía*, Madrid, Centro de Estudios Ramón Areces, 2003, pág. 574.

127 GARCÍA ÁLVAREZ, "Función constitucional...", o.c., pág. 253.

128 En el artículo antes citado también publicado en "A propósito del Defensor del Pueblo: los rasgos definidores de la posición jurídica de los órganos auxiliares", en VV.AA. *Las Cortes Generales,*

de justificar el carácter de órgano de relevancia constitucional, respecto del Consejo de Estado, va más allá y partiendo de la distinción entre poderes y funciones, fundamenta la naturaleza jurídica de órgano auxiliar del Defensor del Pueblo. En este sentido, sostiene Aguilar que los poderes se encaminan al aseguramiento de la libertad mediante un equilibrio, mientras que las funciones, resultado de la creciente complejidad social, se dirigen a una especialización técnica y división del trabajo, a partir de los órganos que han de ejercerlas. De esta forma, continua dicho autor, los poderes estatales son las vías de ejercicio de la "actividad política del Estado" y las funciones "son los cauces por los que se manifiesta la actividad técnica del mismo", conectándose ambos mediante una relación de auxilio y asistencia, de garantía, para conseguir un adecuado cumplimiento de los fines encomendados.

Y así, los órganos vinculados a los poderes, recogidos en la Constitución Española, son los constitucionales, y los vinculados a las funciones estatales, los auxiliares, entre los que incluye también al Consejo de Estado, cuya relación con el Gobierno, como órgano constitucional, parece de carácter objetivo - frente a la relación de carácter subjetivo, que implica subordinación-, esto es, encaminada a garantizar una correcta actuación estatal en ciertos campos complejos, ejerciendo de forma independiente sus competencias[129].

Ahora bien, también existen opiniones contrarias a la naturaleza de órgano auxiliar del Consejo de Estado, de forma que la expresión "órgano consultivo del Gobierno", implica

---

Madrid, IEF, 1987, I, págs. 337 y ss., como bien recuerda RUIZ MIGUEL, "Consejo de Estado...", o.c., pág. 91.

[129] AGUILAR FERNÁNDEZ-ONTORIA, "A propósito..." o.c., págs. 363 y ss. El mismo autor añade que la Constitución ha venido a configurar un órgano de asesoramiento externo de la Administración Pública, a partir de su definición y encuadramiento, con el objetivo de emitir una independiente, objetiva y motivada opinión sobre la corrección de la solución o decisión propugnada por los órganos activos consultantes, de forma que la actividad estatal está inspirada por el sentido de garantía que caracteriza la "actuación técnica del Estado". Igualmente, RUIZ MIGUEL, "Consejo de Estado...", o.c., pág. 93, señala que al asignarse al Consejo de Estado una función con relevancia constitucional, como es la consultiva, y como tal, una función estatal, en el ámbito gubernativo y administrativo, el Consejo de Estado debe ser caracterizado como órgano de relevancia constitucional. Para DE LA CUADRA-SALCEDO, en "El Consejo de Estado...", o.c., pág. 235, *"el artículo 107 no es que prevé sin más un órgano, sino que establece un determinado tipo de Gobierno y Administración; el propio de un Estado de Derecho que se concreta no sólo en el control judicial posterior, sino en un sistema preventivo (de consulta previa) que pretende garantizar más radicalmente el sometimiento de la Administración Pública al Derecho [...]. La previsión de un órgano consultivo no constituye sino una forma de entender y concretar las exigencias del Estado de Derecho en el Gobierno y la Administración. Y esta forma de entender el Estado de Derecho se extiende a todas las Administraciones"*. Finalmente, y compartiendo la opinión de VARELA SUANZES-CARPEGNA, J. en "La naturaleza jurídica del Defensor del Pueblo", *Revista Española de Derecho Constitucional*, nº 8, 1983, págs. 63-80, debe tenerse en cuenta que la relación de auxiliariedad excluye tanto una relación de paridad como una relación de jerarquía o subordinación, que es la que vincula a un órgano interno con el órgano principal en el cual se inserta.

subordinación, y, por tanto, inserción dentro del Estado central, Estado superior o Administración del Estado[130], postura esta que tiene el aval de alguna Sentencia del Tribunal Supremo, como la de fecha de 24 de noviembre de 1989 (Sala de Revisión, ponente: Agúndez[131]).

Otra cuestión, vinculada a la anterior, se refiere a su ámbito de actuación. En esta línea, hay quienes conciben al Consejo de Estado como órgano auxiliar, propio del Estado, pero sin posibilidad de extender su dictamen preceptivo a las Comunidades Autónomas, a partir del artículo 107 de la Constitución Española, al no estar expresamente incluida la mención a las mismas en dicho precepto, como tales o a través de expresiones como "poderes públicos", postura esta que sostuvo Muñoz Machado inicialmente[132], y que hoy en día, mantiene, a pesar de resulta dudosa[133]. En este sentido, dicho autor ha venido a defender

---

[130] GÁLVEZ MONTES, "Artículo 107…", o.c., págs. 389 a 392; DE CARRERAS SERRA, F. "El Consell d´Estat com a òrgan consultiu", en VV.AA. *El Govern a la Constitució i als Estatuts d´Autonomia,* Barcelona, Diputación de Barcelona, 1985, págs. 79 y ss., esp. pág. 84; BOSCH BENÍTEZ, O. "Consejo de Estado y Consejo Consultivo de Canarias: problemas de articulación de la competencia consultiva en el Estado autonómico", *Actualidad Administrativa,* nº 44, 1987, págs. 2502-2503; BRAVO-FERRER DELGADO, M. "Consejo de Estado y Estado de las autonomías", *Revista Española de Documentación Administrativa,* nº 60, 1988, pág. 579; LÓPEZ BENÍTEZ, M. "Nuevas consideraciones sobre la posición del Consejo de Estado en relación con las Comunidades Autónomas", *Revista Española de Documentación Administrativa* nº 64, 1989, págs. 609 y ss., y 634-635; y, TRUJILLO, G. "La función consultiva en las Comunidades Autónomas: sus órganos específicos y sus relaciones con el Consejo de Estado", *Documentación Administrativa,* nº 226, 1991, págs. 153 y ss., y 177.

[131] Dicha Sentencia, que resuelve un recurso extraordinario de revisión interpuesto por la Generalidad de Cataluña, contra Sentencia dictada por la Sala Cuarta del Tribunal Supremo, de 18 de marzo de 1988, sobre necesidad de Dictamen del Consejo de Estado en reglamentos de dicha Comunidad Autónoma, falla a favor de la improcedencia de dicho Dictamen en tales supuestos, estableciendo literalmente en su Fundamento de Derecho Cuarto que el Consejo de Estado es órgano "consultivo del Gobierno y Administración Central del Estado, según los arts. 107.1 de la Constitución Española y 1.1 de la Ley Orgánica del Consejo de Estado".

[132] Y con anterioridad a la STC 204/1992, de 26 de noviembre, en *Derecho Público de las Comunidades Autónomas,* Madrid, Civitas, 1984, II, pág. 47, como bien recuerda RUIZ MIGUEL, en "Consejo de Estado…", o.c., pág. 95.

[133] La verdad es que el término "del Gobierno", contenido en el artículo 107 de la Constitución Española ha hecho correr ríos de tinta entre la doctrina más acreditada. Aparte de las citas que ya se ha mencionado en apartados anteriores, debe recordarse que fue el Abogado del Estado, en su defensa de la constitucionalidad del artículo 23.2 de la Ley Orgánica del Consejo de Estado, que desembocó en la Sentencia 204/1992, de 26 de noviembre, que comentaremos seguidamente, el que vino a señalar que la mención al "Gobierno" no debía entenderse en sentido orgánico sino funcional, es decir como actividad de gobierno, postura que fue asumida por el Tribunal Constitucional en dicha Sentencia, y que ya había sido adelantada por RODRÍGUEZ OLIVER, J.M. "Las competencias consultivas del Consejo de Estado y las Comunidades Autónomas", *Revista de la Administración Pública,* nº33, 1982, pág. 379, para quien la referencia al Gobierno tendría un carácter de "delimitación negativa", de forma que "el sentido real de la expresión tiende a resaltar que el Consejo de Estado es un órgano que se

que: "[...] si se emplea una interpretación sistemática de la Constitución, hay más razones para creer que ésta no ha pretendido convertir al Consejo de Estado en órgano consultivo supremo y ordinario de las Comunidades Autónomas que para pensar lo contrario.

Por una parte, vista la cuestión desde una perspectiva positiva, tantas veces como la Constitución ha pretendido extender la esfera de actuación de una institución estatal a las Comunidades Autónomas-por ejemplo, los casos ya estudiados del Defensor del Pueblo y el Tribunal de Cuentas-lo ha establecido así expresamente.

Por otro lado, la función consultiva que ejerce el Consejo de Estado consiste [...] en un control de la regularidad del funcionamiento de la Administración, y si la Constitución hubiera querido que ese control se ejerciera respecto de las Comunidades Autónomas con carácter general lo hubiera dicho así; sin embargo, cuando relaciona las formas de control sobre la actividad de las Comunidades Autónomas sólo atribuye facultades al Consejo de Estado en relación con el ejercicio de las funciones delegadas [artículo 150.b)], atribución positiva que permitiría excluir otras manifestaciones de control ejercidas por el mismo órgano.

Además de las razones expuestas, hay otra más general y de fondo que justifica la crítica de las pretensiones expansivas que venimos formulando. Ninguna dificultad suscita que la Ley reguladora del Consejo de Estado permita que las Comunidades Autónomas lo consulten voluntariamente cuando lo deseen. Pero cuando los dictámenes del Consejo son preceptivos y, desde luego, cuando además son vinculantes, tal configuración de su intervención incide en el orden de competencias de una forma constitucionalmente imprevista. [...] De estos principios puede resultar que en algunas materias las Comunidades Autónomas reciban competencias exclusivas, exclusividad que [...] equivale al ejercicio con monopolio de las funciones públicas correspondientes; es decir, con exclusión de otros poderes públicos y, señaladamente, con exclusión de los órganos del Estado. Pues bien, al establecerse, sin distinguir si las competencias que ejercen las

---

encuadra en la Administración, en el terreno propio del poder ejecutivo", por contraste con las Cortes, el Poder Judicial y la Corona. Frente a dicha opinión se alza BRAVO-FERRER, M. "Consejo de Estado...", o.c., pág. 580, quien afirma que "el artículo 107 CE carece por completo de un principio funcional característico. Cuando en el Título IV se ha querido hacer referencia a un principio de esa clase, vinculante para toda la Administración Pública, se ha utilizado un expresión omnicomprensiva (arts. 103, 105 y 106 CE), pero no un término subjetivamente definido en el propio texto constitucional (art. 98 CE)". No obstante, y según vimos en el capítulo anterior de la presente obra, los trabajos parlamentarios no permiten deducir la razón por la cual se optó por la fórmula "del Gobierno" en lugar de "en materias de Gobierno y Administración", según recuerda GARCÍA ÁLVAREZ, en "Función consultiva...", o.c., pág. 168. Finalmente, la tesis mayoritaria se inclinaba, a favor del sentido orgánico y no funcional, de la expresión "del Gobierno", del artículo 107 de la Constitución Española, esto es, contraria a ampliar las competencias del Consejo de Estado en relación con el dictamen a favor de las Comunidades Autónomas, sin embargo, el Tribunal Constitucional terminó por zanjar cualquier duda al respecto, a través de la STC 204/1992, de 26 de noviembre, como seguidamente veremos.

Comunidades Autónomas son o no exclusivas, una obligación de consultar al Consejo de Estado, se está incidiendo en el orden constitucional de las competencias, porque se rompe el régimen de la exclusividad en un punto constitucionalmente imprevisto, sin una cobertura expresa. Lo cual acontece con particular intensidad cuando el dictamen del Consejo de Estado, además de preceptivo, es vinculante, supuesto éste en el que [...] se da una participación de un órgano ajeno en el ejercicio de una competencia propia, aun a despecho de que constitucional y estatutariamente pueda calificarse de exclusiva[134]".

Los órganos auxiliares, en fin, estarían vinculados al ejercicio de funciones estatales, como cauces por los que se manifiesta la actividad técnica del Estado y frente al ejercicio de

---

[134] Y dicho profesor, en *Derecho Público de las Comunidades Autónomas*, Vol. II, Madrid, Iustel, 2007, 2ª ed., págs. 52, 53 y 55, continúa señalando que el mencionado asunto reviste especial gravedad *cuando "Durante un cierto tiempo, el Tribunal Supremo mantuvo una jurisprudencia dubitativa sobre el valor invalidante o no de la omisión del dictamen del Consejo de Estado por las Comunidades Autónomas (más flexible la representada por las Sentencias de 11 de mayo, 21 de septiembre, 24 de octubre y 14 de noviembre de 1987; y reconociendo un efecto invalidante a la omisión del dictamen del Consejo de Estado las Sentencias de 17 y 21 de junio de 1988 y 1 de junio de 1989, referidas a la omisión del dictamen del Consejo de Estado en el caso de los Reglamentos ejecutivos). Dos Sentencias de la Sala Especial de Revisión, de 10 de mayo y 19 de octubre de 1989, enderezaron finalmente la jurisprudencia en un único sentido. Según estas Sentencias, el Consejo de Estado cumple una función de garantía de objetividad y eficacia en el procedimiento de elaboración de disposiciones de carácter general, de modo que la omisión del informe que debe emitir es "un defecto formal insubsanable que provoca la nulidad de pleno derecho de la disposición general afectada", aunque esta disposición sea de una Comunidad Autónoma dictada en ejercicio de sus competencias exclusivas"*. Esta misma posición fue defendida por BRAVO-FERRER, "Consejo de Estado...", o.c., págs. 569 y ss., que viene a señalar *que "Si una Comunidad Autónoma dicta un acto o disposición sin dictamen del Consejo de Estado, pero con el de su supremo órgano consultivo -que puede ser intra y no extra departamental y no tener garantizada su autonomía orgánica y funcional (por ejemplo, una Dirección General)-, en algún caso en que los artículos 21 y 22 LOCE exigen preceptivamente aquel dictamen con fundamento en la simple garantía del interés público (por ejemplo: al dictar un reglamento autonómico de desarrollo de una ley estatal o autonómica), dicho acto o disposición serán perfectamente válidos. Por el contrario, la revisión de oficio de actos administrativos o la resolución de contratos o concesiones, existiendo oposición del contratista o concesionario, por parte de una Comunidad Autónoma no podrá llevarse a efecto sin dictamen -favorable en el primer caso- del órgano supremo consultivo -extradepartamental y dotado de autonomía funcional y orgánica para garantizar su independencia y objetividad- de la propia Comunidad Autónoma y, en su defecto, del Consejo de Estado. Lo mismo cabe decir, a juicio de dicho autor, de los restantes casos en que el dictamen tenga una función garantista. Naturalmente, concluye dicho autor, estas conclusiones dejan a salvo los expresos mandatos contenidos en los diferentes Estatutos de Autonomía, señalando, en definitiva, que no existe fundamento constitucional ni legal para extender las competencias consultivas preceptivas del Consejo de Estado a las Comunidades Autónomas, sin perjuicio de que estas puedan acudir al muy autorizado y prudente criterio del Alto Cuerpo consultivo, con carácter potestativo, pero sin que aquél aparezca "como el ojo vigilante del Estado impuesto por éste para que las Comunidades Autónomas no excedan un ápice del círculo de sus atribuciones"*.

los poderes de dicho Estado, como vías de desarrollo o ejercicio de la actividad política del mismo, que se encomiendan a los órganos constitucionales.

Pues bien, teniendo en cuenta lo apuntado hasta el momento, el Consejo de Estado supone un refuerzo de la posición institucional del Gobierno en sus funciones de dirección de la Administración, con la finalidad de facilitar la actuación del principio de legalidad. Al mismo tiempo, esta función atribuida al mencionado Consejo ha dado lugar a que las competencias más recientes del mismo se orienten no sólo a la tutela objetiva de la legalidad, sino a la garantía de los derechos e intereses legítimos de los administrados lo cual, a juicio de García Álvarez[135], debe relacionarse con la obligación de los poderes públicos de promover las condiciones para que la igualdad de los individuos sea real y efectiva, esto es, igualdad ante el Derecho y en la aplicación del Derecho, que supone la atribución al Consejo de Estado de la labor de auxilio al Gobierno proporcionándole interpretaciones jurídicas estables, así como la elaboración de un cuerpo doctrinal que haga posible la igualdad en la aplicación de las normas jurídicas.

II.1.3. El Consejo de Estado como supremo órgano consultivo del Gobierno

Antes de entrar estrictamente en la cuestión, hemos de aclarar que el Consejo de Estado se configura como un órgano en sentido técnico[136], como centro al que se atribuye una

[135] "La función constitucional...", o.c., págs. 244, 250, 251, 311, 312, 313 y 314. La peculiaridad del Consejo de Estado como órgano consultivo viene de su deslizamiento hacia una función de garantía, lo cual no se refleja expresamente ni en la Constitución ni en su Ley Orgánica, pero sí en los trabajos parlamentarios. Dicho autor señala que la asunción de funciones de tutela de la legalidad y de garantía de los intereses de los administrados, se produjo fundamentalmente por la regulación legal de la potestad de revisión de oficio, en 1957, para la que se precisaba el dictamen favorable del Consejo de Estado, aunque también por el deslizamiento de la intervención del Consejo de Estado en materia de contratación desde el control interno en tutela del interés público hacia la garantía individual del contratista. A ello se unió, como elemento para considerar la intervención del Consejo de Estado como destinada a servir de garantía a los particulares, el Reglamento de la Ley de Expropiación Forzosa de 1957, con la obligación de consultar a dicho Consejo cuando un particular se dirigiese a la Administración del Estado en petición de una indemnización de daños y perjuicios, junto con el reconocimiento jurisprudencial a favor de los particulares de la posibilidad de ejercitar una auténtica "acción de nulidad" y de un conexo *ius ad processum*. Asimismo, el Tribunal Constitucional, en Sentencia 204/1992, de 26 de noviembre, como veremos más adelante en este mismo capítulo, ha destacado la función de garantía que supone la intervención del Consejo de Estado, estableciendo que *"La intervención preceptiva de un órgano consultivo de las características del Consejo de Estado, sea o no vinculante, supone en determinados casos una importantísima garantía del interés general y de la legalidad objetiva y, a consecuencia de ello, de los derechos y legítimos intereses de quienes son parte de un determinado procedimiento administrativo"*.

[136] TRILLO-FIGUEROA, "La función consultiva hoy...", o.c., pág. 134, señala que, en sentido dogmático, todo órgano es una unidad funcional dotada de capacidad para actuar de forma jurídicamente eficaz en las relaciones intersubjetivas o de expresar una voluntad hacia el exterior, añadiendo que, en sentido legal, se aplica el artículo 5.2 de la Ley de 14 de abril de 1997, que otorga

competencia (consultiva), de la que emanan diversas potestades o funciones que conllevan determinadas consecuencias (garantías, de control...) como después veremos. Esta definición viene a sustituir la calificación de "cuerpo" consultivo, que se inició con la Ley Orgánica de 17 de agosto de 1860, del Consejo de Estado, siendo más acertada y justificada[137], aunque en algunas ocasiones se haya entendido que más que la configuración de un órgano lo que lleva a cabo el artículo 107 de la Constitución Española es el establecimiento de un determinado tipo de Gobierno y Administración[138].

---

dicha definición a las unidades administrativas que se les atribuya funciones que tengan efectos jurídicos frente a terceros o cuya actuación tenga carácter preceptivo, señalando que desde una perspectiva estructural, el Consejo de Estado es un órgano colegiado, colectivo y no representativo, de relevancia constitucional, auxiliar, lateral, que coadyuva desde una misión preventiva garantizadora del recto ejercicio de las funciones esenciales del Estado, y que termina por contribuir, en definitiva, a la defensa del Estado de Derecho.

[137] Así lo recoge GALVEZ MONTES, en "Artículo 107 CE...", o.c., pág. 609, señalando que *"si propiamente fuera un cuerpo, el Consejo de Estado quedaría configurado a manera de unión de las personalidades que le sirven; pero en cuanto el Presidente y los Consejeros figuren como titulares de los respectivos órganos integrantes del Consejo de Estado, tal como sucede realmente, éste será un órgano complejo en su más estricto sentido y no un cuerpo"*, concluyendo que el Consejo de Estado es un órgano complejo así presupuesto en la Constitución Española, en cuanto remite su composición a la correspondiente Ley Orgánica.

[138] Esto es, NAVARRO CABALLERO, T.M., en "El Consejo de Estado. Origen histórico y regulación actual a la luz de la Ley Orgánica 3/2004, de 28 de diciembre", *Anales de Derecho*, nº 24, 2006, siguiendo a De La Cuadra Salcedo, considera que es lo propio de un Estado de Derecho, que se concreta no sólo en el control judicial posterior, sino en un sistema preventivo de consulta que pretende garantizar el sometimiento de la Administración Pública al Derecho. No obstante, la previsión de un órgano consultivo como el Consejo de Estado, no es sino la forma de entender y concretar las exigencias del Estado de Derecho en el Gobierno y Administración, y esta forma de entender el Estado de Derecho se extiende a todas las Administraciones. Frente a ello, GÁLVEZ MONTES, "Artículo 107...", o.c., pág. 620, afirma que la definición del Consejo de Estado por nuestro legislador constituyente, no tenía como única o principal finalidad la protección de dicha institución por razones prácticas frente al legislador ordinario, sino que, dado su gran arraigo, lo único que se pretendía con el artículo 107 de la Constitución Española era clarificar la posición del Consejo de Estado, delimitando, asimismo, el sector en que se desenvuelve, cuyo encuadramiento constitucional en el seno de la Administración Pública, viene a configurarle como órgano administrativo, que presenta las cualificaciones requeridas por la esencia misma de la Administración consultiva, y ello no porque lo consultivo sea necesariamente materia administrativa, sino porque formalmente se ha configurado como tal. De otro lado, para DE LA CUADRA-SALCEDO, en "El Consejo de Estado...", o.c., pág. 235, el tantas veces mencionado artículo 107 no prevé sin más un órgano, *"sino que establece un determinado tipo de Gobierno y Administración; el propio de un Estado de Derecho que se concreta no sólo en el control judicial posterior, sino en un sistema preventivo (de consulta previa) que pretende garantizar más radicalmente el sometimiento de la Administración Pública al Derecho [...]. La previsión de un órgano consultivo no constituye sino una forma de entender y concretar las exigencias del Estado de Derecho en el Gobierno y la Administración. Y esta forma de entender el Estado de Derecho se extiende a todas las Administraciones"*.

Sobre el concepto de órgano se ha escrito mucho. La teoría del órgano, como tal, surge del derecho canónico, en la etapa del vasallaje feudal, permitiendo distinguir entre puesto o cargo y persona que lo ocupa. Su traslación a la organización administrativa se debe, como sabemos a Otto von Gierke, hacia 1883, el cual atacó con bastante contundencia la tesis de que los servidores del Estado fueran representantes del mismo, en la misma línea de Carré de Malberg-nadie representa a la nación frente a la nación misma-, lanzando la idea de que los servidores públicos se insertaban en la propia organización estatal, configurándose como parte de la misma. Dicha teoría fue, posteriormente, matizada por Hans Kelsen, a través de su conocida teoría de la imputación, de forma que la voluntad del funcionario no se traslada al Estado, sino que es al Estado al que se le imputa lo llevado a cabo por sus servidores públicos.

A partir de dicha configuración, esto es, el servidor o funcionario público es una parte del aparato al que sirve, el cual se mueve mediante la administración correspondiente que se sirve de tales funcionarios o servidores, se distingue entre relación orgánica o, lo que es lo mismo, relación entre el servidor público y el aparato al que sirve, ejerciendo competencias o atribuciones, y relación de servicio, que es la relación del funcionario como empleado de dicho aparato, sobre la base de los derechos personales que, como tal, tiene frente al poder público. Competencias y atribuciones, en fin, nos permite distinguir entre participación en el ejercicio de potestades públicas o en lo que se conoce como la esencia misma del ámbito público, en el primer caso, y ejecución de funciones o tareas asignadas al órgano, en el segundo.

En la actualidad, la definición jurídica del concepto de órgano podemos encontrarla, a los efectos que aquí interesan, en el ámbito estatal, en el artículo 5.2 de la Ley 6/1997, de 14 de abril, de Organización y Funcionamiento de la Administración del Estado, que lo define como "aquellas unidades administrativas a las que se les atribuyan funciones que tengan efectos jurídicos frente a terceros, o cuya actuación tenga carácter preceptivo", perfectamente aplicable al Consejo de Estado, en cuanto al carácter preceptivo de su intervención en algunos casos, o, incluso, el carácter vinculante de su dictamen, en casos específicos.

Un órgano no constituye una entidad subsistente por sí, sino que su existencia se encuentra vinculada ineludiblemente a la de la organización en la que se integra y a la que sirve, de forma que su individualización en el seno de aquélla se produce en razón de las personas que lo encarnan, las funciones y las competencias que ejerce y los medios con que cuenta para actuar unas y otras. Siendo así que, desde este punto de vista el Consejo de Estado ha de estar integrado en una organización administrativa, en una concreta Administración Pública, pues su misión primordial es evacuar dictámenes-esto es, actos administrativos integrados en un procedimiento de esta naturaleza- en los que se materializa su naturaleza jurídica consultiva que está llamado a desempeñar[139]. Dicha Administración Pública, a efectos de integración, no es otra que la Administración central

---

[139] BRAVO-FERRER DELGADO, M. "Consejo de Estado...", o.c., págs. 569-596.

del Estado, sin perjuicio de que el Consejo de Estado pueda prestar su colaboración a otras Administraciones, en el sentido indicado en la STC 17/1986, de 4 de febrero.

Una de las notas más características de la configuración jurídica del Consejo de Estado es la colegialidad, característica inherente a los Consejos, donde su estructura responde a una organización titular de competencias, centro de imputación de una pluralidad de intereses, que termina por configurar a sus miembros como institucionalmente portadores de concretos intereses, lo cual impide confundir dicha circunstancia con la personas físicas incardinadas en el respectivo colegio[140], de forma que, además, los componentes del Pleno de dicho Consejo, en cuanto Consejeros Natos, no son las entidades de las que proceden, sino los individuos que ostentan su representación máxima, esto es, no son las organizaciones a las cuales pertenecen los miembros del Consejo, sino las personas en sí y por sí, por lo que no cabe su sustitución en el Colegio por los que, en la organización o entidad de procedencia, les sustituyan accidental o duraderamente[141].

Partiendo de la definición recogida en la Constitución Española de 1978 y de la regulación dada por la Ley Orgánica del Consejo de Estado[142], la primera característica que se otorga al Consejo de Estado es la supremacía, al resultar definido como "supremo órgano consultivo del Gobierno", motivado, seguramente, por la necesidad de precisar, desde un principio, su localización en el seno de la organización y los efectos de su competencia esencial.

---

[140] GARCÍA DE ENTERRÍA, E. *La administración española. Estudios de Administración*, Madrid, Instituto de Estudios Políticos, 1961, págs. 63-65, ha venido a establecer que *"El hecho de que la colegialidad deba caracterizar a los órganos consultivos responde ciertamente a razones claras según el sistema: se trata de permitir ponderar los aspectos distintos de cada uno de los miembros del colegio. Pero, sin embargo, no hay que olvidar que el hecho de la colegialidad, puesto en relación con la substantividad misma del órgano, implica, en realidad, que cualquiera que sea el proceso interno de formación de la voluntad del colegio, esta voluntad se manifiesta externamente-y, por tanto, al órgano que consulta-como voluntad unitaria; lo que quiere decir que la variedad de puntos de vista, que se considera la razón de ser de la colegiación, puede beneficiar muy escasamente al propio órgano activo, pues éste no ha podido conocer de ordinario tal variedad más que en la escasa medida en que puede traducirse en el dictamen. En otros términos: la multiplicidad de criterios ilustrará a los miembros del colegio en el acuerdo de su dictamen, pero no comúnmente, como sería preciso al órgano activo para la adopción de su decisión libre, y aún todavía ocurre que aquel acuerdo puede resentirse más que beneficiarse de tal variedad por la tendencia de llegar a él por una composición de los distintos puntos de vista encontrados mediante el cercenamiento de sus respectivos perfiles singulares"*.

[141] AROZAMENA SIERRA, "La caracterización constitucional…", o.c., pág. 142.

[142] Arts. 107 de la Constitución Española, 1.2 y 2.1 de la Ley Orgánica 3/1980, de 22 de abril. No debe olvidarse, además, que la Disposición Adicional Séptima de la Ley 6/1997, de 14 de abril, de Organización y Funcionamiento de la Administración General del Estado, establece que el Consejo de Estado se regirá por su legislación específica, al igual que la Disposición Adicional Segunda de la Ley 50/1997, de 27 de noviembre, del Gobierno, que establece que *"el Consejo de Estado, supremo órgano consultivo del Gobierno, se ajustará en su organización, funcionamiento y régimen interior, a lo dispuesto en su Ley Orgánica y en su Reglamento, en garantía de la autonomía que le corresponde"*.

En términos de supremacía orgánica, la posición del Consejo de Estado es suprema dentro de su orden, y más concretamente dentro de los órganos no decisorios[143], como manifestación del principio de jerarquía dentro de dicho ámbito. La supremacía orgánica del Consejo de Estado viene igualmente referida a su vinculación directa, desde el artículo 107 de la Constitución Española, con el Gobierno como órgano constitucional competente para dirigir la política y, sobre todo, la Administración del Estado, sin tener nada que aportar dicho órgano consultivo en el terreno político[144], ya que, la suprema consulta que el Gobierno precisa "se refiere siempre a la comprobación de si se satisfacen y respetan principios, exigencias, procedimientos y valores constitucionales que son el límite y el fundamento de la acción del Gobierno en un Estado de Derecho[145]".

La supremacía funcional se refleja, principalmente, en la imposibilidad de someter nuevamente a dictamen de ningún otro cuerpo u órgano de la Administración del Estado todo asunto que ya haya sido dictaminado previamente por el Pleno del alto órgano consultivo[146], conforme el artículo 2, párrafo tercero, de su Ley Orgánica[147].

En este sentido, el calificativo "supremo" implica superior rango jerárquico; pero aplicado a un órgano consultivo viene matizado por una serie de especialidades o rasgos peculiares, ya que la jerarquía en un órgano consultivo denota la prioridad del juicio a emitir por el mismo, prioridad que se manifiesta en el valor de la misma opinión o el juicio,

---

[143] GALVEZ MONTES, en "Artículo 107 CE...", o.c., págs. 610 y 622.

[144] SÁNCHEZ NAVARRO, "La función constitucional...", o.c., pág. 364. Precisa, además, que *"esa vinculación directa al Gobierno implica una competencia general o universal atribuida al Consejo de Estado, que se extiende más allá de los Departamentos Ministeriales y, además, un rasgo funcional, que aparece en el carácter final de los dictámenes en que hubiera dictaminado su Pleno, que no podrán remitirse a informe de ningún otro cuerpo u órgano de la Administración del Estado, lo cual le otorga una significación exclusiva y no compartida con ningún otro órgano".*

[145] DE LA CUADRA-SALCEDO, "El Consejo de Estado...", o.c., págs. 225-226.

[146] TRILLO-FIGUEROA MOLINUEVO, M.J. "La función consultiva hoy: su sentido y alcance", *Revista Parlamentaria de la Asamblea de Madrid*, nº 18, 2008, pág. 134, la supremacía a la que se refiere la Constitución en el artículo 107 tiene varias manifestaciones: precedencia del Consejo de Estado y el carácter final de sus dictámenes (art. 2.2 LOCE), la omisión de un dictamen preceptivo de dicho órgano constituye un vicio de nulidad de la resolución o disposición de que se trate, el disentimiento de un Ministro respecto de lo dictaminado por el Consejo, traslada la competencia decisoria al Consejo de Ministros (art. 2.2 LOCE) y, finalmente, la disposición o resolución que se dicte una vez emitido el dictamen del Consejo de Estado expresará si se acuerda conforme con el dictamen "de acuerdo con el Consejo de Estado" o si se aparta de él, "oído el Consejo de Estado".

[147] Que viene a establecer que *"Los asuntos en que hubiera dictaminado el Pleno del Consejo de Estado no podrán remitirse a informe de ningún otro cuerpo u órgano de la Administración del Estado. En los que hubiera dictaminado la Comisión Permanente, sólo podrá informar el Consejo de Estado en Pleno."* Antes de la modificación operada por Ley Orgánica 3/2004, de 28 de diciembre, el precepto que recogía dicha redacción era el artículo 2.4, siendo la única diferencia actual la mayúscula con que se refería el precepto a otro Cuerpo, mientras que ahora la misma ha desaparecido, no pareciendo relevante el cambio producido.

y en la prohibición de posteriores informes sobre la misma materia por otros órganos consultivos o incluso del mismo órgano consultivo.

Tal suprema posición del Consejo de Estado permite a configurar el Alto Cuerpo consultivo como órgano del Estado-sujeto y del Estado-comunidad, por cuanto que "aunque sea un órgano del Estado y a él impute sus actos, sus dictámenes van más allá de ese sujeto, porque inciden sobre todo el ordenamiento constituido por la heterogénea gama de entes públicos, unas veces, porque también han de someterle consultas-anulación de actos y, otras, porque la expansión de sus dictámenes les afecta o puede afectar en alguna forma. Por eso es el máximo órgano consultivo del país (Estado y Nación)"[148]. Añadiendo, que se produce una disociación entre el *nomen iuris* y la función (y posición) real del Consejo de Estado, en cuanto a la expresión "órgano consultivo del Gobierno" en sentido subjetivo, ya que no sólo el Gobierno consulta al Consejo de Estado, y en sentido objetivo, pues no sólo se solicita el dictamen del Consejo de Estado en asuntos de gobierno, sino que interviene en relación con la actividad administrativa general[149].

Toda vez que hemos aludido tangencialmente tanto a los conceptos de órgano como al de colegialidad, amén de a la caracterización como supremo del Consejo de Estado, hemos de destacar que nuestra Carta Magna configura esencia al Consejo de Estado como órgano consultivo.

El Consejo de Estado no es sólo un órgano consultivo del Gobierno, entendido éste como órgano colegiado al amparo del artículo 98.1 de la Constitución Española, sino que también asesora al Presidente del Gobierno, al Consejo de Ministros, a los Ministros individualmente considerados, y a las Comunidades Autónomas, a lo que se une la circunstancia de que la gran cantidad de consultas preceptivas y el carácter vinculante de algunos de sus dictámenes.

Además, tampoco el carácter de supremo órgano consultivo se cumple en todos los casos, porque si bien se cumple en el ámbito propio de la competencia institucional del Consejo, que se traduce en la prohibición de que en los asuntos en que dictamine el mencionado Consejo se puedan recabar informes a otros órganos de la Administración, no obstante, existen otras facetas donde no se establece la consulta a dicho órgano como, por ejemplo, en la elaboración por el Gobierno de los proyectos de ley de planificación general de la economía, conforme el artículo 131. 2 de la Constitución Española, por lo que la relevancia constitucional del Consejo y de sus funciones hacen presumir el carácter supremo del mismo en el ámbito que le está reservado por la propia Norma Fundamental.

Respecto a la naturaleza funcional del Consejo de Estado se ha debatido en torno a dos posturas tradicionales. La de aquellos que lo conciben como un órgano consultivo y de control y por lo tanto sus funciones gozan de una vertiente fiscalizadora, de acuerdo con el artículo 2 de su Ley Orgánica que le configura como vigilante de la legalidad, ejerciendo un

---

[148] GARCÍA-TREVIJANO FOS, "Tratado de Derecho Administrativo...", o.c., pág. 658.

[149] CALERO LATAILLADE, "La Función Consultiva...", o.c., pág. 143.

control de la regularidad del funcionamiento de la Administración[150]. Y, una segunda postura cuyos defensores definen al Consejo de Estado como órgano consultivo, postura esta que compartimos, destacándose las cuatro notas características de dicho tipo de órgano: la ubicación al margen de la estructura departamental, a fin de proporcionar juicios objetivos; la atribución de competencias generales, no sólo sectoriales; la estructura colegiada, siendo concebidos como órganos colegiados perfectos donde su dictamen emana de la mayoría y su Presidente carece de derecho de veto; y finalmente, emisión de su dictamen anterior a la decisión que debe adoptar el consultante, a fin de ilustrar al mismo en dicha decisión.

Pasaremos a desarrollar las posiciones doctrinales anteriormente aludidas.

A) Para una parte de la doctrina, el Consejo de Estado parece configurarse como un órgano con una naturaleza bifronte, es decir, como órgano consultivo y como órgano de control, configuración que también es extensible a los Consejos Consultivos Autonómicos[151].

En cuanto a órgano consultivo, el Consejo de Estado colabora con la Administración activa, no sólo con el Gobierno y Administración del Estado sino también con la Administración autonómica[152] y local, para que sus decisiones sean conformes al ordenamiento jurídico, configurándose como una voz técnicamente autorizada y socialmente prestigiosa que quiere ayudar al Gobierno y a las Administraciones Públicas a acertar en la toma de decisiones, de forma que la labor consultiva se expresa como una actividad auxiliar que implica la emisión de juicios sobre cuestiones sometidas a examen, para que el órgano decisorio pueda formar su criterio con más elementos de juicio[153].

---

[150] PÉREZ-TENESSA, "Perspectivas del Consejo...", o.c., pág. 12.

[151] OLIVER ARAUJO, J. "Consejos Consultivos Autonómicos y Administración Local", *Revista de Derecho Político*, nº 66, 2006, pág. 73.

[152] Si bien, como ya vimos en su momento, nada impide que las Comunidades Autónomas en uso de su potestad de autoorganización, como expresión primaria y elemental de su autonomía, se doten de un órgano consultivo para las mismas y para sus entidades locales, teniendo en cuenta en ese punto el Dictamen del Consejo de Estado nº 1495, de 3 de noviembre de 1994 (*Recopilación de Doctrina Legal*, año 1994, nº marginal 25), que vino a señalar que *"Para que la intervención de un órgano consultivo autonómico excluya la intervención del Consejo de Estado, además de la específica previsión legal contenida en la Ley autonómica en tal sentido, es precisa la concurrencia de otras condiciones: la primera que sea una ley estatal la que prevea la alternativa de poder evacuarse la consulta bien por el Consejo de Estado bien por el órgano consultivo autonómico, y, la segunda, que este último órgano consultivo sea homologable o se asemeje, en lo tocante a sus características orgánicas y funcionales, a las del Consejo de Estado, asegurándose así "su independencia, objetividad y cualificación técnica"*, en palabras de la Sentencia del Tribunal Constitucional, de fecha 16 de enero de 1993.

[153] No olvidemos que, dicho órgano actúa como órgano consultivo en cualquier asunto que lo estimen oportuno el Gobierno, los Ministros o las Comunidades Autónomas, a través de sus Presidentes, vía esta que se utilizará para supuestos en que el órgano consultante desee reforzar o descargar parte de la responsabilidad de su decisión en la del Consejo. Así lo escribe PARADA VÁZQUEZ, "Derecho...",

La mayor parte de la doctrina española, tomando como origen la configuración constitucional y legal del Consejo de Estado, se decanta por resaltar la faceta dual de dicho Consejo como órgano consultivo y de control del Gobierno y de la Administración[154].

Según esta doctrina el Consejo de Estado es un órgano consultivo pero esto no excluye su caracterización como órgano de control, por cuanto realiza dicha función con carácter preventivo. El Consejo de Estado realiza tanto un control de legalidad o legitimidad como de oportunidad, en relación al grado de vinculación con normas preestablecidas o al grado de libertad del Gobierno o de la Administración actuante. Más concretamente, la función consultiva atribuida al mencionado órgano supone velar por la Constitución (en un control previo a la acción de inconstitucionalidad, de conflicto, impugnación o de leyes orgánicas de transferencia o delegación, o ulterior a su formalización), y por el ordenamiento jurídico, donde se atribuye al órgano consultivo supremo el estudio, examen o análisis del proyecto consultado desde todos los aspectos: los de constitucionalidad, los de legalidad, de técnica normativa y los de oportunidad, conveniencia y eficacia, destacando el control sobre el procedimiento que cumple una función garantista que coadyuva a la buena actuación de los poderes públicos y a la protección de las garantías formales de los ciudadanos.

---

o.c., pág. 300, y recuerda OLIVER ARAUJO, J. "El Consejo de Estado y los órganos consultivos de las Comunidades Autónomas", *Revista de Estudios Políticos*, nº 98, 1997, págs. 30-31.

[154] Tal es el caso, además de los indicados en anterior nota, de PÉREZ-TENESSA, en "El Consejo de Estado...", o.c., pág. 58 y en "Perspectivas del Consejo de Estado...", o.c., págs. 339-350, que defiende la labor de control previo de legalidad del Consejo de Estado, afirmando que *"El Consejo de Estado sirve fundamentalmente para tres cosas, en las que no es suplido por ningún otro organismo", esto es, además "de imponer cierto respeto, a los departamentos ministeriales, cuyos expedientes fiscaliza, unificando criterios en numerosas cuestiones sobre las que no llegaría a recaer una resolución jurisdiccional"* y de servir "para que los ministros puedan desembarazarse de asuntos enojosos", la tercera utilidad del Consejo "es el control de la legalidad de reglamentos y leyes delegadas". Igualmente, De LA CUADRA-SALCEDO, "El Consejo de Estado....", o.c., págs. 211-239, utiliza la expresión "control consultivo", como algo intermedio entre la función consultiva y la de control, defendiendo que el Consejo de Estado realiza una "función pública neutral", a partir de las consultas preceptivas a dicho órgano, tratándose de "una forma de control que implica la obligación de contrastar la opinión propia con la de un órgano colaborador, pero neutral". AROZAMENA SIERRA, ("La caracterización constitucional...", o.c., págs. 144 y ss.), OLIVER ARAUJO, "El Consejo de Estado...", o.c. págs. 25 y ss. ÁLVAREZ CONDE, E., excluye la función de control pero no la de garantía "Reforma Constitucional y Reformas Estatutarias", *Revista Española de la Función Consultiva*, nº 4, 2005, págs. 35 y ss. Igualmente, FONT I LLOVET, "Función Consultiva y Estado Autonómico", *Revista de Administración Pública* nº 138, 1995, págs. 41-42, señala que la existencia de una suerte de directriz constitucional, que presenta y configura un tipo o modelo de Gobierno -y Administración-, que en su sujeción a la legalidad cuenta con un instrumento de relevancia constitucional que es el alto asesoramiento jurídico ejercido por un órgano consultivo, siendo ese el punto esencial que se debe asumir, a juicio de dicho autor, de forma que a partir de ahí uno podrá preguntarse si al Consejo de Estado le es aplicable la doctrina de la garantía institucional, si bien lo que se debe mantener como recognoscible es la permanencia de un mecanismo de control previo de la legalidad de la actuación administrativa consistente en la intervención de la función consultiva.

Para poder cumplir con la función de control que le ha sido atribuida al Consejo de Estado, el legislador ordinario le ha revestido de importantes garantías, cuales son la autonomía orgánica y funcional, y le ha encomendado un cometido jurídico, esto es, velar por la Constitución y por el resto del ordenamiento jurídico, si bien, el control que ejerce el Consejo de Estado es fundamentalmente de legalidad, aunque también valorará los aspectos de oportunidad y conveniencia cuando lo exija la índole del asunto o lo solicite expresamente la autoridad consultante, así como la mayor eficacia de la Administración en el cumplimiento de sus fines[155].

El dictamen del Consejo de Estado, como vehículo de la función consultiva encomendada al mismo, cumple una función garantista y, en cierto modo, de control previo, tanto del interés público como de los derechos e intereses de los particulares. No es esencial al control preventivo la posibilidad del órgano que lo ejerce, de impedir la actuación del órgano controlado o de sancionar la actuación llevada a cabo, ya que dichas características son propias de un control represivo que el Consejo de Estado no lleva a cabo, de forma que si la autoridad consultante se aparta del dictamen del Consejo de Estado, mediante la fórmula "oído el Consejo de Estado", se hace pública la discrepancia con la opinión de un órgano consultivo de relevancia constitucional, lo cual sin entrañar una vinculación para la autoridad consultante, sí introduce un juicio previo de que tal disposición o acto no cumple las exigencias que el ordenamiento jurídico establece al respecto, lo que predispone dicha actuación en el momento de llevar a cabo un enjuiciamiento de la misma.

En este sentido, la opinión mayoritaria sostiene que partiendo de la función consultiva constitucionalmente atribuida a dicho órgano, así manifestada como actividad auxiliar que supone emisión de juicios sobre materias consultadas y ofrecimiento de una solución aplicable a las cuestiones planteadas, ello no implica la reducción de dicho órgano a un mero elemento staff[156] más o menos complejo, por cuanto que dicha actividad permite a

---

[155] OLIVER ARAUJO, "El Consejo...", o.c., pág. 31.

[156] Para GARCÍA-TREVIJANO GARNICA, E. ("La Función Consultiva de las Administraciones Públicas, con especial referencia al Consejo de Estado y las Comunidades Autónomas", *Revista de Administración Pública*, nº 133, 1994, págs. 130-142), existen dos grandes bloques de órganos consultivos: los denominados *staff* y los órganos consultivos propiamente dichos. La expresión *staff and line* constituye una formulación norteamericana cuyo origen se encuentra en la estructura y organización del propio ejército, ante la necesidad de establecer determinados órganos de asesoramiento alrededor de la jefatura. En nuestra doctrina, la mencionada expresión se refiere a la cercanía del órgano *staff*, tanto unipersonal como colegiado, al órgano activo, en una suerte de cuasi-decisión, señala el mencionado autor, y donde se evitan en la medida de lo posible las solemnidades, a fin de una más rápida adopción de decisiones. El órgano consultivo, por su parte, se caracteriza por su situación fuera de la estructura departamental, buscando la distancia con el órgano activo decisor, porque suelen tener competencias generales, no simplemente sectoriales sobre determinadas materias, son órganos colegiados, de carácter perfecto, en el sentido de que sus informes o dictámenes son el resultado de un régimen de mayorías interno. Además, el informe o dictamen es anterior a la decisión a adoptar, ya que su finalidad es ilustrar previamente al órgano activo en dicha decisión a adoptar. De

dicho órgano convertirse en útil instrumento para el ejercicio de la actividad de control, en aquellos casos en que su dictamen debe ser preceptivo y favorable para que el consultante pueda llevar a cabo la actuación pretendida[157], especialmente en los supuestos en que la falta de solicitud de un informe o dictamen, cuando tal consulta es preceptiva u obligatoria, puede viciar la validez del acto resolutorio y sin posibilidad de convalidación, con lo que la función consultiva viene a perder buena parte de su carácter auxiliar o instrumental para adquirir una relevancia externa decisiva propia de los actos de garantía o control[158].

Entre las justificaciones en orden a la configuración del Consejo de Estado como órgano de control, destaca la de Parada Vázquez, para quien la Ley Orgánica del Consejo de Estado, convirtió a dicha institución en órgano de control, pues *"la separación orgánica del Consejo de Estado (en cuanto no es presidido por el Presidente del Gobierno ni forman parte del mismo los Ministros, como en Francia y en la versión española tradicional), más el carácter preceptivo o, en algunos supuestos, vinculante de sus dictámenes son datos que permiten cuestionar sobre su naturaleza, es decir, plantear la cuestión de si el Consejo de Estado es un órgano consultivo o si se trata más bien de un órgano de control"*, concluyendo este autor,

todo ello extrae dos conclusiones: 1. El informe o dictamen de un órgano consultivo es propiamente el de la mayoría, mientras que el voto particular es un instrumento que permite dejar constancia de la posición discrepante de alguno o algunos de los miembros que integran el órgano colegiado, pero sin que pueda erigirse -a elección del órgano consultante- en sustituto del dictamen de la mayoría 2. Es necesario desechar la configuración de órgano colegiado imperfecto, o lo que es lo mismo, el reconocimiento de una especie de derecho de veto al presidente de dicho órgano. Igualmente señala este autor, que el órgano consultivo por excelencia es el Consejo de Estado.

[157] Es lo que se conoce como carácter obstativo del juicio del Consejo de Estado, así manifestado, por ejemplo, en el caso del artículo 102 de la Ley 30/1992, de 26 de noviembre, de Régimen Jurídico de las Administraciones Públicas y del Procedimiento Administrativo Común. Sobre el calificativo de "obstativo", vid PÉREZ TENESSA, "El Consejo de Estado...", o.c., pág. 19. FONT I LLOVET, "Órganos consultivos...", o.c., pág. 72, señala que en el caso de los informes vinculantes, "es doctrina pacífica el que los dictámenes vinculantes no son actividad consultiva", porque en ese caso en realidad se produce una compartición de la competencia decisoria entre ambos órganos o, en términos similares, se está en presencia de un acto complejo formado indisolublemente por la manifestación de juicio y la manifestación de voluntad, por lo que, añade dicho autor, no hay, pues, verdadero consejo, sino que se produce de forma consecutiva y con idéntico contenido, el binomio juicio-medida propio de la actividad de control.

[158] *Ibídem*. A estos efectos, el autor aprovecha para precisar la incorrección jurídica, hoy recogida en el artículo 83.1 de la Ley 30/1992, de 26 de noviembre, de los llamados "informes preceptivos o facultativos" por cuanto que, dice dicho autor, podrá ser obligatorio o facultativo, esto es, libre, para el órgano activo solicitar un informe o dictamen, pero la emisión del mismo por parte del órgano consultivo será en todo caso preceptiva, lo que significa que el acto consultivo es un acto debido, de emisión obligada por parte del órgano consultivo, quien no puede rehusar hacerlo especialmente si se trata de un órgano institucionalizado, porque, en definitiva, es la solicitud del dictamen, la consulta, la que puede ser preceptiva o facultativa, siendo más correcta la expresión del artículo 2.2 de la LOCE: "La consulta al Consejo será preceptiva cuando en ésta o en otras leyes así se establezca, y facultativa en los demás casos", *Ibídem*, pág. 70.

que es más acertada la calificación de órgano de control, derivada de su independencia funcional y de la intervención preceptiva, así como de las garantías de las que se le inviste, propias de los órganos jurisdiccionales, junto con la finalidad de sus intervenciones, en cuanto velará por la observancia de la Constitución y del resto del ordenamiento jurídico, propia de aquéllos, a lo que añade que el artículo 38 de la Ley Orgánica del Poder Judicial ha convertido, aunque sólo parcialmente, al Consejo de Estado en órgano constitucional decisorio de las competencias entre la Administración y los Tribunales[159].

B) Dicho lo anterior, no faltan autores que se oponen, con carácter minoritario[160], a dicha faceta dual del Consejo de Estado como órgano de control del Gobierno y de la Administración.

Según establece esta doctrina, que compartimos, el Consejo de Estado no ejerce ningún tipo de control, incluso cuando emite dictámenes cuasi-vinculantes, caso en que parece discutible, ya que tras la aprobación de la Constitución Española, es un órgano auxiliar de relevancia constitucional cuya función es reforzar la posición del Gobierno, que es un órgano constitucional, favoreciendo la centralización de determinadas decisiones, manteniendo una suerte de "control" sobre los Ministros que sin embargo ha desaparecido completamente respecto al Consejo de Ministros.

Desde el punto de vista material, la definición constitucional del Consejo de Estado como órgano consultivo, supone una limitación objetiva y evidente de competencias. El hecho de que el artículo 107 de la Constitución española remita a la Ley orgánica el desarrollo de esta institución, no da lugar a que a través de la misma se le puedan asignar cualquier género de competencias. El Consejo de Estado puede ostentar facultades de diverso tipo siempre y cuando puedan ser reconducidas a su naturaleza consultiva. Es decir, junto a la función de consulta "stricto sensu" el Consejo de Estado puede ostentar facultades de diverso tipo siempre y cuando puedan ser reconducidas a la naturaleza consultiva propia de dicho órgano. El Consejo de Estado puede convertirse en ocasiones en órgano de control, en, copartícipe de competencias revisoras, en órgano cuasi-fiscalizador, o decisorio, y, puede cumplir a su vez una función de estudio y pretoriana. Todas estas facultades no desvirtúan la original y exclusiva competencia consultiva del Consejo de Estado, si no que contribuyen desde una misión preventiva garantizadora, del recto ejercicio de las funciones esenciales del Estado y en la defensa del Estado de Derecho en su conjunto.

---

[159] PARADA VÁZQUEZ, "El Consejo de Estado...", o.c., págs. 121-123.

[160] GARCÍA ÁLVAREZ, (*"Función Consultiva..."*, o.c., págs. 279 y 280, y "El Consejo de Estado...", o.c., pág. 163), TOLIVAR ALAS, L. en "Renovación Legislativa y Consejo de Estado", *Revista Española de Derecho Administrativo*, nº 31, 1981, págs. 638 y ss. SÁNCHEZ NAVARRO, "Consejo de Estado...", o.c. págs. 188 y 189 y "La función constitucional del Consejo de Estado tras su reforma por la Ley Orgánica 3/2004", *Revista de Administración Pública*, nº 169, 2006, págs. 353 y ss. RUIZ MIGUEL, "Consejo de Estado...", o.c., págs. 133 y 150-154, y HERRERO RODRÍGUEZ DE MIÑÓN, M., *Memorias de estío*, Madrid, Temas de Hoy, 1993, págs. 22-25, niegan el carácter de órgano de control del Consejo de Estado.

Vayamos por partes. La literalidad de la vigente Ley Orgánica de 22 de abril de 1980, e incluso la propia Constitución Española, definen las funciones del Consejo de Estado como consultivas; teniendo en cuenta, además, la propia posición del Consejo de Estado a la que aludiremos más adelante, en este mismo epígrafe, señalando que la única forma de encajar la función de control en el mencionado órgano, sería entender que el no seguimiento de un dictamen puede comportar la responsabilidad política ante las Cortes, lo cual no sería realista en la actualidad además de carecer de apoyo en la Constitución Española[161].

Y así, existen dos supuestos en que, con alcance limitado, el Consejo de Estado ejerce una tarea de control, esto es, la revisión de oficio de actos nulos y la revisión de contratos nulos, ex art. 102.1 de la Ley 30/1992, de 26 de noviembre, y 65 de la entonces vigente Ley de Contratos de las Administraciones Públicas, actualmente previsto en el artículo 34 de la Ley de Contratos del Sector Público, que remite a los artículos 102 y siguientes de la Ley 30/1992, de 26 de noviembre, reguladores de la revisión de oficio de los actos nulos, si bien, en esos dos casos se trataría más acertadamente de un supuesto de limitación de la discrecionalidad, que algún autor, ha considerado inconstitucional dada la definición de órgano consultivo.

Los dos casos en que el Consejo de Estado ejerce una función de control, "no son sino una expresión particular de la función de garantía del Consejo de Estado, que convive con la meramente consultiva, pero que es la que puede justificar su constitucionalización", añadiendo que el propio Tribunal Constitucional, en Sentencia 76/1983, de 5 de agosto, relativa a la constitucionalidad del artículo 25.5 de la Ley 12/1983, de 14 de octubre, sobre el Proceso Autonómico, descartó el ejercicio de funciones de control por el Consejo de Estado debido al carácter no vinculante de sus dictámenes, por lo que, continua dicho autor, descartado que los dictámenes del Consejo no surten con carácter general los efectos de un acto de control, lo único que podría justificar la existencia de cierto control, siempre en sentido sociológico y no jurídico, sería la demostración de un poder real, efectivo, de dicho Consejo en la toma de decisiones, que fuese más allá de la persuasión por una argumentación concreta, es decir, su capacidad de influencia sobre la autoridad administrativa, enlazando con el concepto de *auctoritas* que bien puede extrapolarse, siguiendo a García Pelayo, al plano político, jurídico y administrativo.

Se descarta la naturaleza del Consejo de Estado como órgano de control por cuanto que la *auctoritas* a la que anteriormente nos referíamos, no reside en un mero prestigio o autoridad moral (que es lo que puede haber llevado a la inclusión del Consejo de Estado como órgano de relevancia constitucional), y que también podría ser utilizado por el destinatario de una recomendación o de un dictamen para parapetarse detrás de él, sino en un poder de influencia, de censura sobre el sujeto de la *potestas*, unido, todo ello al requisito de publicidad, como elemento necesario o muy importante, al menos, de dicha *auctoritas*.

---

[161] GARCÍA ÁLVAREZ, G. *La función constitucional del Consejo de Estado*, Barcelona, Centro de Estudios de Derecho, Economía y Ciencias Sociales, 1996, págs. 244 y ss.

En ese sentido, existiría este control, entendido como "consecuencia" de su actividad consultiva, en la medida en que "la coincidencia del dictamen del Consejo de Estado y la resolución de la Administración contribuya a legitimar o deslegitimar a esta última ante la opinión pública, de forma que la eficacia del llamado "control consultivo" del Consejo de Estado sería directamente proporcional, no sólo a una supuesta autoridad moral del órgano, sino a la publicidad de sus pronunciamientos u opiniones, lo cual no ocurre en el caso del Consejo de Estado por cuanto que el único destinatario de sus dictámenes es la Administración activa, al tiempo que el Consejo no puede dar publicidad a sus dictámenes sin autorización de la autoridad consultante, y, finalmente, aunque puede publicar recopilaciones de su doctrina legal, (es lo que se conoce como función pretoria del Consejo de Estado), se debe omitir todo aquello que pudiese identificar al asunto o a la autoridad consultante.

Esto supone, en definitiva, la imposibilidad de calificar jurídicamente dicho órgano como de control, el cual, actúa como órgano consultivo puro, dada la concurrencia de una *auctoritas* fragmentaria y falta de continuidad, si bien ello no obsta a entender, que dicho órgano apoya al Gobierno en su función de garantía.

Esta postura debe ser matizada. Si bien el dictamen de un órgano consultivo no es vinculante, salvo excepciones muy tasadas (como el caso de revisión de actos nulos de pleno derecho), el prestigio derivado de dicho órgano, a partir de su objetividad e independencia, le refuerza en orden al cumplimiento y seguimiento de la gran mayoría de dictámenes, que no son vinculantes.

Además, la publicidad de los dictámenes emitidos por órganos consultivos, y entre ellos el Consejo de Estado, es un principio de actuación que no viene exigido solamente en tanto que garantía de los directamente interesados, sino también como palanca para potenciar la efectividad del control que dichos órganos ejercen, y ello porque a nadie se le escapa el papel que la publicidad juega a la hora de dotar de fuerza a los dictámenes, aumentando la probabilidad de que su contenido sea tenido en cuenta por sus destinatarios, de forma que de poco sirve la excelente reputación que dimana de la competencia técnica, de la imparcialidad e independencia de criterio y la coherencia y solidez de los argumentos, si la opinión del órgano investido de tal *auctoritas* no trasciende del reducido ámbito de la relación que mantiene directamente con la Administración consultante.

El órgano administrativo que decide apartarse del criterio establecido en el dictamen tiene que ser consciente de que ignorar la cualificada opinión del órgano consultivo no sale gratis en términos de imagen pública, tiene que soportar un determinado coste político[162].

Es lo que conocemos como *auctoritas,* que dificulta, en gran medida el apartamiento, por el órgano consultante, de los dictámenes originados por consultas facultativas, a partir de las fórmulas "de acuerdo con el Consejo de Estado" (u órgano consultivo equivalente, si

---

[162] RUBIO LLORENTE, F. "La función consultiva en el Estado de las Autonomías", *Revista Española de la Función Consultiva,* nº 2, 2004, págs. 106.

se ha seguido el dictamen de referencia), u "oído el Consejo de Estado" (u órgano consultivo equivalente, si no se ha seguido el mencionado dictamen), que exteriorizan el seguimiento o apartamiento del órgano consultante respecto a la opinión del órgano consultado. Siendo así, es indudable que el órgano consultante puede decidir en sentido contrario, pero la fórmula de referencia nos da una importante pista sobre lo que puede haber sucedido acerca de la ilegalidad del texto consultado, prueba de lo cual sería la importancia de tales expresiones en cuestión como resistencia del órgano consultante a la utilización de la fórmula "oído el Consejo de Estado" (u órgano consultivo equivalente), o lo que es lo mismo, la resistencia del órgano consultante, dado el prestigio del órgano consultivo a exteriorizar el hecho relativo al no seguimiento del dictamen solicitado, lo cual, a buen seguro, condiciona el procedimiento posterior, en sentido nada favorable.

Como antes destacamos, el propio Consejo de Estado, ha tenido ocasión de pronunciarse, en relación a su propia naturaleza, señalando que su función es "esencialmente consultiva", y que "no ejerce ningún tipo de control sobre otros órganos[163]". Al mismo tiempo, y a través de la Moción nº 82, de 21 de noviembre de 1984, dirigida al Gobierno a propósito de la aprobación de la Ley 30/1984, de 2 de agosto, de Medidas para la Reforma de la Función Pública, la cual, como ya hemos visto capítulos atrás, venía a crear un nuevo Cuerpo Superior de Letrados del Estado, incluyendo a los Letrados del Consejo de Estado, que bien valió para que el mencionado Consejo contestara al Gobierno mediante el documento de referencia, el supremo órgano consultivo del Gobierno precisó de sí mismo que está implicado "en el mantenimiento de un Estado de Derecho, tanto por lo que hace al respeto y supremacía de la Constitución y la Ley en la actuación administrativa, como en cuanto salvaguardia de los derechos de los administrados", lo que le permite definir la función que lleva a cabo como consultiva pues lo que pretende el Gobierno a través de sus juicios es "aportar elementos de juicio para que la decisión que se adopte sea conforme al ordenamiento jurídico".

A ello añade que la función consultiva que dicho órgano desarrolla se diferencia claramente de la de otros órganos, en primer lugar por su carácter de órgano supremo, que supone incluir su dictamen como el último en el expediente; en segundo lugar, por no tener como finalidad la justificación de una decisión o la búsqueda de nuevas posibilidades de actuación sino procurar la adecuación de la actuación administrativa al ordenamiento

---

[163] Memoria del Consejo de Estado de 1992. El mismo órgano también se pronunció sobre la función consultiva a él encomendada en el Dictamen nº 3071/1996, de 4 de septiembre, afirmando que *"cuando se trata de elaborar una ley, el dictamen se ha de constreñir a la constitucionalidad del anteproyecto, a su coordinación con el resto del ordenamiento jurídico y a cuestiones formales o de técnica normativa. También puede valorar los aspectos de oportunidad y conveniencia cuando lo exija la índole del asunto, pero sin olvidar que es al legislador en última instancia, y al titular de la iniciativa legislativa en primer lugar, a quien corresponde ejercer la opción política de las medidas, y que la prudencia aconseja no aventurarse en juicios de oportunidad si no se pueden hacer con conocimiento de causa o razonablemente".*

jurídico; y, finalmente, por el carácter no exclusivamente jurídico del asesoramiento de dicho Consejo.

En fin, que podríamos concluir con una conceptualización "constitucionalmente correcta": el Consejo de Estado es un órgano "esencialmente consultivo" que no realiza función de control alguna. Hasta aquí seguimos la literalidad constitucional y la doctrina del propio órgano consultivo. Pero podemos matizar que ese control sí puede darse desde el punto de vista sociológico, parámetro que, en el caso de producirse, trasciende el ámbito jurídico-político definitorio de la naturaleza jurídica de un órgano, de su competencia. Otra cuestión sería si, como consecuencia de sus tareas consultivas, se realizase cierto control no jurídico, o si, excepcionalmente, existieran actividades más relacionadas con un posible control que con el asesoramiento. En ninguno de ambos casos se desvirtuaría la característica esencial consultiva del Consejo de Estado.

II.1.4. La jurisprudencia española en relación a la naturaleza jurídica del Consejo de Estado

Sin perjuicio de todo lo hasta aquí expuesto, ha sido el Tribunal Constitucional español, el que ha venido a clarificar la naturaleza jurídica del Consejo de Estado y de la función que desarrolla en el ordenamiento jurídico español.

Siendo así, la primera de tales resoluciones fue la Sentencia 214/1989, de 21 de diciembre. En ella, el máximo intérprete de la Constitución Española ya vino a establecer, en su Fundamento Jurídico 17, que el Consejo de Estado "se configura también como órgano consultivo de las Comunidades Autónomas[164]" sobre la base del artículo 20.1 de la Ley Orgánica de dicho Consejo.

---

[164] Más concretamente, la mencionada Sentencia, fruto de los recursos de inconstitucionalidad acumulados, nº 610/85, interpuesto por el Parlamento de Galicia, 613/85, interpuesto por la Junta de Galicia, 617/85, interpuesto por el Consejo Ejecutivo de la Generalidad de Cataluña y 619/85, interpuesto por el Parlamento de Cataluña, frente a determinados preceptos de la Ley 7/1985, de 2 de abril, Reguladora de las Bases de Régimen Local, establece en el Fundamento Jurídico citado, a partir de una impugnación de la Junta de Galicia frente al inciso final del artículo 48 de la mencionada Ley, que exigía la solicitud de dictamen al Consejo de Estado a través del Ministerio de Administración Territorial, en relación con aquellos asuntos en que fuera preceptivo el dictamen de dicho órgano consultivo, que "La impugnación debe ser estimada, ya que con la obligación que se prevé de que la solicitud del dictamen del Consejo de Estado sea cursada "a través del Ministerio de Administración Territorial", se condicionan ilegítimamente las potestades propias de autogobierno de las Comunidades Autónomas (art. 148.1.1.ª de la Constitución), a la vez que se desconoce que el Presidente de la Comunidad Autónoma de Galicia (art.15.1 del EAG), al igual que los Presidentes de las demás Comunidades, según prevén sus respectivos Estatutos, ostenta la representación ordinaria del Estado en el ámbito territorial de la propia Comunidad Autónoma, y que el Consejo de Estado, tal y como establece el art. 20.1 de su Ley Orgánica 3/1980, de 2 de abril, se configura también como órgano consultivo de las Comunidades Autónomas". Posteriormente, la Ley de Bases de Régimen Local ha sido objeto de una adición, por parte de la Ley 11/1999, de 21 de abril, en cuanto un segundo

En una posterior resolución, esto es, en la Sentencia 56/1990, de 29 de marzo[165], el máximo intérprete de la Constitución viene a establecer, en el Fundamento Jurídico 37 de la misma, que el Consejo de Estado no forma parte de la Administración activa, sino que, por el contrario, conforme el artículo 107 de la Constitución Española y el artículo 1.1 de su Ley Orgánica, es un órgano consultivo que actúa, en todo caso, con autonomía orgánica y funcional en garantía de su objetividad e independencia, conforme el artículo 1.2 de dicha Ley Orgánica. A ello añade el mencionado Tribunal que dicho Consejo, pese a la dicción literal del artículo 107 de la Constitución Española, que se refiere a él como supremo órgano consultivo del Gobierno, tiene en realidad el carácter de órgano del Estado con relevancia constitucional al servicio de la concepción del Estado que la propia Constitución establece, concluyendo dicho Tribunal que así resulta de su composición, conforme los artículos 7 y 9 h) de su Ley Orgánica, y de sus funciones consultivas que se extienden también a las Comunidades Autónomas, según prevén explícitamente en el diseño competencial a que se remite la Norma Fundamental, realizado por los artículos 20 a 23 de su norma reguladora[166].

---

párrafo del precepto de referencia, que viene a establecer la necesidad de elevar la solicitud de dictamen al Consejo de Estado por conducto del Ministerio para las Administraciones Públicas, a petición de la entidad de mayor población, si bien en el supuesto de que sean varias entidades locales pertenecientes al ámbito territorial de distintas Comunidades Autónomas, supuesto recogido, por ejemplo, en el procedimiento establecido para el planteamiento de los llamados conflictos en defensa de la autonomía local previsto frente a leyes ante el Tribunal Constitucional, introducido por la ley Orgánica 7/1999, de 21 de abril, y vinculado a las medidas pertenecientes al llamado "Pacto Local".

[165] Dicha Sentencia, consecuencia de los recursos de inconstitucionalidad acumulados nº 859/85, interpuesto por el Parlamento de la Generalidad de Cataluña, 861/85, interpuesto por el Consejo Ejecutivo de la Generalidad de Cataluña, 864/85, interpuesto por la Junta de Galicia y 870/85, interpuesto por el Gobierno Vasco, todos ellos frente a determinados preceptos de la Ley Orgánica 6/1985, de 1 de julio, del Poder Judicial, resulta absolutamente clarificadora a los efectos que aquí interesan. En este sentido, el Fundamento Jurídico 37 de la misma, viene referido a la impugnación que se efectúa en relación con el artículo 38 de la mencionada Ley Orgánica del Poder Judicial, en cuanto atribuye la resolución de los conflictos de jurisdicción a un órgano colegiado constituido por el presidente del Tribunal Supremo, dos magistrados de la Sala de lo Contencioso-Administrativo de este mismo Tribunal y tres Consejeros Permanentes de Estado, considerándose contrario al artículo 20 del Estatuto de Autonomía catalán, a los artículos 2 y 137 de la Constitución Española y a los artículos 1 y concordantes del mismo Estatuto, por la Generalidad de Cataluña y su Parlamento, y por el Gobierno Vasco, respectivamente.

[166] Para GARCÍA-TREVIJANO GARNICA, E. "Posición Institucional del Consejo de Estado. (Comentario al Fundamento Jurídico núm. 37 de la Sentencia del Tribunal Constitucional 56/1990, de 29 de marzo)", *Revista de Administración Pública,* nº 122, 1990, págs. 323-327, la mencionada Sentencia llega a determinadas conclusiones que deben suponer un importante apoyo a una interpretación amplia de la autonomía orgánica y funcional del Consejo de Estado, potenciación esta que debe afectar, continúa dicho autor, "con particular intensidad a quienes en sentido estricto realizan (en su seno) la función consultiva propia del Alto Órgano Consultivo". En ese sentido, es plenamente acertado el aserto de que dicho órgano no forma parte de la Administración activa, especialmente en cuanto emite dictámenes sobre los asuntos que se le someten, existiendo un doble

Dicha Sentencia, termina por concluir que la presencia de dos Consejeros Permanentes en la resolución de los conflictos de jurisdicción no pugna con el Estado autonómico a la vista de la independencia del órgano, que no representa a la Administración central, pero como órgano de Estado con relevancia constitucional, la interpretación de sus funciones consultivas respecto a las autonómicas no puede desvincularse de la distribución competencial, añadiendo que la legislación autonómica dictada en virtud de competencia exclusiva puede modificar la exigencia y la preceptividad del dictamen, al igual que la legislación autonómica desarrolladora de las bases para mantener la exigencia preceptiva del dictamen, pero confiar su emisión a un órgano consultivo propio, cuando éste existe, y ello de la misma forma que una Comunidad Autónoma puede autovincularse a través de su propio legislativo para someterse al dictamen del Consejo de Estado.

---

distanciamiento entre la Administración activa (del Estado) y el Consejo de Estado, cuando este emite sus dictámenes, por cuanto que no de otra manera podría ser si se tiene en cuenta que sería esencialmente incompatible y contradictorio sostener la autonomía orgánica y funcional de dicho Consejo en garantía de su objetividad e independencia y, a su vez, mantener la dependencia directa del citado Órgano (en cuanto realiza su función típica) de la Administración activa. En otras palabras, concluye dicho autor, no existe un órgano consultivo verdaderamente independiente si no tiene reconocida una autonomía suficiente que le permita la adecuada separación al realizar su actividad de la Administración consultante, cualquiera que fuere, de forma que tal distanciamiento es predicable no sólo respecto a la Administración del Estado, sino también a las demás Administraciones Públicas consultantes, concretamente las Comunidades Autónomas. El mencionado autor, por lo demás, reivindica la Sentencia de referencia para recordar lo que ya sostuvo con anterioridad ("Efectos de la omisión del preceptivo dictamen del Consejo de Estado", *Revista de Administración Pública*, nº 118, 1989, págs. 257 y ss.). En la misma línea de la posterior Sentencia 56/1990, que existe una disociación entre la dicción literal del artículo 107 de la Constitución Española y la función real del Consejo de Estado, de forma que la función consultiva excede en mucho -subjetiva y objetivamente- dice dicho autor, de las consultas que le formula el Gobierno, siendo así que "el reconocimiento de esta realidad lleva al Tribunal Constitucional a una solución trascendental y plenamente acertada, como es la de colocar al Consejo de Estado estrictamente fuera de la órbita de la Administración del Estado, configurándolo como un órgano del Estado mismo, con relevancia constitucional", cuyo efecto directo, a juicio de García-Trevijano, será la inviabilidad jurídica de sostener que, cuando dictamina el Consejo de Estado, lo está haciendo la Administración central o del Estado, por cuanto que el Tribunal Constitucional viene, con la Sentencia de referencia, a invitar a las Administraciones Públicas, especialmente, a la autonómica, a sentir de alguna manera como propio al Alto Órgano Consultivo, en cuanto está al servicio del Estado considerado en su totalidad, de forma que, las Comunidades Autónomas, para dicho autor, debían tomar conciencia de esta posición institucional del Consejo de Estado, lo que les permitirá, además, percatarse adecuadamente sobre las posibilidades potenciales que tienen de formular consultas facultativas en aspectos especialmente delicados desde un punto de vista jurídico o jurídico-administrativo. En definitiva, dicho autor resalta la trascendencia de dicha Sentencia, en cuanto "influirá en la forma de resolver (y argumentos a utilizar), entre otras cuestiones, sobre la propia incardinación del dictamen preceptivo del Consejo de Estado en relación con las Comunidades Autónomas.

Finalmente, fue la Sentencia 204/1992, de 26 de noviembre[167], del propio Tribunal Constitucional, la que vino a zanjar la cuestión relativa a la naturaleza del Consejo de Estado y a la función que ejerce en relación a las Comunidades Autónomas, disipando cualquier duda que pudiera quedar al respecto[168], al menos en lo que a dictamen sobre

---

[167] Que viene a resolver la cuestión de inconstitucionalidad nº 2414/1991, planteada por la Sala de lo Contencioso-Administrativo del Tribunal Superior de Justicia de la Comunidad Valenciana, en los recursos acumulados nº 1368/1990 y 1370/1990, interpuestos por "Guicas, S.A"; "Oprimo, S.A"; "Gilbis Juegos, S.A" y Asociación Autónoma Valenciana de Empresarios de Juegos Legalizados, contra el Decreto 89/1990, de 11 de junio, del Consejo de la Generalidad Valenciana, por el que se aprueba el reglamento del Bingo, sobre la supuesta inconstitucionalidad del artículo 23.2 de la Ley Orgánica 3/1980, del Consejo de Estado, en relación con el artículo 22.3 de la misma Ley, en cuanto pudiera vulnerar los artículos 2, 137, 148.1.1ª, 107 y 153 de la Constitución Española, por cuanto dicho precepto dispone el dictamen preceptivo del Consejo de Estado para las Comunidades Autónomas en los mismos casos previstos en dicha Ley Orgánica para el Estado, cuando hayan asumido las competencias correspondientes, y más concretamente, al exigirse por el mencionado precepto dictamen preceptivo del Consejo de Estado para la elaboración de los reglamentos o disposiciones de carácter general que se dictan en ejecución de las leyes, y, especialmente, y por consiguiente, en cuanto a la aprobación de los Reglamentos ejecutivos de las Comunidades Autónomas, lo cual, a juicio del Tribunal Superior de Justicia de la Comunidad Valenciana introduce un sistema de control no previsto en el artículo 153 de la Constitución Española que vulnera, además, la competencia de autoorganización de dichos entes autonómicos al insertar en su organización un órgano dependiente del Gobierno.

[168] FONT I LLOVET, "Función Consultiva...", o.c., págs. 42-43, por el contrario, dicha Sentencia lejos de dejar zanjada la cuestión de la intervención del Consejo de Estado en relación con las Comunidades Autónomas, dejó abiertas una serie de incógnitas, como es la misma persistencia del "síndrome del Consejo de Estado", que puede verse reflejada en la proliferación forzada de organismos consultivos autonómicos, que en algunos casos encuentran difícil encaje constitucional, por lo que dicho autor aconseja superar el síndrome mencionado que significa actuar por comparación con el mencionado Consejo de Estado y no por las exigencias propias de cada Comunidad Autónoma y de la funcionalidad de la actividad consultiva. De otro lado, debe tenerse en cuenta que el Consejo de Estado había señalado con anterioridad que "El Título IV de la Constitución, aun concebido desde el punto de vista primario del Gobierno de la Nación y de la Administración estatal, irradia directrices y principios eficaces sobre todas las Administraciones Públicas y, en particular, sobre las de las Comunidades Autónomas. Así resulta, por lo demás, de una interpretación sistemática de la Constitución y, en especial, de sus artículos 9, 149.1.1ª y 149.1.18ª…", e igualmente, el Tribunal Supremo, en Sentencias de 10 de mayo y 5 de junio de 1989, respectivamente, vino a señalar que *"La intervención preceptiva del Consejo de Estado no se queda por tanto en mero formalismo, corrupción o perversión de la norma, sino que actúa como una garantía profiláctica, preventiva, para asegurar en lo posible el imperio de la ley, propio de un Estado de Derecho, en la configuración de una Administración Pública con talante democrático, a la que […] son imprescindibles los mecanismos, los frenos y contrapesos, muchas veces externos pero también internos, que pongan límite a la natural tendencia expansiva del Poder y muy especialmente del Poder por antonomasia, el Ejecutivo, como ya sabían hace dos siglos los padres de la Constitución de los Estados Unidos de América. Ésta es la razón profunda de la tradicional línea jurisprudencial, consolidada en doctrina legal, que ha mostrado siempre el máximo rigor para exigir el cumplimento de estas consultas*

reglamentos ejecutivos se refiere[169], siendo así que la cuestión planteada ante dicho Tribunal no era si el Consejo de Estado podía actuar como órgano consultivo de las Comunidades Autónomas, cuestión sobre la que dicho Tribunal se pronuncia afirmativamente, sino si el sistema de fuentes constitucionalmente previsto admitía que una ley orgánica pudiera regular esta materia y con el alcance que a ella confiere.

Debe resaltarse, ante todo, que la Sentencia de referencia es básica en el desarrollo y evolución de los órganos consultivos autonómicos, al otorgarles el respaldo constitucional que se cuestionaba, de forma que a pocas sentencias se les puede atribuir un poder de resolución tan definitivo, superándose de forma radical la polémica hasta entonces suscitada. Por ello volveremos a hacer referencia a la misma en un epígrafe posterior atinente a la naturaleza jurídica, esta vez, de los consejos consultivos autonómicos.

En este sentido, la mencionada Sentencia[170] establece, en cuanto a la naturaleza jurídica del órgano consultivo, que el Consejo de Estado es un órgano previsto y garantizado por el artículo 107 de la Constitución Española, que lo define como "supremo órgano consultivo del Gobierno", refiriéndose nuestra Carta Magna con dicha acepción de Gobierno a la función consultiva que el Consejo de Estado desarrolla para el Gobierno de la Nación en concreto, al insertarse dicho artículo 107 en el Título IV de la Constitución Española, referido inequívocamente, dice la mencionada Sentencia, al Gobierno de la Nación y no a otros órganos de naturaleza gubernativa, como los Consejos de Gobierno de las Comunidades Autónomas. Siendo así, el Tribunal Constitucional concluye parcialmente, que del primer inciso del artículo 107 de la Constitución Española no se puede deducir que la misma imponga la intervención consultiva del Consejo de Estado, en relación con la actuación de los Gobiernos y Administraciones de las Comunidades Autónomas, lo cual,

---

preceptivas, doctrina que, si pudo tener sentido en un régimen autoritario, adquiere todo su significado trascendente, a la luz de la Constitución, en el sistema parlamentario que implanta".

[169] GARCÍA ÁLVAREZ, G. *Función Consultiva y Procedimiento (Régimen de los Dictámenes del Consejo de Estado)*, Valencia, Tirant lo Blanch, 1997, pág. 158.

[170] Valorada de manera muy positiva por la doctrina de nuestro país, si bien con alguna objeción, como en el caso de GARCÍA DE ENTERRÍA, E. y FERNÁNDEZ RODRÍGUEZ, T.R. *Curso de Derecho Administrativo*, vol. I, 6ª ed., Madrid, Civitas, 1993, pág. 626 y también "Un punto de vista sobre la nueva Ley de Régimen Jurídico de las Administraciones Públicas y de Procedimiento Administrativo Común de 1992", *Revista de Administración Pública*, nº 130, 1993, págs. 216-217, o FONT I LLOVET como hemos visto en anterior Nota, que afirmaron en su momento que no cabe equiparar al Consejo de Estado con los órganos consultivos de las Comunidades Autónomas, en el plano de las garantías, aunque sólo sea *"porque su organización y su composición internas no están en absoluto aseguradas en los mismos términos ni por la historia ni por la Constitución, ni por Ley Orgánica alguna"*; igualmente TRAYTER, J.M. "Consejo de Estado y Comunidades Autónomas (Notas a la Sentencia del Tribunal Constitucional 204/92, de 26 de noviembre, Decreto Valenciano sobre el Juego del Bingo", *RJC*, nº 3, 1994, pág. 217, que afirmó en su momento que el Tribunal Constitucional *"en realidad no hace una interpretación, siquiera extensiva o flexible de ese precepto (el art. 23 LOCE), sino que pura y simplemente le hace decir lo que en ningún momento afirma"*, aunque dicho autor, valora de forma positiva la misma, en términos generales.

sin embargo, a juicio de dicho Tribunal, no quiere decir que ese órgano haya de quedar confinado al ejercicio de esa específica función y que no pueda extenderse el alcance de su intervención consultiva, como así ha sido históricamente y en la realidad. Y ello porque, justifica el Tribunal Constitucional, "el hecho de que no forme parte de la Administración activa, su autonomía orgánica y funcional, garantía de objetividad e independencia, le habilitan para el cumplimiento de esa tarea, más allá de su condición esencial de órgano consultivo del Gobierno, en relación también con otros órganos gubernativos y con Administraciones públicas distintas de la del Estado, en los términos que las leyes dispongan, conforme a la Constitución".

En consecuencia, el Tribunal Constitucional señala que las Comunidades Autónomas pueden legalmente, conforme el artículo 23, párrafo primero de la Ley Orgánica del Consejo de Estado, solicitar dictamen de dicho Consejo cuando lo estimen conveniente, junto con otros casos en que se prevé intervención preceptiva del mismo en el ámbito local (arts. 13.1 y 48 de la Ley de Bases de Régimen Local) o autonómico (art. 44 del Estatuto de Autonomía de Andalucía), de forma que "el artículo 107 de la Constitución Española no ha dispuesto que el Consejo de Estado sea el órgano superior consultivo de los Gobiernos de las Comunidades Autónomas y de sus respectivas Administraciones, pero tampoco impide que desempeñe esa función incluso emitiendo dictámenes con carácter preceptivo, en su caso", pudiendo ejercer de esa manera la función de órgano consultivo con relevancia constitucional "al servicio de la concepción del Estado que la propia Constitución establece", sin merma del principio de autonomía sancionado por los artículos 2 y 137 de la Constitución Española, ya que dicho órgano no forma parte de la Administración activa sino que es un órgano consultivo que actúa, en todo caso, con autonomía orgánica y funcional en garantía de su objetividad e independencia.

Y es que, a juicio del Tribunal Constitucional, la actuación del Consejo de Estado no supone dependencia alguna del Gobierno y Administración autonómica respecto del Gobierno y la Administración del Estado, y ello aunque se trate de un órgano centralizado, con competencia sobre todo el territorio nacional, si bien, matiza el máximo intérprete de la Constitución Española, "tampoco puede estimarse que cualquier intervención del Consejo de Estado en el ámbito de la competencia de las Comunidades Autónomas esté excluida a *contrario sensu* por el artículo 153 CE, que regula el control de la actividad de los órganos de las Comunidades Autónomas".

Nuestro Tribunal Constitucional concluye, en fin, que el mero hecho de que se prevea la consulta preceptiva al Consejo de Estado en relación con determinadas actuaciones administrativas de las Comunidades Autónomas, no significa en absoluto insertar un órgano de la Administración del Estado en el esquema organizativo de aquéllas, infringiendo así su potestad de autoorganización (art. 148.1.1 CE), ya que el Consejo de Estado permanece orgánicamente separado de la Administración autonómica a la que informa, pues dicho Consejo no es un órgano dependiente del Gobierno, sino, insiste el Tribunal, es un órgano dotado de independencia funcional para la tutela de la legalidad del

Estado de Derecho[171], lo que parece, a nuestro juicio, apuntar a su naturaleza no sólo de órgano de relevancia constitucional sino también de carácter auxiliar, aunque el Tribunal Constitucional no lo diga expresamente[172].

Por lo demás, a juicio del Tribunal Constitucional, el dictamen del Consejo de Estado es una garantía, como ya señalábamos anteriormente, y, como tal, la consulta preceptiva forma parte del "procedimiento administrativo común" y puede ser impuesta por el legislador estatal a las Comunidades Autónomas, de lo que deriva también una limitación para el propio legislador estatal. En este sentido, dicho legislador sólo podrá establecer la consulta como preceptiva para las Comunidades Autónomas cuando pueda haber administrados interesados en el procedimiento. La garantía del dictamen del Consejo de Estado es funcional, derivada de su posición y función en el procedimiento, y orgánica, por la autonomía del Consejo de Estado y su cualificación jurídica, por lo que no se puede impedir a las Comunidades Autónomas el introducir una especialidad orgánica que no afecte a su garantía: la sustitución del Consejo de Estado por otro órgano que también esté dotado de autonomía y suficiente competencia jurídica, es decir, "homologable" al Consejo de Estado, en términos del Tribunal Constitucional.

En consecuencia, el Consejo de Estado se configura como un órgano de las Comunidades Autónomas cuando interviene en asuntos de competencia de estas, sin existir, por tanto, vulneración de su autonomía, teniendo en cuenta, además, que el artículo 107 de la Constitución Española tiene mayor virtualidad frente al Gobierno Central, por cuanto que la garantía de la intervención del Consejo de Estado no está prevista en la misma medida en relación con dicha Administración y con la autonómica, ya que el mencionado artículo impone necesariamente la intervención del Consejo de Estado (conforme su Ley Orgánica) en relación con el gobierno central, mientras que "no se puede deducir que la Constitución imponga la intervención consultiva del Consejo de Estado en relación con la actuación de los Gobiernos y Administraciones de las Comunidades Autónomas".

Y es que la Sentencia 204/1992, del Tribunal Constitucional, de gran importancia, como se puede advertir, es una suerte de sentencia interpretativa que vino a descalificar la atribución del "monopolio" de la función consultiva al Consejo de Estado sin tampoco concederle la "supremacía asesora" invocada por la representación procesal del Gobierno de la Nación, entendiendo que el artículo 23 de la Ley Orgánica 3/1980, no es contrario a la Constitución siempre que se interprete que el dictamen del Consejo de Estado tan sólo es exigible a las comunidades autónomas que no hayan creado su propio órgano consultivo.

---

[171] Por estas y otras razones que veremos más adelante, el Tribunal Constitucional concluye que el artículo 23, párrafo segundo, de la Ley Orgánica del Consejo de Estado, no es contrario a la Constitución, siempre que se entienda que el dictamen del mencionado Consejo se exige a las Comunidades Autónomas sin organismo consultivo propio, en los casos previstos en la mencionada Ley que formen parte de las bases del régimen jurídico de las Administraciones Públicas o del procedimiento administrativo común.

[172] RUIZ MIGUEL, en "Consejo de Estado...", o.c., pág. 97.

Debe aclararse la posibilidad de sustituir en bloque la intervención del Consejo de Estado por el equivalente de la Comunidad Autónoma salvo que la Constitución directamente, los Estatutos de Autonomía o la propia ley autonómica prevean la intervención del Consejo de Estado, supuestos en los que ya no será admisible, y así se reconoce por el propio Tribunal Constitucional, la sustitución pretendida en dicha materia. A ello se añade, aquellos supuestos en los que una ley estatal así lo disponga, dentro del marco establecido en el artículo 149.1.18ª de la Constitución.

En todo caso, la sustitución de un órgano por otro, supone que el sustituto (órgano autonómico) debe ser homologable respecto al primero, esto es, respecto al Consejo de Estado, el cual ha tenido ocasión de pronunciarse sobre tales requisitos en su Memoria de 1993, sentando unos criterios muy amplios de homologabilidad, sobre la base de las tres premisas establecidas por la Sentencia del Tribunal Constitucional 204/1992, de 26 de noviembre, esto es, independencia, objetividad y rigurosa cualificación técnica.

En cuanto a la independencia, el Consejo de Estado señala que el órgano consultivo no debe estar incardinado en la jerarquía administrativa, aunque no esté dotado en toda su amplitud de la autonomía orgánica y funcional que son propias del Consejo de Estado. En relación a la objetividad, el órgano consultivo señala que debe ser un órgano colegiado, con prevalencia de la opinión mayoritaria, libre de cualquier subjetivismo personal, siendo conveniente que sus miembros gocen de cierta inamovilidad o de continuidad en el cargo que los sustraiga de los vaivenes de la política, además de estar sujetos a un riguroso régimen de incompatibilidades, y, en fin, respecto de la cualificación técnica, bastaría, para el Consejo de Estado, con exigir un alto nivel de preparación a sus miembros, que no tiene por qué ser exclusivamente jurídica.

De otro lado, entre los requisitos para dicha homologación, podemos incluir autonomía, estructura colegiada, inamovilidad de sus miembros durante un tiempo mínimo razonable para garantizar su neutralidad, y un régimen de "organización y funcionamiento que aseguren su independencia, objetividad y rigurosa cualificación técnica", en palabras de la Sentencia de referencia.

Sin embargo, en los últimos tiempos, parece que las exigencias del Tribunal Constitucional no se están aplicando con todo el rigor que deberían. Por ello, se ha criticado[173] duramente el descenso de nivel que, en cuanto a los requisitos de "calidad" respecto de tales órganos consultivos autonómicos, pasándose de una descentralización consultiva a una "centrifugación consultiva".

En este sentido, no debe olvidarse que con la reforma del Consejo de Estado en 2004, la Ley Orgánica 3/2004, dio nueva redacción al artículo 2.2 de la Ley Orgánica 3/1980, de 22 de abril, señalando que "El dictamen [del Consejo de Estado] será preceptivo para las

---

[173] RUIZ MIGUEL, C. "Los Consejos Consultivos como Guardianes de la Autonomía: Bibliografía, Jurisprudencia, Doctrina Legal y Perspectivas", *Revista Catalana de Pret Públic*, nº 39, 2009, págs. 223, 234 y 235.

comunidades autónomas que carezcan de órgano consultivo propio en los mismos casos previstos por esta ley orgánica para el Estado, cuando hayan asumido las competencias correspondientes", de forma, que, el legislador prescinde, totalmente de la exigencia del Tribunal Constitucional de que para que un consejo consultivo supla válidamente al Consejo de Estado tenga que ser "equivalente" en su organización y funcionamiento, y, en consecuencia, la "descentralización" de la función consultiva, determinada por imperativos de cierta "calidad", deja paso a la pura y simple centrifugación consultiva.

Los efectos de tan importante resolución judicial no sólo se reflejaron en la creación de la práctica totalidad de órganos consultivos autonómicos, sino también, al mismo tiempo, la Ley Orgánica 3/2004, de 28 de diciembre, vino a modificar su precedente de 1980, recogiendo, igualmente, una nueva redacción del originario artículo 23.2 de la misma, que con la modificación operada por dicha norma pasaría a ser el artículo 24, con el fin, según la Exposición de Motivos de la norma modificadora, de llevar a cabo "una revisión de las competencias de la Institución con objeto de adaptarlas al actual marco legal, sin que ello suponga una modificación sustantiva de las funciones que ha venido ejerciendo [...] y también se deja constancia de las competencias del Consejo de Estado tras la creación de los consejos consultivos autonómicos[174]".

En todo caso, el nuevo artículo 24 sigue reservando un papel importante al Consejo de Estado respecto de aquellas Comunidades Autónomas que carezcan de órgano consultivo propio, además de permitir la posibilidad de petición voluntaria de dictamen por parte de cualquier autonomía interesada.

De otro lado, una doctrina minoritaria, entiende que debe evitarse a toda costa que se consolide esa tendencia que ya hoy se manifiesta y que entiende imprescindible homologar los órganos consultivos autonómicos con el Consejo de Estado, y proceder a analizar en cada caso. Si un determinado órgano, por su composición y posición institucional, puede ser considerado equivalente al Consejo de Estado, se ha de entender, por el contrario, que se debe asumir que la potestad de autoorganización de las Comunidades Autónomas es capaz de encontrar la solución adecuada y conveniente a cada caso.

---

[174] La redacción original del precepto en cuestión establecía que *"Las Comunidades Autónomas podrán, por conducto de sus Presidentes, solicitar dictamen del Consejo de Estado, bien en Pleno o en Comisión Permanente, en aquéllos asuntos en que, por la especial competencia o experiencia del mismo, lo estimen conveniente. El dictamen será preceptivo para las Comunidades en los mismos casos previstos en esta Ley para el Estado, cuando hayan asumido las competencias correspondientes"*. La redacción dada por la Ley Orgánica 3/2003, al nuevo artículo 24, hace referencia al apartado inciso del mismo, y viene a establecer, como redacción actualmente vigente, que *"El dictamen será preceptivo para las Comunidades Autónomas que carezcan de órgano consultivo propio en los mismos casos previstos por esta ley orgánica para el Estado, cuando hayan asumido las competencias correspondientes"*.

Sin embargo, la mayoría de la doctrina[175], establece que la regulación de los órganos consultivos atentaba contra las garantías de los ciudadanos y contra la autonomía de las Corporaciones Locales.

Se criticó, en su momento, que la opción de los diversos legisladores autonómicos por convertir estos órganos consultivos en meros apéndices jurídicos de los gobiernos respectivos. Igualmente, criticaron que "el propio legislador estatal ha incentivado la creación" de estos órganos "rebajando las exigencias de autonomía orgánica y funcional propia del Consejo de Estado, que era la referencia adoptada por [...]la STC 204/1992", añadiendo que esa la línea seguida por la Disposición Adicional Décimo Séptima de la Ley 30/1992, de Régimen Jurídico de las Administraciones Públicas, introducida por la Ley 4/1999, de 13 de enero, que permite el ejercicio de "esa función consultiva" también "por medio de los servicios jurídicos de cada Administración", exigiendo que éstos no estén "sujetos a dependencia jerárquica, ya sea orgánica o funcional, ni recibir instrucciones, directrices o cualquier clase de indicación de los órganos" cuya actividad sea objeto de consulta.

Los órganos consultivos autonómicos cumplen la condición de identidad de funciones y similares características al Consejo de Estado, conforme exige el Tribunal Constitucional y el Supremo, con autonomía orgánica y funcional sin formar parte de la Administración activa ni integrarse en ningún departamento gubernamental, lo que unido a la cualificación técnica de sus miembros garantiza la objetividad e independencia en el ejercicio de sus funciones[176]. Al mismo tiempo, están prestando una útil colaboración, aunque la Disposición Adicional Décimo Séptima de la Ley 30/1992, no respeta la jurisprudencia del Constitucional apuntando que responde a un intento de legitimar el "extraño modelo del País Vasco".

En la medida en que tales órganos cumplan las condiciones requeridas, aparecen como directamente alternativos al Consejo de Estado, compiten con él, y a pesar de que formalmente no afectan a la definición general de sus competencias, sí lo hacen materialmente, sustrayéndole ciertas parcelas al poner en manos de otros Gobiernos, los autonómicos, la facultad de solicitar un dictamen a sus propios órganos consultivos[177].

La Sentencia 204/1992, de 26 de noviembre, por lo demás, no precisa si se requiere fundamento estatutario expreso para crear un consejo consultivo autonómico, si bien parece dar a entender que ello es posible gracias a la competencia genérica de las

---

[175] BLANQUER, *"Consejo de Estado..."*, o.c. pág. 292. BLANCO VALDÉS, "La función consultiva autonómica y su institucionalización tras la STC 204/1992; algunas reflexiones a propósito de la Ley del Consejo Consultivo de Galicia", *Autonomías. Revista Catalana de Derecho Público*, nº 22, 1997, págs. 103-120 (pág. 119). MENÉNDEZ y GARCÍA ÁLVAREZ "Consejos Consultivos...", o.c., pág. 625.

[176] GARRIDO MAYOL, V. "Veinticinco años de Función Consultiva", *Revista de Derecho Político*, nº 58-59, 2003-2004, págs. 578 y 583-586.

[177] SÁNCHEZ NAVARRO, "Consejo de Estado...", o.c., págs. 160 y 161.

Comunidades Autónomas de autoorganización, en virtud del artículo 148.1.1ª de la Constitución Española, posibilidad esta que, sin embargo, vendrá a confirmar mediante Sentencia 247/2007, declarando que bastará la competencia de autoorganización para crear un consejo consultivo autonómico, como posteriormente veremos.

Al amparo del artículo 149.1.18ª CE el Estado puede ordenar una garantía, pero no imponer al garante[178]", combinando, en el Fundamento Jurídico Cuarto de la Sentencia 204/1992, de 26 de noviembre, la doble perspectiva orgánica y funcional. Es por ello que, la perspectiva orgánica, referida al órgano que debe emitir el dictamen, debe unirse a las competencias asumidas por las Comunidades Autónomas al regular sus instituciones de autogobierno, junto al principio de autonomía organizativa, lo que les permite sustituir al Consejo de Estado por el respectivo órgano consultivo autonómico, siempre que se ciña a la esfera de atribuciones de los respectivos gobiernos y administraciones autonómicas, teniendo en cuenta que la autonomía funcional, en cuanto al dictamen como garantía de la legalidad, permite al legislador elevar su intervención preceptiva en determinados procedimientos a la categoría de norma básica, ya sean de ámbito estatal como autonómico

Como última aportación jurisprudencial a la conceptuación de la naturaleza jurídica del Consejo de Estado, podemos citar la recaída en relación a la inconstitucionalidad del artículo 76.4 en su nueva redacción dada por la Ley Orgánica 6/2006, de 19 de julio, de reforma del Estatuto de Autonomía de Cataluña, respecto a la asignación de competencias al Nuevo Consejo catalán de Garantías Estatutarias, órgano previsto por dicha reforma en sustitución del anterior Consejo Consultivo.

Resulta, en este sentido, que la nueva norma atribuye al recién creado Consejo una ampliación del ámbito normativo objeto de consulta, al incorporarse, entre otros asuntos, la "adecuación a la Constitución de los proyectos y proposiciones de reforma del Estatuto de Autonomía de Cataluña antes de su aprobación por el Parlamento", conforme su artículo 76.2.a), así como la adecuación a la Constitución y al Estatuto de Decretos-Leyes, de acuerdo con el artículo 76.2.b), además de Decretos Legislativos, en aplicación del artículo 76.2.c). A ello se une, por otro lado, una mutación de la función consultiva a través del artículo 76.4 del Estatuto de Autonomía catalán[179], supuesto en que, se aproxima funcionalmente el mencionado Consejo Consultivo autonómico al modelo del Consejo Constitucional francés, de forma que dicha aproximación no tiene cobertura constitucional, ya que la emisión de dictámenes vinculantes es ajeno a la esencia de la función "consultiva" y supone, una función "codecisora", transformando la naturaleza de este órgano consultivo en órgano de control, lo cual resulta inconstitucional, por cuanto se está privando a un órgano previsto por la Constitución (el Parlamento autonómico de las Comunidades Autónomas, del artículo 152 de la Constitución Española) de las competencias que le

---

[178] BRAVO-FERRER DELGADO "Consejo de Estado...", o.c., págs. 569-596.

[179] Que viene a señalar que *"Los dictámenes del Consejo de Garantías Estatutarias tienen carácter vinculante con relación a los proyectos de ley del Parlamento que desarrollen o afecten a derechos reconocidos por el presente Estatuto".*

atribuye la Carta Magna y que sólo tienen el límite que establece la misma (control de constitucionalidad de leyes y disposiciones normativas con fuerza de ley, que se confiere al Tribunal Constitucional).

Por todo ello, se concluye, que una norma inferior a la Norma Normarum no puede, en ningún caso, privar a un órgano previsto en la misma (la Asamblea Legislativa, art. 152.1 CE) de la competencia (legislativa) que la Constitución le confiere.

Y es que, la razón parece haber imperado de nuevo, afortunadamente, a través de un nuevo pronunciamiento del Tribunal Constitucional, a través de su Sentencia 31/2010, de 28 de junio[180], donde el máximo intérprete de la Constitución, viene a declarar inconstitucional y por tanto nulo, el apartado 4 del artículo 76 del Estatuto de Autonomía catalán, por cuanto que, en ese caso, al atribuir a los dictámenes del Consejo de Garantías Estatutarias el carácter vinculante para el supuesto de proyectos de ley y proposiciones de ley del Parlamento que desarrollen o afecten a derechos reconocidos por dicho Estatuto, supone que en el caso de ser negativo dicho dictamen o bien impediría la tramitación de la iniciativa o la continuación del debate en sus términos originales, -caso de emisión del dictamen en el momento de presentación de la iniciativas o durante el debate parlamentario- o bien, impediría la publicación de la ley y su entrada en vigor-de emitirse el dictamen tras finalizar el procedimiento legislativo y antes de la publicación de la ley-, dando lugar o a una inadmisible limitación de la autoridad y competencias parlamentarias o a un control jurisdiccional de normas legales perfeccionadas, que perjudicaría el monopolio de rechazo de las normas con fuerza de ley reservado a dicho Tribunal por el artículo 161 CE.

---

[180] Por la que se resuelve el recurso de inconstitucionalidad promovido por 99 diputados del Grupo Parlamentario Popular contra diversos preceptos de la Ley Orgánica 6/2006, de 19 de julio, de reforma del Estatuto de Autonomía de Cataluña, en el que se impugnaba, entre otros muchos artículos de dicha norma, el artículo 76, en sus apartados 1, 2 y 4, por entender que las funciones que le atribuyen a dicho Consejo quebrantan la reserva de control de constitucionalidad de las normas con fuerza de ley establecida en el art. 161 CE a favor del Tribunal Constitucional, así como que la eficacia vinculante atribuida a los dictámenes mencionados en el art. 76.4 del Estatuto catalán puede generar conflictos de legitimidad con los pronunciamientos de dicho Tribunal. Frente a tales alegaciones, el Tribunal Constitucional argumenta que los apartados 1 y 2 del artículo 76 son en sí mismos inobjetables, dejando claro que *"la función dictaminadora atribuida al Consejo de Garantías Estatutarias no hace sino configurarlo en los términos del anterior Consejo Consultivo de la Generalidad, especie del género institucional consultivo cuya constitucionalidad fue confirmada por la STC 204/1992, de 26 de noviembre, y cuyos cometidos en nada pueden perjudicar al ejercicio de la función jurisdiccional que nos es propia"*, añadiendo que existen sustanciales y evidentes diferencias entre las funciones de asesoramiento de dicho órgano y la jurisdiccional atribuida al Tribunal Constitucional, concluyendo con la constitucionalidad de ambos preceptos.

II.2 Naturaleza jurídica de los órganos consultivos autonómicos

II.2.1. Los consejos consultivos autonómicos como órganos estatutarios o de desarrollo estatutario

Ante todo, y partiendo de las definiciones dadas por la doctrina más acreditada, los órganos consultivos autonómicos, no son órganos constitucionales ni tampoco de relevancia constitucional, si bien serán, eso sí, órganos estatutarios o de desarrollo estatutario en función de su previsión, o no, en los respectivos Estatutos de Autonomía, y a los efectos del procedimiento previsto para su reforma o desaparición.

Siendo así, los órganos consultivos autonómicos se configuran[181], como instituciones de autogobierno, que constituyen piezas o elementos de la estructura política de la Comunidad Autónoma, dotados de autonomía orgánica y funcional, que cooperan a la defensa jurisdiccional de las competencias autonómicas y a los fines de la jurisdicción constitucional, pudiendo incluso contribuir en la depuración técnica de las formulaciones jurídicas de proyectos normativos sometidos a su consideración.

Para aquellos órganos consultivos no previstos estatutariamente, la doctrina que, en un principio se mostraba dividida[182], ha terminado por resultar más benevolente, en general, para con los mismos, señalando, que dicha falta de previsión no excluye, la posibilidad de

---

[181] TRUJILLO, G. "La función consultiva en las Comunidades Autónomas: sus órganos específicos y sus relaciones con el Consejo de Estado", *Documentación Administrativa*, nº 226, 1991, págs. 153-198, al menos los de previsión estatutaria, pero desde mi punto de vista también habría de incluirse los no previstos expresamente en el Estatuto de Autonomía, pero creados como fruto de la potestad de autoorganización de la Comunidad Autónoma.

[182] BLANCO VALDÉS, R. "La función consultiva...", o.c., pág. 108, señalaba que, en este sentido, algún sector sostuvo la imprescindibilidad de tal previsión, a fin de que el legislador autonómico pudiera atribuir a tales órganos determinadas competencias, sobre control de la potestad legislativa de las cámaras autonómicas; otro, en cambio, defendieron que la ausencia de previsión estatutaria no estaba exenta de consecuencia, si bien éstas no se extendían hasta el límite de la eventual atribución de competencias. Y es que, en efecto, TRUJILLO, "La función consultiva...", o.c., manifiesta sus dudas al respecto. Por el contrario RODRÍGUEZ-ARANA, J. "La funcionalidad de los Consejos Consultivos", *Revista de la Comunidad Valenciana d'estudis autonomics*, nº 5-6, 1986, defiende la posibilidad de atribuir al órgano consultivo competencias en relación con los procesos legislativos, al igual que RUIZ MIGUEL, "Consejo de Estado...", o.c., pág. 199, afirmando que *"nada impide que, en el ejercicio de la potestad de autoorganización de las Comunidades Autónomas (art. 148.1.1 CE) se establezca un Consejo que incida de forma consultiva en la actividad legislativa autonómica"*. De otro lado, BLANQUER CRIADO, "Consejo de Estado...", o.c., págs. 66 y ss., niega la equivalencia entre los órganos consultivos sin expresa previsión estatutaria y el Consejo de Estado, por cuanto carecen de la garantía institucional con que cuenta este último órgano, exigiendo dicho autor dos requisitos para la mencionada equivalencia: expresa previsión estatutaria y su regulación por una ley de quórum reforzado, que no pueda ser modificada por otras leyes autonómicas distintas de las reguladoras del órgano.

contar con tales órganos, si bien en dicho supuesto la fundamentación estatutaria es *mediata* o *indirecta*, al provenir los mismos de la libre decisión del legislador autonómico, no del estatuyente, amparada en la cobertura que le proporcionan las competencias organizativas genéricamente asumidas por el respectivo Estatuto.

En definitiva, y en cuanto a la posición de tales órganos en la organización autonómica, habrá que estar a lo que decida el legislador autonómico, frente a aquellos órganos consultivos que, ab initio, son regulados en el Estatuto de Autonomía, como instituciones de autogobierno, situadas en el nivel subsiguiente al resto de instituciones estatutarias que, reguladas en dicho Estatuto, integran el "mínimo institucional de autogobierno autonómico", según resulta del artículo 152.1 de la Constitución Española[183], serían, por tanto, instituciones "de autogobierno no esenciales" pero de expresa previsión estatutaria.

La estatutoriedad o no del órgano consultivo autonómico no tiene repercusiones sobre el marco competencial que se le puede atribuir; el propio Tribunal Constitucional, de forma implícita se ha inclinado también por dicha solución, al no indicar ninguna diferencia de régimen jurídico entre un tipo y otro de Comunidades Autónomas[184].

La anterior afirmación se ve reforzada por el hecho de que la ausencia de previsión estatutaria no impide la creación de órgano consultivo autonómico, a través de Ley de Asamblea, como ya habilitó la Sentencia del Tribunal Constitucional 35/82, recordando las competencias de las Comunidades Autónomas para fijar la organización, régimen y funcionamiento de sus instituciones de autogobierno, de forma que "estas instituciones son primordialmente las que el mismo Estatuto crea, pero no solo ellas, pues la Comunidad puede crear otras en la medida que lo juzgue necesario para su propio autogobierno".

Sea como fuere, ha sido la propia evolución o desarrollo del estado de las autonomías el que ha terminado por eliminar cualquier diferencia entre órganos consultivos autonómicos previstos o no en el correspondiente Estatuto de Autonomía[185], dando lugar, en la

---

[183] TRUJILLO, "La función consultiva...", o.c., pág. 157. De forma que dicho autor, extrae como consecuencia de la falta de previsión estatutaria, ciertas limitaciones en la ordenación y fijación de la posición institucional de dichos órganos, así como la ausencia de los aspectos garantistas inherentes a la previsión estatutaria de una ley específica de creación de aquéllos. Por lo demás, el mencionado autor, además, distingue entre "instituciones autónomas propias", ex art. 147.2.c), que incluye todas las instituciones de la Comunidad Autónoma, sean o no de autogobierno, "instituciones de autogobierno", ex art. 148.1.1ª, como aquellas que conforman o contribuyen a la formación de la voluntad política comunitaria, y "organización institucional autonómica", ex art. 152.1, respecto de aquellas que conforman la voluntad autonómica en su fase decisoria.

[184] RUIZ MIGUEL, "Consejo...", o.c., págs. 197-202. TRUJILLO, "La Función Consultiva...", o.c., p. 157-158. RODRÍGUEZ-ARANA, J. "La Funcionalidad de los Consejos Consultivos", *Revista de Derecho Público*, nº 107, 1987, págs. 403 y 413. OLIVER ARAUJO, "El Consejo de Estado...", o.c., pág. 25.

[185] Recordemos que TRUJILLO comentó en su momento que la previsión estatutaria del órgano consultivo, como institución de autogobierno no esencial, se veía notablemente reforzada por la singularidad de su ley de creación, por cuanto interviene una Ley institucional, con las garantías que

actualidad, a clasificaciones respecto a sus características que hacen referencia a otro tipo de circunstancias[186].

Así, en una primera etapa de desarrollo de la función consultiva, se llegó a distinguir[187], hasta cuatro notas diferentes entre órganos consultivos autonómicos, según estuvieran o no previstos en sus respectivos Estatutos de Autonomía, distinguiendo en función de la protección derivada de la previsión estatutaria y su garantía frente a reformas o supresión; en función de la existencia de una ley específica o institucional, entendida como garantía frente al legislador ordinario y consecuencia inmediata de una previsión estatutaria (aunque, en este caso, dicha regulación legal sólo deriva en una mayor seguridad jurídica respecto de dicha ley, por mucho que desarrolle una previsión estatutaria); en función de un régimen mínimo indisponible para el legislador ordinario, que, sin embargo, por ser tan mínimo, en cuanto reserva de ley, permite un amplio margen de conformación al legislador ordinario; y, en fin, en función de dicha previsión estatutaria se entendía la posibilidad de atribución de competencias al órgano consultivo en relación a la intervención de la actividad legislativa del Parlamento autonómico[188].

No obstante, debe destacarse que en los últimos tiempos, y con la nueva oleada de reformas estatutarias, se ha producido la introducción y regulación de numerosos órganos consultivos autonómicos en los respectivos Estatutos de Autonomía, que, con acierto, dan respuesta a las exigencias de actualización y adaptación de la norma estatutaria en garantía de su efectividad, de forma que en desarrollo del derecho a la autonomía garantizada a los poderes territoriales, introducen previsiones que, no obstante, en poco desmerecen a aquellas regulaciones que no parten del Estatuto de Autonomía correspondiente[189].

---

ello conlleva, teniendo en cuenta que la falta de previsión estatutaria se sitúa en el plano de la naturaleza de la institución que el legislador autonómico crea *ex novo* aunque dicha circunstancia no tiene por qué afectar a sus competencias, ya que su mayor o menor extensión depende de la voluntad del legislador, a salvo las limitaciones del ámbito competencial autonómico, en BLANCO VALDÉS, R., "La función consultiva...", o.c., pág. 110.

[186] En este sentido, debe recordarse que la diferencia actual entre los distintos órganos consultivos autonómicos, hace referencia a distintas opciones del legislador, bien como modelo clásico de función conectada al ámbito de actuación del Gobierno y Administración autonómica, o, bien, al modelo que suma a todo ello la actividad parlamentaria, según pone de manifiesto GALERA VICTORIA, A. "Constitución, Función Consultiva y Estado Autonómico", Madrid, Thomson Civitas, 2007, págs. 153 y 154. Dicha diferenciación ha sido defendida por LÓPEZ MENUDO, "El Consejo de Estado como presunto modelo...", o.c., pág. 290-291.

[187] GALERA VICTORIA, "Constitución, Función consultiva...", o.c., pág. 154.

[188] LÓPEZ MENUDO, "El Consejo de Estado como presunto modelo...", o.c., pág. 291 señala que no creemos que deba extralimitarse el dato de la constitucionalización o de la estatutoriedad más allá de lo que esas normas de cabecera garantizan en puridad, y BALAGUER CALLEJÓN, F. "La constitucionalización del Estado Autonómico", *Anuario de Derecho Constitucional y Parlamentario*, nº 9, 1997, págs. 129 y ss.

[189] Porque, como hemos visto, las diferencias entre unos y otros han sido eliminadas o muy difuminadas, de forma que la distinción que ha superado a la anterior se centra en el ámbito de

La creación de órganos consultivos autonómicos, se puede justificar, basándose en la potestad de autoorganización de la Comunidad Autónoma, señalando que "no resulta muy convincente que, en relación con asuntos de gobierno y administración, una Comunidad Autónoma deba, obligatoriamente, consultar a un órgano en cuya configuración no ha participado", -aclarando que los miembros del Consejo de Estado, excepto los natos, son nombrados por el Gobierno de la Nación-, "cuando tiene la posibilidad de crear un órgano consultivo propio con competencias distintas que las que corresponden al Consejo de Estado", de forma que, respetando las supuestas garantías establecidas en las leyes estatales básicas, las Comunidades Autónomas pueden determinar otras adicionales[190].

II.2.2. Los consejos consultivos autonómicos como órganos auxiliares

No se trataría nuevamente de teorizar respecto al carácter auxiliar de los consejos consultivos autonómicos aplicando los parámetros antes citados en los correspondientes apartados referidos antes al Consejo de Estado. Simplemente hemos de recordar aquí los mismos. Es decir, que los órganos autonómicos referenciados se tratan de órganos auxiliares en tanto en cuanto desarrollan funciones administrativas, técnicas, de apoyo a los poderes políticos. No lo serían si sus tareas fueran políticas o partícipes de aquella función de gobierno que la doctrina italiana tan bien calificara.

A mayor abundamiento, y como antes hemos señalado, "los poderes se encaminan al aseguramiento de la libertad mediante un equilibrio, mientras que las funciones, resultado de la creciente complejidad social, se dirigen a una especialización técnica y división del trabajo, a partir de los órganos que han de ejercerlas. De esta forma, los poderes estatales son las vías de ejercicio de la "actividad política del Estado" y las funciones "son los cauces por los que se manifiesta la actividad técnica del mismo", conectándose ambos mediante una relación de auxilio y asistencia, de garantía, para conseguir un adecuado cumplimiento de los fines encomendados".

Y es que, cabe recordar, la calificación de auxiliar viene dada desde el ámbito funcional, respecto a aquellos órganos que no son definidos como constitucionales. Y, es evidente, que este es el caso de los consejos consultivos autonómicos como ya hemos dilucidado antes al aludir al Consejo de Estado.

---

competencias que el legislador autonómico ha otorgado a su propio órgano consultivo, en función de su conexión con Gobierno o Administración, o, ampliadas a la actividad legislativa, como ya hemos visto.

[190] GARRIDO MAYOL, "Sobre la necesidad...", o.c., pág. 818, parte de la constitucionalidad del artículo 23.3 LOCE, en relación la STS de 24 de noviembre de 1989, donde el Tribunal Supremo justificó su conformidad a Derecho, recurriendo a técnica del "préstamo de órganos", o de la "Administración impropia" en virtud de las cuales un órgano del Estado que es utilizado por una Comunidad Autónoma, para evitar una duplicidad organizativa y burocrática estimada no necesaria, deviene para la función que realiza, órgano autonómico, aunque pertenezca a la organización del Estado, y sólo funcionalmente, y en sentido impropio, a la de la Comunidad que de él se sirve.

Los órganos auxiliares, en fin, estarían vinculados al ejercicio de funciones como cauces por los que se manifiesta la actividad técnica del Estado, frente al ejercicio de los poderes, como vías de desarrollo o ejercicio de la actividad política.

II.2.3. Los consejos consultivos autonómicos como órganos de naturaleza consultiva

Los consejos consultivos autónomos son órganos colegiados de naturaleza estatutaria (en caso de previsión), integrados como instituciones de autogobierno en la organización de las Comunidades Autónomas para el cumplimiento de los cometidos fiscalizadores preventivos que tienen atribuidos en relación con la observancia de la Constitución, el correspondiente Estatuto de Autonomía y, en general, de las normas de aplicación.

Sus funciones, con carácter general, son las siguientes: examen previo de legitimidad constitucional-estatutaria de proyectos y "proposiciones de ley", cooperación a la defensa jurisdiccional de las competencias autonómicas y, a los fines de la jurisdicción constitucional, examen previo de la legalidad de Decretos Legislativos y Reglamentos autonómicos, y control de legalidad de ciertos actos de la Administración autonómica y local en materia de convenios de colaboración entre Comunidades Autónomas y reclamaciones de responsabilidad patrimonial.

Resulta así, que los órganos consultivos autonómicos son órganos técnicos de control previo y garantía de las disposiciones normativas y actos administrativos de los poderes públicos, que ejercen su actividad conforme a parámetros jurídicos en el territorio de la Comunidad Autónoma correspondiente, debido a la ausencia de legitimación de las instituciones autonómicas para la impugnación de las leyes autonómicas ante la jurisdicción constitucional, donde dicha ausencia encuentra una "vía compensatoria de un control interno de estatutoriedad[191]" que contribuye a "garantizar los derechos de la minorías en los parlamentos autonómicos[192]" configurándose como "tribunales internos de garantías estatutarias[193]".

Es por eso que la existencia de dichos órganos consultivos reside en la voluntad de los poderes territoriales de contar con una institución consultiva de asesoramiento y garantía de la constitucionalidad, estatutoriedad y legalidad de la actuación normativa y administrativa con el fin de fortalecer el sistema de garantías jurídicas en los ordenamientos autonómicos.

---

[191] MOLAS, I. "El Consejo Consultivo de la Generalidad de Cataluña", *Anuario de Derecho Constitucional y Parlamentario*, n º4, 1992, pág. 65.

[192] FONT I LLOVET, "Función Consultiva...", o.c., pág. 39.

[193] GALERA, "Constitución...", o.c., pág. 146, añade que por eso la posición institucional de los primeros consejos consultivos "llevaría a advertir una conexión entre estas instituciones y la jurisdicción constitucional y a justificar la inclusión de estos órganos de control y garantía de estatutoriedad de la actividad legislativa autonómica en la defensa del Estatuto.

Y es que, hoy en día, y al margen del ámbito de competencias otorgado al órgano consultivo autonómico, resulta que, el ejercicio de la competencia consultiva cumple la exigencia de asegurar el control de constitucionalidad, estatutoriedad, legalidad de los textos normativos y actos administrativos sometidos a examen, que es, sin duda, la característica general de todo órgano consultivo. Y aquí reside el "*quid*" de la cuestión: competencia consultiva, sí, potestades variadas que se incluyen en la misma, también.

Los órganos consultivos autonómicos ejercen una función *de control preventivo de constitucionalidad*, ya que blindan, refuerzan y apoyan a priori con sus dictámenes a todos los poderes públicos[194], a los ciudadanos y, en suma, a la propia Constitución al anticipar *la tensión de constitucionalidad* situándola en la fase previa conformada por la elaboración de las normas jurídicas y de aplicación precontenciosa de las mismas, evitando, precaviendo o encauzando el debate constitucional y generando seguridad jurídica y garantía para los referidos poderes públicos y para los ciudadanos.

Resulta así, que los órganos consultivos autonómicos, al igual que el Consejo de Estado, realizan dentro de su competencia, esencial y exclusiva, la consultiva, funciones o facultades de control jurídico, no de asistencia ni de control político o de oportunidad, aunque el Consejo de Estado pueda hacer determinadas recomendaciones en este sentido, teniendo en cuenta que, el control jurídico se basa exclusivamente en parámetros exclusivamente normativos, ya sea Constitución, Estatuto o Ley, a través de un método jurídico. Los órganos consultivos autonómicos ejercen una función de control jurídico como garantía del Estado de Derecho, desarrollado además en tres niveles; control de constitucionalidad y

---

194 GRANADO HIJELMO, I. "Altos Organismos Consultivos y control preventivo de constitucionalidad", en VV.AA. *Actas de las Jornadas sobre la Función Consultiva*, Granada, Consejo Consultivo de Andalucía-Junta de Andalucía, 1998, págs. 79-111. respecto al poder legislativo, los dictámenes de los órganos consultivos introducen un factor de moderación en el debate político ilustrándolo con el "momento jurídico", al tiempo que suplen la falta de idoneidad técnica de los parlamentarios en materias jurídicas; respecto al poder judicial, tales dictámenes conllevan una *prognosis judicial*, pues lo consultivo no es sino la prefiguración de lo que un juez diría sobre el asunto si deviniese contencioso, además de una función garantista, reforzando y apoyando la actividad; y, en fin, respecto del poder ejecutivo, no es preciso encarecer la *asistencia y refuerzo* que estos órganos suponen para los Gobiernos y Administraciones Públicas, contribuyendo a generar la seguridad jurídica, el imperio de la ley y la objetividad en la actuación administrativa, no sólo con la finalidad de evitar revisiones judiciales posteriores sino principalmente de dirigir las Administraciones Públicas a los fines constitucionales que le son propios. Asimismo, continúa dicho autor, para los ciudadanos sus dictámenes se traducen en garantía de legalidad y acierto de la actuación administrativa, y, en fin, para el propio Consejo de Estado, también prestan una función de apoyo al ver reforzadas, rejuvenecidas e incluso ampliadas sus competencias por su colaboración, *vis expansiva* y dinamismo institucional que suele acompañar a toda institución naciente. Finalmente, Granado Guijelmo también señala que el Tribunal Constitucional se beneficia de estos órganos, y así se ha reconocido al exigir su dictamen previo en el recurso en defensa de la autonomía local, además de reforzar la calidad de los debates constitucionales, centrar los problemas interpretativos y encauzar, prevenir, o evitar procesos de tal envergadura.

estatutoriedad sobre las normas autonómicas, control de legalidad de normas, actos o contratos de los órganos autonómicos; y en tercer lugar, control de seguridad jurídica, especialmente orientado al uso de una correcta técnica legislativa[195]. En consecuencia, la posición institucional que ocupan tales órganos se conecta directamente con la jurisdicción constitucional[196], como órganos de control y garantía de estatutoriedad de la actividad legislativa autonómica en defensa del correspondiente Estatuto de Autonomía, que justifica la creación de tales órganos tanto por el canon de fiscalización que emplean como por el ámbito de actividad sometida a dicha fiscalización.

Los órganos consultivos no deciden, si no que participan, mediante su dictamen, en el proceso de decisión, la cual corresponde a la Administración activa, teniendo en cuenta que, para algunos, llevan a cabo, al mismo tiempo, una labor de control, en tanto que comprobación de la adecuación a derecho de proyectos normativos, actuando como órganos de "garantía" con el objetivo de que la decisión administrativa se ajuste a la legalidad evitando un posterior control judicial.

Son, además, órganos colaboradores de la Administración en la conformación a derecho de todas sus actuaciones en asuntos de preceptiva consulta, órganos de cooperación necesaria, prevención de la actividad administrativa que puede corregir la misma en supuestos en que considere la razonabilidad y acierto del criterio del órgano consultado[197].

En todo caso, los requisitos de la jurisprudencia del Tribunal Constitucional, más la opinión del Tribunal Supremo, que ha estimado la necesidad de que los órganos consultivos autonómicos sean homologables al Consejo de Estado (SS TS, Sala Especial, de 24 de noviembre de 1989 y 16 de enero de 1993), ha llevado a que algún sector de la doctrina critique la creación de órganos consultivos autonómicos[198].

Sin embargo, y como justificación a la creación de tales órganos autonómicos, la justificación última de dichos órganos consultivos radica en la confluencia de valores y principios constitucionales esenciales del ordenamiento constitucional, que surgen como expresión del pluralismo territorial al servicio de los principios de autonomía, constitucionalidad, legalidad y de seguridad jurídica, principios arraigados en la evolución

---

[195] DE CARRERAS, F. *El Consejo Consultivo de la Generalidad de Cataluña, Los procesos de formación de las Comunidades Autónomas. Aspectos jurídicos y perspectivas políticas, vol. II. ed. Parlamentos Vasco, Catalán, Gallego y Andaluz,* Granada, Universidad de Granada, 1984, págs. 280 y 281.

[196] FONT I LLOVET, "Los Consejos Consultivos de las Comunidades Autónomas", o.c., págs. 19 y 20, evidenció la conexión ente órganos consultivos autonómicos y jurisdicción constitucional en relación a la defensa del Estatuto de Autonomía frente a las leyes autonómicas.

[197] *"Por eso el trabajo a desarrollar por los órganos que tienen encomendado el ejercicio de la función jurídico-consultiva ha de ser eficaz –rapidez en la respuesta y calidad de su dictamen- y no debe consistir en poner trabas innecesarias, sino en buscar soluciones que se adecuen al ordenamiento jurídico"*, según recomienda GARRIDO MAYOL en "Sobre la necesidad...", o.c., págs. 814 y 815.

[198] GARRIDO MAYOL, "La función consultiva en la Comunidad...", o.c., pág. 577 cita, en este sentido, a GARCÍA DE ENTERRÍA Y PARADA VÁZQUEZ,

del Estado constitucional y en la definición compuesta de Estado, que generan un cambio en la posición del órgano estatal y la necesidad de nuevas instituciones autonómicas de control y garantía del sistema normativo[199].

Los Consejos Consultivos autonómicos se justifican, en fin, por la importancia de los controles de constitucionalidad, estatutoriedad y legalidad, por la sobrecarga que soporta el Tribunal Constitucional y las disfunciones que generan sus inevitables retrasos, por el agravamiento que sobre tales disfunciones produce de hecho el privilegio atribuido al Gobierno del Estado en la suspensión temporal de las leyes autonómicas por él impugnadas ante dicho Tribunal, y por el interés autonómico por una delimitación segura del ámbito en el que han de operar sus poderes.

Igualmente, Rubio Llorente, actual Presidente del Consejo de Estado, se manifestó hace ya algunos años, partidario de reconocer, al igual que al órgano que preside, una doble naturaleza a favor de los órganos consultivos autonómicos, señalando que tales órganos, y especialmente los de "segunda generación", esto es, los creados tras la Sentencia 204/1992, se ajustan más bien al arquetipo de órgano de control de la legalidad de la actividad administrativa, siendo esa su principal competencia, si bien en bastantes casos han asumido también la función, esta sí de naturaleza propiamente consultiva, de dictaminar sobre la constitucionalidad y estatutoriedad de anteproyectos de reforma estatuaria o de leyes, e incluso la posibilidad de hacerlo sobre proyectos y proposiciones de ley en curso de tramitación parlamentaria[200].

II.2.4. La jurisprudencia española en relación a la naturaleza jurídica de los consejos consultivos autonómicos

Como ya hemos escrito antes, la trascendencia de la Sentencia 204/1992, de 26 de noviembre, del Tribunal Constitucional fue tanta que propició el desencadenamiento y proliferación de la práctica totalidad de órganos consultivos autonómicos configurados a día de hoy, a excepción del catalán y el canario, de forma que varias son las resoluciones judiciales, tanto del Tribunal Constitucional como del Tribunal Supremo, que deben destacarse a fin de dilucidar la naturaleza jurídica de tales órganos, a los efectos, al mismo tiempo, de su necesaria equiparación al Consejo de Estado.

Sin volver a reiterar lo ya expuesto sobre la meritada sentencia del año 1992, debemos recordar que el propio Consejo de Estado, en relación a la naturaleza jurídica de los órganos que nos ocupan, en su Memoria de 1993, partiendo de la premisa, según explica el mismo, de que no le corresponde definir cuáles deben ser los requisitos de homologación entre

[199] GALERA VICTORIA, A. "Constitución, Función Consultiva..." o.c., pág.143.

[200] RUBIO LLORENTE, "La función consultiva...", o.c., pág. 98. Efectivamente: dictaminar sobre la constitucionalidad y estatutoriedad se enmarca dentro de la función consultiva así como también el pronunciamiento sobre proyectos legislativos, como veremos posteriormente al aludir a la reforma operada por la Ley orgánica 3/2004.

dicho órgano y los órganos consultivos autonómicos, recuerda, de un lado, la razón de ser última del dictamen preceptivo que emite, la cual se encuentra en el principio de legalidad, ya que dicho órgano, en sus propias palabras, debe velar en el ejercicio de la función por la observancia de la Constitución y del resto del ordenamiento jurídico, erigiéndose como institución clave para asegurar *a priori* el sometimiento pleno de la Administración a la Ley y al Derecho, añadiendo que su intervención, además, tiene carácter preventivo a fin de evitar posibles reclamaciones ulteriores en la vía contencioso-administrativa, además de abarcar extremos que escapan al alcance de la revisión jurisdiccional, la cual se ciñe estrictamente a la legalidad, de forma que dicho dictamen se inserta en el procedimiento administrativo común como una garantía esencial, concluyendo el Alto Cuerpo Consultivo que para trasladar la función definida anteriormente a otros órganos consultivos autonómicos, es preciso que dicho órgano sea adecuado, por su composición y funcionamiento, al desempeño de la función que se le encomienda.

En consecuencia, sin más pretensiones que la de glosar la Sentencia 204/1992, de 26 de noviembre, en relación a la necesidad de que los órganos autonómicos estén dotados de las características de organización, objetividad y rigurosa cualificación técnica, y a fin de que, en palabras del Tribunal Constitucional, el informe emitido por el órgano autonómico sea equivalente y sustitutivo, en su esfera de competencia del dictamen del Consejo de Estado[201], el Consejo de Estado diseña el siguiente esquema en su memoria de1993.

a) Es imprescindible que el órgano autonómico no esté incardinado en la jerarquía administrativa, aunque no esté dotado en su amplitud de la autonomía orgánica y funcional que son propias del Consejo de Estado.

b) Debe ser un órgano colegiado, para asegurar su objetividad, donde prevalezca la opinión de la mayoría libre de cualquier subjetivismo personal. Es conveniente, además, que sus miembros gocen de inamovilidad o al menos estabilidad o continuidad en el cargo que los sustraiga de los vaivenes políticos, además de estar sujetos a un riguroso régimen de incompatibilidades.

c) Basta con exigir mayor nivel de cualificación de sus miembros para acreditar la cualificación técnica del órgano consultivo autonómico, que no ha de ser exclusivamente jurídica.

Dejando ya a un lado la STC 204/1992, el propio Tribunal Constitucional, en su Sentencia 4/1993, de 14 de enero (dictada en un conflicto positivo de competencias promovido por el Gobierno de la Nación, en relación al Decreto canario 38/1987, de 7 de abril, cuya Disposición Transitoria convocaba pruebas restringidas de acceso para ocupar provisionalmente ciertas plazas en el Consejo Consultivo canario, sin someterse, por tanto, a convocatoria pública y abierta, posibilidad esta que fue anulada por el Tribunal Constitucional, al entender de aplicación el artículo 19.1 de la Ley 30/1984, de 2 de agosto, de Medidas para la Reforma de la Función Pública), exige convocatoria pública y abierta,

[201] *Memoria del Consejo de Estado*, 1993, págs. 102-105.

homologando, de ese modo, el máximo intérprete de la Constitución, al Consejo autonómico con el de Estado, el cual prevé dicha forma de provisión para sus miembros.

Otra resolución judicial merecedora de mención, es la Sentencia del Tribunal Supremo, de fecha 2 de febrero de 1995, por la que el Alto Tribunal resolvió la ilegalidad de la atribución de determinadas competencias consultivas a los Servicios Jurídicos de la Comunidad de Canarias, ya que no satisfacían los criterios de objetividad e independencia previstos por la STC 204/1992, de 26 de noviembre, para los órganos consultivos autonómicos.

Doce años después, la Sentencia del Tribunal Constitucional 247/2007, de 12 de diciembre, dictada en un recurso contra el nuevo Estatuto de Autonomía de la Comunidad Valenciana, en relación a un precepto relativo al agua, que, no obstante, se refiere a los órganos consultivos, declara que es conforme con la Constitución crear consejos consultivos autonómicos sin previsión estatutaria (posibilidad esta que ya había dado a entender el Tribunal Constitucional anteriormente en su Sentencia de 26 de noviembre de 1992, si bien, tal y como hemos visto, no lo declaraba expresamente) dejando claro que las competencias de estos órganos pueden ser muy amplias, siempre que no infrinjan las previsiones constitucionales, pudiéndose interpretar, que es posible que un órgano consultivo emita dictámenes sobre la "estatutoriedad" de una norma autonómica[202].

Finalmente, y al margen de la ya comentada Sentencia 31/2010, de 28 de junio, del Tribunal Constitucional, en relación al Consejo de Garantías estatutarias catalán, debe

---

[202] RUÍZ MIGUEL, "Los Consejos Consultivos...", o.c., pág. 226. La mencionada Sentencia establece en su Fundamento de Derecho 12 que *"Como hemos expuesto en el fundamento jurídico 5, el principio dispositivo no sólo se deduce de un determinado entendimiento del art. 147 CE, sino que se refleja en una pluralidad de disposiciones constitucionales. Así se acredita, en concreto, en un aspecto tan destacado del contenido estatutario como es el de las "instituciones autónomas propias"* [art. 147.2 c) CE]. En relación con esta cuestión, el art. 152.1 CE contiene un importante límite a la disponibilidad de las Comunidades Autónomas al fijar los elementos centrales configuradores de la autonomía política de las Comunidades que accedieron a la autonomía por la vía del art. 151 CE (Asamblea, Consejo de Gobierno y Presidente). Sin embargo, la organización institucional a la que se refiere el art. 147.2 c) CE no la hemos considerado reducida a las instituciones expresamente contempladas en el citado art. 152.1 de la Constitución. En este sentido, hemos considerado lícita en la perspectiva constitucional la regulación en el Estatuto de Autonomía del Sindic de Greuges (STC 157/1988, de 15 de septiembre) y también de la Sindicatura de Cuentas (SSTC 187/1988, de 17 de octubre, y 18/1991, de 31 de enero) o de que puedan serlo los Consejos Consultivos de las Comunidades Autónomas (STC 204/1992, de 26 de noviembre). En todos estos supuestos se trata de instituciones no previstas constitucionalmente, aunque algunas de ellas se incluyeran ya en los primeros Estatutos de Autonomía (arts. 35 y 42 EAC 1979). En todo caso, hemos considerado que es suficiente la cobertura implícita que ofrece la potestad autoorganizatoria de las Comunidades Autónomas (STC 204/1992, de 26 de noviembre, FFJJ 3, 4 y 5) para posibilitar que aquéllas puedan crear dichos órganos u otros similares y, por tanto, incluirlos en sus Estatutos, siempre que ello se realice "dentro de los términos" de la Constitución (art. 147.1 CE), es decir, siempre que su regulación concreta no infrinja las previsiones constitucionales".

destacarse la Sentencia del Tribunal Supremo, de fecha 23 de abril de 2007, por la que dicho Tribunal anula el Acuerdo del Consello de la Xunta de Galicia, de fecha 30 de julio 2002, por el que se aprobaba la modificación de la Relación de Puestos de Trabajo del Consejo Consultivo de Galicia, ya que se preveía el sistema de libre designación para la provisión de los cuatro nuevos puestos de secretarios/as de *conselleiros*, en una clara exigencia de homologación al Consejo de Estado, que no prevé dicha forma de provisión para sus puestos.

El mimetismo que exigió el Tribunal Constitucional respecto a los órganos consultivos autonómicos en relación al Consejo de Estado[203], permite afirmar respecto de estos una idéntica naturaleza jurídica que su modelo estatal, si bien, tales órganos autonómicos no podrán disfrutar de aquellas características exclusivas del supremo órgano consultivo del Gobierno. Tal es el caso, por ejemplo, del Consejo de las Islas Baleares, creado en 1993, cuya regulación establece que es un órgano de consulta, de carácter superior en la Comunidad Autónoma correspondiente[204], que emite dictamen preceptivo en los supuestos tasados por su ley reguladora, con carácter auxiliar, a fin de facilitar la toma de decisiones al órgano activo consultante, y que, además, se le dota de autonomía orgánica y funcional para garantizar su objetividad e independencia, con el cometido de velar por la observancia de la Constitución, el Estatuto de Autonomía y el resto del ordenamiento jurídico. Su labor consiste en un control de la legalidad que sólo puede ser de oportunidad o conveniencia cuando lo solicite expresamente la autoridad consultante, y cuyos dictámenes sólo son vinculantes cuando así se establezca expresamente[205], a lo que añade su normativa reguladora que los asuntos en que dictamine el Consejo Balear no podrán ser remitidos a

---

[203] Ese mimetismo, como veremos en el capítulo siguiente del presente trabajo, ha sido cuestionado por gran parte de la doctrina, con el paso del tiempo. No obstante, recordemos que el Tribunal Constitucional, en su Sentencia 204/1992, señaló que el órgano consultivo autonómico sólo puede desplazar la preceptividad de la consulta al Consejo de Estado cuando tenga características equivalentes, utilizando para ello cuatro expresiones distintas: "órganos consultivos equivalentes al Consejo de Estado" (Fundamento Jurídico 4); "órgano superior consultivo autonómico de características parecidas al Consejo de Estado" (Fundamento Jurídico 5); "órganos consultivos propios de las mismas características y con idénticas o semejantes funciones" (Fundamento Jurídico 5); "...semejantes órganos consultivos autonómicos, dotados de las características de organización y funcionamiento que aseguren su independencia, objetividad y rigurosa cualificación técnica", (Fundamento Jurídico 5). Muy poco después, en esa misma línea, la Sentencia del Tribunal Supremo, de 16 de enero de 1993, habla de "órganos homologables al Consejo de Estado, dotados de características orgánicas y funcionales semejantes a éste" (Fundamento de Derecho Tercero), y de "órgano consultivo de características similares" (Fundamento de Derecho Quinto), como rasgo necesario para "admitir la nota de sustituibilidad o fungibilidad de ambos dictámenes".

[204] OLIVER ARAUJO, J. "La mayor "calidad democrática" del nuevo Estatuto de Autonomía de las Islas Baleares (Régimen electoral, consejo consultivo y procedimiento de reforma)", *Revista de Derecho Político*, nº 73, 2008, pág. 41.

[205] Artículos 1, 3 y 4 de la Ley 5/2010, de 16 de junio, del Consejo Consultivo de las Islas Baleares. Dicha regulación se repite en la inmensa mayoría de Consejos consultivos autonómicos españoles, como veremos posteriormente.

informe de ningún otro órgano u organismo de la Comunidad Autónoma de referencia, y en las disposiciones o resoluciones que se adopten previo dictamen del órgano consultivo autonómico, debe indicarse si se adoptan conforme a dicho dictamen o se apartan de él[206]. En consecuencia, las características de dicho órgano consultivo son idénticas a las del Consejo de Estado, salvo en cuanto al carácter de supremo, respecto de la Administración Central, y la ausencia de relevancia constitucional, que, evidentemente, sólo corresponde al Consejo de Estado.

[206] Bajo la fórmula "de acuerdo con el Consejo Consultivo" o, en el segundo caso, "oído el Consejo Consultivo".

II.3. Naturaleza jurídica de la función consultiva del Consejo de Estado y los consejos consultivos autonómicos: la L.O. 3/2004 de 28 de diciembre

Tomamos como punto de partida la importancia de la competencia que desarrolla el Consejo de Estado[207], por cuanto que, "el elemento que caracteriza al propio concepto de órgano consultivo es la naturaleza de la actividad desarrollada por este tipo de órganos, es decir, la actividad consultiva", lo cual condiciona, por tanto, el concepto mismo de órgano consultivo, y ello con independencia de sus orígenes[208].

---

[207] FONT I LLOVET, "Órganos consultivos", o.c., págs. 53 y 65, señala que la función consultiva debe situarse en el tránsito del control de la legalidad del ejercicio de las potestades administrativas y de gobierno hacia la colaboración y auxilio al ejercicio de dichas potestades dentro de la legalidad", también "Función consultiva y Estado Autonómico", *Revista de Administración Pública,* nº 138, 1995, pág. 48, "Los órganos consultivos de las Comunidades Autónomas y la Administración Local", *Actas de las Jornadas sobre la Función Consultiva,* Granada, Consejo Consultivo de Andalucía, 1998, págs. 113 y ss. y por último "Control de la potestad reglamentaria por los órganos consultivos: legalidad y oportunidad", *Revista Española de Derecho Constitucional,* nº 62, 2001, págs. 57 y ss.

[208] TRILLO-FIGUEROA, "La función consultiva hoy...", o.c., págs. 129 a 156, señala que en todo caso, una primera aproximación a la función consultiva nos permite distinguir entre "órganos consultivos clásicos" y "órganos de apoyo inmediato o de tipo staff". En este sentido, la función consultiva clásica responde al modelo organizativo implantado por Napoleón en el siglo XVIII, dando como resultado la implantación de la técnica comisarial o traslado de funciones consultivas y decisorias de los Consejos a oficiales y cargos unipersonales de estricta confianza del Rey y directamente dependientes de su persona, independiente de la Administración activa y actuante a instancia del órgano consultante, manifestándose mediante dictamen. La función consultiva moderna, por su parte, se desarrolló en el siglo pasado generalizándose como tal, en torno al modelo de "Estado Mayor" norteamericano, basado en órganos de apoyo inmediato con asesores de confianza de los representantes de la Administración activa, actuando de manera permanente e informal, bien mediante informes, bien mediante conversación informal. En la actualidad, en fin, la función consultiva se ha especializado y se ha expandido para dar respuesta a nuevas necesidades, bien tratando de dar cobertura administrativa a las decisiones, bien para acercar al gobernante a la realidad política, bien para establecer una comunicación regular entre gobierno y colectivos representativos de intereses sociales y económicos, o bien, en fin, para asegurar el predominio del Estado de Derecho, entendido como sometimiento del Gobierno y Administración al ordenamiento jurídico, tal es el caso del Consejo de Estado y de los Consejos Consultivos Autonómicos. SÁNCHEZ NAVARRO, "Consejo de Estado...", o.c., págs. 140 y ss., por su parte, partiendo de la escasa utilidad dogmática de los numerosos tipos de órganos consultivos que han proliferado en los últimos tiempos, distingue, dentro de los órganos institucionalizados en la función consultiva, de actuación permanente y general, a modo de ejemplo, entre el sistema colegial y el de Estado Mayor, los órganos *ad hoc* constituidos para emitir consulta en casos concretos, los Gabinetes Ministeriales, los órganos *staff and line,* a los que GARCÍA DE ENTERRÍA adscribe los Gabinetes Técnicos, y los órganos de coordinación -como órganos encrucijada, que tienen una actividad consultiva muy intensa, sin la que sería imposible coordinar el trabajo de los entes coordinados e insertar esa coordinación en el programa gubernamental-. Para FONT Y LLOVET semejante proliferación puede llegar a poner en cuestión "el carácter de *supremo* órgano consultivo" del Consejo de Estado, que "no se cumple en todos los casos", y aunque se cumple en el carácter final de los dictámenes del Consejo, "para otras facetas de la

Ello no quita que exista cierta dificultad para encontrar los elementos que conforman la naturaleza de esta función consultiva, lo que ha llevado a la doctrina de nuestro país, y como ya se ha analizado previamente respecto del propio Consejo de Estado, a mostrarse dividida en torno a un mero carácter asesor o consultivo en el ejercicio de dicha función, o bien, y adicionalmente, a un contenido fiscalizador[209] de la intervención de dicho órgano.

Y es que, en ese sentido, no debe olvidarse que el Consejo de Estado y los órganos consultivos autonómicos comparten cuatro notas comunes que los caracterizan, tales como, su carácter de órganos institucionalizados y de órganos colegiados, con competencia

---

actividad del Gobierno, no sólo no está prevista la intervención del Consejo de Estado sino que se establece expresamente la función de otro órgano con funciones consultivas y asesoras", a lo que dicho autor replica en el sentido de que en nuestro ordenamiento jurídico son múltiples los órganos llamados a emitir dictámenes cuya solicitud es preceptiva, lo cual no significa que el Consejo pierda su significación y relevancia, que se pone de manifiesto en cada ocasión en que se acude a su dictamen, pero que sí supone que la consulta al mismo es cada vez menos necesaria, dada la existencia de opciones alternativas. GARCÍA DE ENTERRÍA, "Estructura orgánica…", o.c., págs. 78 y 79, destaca que tras ensalzar las virtudes del *staff and line,* no puede considerarse la panacea absoluta, y no habrá que desechar la técnica tradicional de la Administración Consultiva, con sistema estrictamente jerárquico, puesto que "todo un amplio sector de la importante función de aconsejar se acomoda no sólo adecuadamente sino necesariamente, al procedimiento de dictamen colegial, autorizado y solemne". Dicho autor considera que el momento actual se caracteriza porque coexisten dos elementos: la permanencia de las estructuras consultivas clásicas, que, en alguna ocasión, se convierten en órganos de participación y coordinación interadministrativa, y un segundo elemento consistente en la proliferación práctica de nuevas técnicas de *staff.*

209 ROLDÁN MARTÍN, A.M. "La función consultiva de relevancia constitucional", en ÁLVAREZ CONDE, E. (coord.), *Administraciones Públicas y Constitución: reflexiones sobre el XX aniversario de la Constitución Española de 1978,* Madrid, Ministerio de Administraciones Públicas, 1998, págs. 491-492, recuerda que AROZAMENA, GÓMEZ-FERRER Y PÉREZ-TENESSA, han destacado la función de control *ex ante* o preventivo del Consejo de Estado tanto del contenido como del procedimiento de elaboración de las normas en los supuestos de consulta de anteproyectos de leyes o de proyectos de disposiciones reglamentarias, donde "no son raros los dictámenes con la conclusión de que "no procede elevar al Consejo de Ministros para su aprobación" el proyecto consultado", añadiendo que es especialmente visible la función de control (negativo) en los supuestos de dictámenes cuasi-obstativos o habilitantes como en el caso de revisión de oficio del artículo 102 de la Ley 30/1992, de 26 de noviembre, de modo que aunque no obligan a la Administración a ejercitar su potestad revisora en caso de ser favorables, sí impiden la revisión de ser su conclusión negativa. Además, en la medida en que el Consejo de Estado promueve y favorece la evolución del Derecho a través de su interpretación, conviene asimismo a la naturaleza de su función la caracterización que la doctrina italiana aplicó, en referencia a su homónimo, como función pretoria, destacando, además, las Memorias y las Mociones de dicho Consejo, donde el mismo recoge las observaciones sobre el funcionamiento de los servicios públicos que resulten de los asuntos consultados, junto con las sugerencias de las disposiciones de carácter general y medidas a adoptar para el mejor funcionamiento de la Administración, además de afectar, en el caso de Mociones, a expedientes particulares o cuestiones generales, con consecuencias normativas en algún caso.

general y no circunscrita a un determinado sector (salvo el territorio autonómico), además de tratarse de cuerpos técnicos y no de tipo representativo-participativo.

Hemos de resaltar, además, el mimetismo de los órganos consultivos autonómicos con el Consejo de Estado y su proliferación, en los últimos años, a raíz de la Sentencia del Tribunal Constitucional 204/1992, de 26 de noviembre, distinguiendo dos grupos de órganos consultivos, los que se han limitado a asumir en su ámbito territorial los mismos cometidos que correspondían al Consejo de Estado, y aquellos que, en segundo lugar, han asumido, además de las competencias del Consejo de Estado, el control preventivo de la constitucionalidad y estatutoriedad de los anteproyectos de ley que se sometan al Parlamento autonómico, destacando en este último grupo, los Consejos Consultivos de Canarias, Andalucía, Valencia y Asturias [210].

Como indicamos anteriormente, la mayoría de la doctrina, parte de la doble naturaleza de la naturaleza consultiva ejercida por el Consejo de Estado, por cuanto que, dicha actividad viene derivada de las exigencias de garantía del ordenamiento constitucional que se desarrolla conforme a los parámetros que rigen un ordenamiento presidido por la idea de Constitución normativa, cuyo ejercicio perfecciona el sistema de garantías y controles jurídicos externos a la actuación del poder público, de forma que la actividad ejercida por el Consejo de Estado funcionaría como un mecanismo de control preventivo, también llamado control consultivo[211], de las eventuales contradicciones de un acto o norma antes de su incorporación al ordenamiento, actuando como instrumento de garantía del sistema normativo, y donde la eventual ausencia de sanción se suple con la actividad de comprobación de la adecuación de un acto o comportamiento a las normas o principios que lo rigen, que es lo que caracteriza la actividad de control, no exenta de cierto grado de influencia objetiva que genera, en ocasiones, una determinada orientación sobre la actividad del órgano controlado e incluso una posterior reacción del ordenamiento ajena a la actividad de control[212].

---

[210] OLIVER ARAUJO, "Consejos consultivos autonómicos...", o.c., págs. 69, 70 y 75.

[211] CORDERO TORRES, J.M. "El Consejo de Estado. Su trayectoria y perspectivas en España", Madrid, IEP, 1945, pág. 163.

[212] GALERA VICTORIA, "Constitución...", o.c., págs. 67 y ss., siguiendo a GARCÍA MORILLO Y SÁNCHEZ AGESTA, y que compartimos plenamente. Para dicha autora, la redefinición de la naturaleza de la función consultiva como doble actividad de asesoramiento y de control, viene impuesta por la necesidad de incorporación a su clásica dimensión asesora de las exigencias derivadas del carácter normativo de la Constitución, "donde la reformulación de las relaciones entre los órganos de poder, conduce a la revisión del sistema de garantías y de los mecanismos de control", de forma que el control jurídico se puede manifestar de forma externa y posterior pero también de manera previa y externa, influyendo en la decisión del sujeto de poder y pudiendo trascender sus efectos al ámbito de la aplicación del Derecho. Para sostener su tesis, la mencionada autora parte de la definición de control jurídico como "un juicio objetivado y necesario realizado por órganos imparciales, independientes y dotados de cualificación técnica, sobre la adecuación de las normas o actos producidos por sujetos de poder a un canon normativo preexistente e indisponible por el órgano

Ello puede justificarse, además, porque las funciones consultivas del Consejo de Estado se definen en función del órgano principalmente llamado a consultarle, el Gobierno, lo que le distingue de las funciones del resto de órganos constitucionales, vinculados al legislativo, los cuales son elementos de garantía del Estado constitucional de Derecho si bien sólo el Consejo de Estado está investido de una función constitucional genérica en relación con y para el Gobierno, la cual es una variable dependiente del papel que el Gobierno cumple en el sistema constitucional[213].

En segundo término, la dificultad en la definición de la naturaleza e importancia de la función consultiva atribuida al Consejo de Estado[214], ha sido resaltada por parte de la doctrina, destacando de esta, la que Orlando denominaría *función pretoria*, por cuanto promueve y favorece la evolución del Derecho a través de su interpretación.

Pero, además, y a propósito de dicha dificultad en torno a la definición del concepto de referencia, esto es, el concepto de función consultiva, hay quien afirma, frente a aquellos que se manifiestan a favor de la inclusión de una labor de control dentro de la actividad consultiva, que la calificación del Consejo de Estado como órgano consultivo al que se le

---

de control", definición que cumple la actividad desarrollada por el Consejo de Estado, poniendo de manifiesto las dificultades de encontrar elementos que coadyuven a la doble naturaleza de órgano consultivo y de control de, entre otros, el mencionado Consejo de Estado. Además señala que la defensa de la naturaleza estrictamente consultiva del Consejo de Estado refleja la concepción histórica de estas instituciones derivadas de sus clásicas competencias asesoras, así como las dificultades para determinar un concepto de control válido para todas sus manifestaciones.

213 SÁNCHEZ NAVARRO, en "La función consultiva…", o.c., pág. 13.

214 RODRÍGUEZ ZAPATA, "Ley Orgánica del Consejo de Estado…", o.c., pág. 43, vino a afirmar que: *"El Alto Cuerpo asegura la continuidad de los principios directivos que deben presidir la obra administrativa; su carácter general garantiza la coordinación de los actos administrativos entre sí, a la vez que con el resto de nuestro ordenamiento jurídico; le eminencia del grado en el que se sitúan sus miembros, y su independencia, dan plena confianza sobre la imparcialidad y objetividad con que ejercita sus funciones; el prestigio y la autoridad que circunda el Consejo de Estado fortalece la presunción de que los actos administrativos que se dicten de conformidad con sus dictámenes serán, además de conformes a derecho, conformes, intrínsecamente, a la justicia. Otros órganos de composición distinta podrían, uno a uno, ofrecer alguna de estas ventajas, alguna de estas garantías. Sin embargo, ninguno las brindaría todas juntas y, además, al mismo tiempo. No las brindaría la Administración activa que, organizada como necesariamente está, burocráticamente, necesitaría el consejo de un órgano colegial, si es verdad que varias personas ven, normalmente, más que una sola. No las brindarían los Consejos especializados, que tienen, y han de tener, funciones exclusivamente técnicas y son, en cualquier modo, inadecuados para gozar de una visión integral de las exigencias de la Administración pública, considerada en su conjunto y su continuidad; en las relaciones que conectan sus diversos ramos y en su dimensión jurídica subyacente. No las brindarían, en fin, las Comisiones compuestas siempre, en variadas formas, por personas escogidas para la ocasión. A éstas les faltaría el conocimiento de todo el mecanismo administrativo, la experiencia, la rapidez, familiaridad y la segura intuición que sólo se adquieren por quienes tienen la función consultiva como misión asidua y cotidiana de toda una vida".*

asigna una función de garantía[215], se utiliza en el artículo 107 de la Constitución Española para determinar su ámbito competencial, de forma que, en términos generales, lo consultivo se manifiesta como mera actividad auxiliar que implica emisión de juicios sobre las materias sometidas a examen y el ofrecimiento de la solución aplicable a las cuestiones planteadas[216].

En este sentido, tres son los elementos que caracterizan el ejercicio de la función consultiva:

1. Un elemento subjetivo u orgánico, que supone un órgano que actúa en virtud de *auctoritas* que le otorga independencia y capacidad de influencia frente a los demás poderes, en virtud de la fuerza de convicción de sus argumentos. Dicho elemento enlaza con el artículo 9.3 de la Constitución Española, y el principio constitucional de interdicción de la arbitrariedad de los poderes públicos, por el que se instaura un verdadero "Estado de razón", al proscribir cualquier actuación que no sea razonable, y que en un Estado de Derecho se traduce en la falta de respaldo de la Constitución Española y del resto del ordenamiento jurídico, lo cual corresponde a los órganos que tienen el saber y no el poder[217].

2. Un elemento institucional, que asegura la autonomía orgánica y funcional de los órganos llamados a ejercerla.

---

[215] GARCÍA ÁLVAREZ, en "La función constitucional...", o.c., pág. 312, lo cual fue relevante para la inclusión del Consejo de Estado en la Constitución Española como órgano auxiliar del Gobierno.

[216] GÁLVEZ MONTES, en "Artículo 107...", o.c., pág. 610. En este sentido, el propio Consejo de Estado, en su Dictamen 1484/2004, de 15 de julio, sobre el Anteproyecto de Ley Orgánica por la que se reforma la Ley Orgánica 3/1980, de 22 de abril del Consejo de Estado, págs. 8 y 9, distingue entre las funciones de asesoramiento interno y de consulta externa señalando que, en el desempeño tradicional de su función consultiva, el Consejo de Estado como *collegium* externo a la Administración activa consultante e independiente de ella (con autonomía orgánica y funcional), emite principalmente dictámenes en los que se pronuncia de un modo expreso y formal sobre proyectos de disposiciones o sobre propuestas de resoluciones que se someten a su consideración. Por el contrario, el asesoramiento jurídico interno prestado por otros órganos de la Administración proporciona una asistencia constante al órgano de decisión, inmediata a éste y sin separación de él, no requiere ser expresada solemne y formalmente (como parecer trasladado por un órgano a otro), y permite la transmisión de criterios múltiples en lugar del único resultante de una deliberación colegiada o del mayoritario acompañado de votos particulares discrepantes o eventualmente concurrentes.

[217] SÁNCHEZ NAVARRO, "Consejo de Estado...", o.c., pág. 184, estos "Altos Órganos Consultivos", como el Consejo de Estado, vienen a garantizar con sus dictámenes jurídicos absolutamente independientes el ajuste de los actos de los poderes públicos a la razón, especialmente a la razón jurídica para que "dichos actos se encuadren en el Estado razonable de Derecho querido por la Constitución", porque en otro caso devienen *arbitrarios y deslegitimados* y, por lo tanto, inaceptables en términos estrictamente jurídicos.

3. Un elemento objetivo o funcional, que comporta que su asesoramiento se basa en la aplicación de parámetros jurídicos, siendo un asesoramiento en Derecho[218].

La función del Consejo de Estado, en este contexto previo, no se limita al apoyo del Gobierno y de sus miembros con el fin de asegurar la primacía del principio democrático, labor en la que resultarían seguramente más útiles los órganos de staff, sino que su función es, en primer lugar, colaborar con el Gobierno con la finalidad de asegurar la vigencia del principio de Estado de Derecho en la Administración, para lo cual su composición y funcionamiento le hacen especialmente apto para contribuir a la vigencia de los principios de seguridad jurídica y de igualdad ante la Ley, dando al Consejo de Ministros y a sus miembros, un criterio jurídico inspirado en la legalidad en el desarrollo de una función de garantía de los derechos de los ciudadanos, a modo de "advertencia de ilegalidad"[219].

De la Cuadra-Salcedo expone la esencia de los cometidos asignados al alto órgano consultivo, afirmando que "las funciones que se asignan al Consejo de Estado se mueven íntegramente dentro de las que corresponden al Gobierno y la Administración. La función se mueve en el sentido de favorecer y garantizar un más recto ejercicio de funciones propias del Ejecutivo. El Consejo de Estado cumple, en segundo término, una función garantista preventiva y una función de ayuda a la labor del Ejecutivo[220]".

Igualmente, basta examinar las listas de consultas preceptivas para concluir que la intervención del Consejo de Estado suele ordenarse, en tercer lugar, a garantizar el funcionamiento objetivo de la Administración frente a otros poderes constitucionales, o garantizar la objetividad de la actuación administrativa frente a los particulares, o más simplemente aún, garantizar la objetividad de la Administración frente a las leyes que limitan -precisamente- su actividad. Esto explica también la naturalidad con que el Consejo es capaz de convertirse en cualquier momento en órgano jurisdiccional, más o menos formalmente, y cohonestar tal función con la función propiamente de consulta. Esta caracterización, tan insospechada por la concepción clásica...a que estos órganos consultivos se deben, es una consecuencia funcional rigurosa del carácter estructural con que tales órganos se configuran[221].

De un modo objetivo, puede afirmarse que la realización de una actividad consultiva garantiza una participación en los asuntos públicos, bien que de forma especial, (por cuanto sólo se consulta al que sabe y, en ese sentido, nos encontramos, por tanto y en todo caso,

---

[218] SÁNCHEZ NAVARRO, "Consejo de Estado...", o.c., págs. 181 y ss.

[219] GARCÍA ÁLVAREZ, "Función Constitucional...", o.c., págs. 255 y 260.

[220] DE LA CUADRA SALCEDO, "El Consejo de Estado...", o.c., pág. 232.

[221] GARCÍA DE ENTERRÍA, E. "Aspectos de la Administración consultiva", *Revista de Administración Pública*, nº 24, 1957, págs. 183-184 y también "Estructura orgánica y administración consultiva", incluido en su libro *La Administración Española*, 3ª ed., Madrid, Alianza, 1972, pág. 79. FONT I LLOVET, "Órganos consultivos...", o.c., pág. 83, añade que esas competencias se refuerzan, si cabe por la determinación teleológica de su función, en cuyo ejercicio velará por la observancia de la Constitución y del resto del ordenamiento jurídico.

con un ejercicio de *auctoritas*[222] y no de *potestas*), sobre todo en el ámbito del Estado social actual, en el que los valores informantes del mismo pueden ser objeto de protección a la hora de evacuar los dictámenes. Salvando tales matizaciones, en un sistema de democracia representativa la Administración consultiva posibilita una participación ciudadana de dicha naturaleza junto a los órganos político-administrativos decisores[223]. El reconocimiento constitucional de las diversas manifestaciones consultivas[224], y en especial, de la ejercida por el Consejo de Estado, resulta de gran trascendencia, por cuanto que nuestro Estado, conforme el artículo 1 de la Constitución Española, se constituye en un Estado Social y Democrático de Derecho[225], el cual no es impasible ante la situación social y donde la voluntad popular atribuye a una mayoría el poder en cada momento, la cual tiene grandes posibilidades de actuación, modificación y transformación, cuya contrapartida son los controles a los que se sujeta, conforme a Derecho, tales como el de los tribunales, el parlamentario, el de la opinión pública y el del Tribunal Constitucional.

Y es que, en ese sentido, conviene recordar que el artículo 53.3 de la Constitución Española determina que el reconocimiento, el respeto, y la protección de los principios rectores de la política social y económica informarán la legislación positiva, la práctica

---

[222] SÁNCHEZ NAVARRO, "La función consultiva...", o.c., pág. 358, destaca que la *auctoritas*, en el caso del Consejo de Estado, subyace a todas las descripciones de dicho Consejo, históricas o actuales, *"ya derive de la tradición, ya del prestigio, ya de la calidad y combinación de sus miembros, ya de su formación, de su posición institucional o de las características de su actividad"*, lo que le ha permitido aparecer situado ayer como órgano del Rey y hoy junto al Gobierno, configurándose dicho órgano como paradigma de los "Altos Órganos Consultivos", los cuales, suponen una cierta institucionalización de la *auctoritas*.

[223] RUIZ MIGUEL, "Consejo de Estado...", pág. 80. No olvidemos, que nuestra Constitución Española recoge diferentes supuestos de Administración consultiva, arts. 76.1, 92, 131.2, 107 y 153 b), respectivamente. MARTÍNEZ MARÍN, A. *Derecho Administrativo (La organización administrativa)*, Madrid, Tecnos, 1986, pág. 415, también debe añadirse los arts. 9.2 y 23.1 de nuestra Carta Magna.

[224] MARTÍNEZ MARÍN, "Derecho Administrativo...", o.c., págs. 80 y 81.

[225] Más concretamente, la configuración del Estado español como Estado Social por la Constitución Española de 1978 supone atribuir al mismo un papel de orientador del progreso económico y equilibrio social, funciones estas para las que, en palabras de GARCÍA ÁLVAREZ, "La función constitucional...", o.c., pág. 251, el Gobierno, por su dimensión, procedimiento de actuación, composición y funciones, parece el más adecuado para asumir dicho papel, de forma que el protagonismo del mismo en un Estado de tales características, parece inevitable. Siendo así, el Gobierno se caracteriza por configurarse como "un órgano con unidad de acción, capaz de definir una orientación definida, coherente y estable", reflejada en las fórmulas constitucionales de designación del Presidente y de los ministros, y, también, por ser un "órgano con capacidad de impulso y de dirección (esto es, capaz de orientar efectivamente la vida social, económica y, congruentemente, política)", lo cual se plasma en las funciones que la Constitución atribuye al Gobierno, a juicio de LÓPEZ GUERRA, "El Gobierno en la Constitución de 1978", o.c., págs. 180-181. Ese reforzamiento del Gobierno como órgano de dirección política no ha de hacerse sólo frente al resto de órganos constitucionales, sino también frente a una Administración pública cada vez más compleja y difícil de dirigir.

judicial y la actuación de los poderes públicos, si bien sólo podrán ser alegados ante la jurisdicción ordinaria de acuerdo con lo que dispongan las leyes que los desarrollen, todo lo cual supone la imposición de un deber que puede ser objeto de control posterior, donde, dada la limitación de los medios, se plantean cuestiones de difícil solución, como el establecimiento de prioridades en la consecución de la efectividad de los principios rectores de la política económica y social, y, por ende, en la distribución correlativa de los medios, escasos, de los que se dispone.

Es por ello que, ante la dificultad de establecer parámetros jurídicos, que podrían vulnerar el artículo 1 de la Constitución Española y el pluralismo político que propugna como uno de los valores superiores del ordenamiento jurídico, que permitan un control acabado, cobra especial importancia la actuación de órganos como el Consejo de Estado que ofrecen la ventaja de que su función consultiva les permite valorar no sólo la observancia de la Constitución y del resto del ordenamiento jurídico, sino también la oportunidad o conveniencia de la actuación y su eficacia[226].

En cualquier caso, la doctrina coincide en resaltar la importancia de la función que desarrolla el Consejo de Estado[227]. Así, este órgano "refuerza el escalón político de decisión al mismo tiempo que constituye una garantía en sentido objetivo, procedimental, y esto lo hace cada vez que produce un dictamen de cualquier tipo, incluso cuando constituye la respuesta a una consulta voluntaria [...]; también unifica doctrinas jurídicas y refuerza el liderazgo del Consejo de Ministros sobre la Administración en determinadas materias que el legislador considera sensibles para el Estado de Derecho, función que desempeña al responder a consultas preceptivas [...]; por otro lado, la garantía del Derecho lleva a dotar de una eficacia reforzada a los dictámenes sobre determinadas materias y a la inversa, esta eficacia reforzada supone un compromiso entre los poderes otorgados al Gobierno por el legislador y la seguridad jurídica, lo que se plasma en una serie de dictámenes de eficacia reforzada o "parcialmente vinculantes"[...]. Marginalmente, el Consejo de Estado cumple

[226] GÓMEZ-FERRER MORANT, R. "El Consejo de Estado y los derechos e intereses legítimos de los particulares", *Documentación Administrativa* nº 244-245, 1996, pág. 234.

[227] Para GARCÍA FERNÁNDEZ, F.J. ("Las funciones consultivas en el Estado democrático", *Documentación Administrativa,* nº 226, 1991, págs. 30-31), la función consultiva sigue teniendo una importancia extraordinaria en el Estado democrático, de forma que lo que en los inicios del Estado moderno no era más que un embrión de órgano, que el absolutismo fue conformando y extendiendo sin apenas salirse de una relación personal con el Monarca, se ha transformado en el Estado democrático en una multiplicidad de entes y organismos que vienen a satisfacer necesidades tales como el aseguramiento del predominio del Estado de Derecho, el sometimiento del Gobierno y Administración al ordenamiento como garantía del ciudadano, la no desvinculación del gobernante con el mundo de los intereses públicos, la contribución al diseño, programación y transmisión a la Administración activa de las decisiones políticas que se ejecutan con medios administrativos, coordinando órganos con facultades de dirección y decisión; y, en fin, el establecimiento de comunicación regular entre Gobierno y representación de intereses sociales, económicos y culturales, actuando como interlocutor y conocedor de las opciones ante decisiones que adopte el Gobierno u otras cuestiones pendientes de actuación.

una función de apoyo a la eficacia administrativa y de promotor de reformas [...] y también de forma marginal, el Consejo de Estado cubre la última de sus funciones clásicas, de "vivero de administradores", en este caso de magistrados, proporcionando tres de sus miembros al Tribunal de Conflictos Jurisdiccionales, para el que el Pleno designa anualmente tres consejeros permanentes" teniendo en cuenta, en todo caso, que el Consejo de Estado se inserta en un procedimiento, y más concretamente en una fase determinada, la de decisión[228].

En otro orden de cosas, debemos destacar que doctrinalmente, toda la discusión anterior se puede enmarcar dentro de dos corrientes antitéticas. La primera aboga por la importancia de las tareas realizadas por los órganos consultivos, sean estos estatales o autonómicos; sean netamente consultivas de esas consecuencias garantistas o de control. Otros autores, por su parte, consideran prescindibles las mismas. No es, en el fondo, sino el trasunto de la diferenciación entre poder y función, entre órganos esenciales (con poderes políticos estructurales) y los que son netamente auxiliares de los primeros.

Sobre la importancia de la función consultiva:

1. Al Consejo de Estado se le asigna objetivamente una función de relevancia constitucional, la función consultiva, participando así en una de las funciones estatales recogidas en la Carta Magna[229]. Función de relevancia constitucional, si bien enfocada desde el punto de vista del artículo 153 de la Constitución Española, dentro del Estado de las autonomías, por cuanto que en el mencionado precepto, en su apartado b), confiere al Consejo de Estado "una función relevante en el control de la actividad de los órganos de las Comunidades Autónomas, encomendada al Gobierno, por cuanto se establece la preceptividad del dictamen del Consejo de Estado, para que el Gobierno pueda desarrollar el indicado control del ejercicio de funciones delegadas transferidas a las Comunidades Autónomas, en los términos que autoriza constitucionalmente el artículo 150.2 de la Constitución Española.

Se atribuye así al Consejo de Estado una competencia, la consultiva, de relevancia constitucional en el diseño y operatividad del modelo autonómico del Estado[230]", colaborando en ese caso en tareas de control en sentido estricto, si bien sus funciones son, en la mayoría de los casos, de apoyo a la función de dirección del Gobierno, a pesar de que dicho apoyo tenga como objeto la garantía del Estado de Derecho en la Administración Pública española[231].

---

[228] GARCÍA ÁLVAREZ, G., *Función consultiva y Procedimiento. (Régimen de los Dictámenes del Consejo de Estado)*, Valencia, Tirant lo Blanch, 1997, págs. 19 a 21.

[229] DE LA CUADRA-SALCEDO, *"El Consejo de Estado..."*, o.c., pág. 213.

[230] AROZAMENA SIERRA, "La caracterización constitucional...", o.c., pág. 139.

[231] GARCÍA ÁLVAREZ, "Función constitucional...", o.c., pág. 255, señala que el desplazamiento paulatino del Consejo de Estado, desde funciones de asesoramiento a una labor de apoyo al Gobierno en la tutela de la legalidad y la garantía de los derechos de los ciudadanos, se basa en dos razones principales; de un lado, *"la necesidad de reforzar las garantías procedimentales de los ciudadanos ante*

2. Otros autores, en cambio, consideran que tanto la función llevada a cabo por el Consejo de Estado, como, igualmente, por los órganos consultivos autonómicos[232], no es ineludible para la vitalidad del Estado, y ello porque la consultiva no es una función básica, característica de la autonomía política, como tampoco es consustancial al régimen de autonomía la existencia de órganos que ejerzan la función consultiva, ni se prevé en muchos de los Estatutos de Autonomía la creación de los mismos, por lo cual en la mayoría de casos ni siquiera nos encontramos ante instituciones de derecho necesario. Ahora bien, no tiene mucho sentido que dicha función consultiva deba ser ejercida por un órgano de relevancia constitucional, para el caso de las Comunidades Autónomas, inicialmente concebido para prestar su colaboración al Gobierno del Estado y a su Administración, a menos que así lo deseen las propias Comunidades Autónomas[233].

Teniendo en cuenta tales premisas, los Consejos Consultivos Autonómicos deben velar, al igual que el Consejo de Estado, por la observancia del ordenamiento jurídico desde fuera de la Administración activa, mediante la emisión de dictámenes antes de la resolución del expediente o de la adopción del acuerdo, según lo que determine la legalidad vigente. Es por ello, que los Consejos Consultivos Autonómicos se configuren como órganos colaboradores de la Administración en la conformación a Derecho de todas sus actuaciones en asuntos de preceptiva consulta, por lo que, más que órganos de control son órganos consultivos, de cooperación necesaria, garantistas en la prevención de la actividad de la Administración que ha de resultar conforme a Derecho y que puede corregir la propuesta de resolución sometida a dictamen, en supuestos en que, sin estar obligado a ello, por no ser vinculante el dictamen, considere la razonabilidad y acierto del criterio del órgano consultado[234].

Así pues, La función consultiva es un mecanismo que trata de garantizar los derechos del administrado y de preservar el interés público antes de que el acto administrativo se produzca, contrariamente a la función judicial que se ejerce "después" de que aquél se haya producido, controlando y corrigiendo, en su caso, la decisión de la Administración, todo lo

---

la Administración, reforzada por la actual esclerosis múltiple que afecta al orden jurisdiccional contencioso-administrativo; de otro, el desarrollo de órganos de asesoramiento más eficientes a la hora de solucionar las necesidades cotidianas de la Administración, que habría empujado al legislador y al propio Consejo de Estado a buscar su propio nicho ecológico".

[232] Cuyas competencias deben referirse a las asumidas por la respectiva Comunidad Autónoma, o las previstas en la normativa básica estatal, como responsabilidad patrimonial, revisión de oficio de actos nulos, determinados supuestos de contratación pública, proyectos de reglamentos o disposiciones de carácter general, que se dicten en ejecución de leyes y sus modificaciones, y, también, en algunos casos, anteproyectos de ley elaborados por sus Gobiernos. Por el contrario, y en general, sólo pueden pronunciarse sobre aspectos de oportunidad y conveniencia, cuando lo solicite el órgano consultante, a excepción de la Comisión Jurídica Asesora del Gobierno Vasco, creada mediante Decreto 187/1999, de 13 de abril, luego ampliado y perfilado por Ley 9/2004, de 24 de noviembre, todo ello a partir de la previsión de la DA 17ª de la Ley 30/1992, de 26 de noviembre.

[233] GARRIDO MAYOL, V. "Veinticinco años de función consultiva", *Revista de Derecho Político*, nº 58-59, 2003-2004, pág. 573.

[234] *Ibídem*, pág. 574.

cual forma parte del sistema de garantías del Estado de Derecho, para el cual también es propio de la función consultiva auxiliar al Gobierno proporcionándole interpretaciones jurídicas estables, que marquen una senda que lleve al máximo acierto en la adopción de sus resoluciones, todo lo anterior, justifica la bondad de la función consultiva de hoy en día[235].

En suma, naturaleza jurídica vinculada a su competencia consultiva, en la que se hayan inmersas potestades de control y de garantía, que, a su vez, permiten incluir otras actuaciones tanto del Consejo de Estado como de los consejos autonómicos, tendentes al estudio previo de la constitucionalidad, estatutoriedad... etc. Estas tareas básicas, esenciales, definitorias, por un lado, ponen al día la función consultiva clásica (aconsejar al monarca o al Gobierno), y, de otro, no obstan a que, en determinados supuestos conllevan consecuencias garantistas y/o de control. Que los árboles no nos impidan ver el bosque; que las diversas consecuencias y actos, no nos impidan detectar la naturaleza consultiva actualizada, dentro de un Estado social y democrático de Derecho, amplia, abierta a otros órganos y principios... Pero consultiva al fin y al cabo.

Hasta aquí, el análisis de la naturaleza jurídica de la función consultiva desempeñada por el Consejo de Estado de modo tradicional, conforme la normativa vigente al amparo de su Ley Orgánica 3/1980, de 22 de abril. Sin embargo, no debe olvidarse que la normativa reguladora de dicha Institución fue objeto de una importante modificación mediante Ley Orgánica 3/2004, de 28 de diciembre[236], por la que se modificaba la Ley Orgánica 3/1980, de 22 de abril, que, para algunos autores, supuso una profunda transformación de la noción misma del concepto "función consultiva" que la Constitución encomienda al órgano consultivo del Gobierno[237].

---

[235] GARRIDO MAYOL, "Sobre la necesidad...", o.c., págs. 815 y ss. Dicho autor, añade que la *auctoritas* de que están revestidos los Consejos y la utilidad de su intervención justifican que, por lo general, sus observaciones sean atendidas por los destinatarios de sus dictámenes, añadiendo que la omisión del dictamen en un procedimiento administrativo comporta la nulidad de la norma aprobada, por ser un trámite esencial, mientras que en el caso de la elaboración de una ley por el Parlamento, la omisión de dicho dictamen no comporta la invalidez de la misma, admitiendo el propio Consejo de Estado que *"la suprema calidad representativa de las Cortes Generales tiene la virtualidad de convalidar cualquier defecto de tramitación que no revista caracteres de inconstitucionalidad"*.

[236] Hasta entonces dicha Ley Orgánica 3/1980, había sido objeto de sólo dos modificaciones, como ya vimos en su momento, esto es, por la Ley Orgánica 13/1983, de Incompatibilidades de Altos Cargos, que introdujo para el Presidente y Consejeros Permanentes de Estado las mismas incompatibilidades que para los Altos Cargos de la nación, y la Ley Orgánica 2/1987, de 18 de mayo, de Conflictos Jurisdiccionales, que incorporó la necesidad de consultar a la Comisión Permanente del Consejo de Estado en los conflictos de atribuciones entre los distintos Departamentos ministeriales, además de prever la integración de tres Consejeros Permanentes en el Tribunal de Conflictos.

[237] SÁNCHEZ NAVARRO "La función constitucional ....", o.c., pág. 356, es un cambio que puede suponer una transformación esencial de la función consultiva, modificando los términos en que es entendida por el ordenamiento jurídico, la jurisprudencia y la generalidad de la doctrina, si bien,

La práctica unanimidad normativa, jurisprudencial, institucional y doctrinal[238], partía de la base de que, hasta la aprobación de la Ley Orgánica 3/2004, de 28 de diciembre, el Consejo de Estado desempeñaba una función fundamentalmente jurídica, dejando al margen la oportunidad más allá de criterios jurídicos, por cuanto que la opción política de las medidas a adoptar corresponde al legislador u órgano consultante, en aplicación de los entonces vigentes artículos 21 y 22 de la Ley Orgánica 3/1980, de 22 de abril, y conforme la jurisprudencia del Tribunal Constitucional, más concretamente, manifestada a través de la Sentencia ya reseñada, nº 204/1992, donde se vino a establecer que el Consejo de Estado "es un órgano dotado de independencia funcional para la tutela de la legalidad y del Estado de Derecho" que "se ha venido configurando históricamente como órgano consultivo de las Administraciones públicas", a lo cual se unía, naturalmente, la propia posición del Consejo de Estado, que vino a señalar que "cuando se trata de elaborar una ley, el dictamen se ha de constreñir a la constitucionalidad del anteproyecto, a su coordinación con el resto del ordenamiento jurídico y a cuestiones formales o de técnica normativa", añadiendo que bien puede valorar los aspectos de oportunidad y conveniencia cuando lo exija la índole del asunto, conforme la legalidad vigente pero sin olvidar que es "al legislador en última instancia, y al titular de la iniciativa legislativa en primer lugar, a quien corresponde ejercer la opción política de las medidas, y que la prudencia aconseja no aventurarse en juicios de oportunidad si no se pueden hacer con conocimiento de causa o razonablemente", por cuanto que, añade, a dicho Consejo, no le compete resolver controversias sino ilustrar a la autoridad competente para decidirlas[239].

Pues bien, la modificación operada mediante Ley Orgánica 3/2004, de 28 de diciembre[240], de reforma de la Ley Orgánica 3/1980, de 22 de abril, viene a alterar

---

continua dicho autor, "lo cierto es que su verdadera significación posiblemente irá revelándose al hilo del proceso de reforma constitucional iniciado en esta VIII Legislatura, cuya tramitación podría llegar a suponer, como ha señalado fundamentalmente algún autor, una "desustanciación de la función que corresponde al Consejo de Estado, como supremo órgano consultivo del Gobierno".

[238] DE LA CUADRA-SALCEDO, "El Consejo de Estado…", o.c., págs. 225-226; GARCÍA ÁLVAREZ, "Función consultiva…", o.c. pág. 38. Igualmente, SÁNCHEZ NAVARRO, en "La función constitucional…", o.c., págs. 359-368.

[239] Dictámenes 307/1996, de 4 de septiembre y 50.169 de 21 de mayo de 1987, respectivamente, recogidas en PÉREZ-TENESSA, A. *Compendio de la doctrina del Consejo de Estado,* Madrid, Consejo de Estado, 2003, págs. 23-25. Dicho autor, también defiende el carácter jurídico de las consultas del mencionado Consejo ("Perspectivas….", o.c., págs. 345-347).

[240] De acuerdo con su Exposición de Motivos se pretendía un triple objetivo: Primero, potenciar y fortalecer el ejercicio de la función consultiva que la Constitución encomienda al Consejo de Estado a cuyo fin se incorporan los ex Presidentes del Gobierno al Consejo de Estado bajo una nueva categoría, la de Consejero Nato con carácter vitalicio; en segundo lugar, fortalecer la Institución, a cuyo fin se crea una Comisión de Estudios en el seno del Consejo de Estado estableciendo, también, fórmulas que le permitan contar con la colaboración del Centro de Estudios Políticos y Constitucionales y de otros órganos y organismos para la realización de tareas concretas; y, finalmente, se lleva a cabo una revisión de las competencias de la Institución a fin de adaptarlas al actual marco legal pero sin que ello suponga una modificación sustantiva de sus funciones, para lo cual se le atribuyen nuevas

sustancialmente algunas de las funciones que, tradicionalmente, se asignaban al supremo órgano consultivo del Gobierno, y. en clara contradicción con su Exposición de Motivos, hasta el punto de que algunos autores, (y frente a la acreditada y solvente opinión del propio órgano en cuestión, que la emitió en un sentido globalmente favorable a la reforma gubernamental pactada, a través de su Dictamen 1484/2004, de 15 de julio, sobre el Anteproyecto de Ley Orgánica por la que se reforma la Ley Orgánica 3/1980, de 22 de abril, del Consejo de Estado), vienen a afirmar, en su momento, y más concretamente, que "los Anteproyectos de reforma constitucional, cuando la propuesta no haya sido elaborada por el propio Consejo de Estado", (art. 21.1), y, sobre todo, la atribución al Consejo de la competencia de "*elaborar las propuestas legislativas o de reforma constitucional que el Gobierno le encomiende*", (art. 2.3 LOCE), presentan serias dificultades de encaje constitucional, e incluso podrían llegar a afectar a la posición institucional de este órgano[241]".

---

competencias de estudio e informe y de elaboración de propuestas legislativas o de reforma constitucional. A fecha de hoy, febrero de 2011, el Consejo de Estado ha emitido informe, al amparo de sus nuevas competencias, en las siguientes materias: a) Informe sobre modificación de la Constitución Española, de fecha 16 de febrero de 2006; b) Informe sobre protección de hábitats y especies marinos, de fecha 9 de julio de 2006; c) Informe sobre la inserción del Derecho Europeo en el ordenamiento español, de fecha 14 de febrero de 2008; d) Informe sobre las propuestas de modificación del Régimen Electoral General, de fecha 24 de febrero de 2009; e) Informe sobre la adaptación al ordenamiento jurídico español y europeo contra la pesca ilegal, de fecha 17 de julio de 2009; f) Informe sobre la titularidad compartida de las explotaciones agrarias, de fecha 14 de abril de 2010; g) Informe sobre las garantías de cumplimiento del Derecho Comunitario, de fecha 15 de diciembre de 2010.

[241] SÁNCHEZ NAVARRO "La función constitucional....", o.c., pág. 368. Dicho autor, además, cita, en este punto, también, a GÁLVEZ MONTES, "Artículo 107. El Consejo de Estado", en ALZAGA VILLAMIL, O. (Dir.), "Comentarios a la Constitución Española de 1978, Madrid, Edersa, 1996, vol. III.", págs. 6 y 10, por cuanto que *"Nuestra Constitución ha delimitado el ámbito competencial del Consejo de Estado... [al] caracterizarlo como órgano consultivo, lo que viene a excluir a posibilidad de que por ley orgánica se atribuyan competencias de naturaleza no consultiva"*. La misma postura mantiene, igualmente, el mencionado autor en "El Consejo de Estado...", o.c., págs. 540 y ss., y en "Consejo de Estado...", o.c., págs. 205 y ss., donde habla de una posible *"dislocación del Consejo de Estado al forzar hasta un punto extremo la noción definitoria de su función consultiva"*, en relación a las nuevas funciones asignadas a dicha Institución, acoge favorablemente nuevos supuestos de dictamen preceptivo del Consejo de Estado, como los expedientes de responsabilidad patrimonial a partir de 6.000 Euros, supuestos de ejecución del Derecho Comunitario y revisión de oficio de actos administrativos y disposiciones de la misma naturaleza en los supuestos previstos por las leyes, e, igualmente, necesidad de consulta previa del Consejo a la interposición del recurso en supuestos de impugnación de disposiciones y resoluciones adoptadas por los órganos de las Comunidades Autónomas. No obstante, centra sus críticas, en la misma línea que sus trabajos anteriores sobre la Ley Orgánica 3/2004, en la dimensión política de la reforma, poniendo énfasis en que la elaboración de propuestas legislativas o de reforma constitucional ha caído en desuso en nuestro entorno consultivo porque, en países como Italia, donde se recoge jurídicamente, se entiende que en esos casos el Consejo de Estado actúa como político y se aleja de su función consultiva. Añade, además, la problemática en

En fin, como decíamos antes, la reforma de la Ley Orgánica del Consejo de Estado, vino, por tanto, de la mano de la Ley Orgánica 3/2004, de 28 de diciembre[242], la cual, previo Dictamen preceptivo del Consejo de Estado[243], ha resultado la reforma del Consejo de Estado más extensa y ambiciosa de las tres acometidas hasta el momento, por cuanto que afecta a su composición, organización interna y competencias.

Dejando al margen las novedades relativas a la creación de la figura de "Consejeros Natos vitalicios", correspondiente a los ex presidentes del Gobierno de la nación[244], a los que les corresponde el Estatuto de Consejeros Permanentes y la ampliación de cargos que pueden acceder al Consejo, en una nueva redacción del artículo 8 de la norma de referencia (Presidentes de Consejos Ejecutivos de Comunidad Autónoma[245] u órganos equivalentes,

---

torno a la elaboración por el Consejo de Estado de un Anteproyecto de reforma constitucional que, luego, dicho Consejo no podrá dictaminar, y vuelve a insistir en una "parlamentarización del Pleno", que ya había argumentado en sus anteriores trabajos sobre la misma cuestión, por la necesidad de un doble debate plenario en la elaboración de propuestas por dicho Consejo, como primera instancia de debate político (por su composición, por la ausencia del voto de calidad de su presidente y la necesidad de mayoría simple para la adopción de decisiones, y por la posibilidad de votos particulares o propuestas alternativas, con observaciones acerca de los objetivos, criterios y límites fijados por el Gobierno a los que el Consejo de Estado debe atender).

[242] Con fecha 4 de junio de 2004, el Gobierno remitió el Anteproyecto de Ley de modificación de la Ley Orgánica 3/1980, de 22 de abril, al Consejo de Estado para su dictamen, el cual inicialmente se solicitaba con urgencia aunque dicha petición se dejó sin efecto mediante nueva Orden comunicada con fecha 7 de junio de ese mismo año; tras la emisión del dictamen por el Consejo de Estado, con fecha 15 de julio de 2004, el texto se envió al Congreso y apareció publicado en el BOCG de 2 de agosto, el cual lo aprobó con fecha 25 de noviembre, mientras que el Senado lo aprobó pocos días después, el 13 de diciembre, publicándose en el BOE 29 de diciembre de 2004.

[243] En dicho Dictamen, como veremos seguidamente, el Consejo de Estado se muestra partidario, con carácter general, de dicha reforma, sin perjuicio de numerosas observaciones concretas emitidas por el Consejo de Estado, que posteriormente el Gobierno incorporó al proyecto de dicha Ley Orgánica.

[244] Figura propuesta por primera vez por J. DE ESTEBAN, si bien como Consejeros Permanentes, en un artículo del periódico "*El Mundo*", de fecha 17 de septiembre de 1991, titulado ¿Qué hacemos con los ex Presidentes?, igualmente, en su obra *El Estado de la Constitución. Diez años de gobierno del PSOE,* Madrid, Libertarias-Prodhufi, 1992, pág. 289-292; y, finalmente, en su *Curso de Derecho Constitucional español,* junto a GONZALEZ-TREVIJANO SÁNCHEZ, P., Madrid, UCM, 1994, III, pág. 289. Debe señalarse, por lo demás, que conforme el artículo 35, apartados segundo y cuarto, los Consejeros natos vitalicios pueden ejercer otras funciones de asesoramiento, dirección o representación acordes a su experiencia y rango, y sólo cesan cuando formalicen su renuncia definitiva, si bien pueden suspender el ejercicio de su función que luego tienen posibilidad de retomar transcurridos dos años.

[245] SÁNCHEZ NAVARRO, "Consejo de Estado…", o.c., págs. 215 y 216, ya se encontraba en el debate parlamentario de la Ley Orgánica 3/1980, a través de una enmienda del Grupo Andalucista, la nº 17, que pretendía añadir un nuevo apartado 2 al artículo 9, por el que se permitiera a cada Comunidad Autónoma designar de entre los miembros de su órgano legislativo, un Consejero Electivo de Estado. Con la tramitación parlamentaria de la Ley Orgánica 3/2004, surgieron las enmiendas de Esquerra Republicana en el sentido de incluir como Consejeros Permanentes "un representante de cada una de

Presidente del Consejo Económico y Social, ex Gobernadores del Banco de España y actual Gobernador de dicha Institución y el Presidente de la Sección Primera (civil) de la Comisión General de Codificación), supuesto este que parece tener como finalidad otorgar un contenido más político a la composición del Consejo de Estado[246], además del

---

las nacionalidades que serán nombradas por sus respectivos Parlamentos sin límite de tiempo", y de Convergencia i Unió, que pretendía la extensión de la figura de los ex Presidentes del Gobierno, al ámbito autonómico, en cuanto *"El Gobierno podrá proponer la incorporación como miembros natos...con carácter vitalicio, de hasta tres ex Presidentes de Comunidades Autónomas de reconocido prestigio que hayan ejercido el cargo por un período mínimo de ocho años"*. Debe señalarse en este sentido, en todo caso, que con la introducción de tales cargos, se ha creado una conexión fundamental entre el ámbito autonómico y el estatal, dada la unidad del sistema jurídico y la necesidad de que, a pesar de su complejidad, se conecten ambas partes.

[246] BELDA PÉREZ-PEDRERO, "Constitución de 1812...", o.c., págs. 25 y 26, los Consejeros Permanentes, que mantienen un perfil bajo en lo técnico, completan en su caso el contenido de los dictámenes a emitir por el Consejo de Estado, con su experiencia institucional, dato fundamental a tener en cuenta para diferenciar la función consultiva de un mero servicio jurídico o una consultoría externa. Es un funcionamiento, por ello, que procura la valoración, en palabras del art. 2.1 LOCE de "*(...) los aspectos de oportunidad y conveniencia (...)*". Esta es la clave que justifica la compleja composición del Consejo de Estado y la instauración de tan considerable número de perfiles de acceso político con capacidad de incorporarse al alto órgano: el "control previo" de constitucionalidad o legalidad (art. 2.1 LOCE) podrá ser efectuado procedimentalmente antes o después de la participación del Consejo, pero el de oportunidad y conveniencia, desde estos parámetros, no. Y es de subrayar esta última frase porque esa evaluación de lo oportuno y lo conveniente es sustancialmente distinta de la que realiza el gobierno y la administración proponente, o en su caso de la que puedan hacer otros poderes (el Congreso de los Diputados, por ejemplo, ante la toma en consideración de un proyecto de ley). Primero porque se efectúa barajando al tiempo criterios técnicos, no sólo políticos y segundo, porque la opinión resultante a través de dictamen es fruto de la concurrencia de todo tipo de perfiles. Objetivamente, en resumen, la opinión última del Consejo puede llegar a ser más variada en matices, que ninguna otra. Y, añade, en relación a los Consejeros Permanentes, que de cualquier manera, tienen una justificación distinta a la de un juez o un funcionario, y desde luego una naturaleza vitalicia en el ejercicio efectivo de sus funciones, de las que los dos anteriores carecen. Son llamados como elementos de continuidad para contribuir a la corrección de las decisiones institucionales del Estado, de manera compatible a las actividades de todo el resto de órganos y poderes. Igualmente, se les pide una visión global que pudiendo ser técnica (perspectiva de la cual pueden carecer por no ser ni juristas, ni economistas, incluso sin tener capacitación profesional alguna), es fundamentalmente política: trasladar su experiencia institucional a la solución de los expedientes que se les plantean. Desde nuestra modesta opinión, ello sólo es fruto de la dinámica de las relaciones institucionales en el derecho público español, y desde luego, que no reside en otros factores de la organización política del Estado Social y Democrático de Derecho, que perfectamente podría haber adoptado una llamada a la experiencia acumulada en el Consejo de Estado, para la composición del Tribunal Supremo, el Consejo General del Poder Judicial, otro tipo de Senado; o al modo de la llamada a Consejos de Regencia o Tribunal de Garantías Constitucionales, de las constituciones históricas, haber recabado la presencia de miembros del Consejo de Estado en esos lugares. A este respecto, la fortaleza en nuestra vecina Francia, da muestras de la compatibilidad total de la finalidad institucional de los Consejos, con los más avanzados planteamientos constitucionales. Simplemente, en España, el Consejo se ha

establecimiento de fórmulas que permitan al Consejo de Estado contar con la colaboración del Centro de Estudios Políticos y Constitucionales[247], y de otros organismos autónomos y órganos administrativos para la realización de tareas concretas[248], las novedades más importantes radican, en primer lugar, en cuanto a la creación de una Comisión de Estudios[249], que enlaza con la atribución al Consejo de Estado, como novedad fundamental,

---

circunscrito desde principios del siglo XX a tareas consultivas, y con ello ha decaído su perfil de influencia práctica en las decisiones políticas, con lo que el Constituyente no ha terminado de plantearse una vinculación de perfiles jurídicos entre esta institución y otras constitucionales, a efectos de recabar del mismo una presencia destacada.

[247] "Dictamen...", o.c., págs. 20 y 21. Dicho Centro no se mencionaba en ningún momento en el Anteproyecto de reforma de la Ley Orgánica 3/1980, por lo que el Consejo de Estado, en su Dictamen 1484/2004, de 15 de julio, señaló su sorpresa ante tal silencio, recordando, al mismo tiempo, que dicho Centro, por su competencia y trayectoria, estaba en condiciones idóneas para colaborar con el Consejo de Estado., respectivamente. La colaboración del Centro, junto con otros organismos autónomos o unidades o servicios administrativos, se prevé en la Disposición Adicional única de la Ley Orgánica 3/2004, por lo que no aparece en el actual texto de la Ley Orgánica 3/1980. Dicha Disposición Adicional determina que el Presidente del Consejo, con el acuerdo de la Comisión de Estudios *"podrá encomendar al Centro de Estudios Políticos y Constitucionales la realización de tareas determinadas para llevar a cabo los estudios, informes o memorias... que el Gobierno encargue al Consejo de Estado. 2. Cuando la índole de los asuntos lo requiera, el Consejo de Estado podrá solicitar directamente la colaboración de otros organismos autónomos o unidades y servicios administrativos para la realización de los estudios, informes o memorias que le hayan sido encargados por el Gobierno, informando de ello a los departamentos ministeriales de los que dependan los servicios solicitados. Dichos Departamentos adoptarán las medidas necesarias para que las solicitudes sean cumplimentadas"*.

[248] El Consejo de Estado, en su Dictamen 1484/2004, de 15 de julio, aclara que la intervención de funcionarios de otros cuerpos del Estado en los trabajos de la Comisión de Estudios sería una participación *ad hoc,* para la realización del trabajo al que su cualificación profesional y especialización aporte una contribución singular, aclarando que la colaboración se articularía en régimen de comisión de servicios, y para las situaciones en que pudiera precisarse una vinculación más estable y en exclusiva de funcionarios de otros cuerpos a la Comisión de Estudios, casos en los que podría operarse de forma inmediata, a través de la solicitud de colaboración al propio órgano administrativo en que se integren, en "Dictamen...", o.c., págs. 16, 17 y 18, respectivamente. El artículo 5.2 de la Ley Orgánica 3/1980, en su nueva redacción, determina que *"cuando la índole de los trabajos a realizar lo requiera, podría recabarse igualmente la asistencia a la Comisión de Estudios de funcionarios de otros cuerpos de la Administración en los términos previstos en el Reglamento Orgánico del Consejo de Estado y, en defecto de este, en los términos que la propia Comisión determine a propuesta de su Presidente"*.

[249] Dictamen 1484/2004, de 15 de julio, el Consejo de Estado afirmaba que los órganos tradicionales que lo componen (Pleno, Comisión Permanente y Secciones) podrían no ser los más adecuados para desarrollar las nuevas labores encomendadas sin riesgo de desnaturalización o de interferencia inconveniente en el correcto desempeño de su primaria y esencial función. Añadiendo que, "En efecto, la variedad de los posibles requerimientos en cuanto a materias, objetivos y finalidades de los encargos hace razonable prever una mayor flexibilidad en la composición de los órganos, en la disponibilidad de medios y en la específica aplicación o dedicación de quienes deban cumplimentar

del ejercicio de la función consultiva ejercida por dicho Consejo, incluyendo en la misma, labores de estudio e informe y de elaboración de textos que puedan servir como base para proyectos legislativos y de reforma constitucional, de forma que dicha Comisión coadyuvaría al desarrollo de la función consultiva en su nuevo enfoque de consulta previa; en segundo lugar, la emisión de dictamen respecto de los anteproyectos de reforma constitucional cuando no hayan sido elaborados por el propio Consejo[250], supuesto que

los trabajos encomendados", en "Dictamen...", o.c., pág. 6. A dicha Comisión, compuesta por el Presidente, el Secretario General y dos Consejeros de cada tipo, le corresponde, a partir de la reforma de 2004, la elaboración de informes, estudios y memorias, así como de propuestas legislativas y de reforma constitucional, actuando de modo paralelo a la Comisión Permanente, es decir, que el Consejo de Estado podrá actuar, a partir de la reforma, en Pleno, Comisión Permanente o en Comisión de Estudios, conforme los artículos 3.1 de su Ley Orgánica y 9.1 de su Reglamento. El Estado español ha seguido, en este punto, el modelo del Consejo de Estado de francés y su *Section du rapport et des études*, como una de las 5 Secciones que funcionan en el mencionado Consejo de Estado galo, si bien, y teniendo en cuenta las nuevas competencias asignadas, la mencionada Comisión, en el Consejo de Estado español, asume la elaboración de informes, estudios y memorias, como la Sección de Estudios del Consejo francés, y la elaboración de propuestas legislativas y de reforma constitucional, como la Sección de Legislación del Consejo de Estado belga. La Comisión de Estudios se ubica en paralelo a la Comisión Permanente, a la que se le asigna la función de estudio e informe, como una segunda dimensión de la función consultiva, y frente a la otra dimensión de la función consultiva: la función dictaminadora, tal y como afirma el Consejo en el Dictamen 1484/2004. RUÍZ LÓPEZ, M.A. "El Consejo de Estado y la Comisión de Estudios", *Actualidad Administrativa*, nº 16, 2005, pág. 1924-1931. La asignación de tareas de estudios al Consejo de Estado por la nueva regulación, no es una novedad de la Ley Orgánica 3/2004, de 28 de diciembre, sino que dicha labor ya estaba presente en la recopilación de datos y ordenación de los mismos para sus dictámenes, en la posibilidad de atribuir a los Consejeros de Estado y a los Letrados determinadas labores de estudio (arts. 11.2 y 14.2 LOCE y 70 ROCE), y en la emisión de propuestas y consejos al Ejecutivo a través de mociones sobre un tema puntual o de una memoria anual. A ello añade, que la atribución de las labores de estudio y preparación normativa por reforma al Consejo de Estado se inscribe en el intervencionismo de las Administraciones Públicas y en la complicación del medio social y económico en el que las mismas operan. La intervención del Consejo de Estado en la fase de gestación de la norma jurídica, antes de que la decisión esté tomada en las instancias políticas, no es un ataque ni una resistencia, sino una colaboración que redunda en beneficio de la eficacia de la acción administrativa, art. 103 CE, que preserva la decisión de toda impremeditación o ligereza y que confiere a la función consultiva el sosiego y el rigor necesarios para producir normas jurídicas de calidad. En todo caso, la Comisión de Estudios se sitúa de manera autónoma respecto al Pleno y a la Comisión Permanente, por cuanto según el nuevo artículo 3.1 de la LOCE "El Consejo de Estado actúa en Pleno, en Comisión Permanente o en Comisión de Estudios".

[250] Nuevo artículo 22.1 de la Ley Orgánica 3/1980, de 22 de abril. A juicio del propio Consejo de Estado, *"dada la entidad potencial de las iniciativas de que se trata, resulta adecuada la previsión del Dictamen del Consejo de Estado a la luz de su competencia y experiencias jurídicas y de su posición y caracterización institucionales"* recordando que dicha competencia también la tienen atribuida los Consejos de Estado de otros ordenamientos jurídicos de nuestro entorno, en "Dictamen...", o.c., pág. 26. El Consejo de Estado sólo añadió una observación en relación a esta nueva competencia, respecto a la posibilidad de una posible doble intervención del Pleno del Consejo de Estado, así prevista en la

excluye, obvio es decirlo, un posterior Dictamen del Consejo de Estado; en tercer lugar, la emisión de dictamen en materias relativas a la ejecución del derecho comunitario, tanto desde el plano legislativo como reglamentario; en cuarto lugar, la delimitación de competencias en materia de responsabilidad patrimonial; y, en quinto lugar, la introducción de referencias a los Consejos consultivos autonómicos. Es, precisamente, en la reforma de las funciones del Consejo de Estado donde se aprecia con más claridad la ampliación, para unos, perturbación, para otros, sufrida en el concepto de función consultiva que tradicionalmente ejercía el mencionado Consejo.

En este sentido, tres nuevas competencias son las que marcan el hito en este ámbito; a saber, la facultad de realizar estudios, informes o memorias, la de ser consultado el mencionado Consejo preceptivamente en "los Anteproyectos de reforma constitucional, cuando la propuesta no haya sido elaborada por el propio Consejo de Estado", y, finalmente, la elaboración de "propuestas legislativas o de reforma constitucional que el Gobierno le encomiende", conforme el nuevo artículo 2.3 de su Ley Orgánica[251], vinculado

---

redacción original del Anteproyecto en cuestión, en el supuesto de emisión de Dictamen sobre anteproyectos de reforma constitucional y de elaboración de propuestas de reforma constitucional, ya que en el caso de reforma, primero se daría la Ponencia de la Comisión de Estudios y después, inmediatamente antes de aprobarse por el Gobierno el Proyecto correspondiente, junto con la ponencia de la Comisión Permanente dictaminando sobre el mencionado anteproyecto aprobado por el Gobierno, lo cual podría colocar al Pleno frente a pronunciamientos divergentes, por cambio de circunstancias o por maduración de criterios distintos, frente a lo cual, el Gobierno, siguiendo el criterio del Consejo de Estado, decidió excluir la posibilidad de doble pronunciamiento del Pleno sobre la misma iniciativa, dándose al Gobierno la opción de consultar al Consejo de Estado bien solicitándole la elaboración de un texto (con participación, en ese caso, de la Comisión de Estudios y del Pleno) o bien la emisión de un dictamen sobre el anteproyecto que él haya elaborado (a través de la intervención de la Comisión Permanente y del Pleno), de forma que el Consejo de Estado sólo dictaminará en caso de que no haya sido él mismo el que haya elaborado la propuesta de reforma constitucional, de modo que aparecen claramente diferenciadas las dos dimensiones de la función consultiva, la dictaminadora y de elaboración de textos, que culminan con una intervención del Consejo de Estado en Pleno, en "Dictamen…", o.c., págs. 19, 26 y 27.

[251] El nuevo artículo 2.3 de la Ley Orgánica 3/1980, establece: *"El Consejo de Estado realizará por sí o bajo su dirección los estudios, informes o memorias que el Gobierno le solicite y elaborará las propuestas legislativas o de reforma constitucional que el Gobierno le encomiende. Podrá llevar igualmente a cabo los estudios, informes o memorias que juzgue oportuno para el mejor desempeño de sus funciones. En la elaboración de las propuestas legislativas o de reforma constitucional atenderá los objetivos, criterios y límites de la reforma constitucional señalados por el Gobierno, y podrá hacer también las estimaciones que estime pertinentes acerca de ellos"*. Estas nuevas competencias, según la Exposición de Motivos de la Ley Orgánica 3/2004 y el propio Consejo de Estado, en su Dictamen 1484/2004, de 15 de julio, en relación al Anteproyecto de Ley Orgánica por la que se modifica la Ley Orgánica 3/1980, no suponen la atribución de nuevas funciones sino de nuevas facultades en el ejercicio de la función consultiva que tiene constitucionalmente asignada el Consejo de Estado, justificándose, en ambos casos, en que la función consultiva no se circunscribe de modo estricto y excluyente a la emisión de dictámenes, siendo esta la forma en que principalmente se ha manifestado el Consejo de Estado hasta ahora,

todo ello, inicialmente, al propósito gubernamental de reforma constitucional, como ya hemos señalado y que, a día de hoy, se encuentra totalmente abandonado.

El problema se suscita respecto de la competencia del Consejo para dictaminar acerca de los proyectos legislativos, donde, y frente a la función consultiva que se ha venido desarrollando hasta la reforma por el Consejo de Estado, afectando a proyectos remitidos por el Gobierno, susceptibles de un examen no sólo sobre las opciones de fondo sino también respecto de la articulación técnico-jurídica de tales opciones, en términos de adecuación al ordenamiento constitucional, congruencia con el resto del ordenamiento, corrección y precisión formal, que podría abarcar, incluso, valoraciones de oportunidad y conveniencia, ahora, con la Ley Orgánica 3/2004, se atribuye al supremo órgano consultivo la elaboración de propuestas legislativas[252] o de reforma constitucional que el Gobierno le

añadiendo dicho Consejo que la función consultiva puede ir más allá de la emisión de dictámenes y abarcar otro tipo de actuaciones, como la realización de estudios, informes, memorias y propuestas previas a la puesta en marcha de determinadas iniciativas gubernamentales, o dirigidas a diagnosticar situaciones y problemas, diseñando, incluso opciones para su tratamiento y solución, como así ocurre en países como Luxemburgo, Francia, Bélgica, Holanda, Italia, Egipto o Líbano, países que tienen articulada con carácter propio una función de estudio e informe para el Gobierno y también para el propio Parlamento en algún caso (págs. 9, 12 y 14 del Dictamen nº 1484/2004, del Consejo de Estado). En el mismo sentido se pronuncia el Consejo de Estado, en dicho Dictamen, en relación a la elaboración de propuestas legislativas y de reforma constitucional, respecto de los cometidos atribuidos a Consejos de Estado extranjeros, como el francés, belga, egipcio o luxemburgués, donde no se les atribuye una competencia concreta para elaborar propuestas de reforma constitucional, sino una competencia general para elaborar propuestas de cualquier tipo de ley, incluidas las leyes de reforma constitucional. Y así, con la Ley Orgánica 3/2004, se distingue entre propuestas legislativas (de creación de nuevas leyes o de reforma de leyes existentes) y propuestas de reforma constitucional, lo cual, a juicio del mencionado Consejo, es acertado, en "Dictamen...", o.c., pág. 10.

[252] SÁNCHEZ NAVARRO, "Consejo de Estado...", o.c., págs. 201-202, y eso a pesar del fracaso de dicha atribución en países cercanos al nuestro. En los supuestos de "mayor politicidad" y "menor juridicidad" en la actuación del Consejo de Estado, que, conforme a la LOCE antes de su reforma de 2004, se identificaban, sobre todo, con los Dictámenes de dicho Consejo en relación a los Anteproyectos de Leyes, supuesto de "función consultiva de relevancia constitucional", al presentar una "dimensión constitucional específica", en las que es preciso aplicar los criterios clásicos de interpretación constitucional y nociones propias de esa esfera del Derecho, como separación de poderes, dirección y responsabilidad política, etc. Siendo en este ámbito, donde la experiencia española y la comparada, muestra que la intervención del Consejo de Estado puede conducir a su consideración, en los ya conocidos términos del profesor LORENZO MARTÍN-RETORTILLO como "órgano de gobierno" y no "de asesoramiento", ya que definida la función consultiva como aquella que consiste en " velar por la observancia de la Constitución y del resto del Ordenamiento Jurídico" ante un Proyecto de Ley apenas queda otro parámetro jurídico que la Constitución y, en su caso, los plasmados en los Tratados e instrumentos internacionales, o en el Derecho Comunitario, porque, en definitiva, argumenta Sánchez Navarro, "en el ámbito de la dirección política prevalece la dimensión política, las opciones políticas de fondo, y en ese campo, como señalaba el Consejo de Estado antes de su reforma "cuando se trata de elaborar una Ley, el dictamen se ha de constreñir a la constitucionalidad del anteproyecto, a su coordinación con el resto del ordenamiento jurídico y a

encomiende, ya que en tales casos, el Consejo actúa como político, interpreta intereses, adopta opciones, formula directrices, alejándose de su función consultiva que no tiene carácter espontáneo, sino que requiere una iniciativa del Gobierno consistente en una consulta[253].

Se ha justificado la existencia de una auténtica "parlamentarización" del Pleno del Consejo de Estado, en la elaboración de propuestas legislativas de reforma constitucional, al ser elaboradas por la Comisión y después, elevadas al mencionado Pleno, el cual puede formular votos particulares que se remitirán al Gobierno junto con el texto aprobado, pudiendo convertir a dicho Pleno, mediante el nuevo procedimiento, en la "primera instancia de debate político[254]", donde se sustituye la mayoría absoluta por la simple, caben votos particulares e incluso propuestas alternativas, con el apoyo de siete votos frente al total de la composición del mencionado Pleno, todo lo cual, puede afectar, gravemente a la *auctoritas* que el Consejo de Estado ha ido adquiriendo durante tantos siglos, riesgo que se agrava desde el mismo momento en que dicha competencia se sitúa en una nueva concepción del Consejo de Estado, donde se acentúa la dimensión política de su Pleno, al tiempo que se crea una Comisión de Estudios bajo muchos interrogantes, en torno a la nueva facultad de elaboración de propuestas legislativas, y cuya composición difiere, radicalmente de la que tradicionalmente se ha venido atribuyendo al Consejo, bajo un importante protagonismo en el procedimiento de elaboración de propuestas legislativas sin parangón[255].

Ciertamente, las nuevas competencias asignadas al Consejo de Estado exigen de este una actuación diferente de la así prevista hasta la Ley Orgánica 3/2004, por cuanto que hasta entonces, en el ejercicio de su principal competencia, la consultiva, el Consejo realizaba un dictamen sobre las consultas que se le formulaban o sobre textos ya elaborados sometidos a su consideración, dando su parecer en cuanto la procedencia o no de la aprobación o modificación pretendida, tras formular las observaciones oportunas.

Sin embargo, a partir de la nueva norma, en los casos de elaboración de estudios, informes y memorias el Gobierno sólo proporciona unas directrices de carácter general, frente al tradicional texto, con el encargo de efectuar un estudio, informe o memoria correspondiente por parte del Consejo de Estado, cuyo campo de actuación, por tanto, se expande considerablemente. Igualmente, en el caso de elaboración de propuestas legislativas o de reforma constitucional, en los que el trabajo del Consejo consiste en la

---

cuestiones formales o de técnica normativa", si bien puede valorar aspectos de oportunidad o conveniencia si lo exige la índole del asunto, pero *sin olvidar que es al legislador en última instancia, y al titular de la iniciativa en primer lugar, a quien corresponde ejercer la opción política de las medidas, y que la prudencia aconseja no aventurarse en juicios de oportunidad si no se pueden hacer con conocimiento de causa o razonablemente*".

[253] CASSESE, S. "L'attività consultiva del Consiglio di Stato in materia di norme", en PALEOLOGO, G. (dir.), *I Consigli di Stato di Francia e d'Italia,* Milano, Giuffrè, 1998, pág. 95.

[254] SÁNCHEZ NAVARRO, "La función constitucional....", o.c., pág. 377.

[255] *Ibídem*, págs. 378 y ss.

preparación y elaboración de un texto a partir de los objetivos, criterios y límites que le señale el Gobierno, siendo así que para la realización de las nuevas labores, el Consejo de Estado disfruta de un mayor margen de actuación y se ocupa de la redacción de estudios o propuestas con el único límite de respetar las directrices marcadas por el Gobierno.

Ahora bien, la crítica de Sánchez Navarro, frente a la Ley Orgánica 3/2004, de 28 de diciembre, contrasta, no sólo con la propia opinión del Consejo de Estado que, en su Dictamen 1484/2004, de 15 de julio, se muestra favorable a la reforma planteada, sino con la posición de otros autores, para los que la reforma de referencia supone un revisión de la posición del Consejo de Estado que fortalece la vertiente consultiva y asesora de la institución junto a la que tradicionalmente ha desempeñado como órgano de control previo de la legalidad y del rigor técnico jurídico de la actuación del poder público, dando como efecto inmediato la posibilidad de establecer con mayor claridad la doble naturaleza de la institución y la propia función consultiva, al tiempo que la mencionada opción legislativa se traduce en una cierta nivelación de la doble posición del Consejo de Estado como supremo órgano consultivo del Gobierno y como órgano de control previo y garantía en el Estado Constitucional de Derecho.

El desarrollo de esta dimensión consultiva conforme a las posibilidades existentes en derecho comparado, permite avistar una reorientación del papel del Consejo de Estado y de sus funciones como institución de control y garantía de la legalidad pero cada vez más como órgano de estudio y de redacción de proyectos normativos, porque, de forma más precisa, la reforma del legislador orgánico ha respondido a la definición constitucional del Consejo como supremo órgano consultivo del Gobierno, potenciando su posición como órgano jurídico de consulta mediante la atribución de dos nuevas competencias: la redacción de estudios, informes o memorias y la elaboración de propuestas legislativas y de reforma constitucional encomendadas por el Gobierno[256].

---

[256] ADORACIÓN GARCÍA, "Constitución, Función Consultiva...", o.c., págs. 107 y ss., termina por analizar positivamente el primer informe del Consejo de Estado a propósito de sus nuevas competencias, el relativo a la reforma de la Constitución Española de 1978, señalando que "aunque su actuación pudiera ser encajada en la facultad de elaborar propuestas de reforma constitucional o, en otro orden de consideraciones, pudiera entenderse como una *interpretación* de la voluntad gubernamental sobre la reforma constitucional, formulando y formalizando su propuesta, el Consejo actúa condicionado por la naturaleza y el alcance de la consulta y de sus facultades de informe o estudio reconocidas en el art. 2.3 párrafo primero de la LOCE. Una actuación en un sentido distinto al expresado por el legislador en este precepto, conduciría a una alteración de la tarea asesora y de estudio encomendada al Consejo, en beneficio de un decisionismo político ajeno a la naturaleza y funciones de la institución", todo lo cual no concurre en el caso del Informe del Consejo de Estado sobre reforma de la Constitución Española, de fecha 16 de febrero de 2006, por cuanto que el ámbito material del informe queda delimitado por el contenido de la consulta y porque el respeto a los criterios y objetivos expresados por el Gobierno condiciona igualmente el alcance del estudio del Consejo. ÁLVAREZ CONDE, "Reforma constitucional y Reformas estatutarias", o.c., págs. 74-78, por su parte se muestra bastante crítico con la reforma de la LOCE, "por su dimensión política y no

La reforma de la Ley Orgánica 3/1980, de 23 de abril, debe valorarse positivamente por cuanto que "la función consultiva no equivale exclusivamente al control de legalidad de la acción administrativa (aunque es indudable que existen elementos de control en la consulta), de forma que su virtualidad reside en la posibilidad de ofrecer soluciones al Gobierno, estudiando todos los aspectos del problema jurídico o técnico relacionado con la Administración, proporcionando el *Know-how*. Se trataría ahora de sacar todo el partido posible de una institución con gran potencial y acreditada experiencia en asuntos de Estado. Las autoridades consultantes ya no sólo son controladas, sino asesoradas por el Consejo de Estado". No hay duda de que esta nueva labor de elaboración de propuestas legislativas o de reforma constitucional que el Gobierno solicite al Consejo de Estado, redundará en beneficio de la prevención y la garantía *ex ante* del sistema constitucional, de forma que la colaboración con el Gobierno abona el terreno del procedimiento legislativo común, incluyendo un trabajo preparatorio que supone un juicio técnico-jurídico de primer orden en la defensa del Estado de Derecho coadyuvando, de algún modo, a mantener el respeto de las normas destinadas a la ordenación del Estado[257].

La reforma de la Ley orgánica citada, ha suscitado controversia en la doctrina española. No obstante, lo que resulta evidente es que el Consejo de Estado ha salido reforzado en su competencia consultiva, por cuanto sus dictámenes, estudios e informes, siguen siendo referentes de la comunidad científico-jurídica de nuestro país. Su prestigio ha conseguido sobrevivir a estos últimos años, posteriores a la reforma de referencia, y todo ello bajo una actuación discreta, prudente y rigurosa, que le ha permitido, como de costumbre, superar los distintos avatares a los que está sometido.

---

estrictamente jurídica, absolutamente pensada y predeterminada para el ejercicio de determinadas competencias", al tiempo que subraya que el informe del Consejo de Estado sobre la reforma de la Constitución "no es susceptible sólo de un análisis jurídico sino también político", ya que "su contenido va más allá de la respuesta ceñida a las preguntas escritas, haciendo determinadas consideraciones de política jurídica, de política constitucional", porque a su juicio la función consultiva debe limitarse a cuestiones de legalidad, no pudiendo decidir "cómo se ha de realizar una reforma de la Constitución, pues ello es una decisión política". Igualmente, APARICIO, M.A. "¿Qué reforma constitucional?", *Revista de Estudios Autonómicos y Federales*, nº 2, 2006, págs. 101 y ss., entiende que el Informe del Consejo de Estado sobre la reforma constitucional, contiene "la manera como un órgano consultivo gubernamental (que no "de Estado") quiere actuar, en el sentido más escenográfico, como un auténtico actor, poder o impulsor de revisión constitucional. Es muy probable que esta última intención, de ser verdad, se deba a aquella afirmación de PEDRO DE VEGA de que "la reforma es siempre políticamente conveniente cuando resulta jurídicamente necesaria", y como quiera que la aparente declaración de necesidad jurídica la ha delegado el Gobierno ha dicho Consejo, su emisión "conforme" supone, a la vez, el certificado de esa conveniencia jurídica y la determinación de los contenidos de la conveniencia política. En otros términos: el Gobierno al haber delegado en y al Consejo la declaración de oportunidad jurídica de la reforma constitucional le ha transferido, en apariencia, la titularidad del poder de reforma. Y, esa transferencia, en cualquier Estado democrático, se transforma en potencialmente peligrosa y constitucionalmente inadecuada".

[257] RUÍZ LÓPEZ, "El Consejo de Estado...", o.c., págs. 1924-1931.

II.4. El Consejo de Estado y los órganos consultivos de las Comunidades Autónomas como órganos autónomos orgánica y funcionalmente

II.4.1. La autonomía orgánica y funcional del Consejo de Estado

Ha sido el propio Consejo de Estado, en su Moción nº 82, de 21 de noviembre de 1984, el que reconoció que es la "independencia y objetividad en el dictamen", junto con la libertad de la Administración para seguirlo o rechazarlo, lo que da sentido a la institución, de forma que, la independencia se apoya, entre otros aspectos, en la inamovilidad y estabilidad de los Consejeros, tanto Permanentes como Electivos, en la relevancia de los cargos a través de los que se accede a Consejero Nato, y en la existencia de un cuerpo de Letrados propio y especializado, si bien la objetividad, continua el Consejo, se lograría "por la superposición de instancias internas para el examen, discusión y aprobación de los dictámenes", o lo que es lo mismo, por las reglas de funcionamiento interno. Es por ello que en el presente epígrafe se tendrá en cuenta tales reglas, si bien en cuanto a la actividad típica del Alto Cuerpo consultivo, esto es, la emisión de dictámenes, por importancia y tradición[258].

Siendo así, el artículo primero del Real Decreto 1674/1980, de 18 de julio, por el que se aprueba el Reglamento Orgánico del Consejo de Estado, establece que dicho órgano ejerce la función consultiva con autonomía orgánica y funcional para garantizar su objetividad e independencia, añadiendo dicho artículo, en su apartado tercero, que no está integrado en ninguno de los Departamentos ministeriales, circunstancia esta que introduce, ciertamente, en la regulación de dicha autonomía, a través de su organización, funcionamiento y régimen interior.

El primer elemento fundamental de todo órgano dotado de autonomía funcional, es el relativo al margen de actuación de que dispone dicho órgano en cuanto su funcionamiento interno. García Álvarez, en este sentido, ha incluido como aspectos propios a destacar, para el Consejo de Estado, de un lado, los relativos a las posibilidades de recabar datos directamente de la realidad, respecto al cual el Alto Cuerpo no depende de la información remitida, sino que puede rechazar las consultas que no fuesen acompañadas de un expediente lo suficientemente completo, conforme los artículos 123 y 124 de su Reglamento orgánico, además de la posibilidad de solicitar que se complete el expediente correspondiente y de pedir los antecedentes necesarios, por conducto de su Presidente[259]. De otro lado, además, dicho autor incluye las posibilidades del Alto Cuerpo de actuar sin consulta previa, a través de mociones, propuestas o recordatorios dirigidos al Gobierno, así como las Memorias que elabora y eleva anualmente al Consejo de Ministros, aspectos estos

---

[258] Y ello sin menospreciar las Mociones, Propuestas, Memorias, estudios o informes que el Consejo puede llevar a cabo, si bien, la emisión de dictámenes, supera, con mucho, la actividad emanada a iniciativa propia de dicho Consejo.

[259] De acuerdo con el artículo18.3 de su Ley Orgánica.

que otorgan una notable autonomía funcional a dicho órgano frente al aparato burocrático de la Administración[260].

Además, dicho órgano goza de autonomía presupuestaria y de personal. Así, tiene competencia para elaborar su Anteproyecto de Presupuesto que figurará como sección en los Presupuestos Generales del Estado (artículo 135.1 de su Reglamento Orgánico), para gestionar y liquidar su presupuesto (artículo 136.2 de su Reglamento Orgánico), y asimismo, en materia de personal, tal y como vimos en el epígrafe correspondiente, selecciona sus propios Letrados y ejerce la jefatura sobre el personal administrativo adscrito a sus servicios (artículos 45 y siguientes y 20 de su Reglamento Orgánico, respectivamente).

De otro lado, y en relación a la autonomía organizativa interna del Consejo de Estado, destacar que, si bien en un principio podría pensarse que se encomiendan al Pleno los asuntos más relevantes, no obstante la práctica revela lo contrario, y ello por cuanto que, siguiendo a Pérez-Tensa, los temas más importantes "los despacha la Comisión Permanente, y es lógico que así sea: 1º) porque la tendencia histórica, en los organismos colegiados, es la de sustituir las asambleas numerosas por otras más manejables; 2º) por falta material de tiempo para evacuar la consulta en el plazo reglamentario, si el expediente ha de pasar por Sección, Comisión y Pleno (es más, basta que un asunto sea declarado urgente –si el plazo fijado para evacuar la consulta es inferior a diez días- para que no tenga que ir al Pleno aunque verse sobre materia de su competencia-art. 19 de la Ley Orgánica-); y 3º) porque, en general, la Comisión Permanente prefiere no someter al Pleno asunto de consulta potestativa, salvo cuando se haya producido en el seno de aquélla una marcada división de pareceres[261]".

Entrando ya en el aspecto orgánico, la existencia de un grado notable de autonomía frente al órgano a controlar es elemento previo para poder llevar a cabo el mencionado control. Dicho argumento, no obstante, ha sido utilizado por algunos para negar la naturaleza de órgano de control al Consejo de Estado, habida cuenta el nombramiento de la

---

[260] "La Función Constitucional...", o.c., págs. 298 y 299. Si bien dicho autor señala que dicha autonomía es relativa frente al Gobierno ya que, además, nombra a su Presidente, como cargo de confianza y figura central del órgano en cuestión, que, añado que tiene voto de calidad en los debates, por ejemplo.

[261] PÉREZ TENESSA, A. "Consejo de Estado. La Sección en sede consultiva. El Pleno del Consejo de Estado", en *Gobierno y Administración en la Constitución*, Madrid, Dirección General del Servicio Jurídico del Estado, Instituto de Estudios Fiscales, 1988, págs. 1443-1444. Al mismo tiempo, y en cuanto a la distribución de trabajo interno en el seno del Consejo de Estado, Antonio Pérez Tenessa, como Secretario General de dicho Consejo durante años, señaló que "la experiencia ha demostrado la conveniencia y aun la necesidad de que las Secciones actúen en sede consultiva: a) para poder desbloquear a la Comisión Permanente que está sobrecargada de asuntos, a veces reiterativos o de poca importancia; b) para poder despachar dentro de plazo las consultas urgentes, cada días más numerosas desde que no hace falta que la urgencia la acuerde el Consejo de Ministros; c) para reducir el costo de la consulta, que en más de una ocasión es superior a la cuantía de la misma (pág. 1439)

inmensa mayoría de sus miembros por parte del "órgano controlado", esto es, el Gobierno[262].

Es claro, en este sentido, que la Ley Orgánica 3/1980, de 22 de abril, configura al Consejo de Estado como órgano consultivo con separación orgánica del Gobierno, en cuanto que no es presidido por el Presidente del Gobierno, disponiendo dicho órgano de un Presidente propio, al tiempo que tampoco forman parte del mismo los ministros, como ocurre en Francia o en la versión española tradicional.

No debe olvidarse, además, que el propio Tribunal Constitucional tiene declarada la autonomía orgánica y funcional del Consejo de Estado, al reconocer que dicho órgano se encuentra dotado de dicha autonomía, junto a garantías de objetividad e independencia, todo lo cual, a juicio de dicho Tribunal, le habilita para el cumplimiento de la tarea que tiene encomendada, "más allá de su condición esencial de órgano consultivo del Gobierno, en relación también con otros órganos gubernativos y con administraciones públicas distintas de la del Estado, en los términos que las leyes dispongan, conforme a la Constitución"[263]

Sea como fuere, y partiendo de un concepto amplio de autonomía orgánica, en cuanto a la ausencia de inserción del órgano en cuestión en el ámbito propio del órgano al que debe auxiliar, además de una configuración en su organización que refuerce dicha independencia, resulta que a la vista de su normativa, y tal y como se ha analizado en el apartado anterior, podemos concluir en la existencia de la misma, ello no obstante, el nombramiento de sus miembros y la figura de su Presidente que, a buen seguro, mantendrá la necesaria comunicación entre las dos Administraciones.

En cualquier caso, dicha autonomía dual, aplicada al Consejo de Estado, se garantiza a través de la independencia e inamovilidad de los miembros de la institución.

---

[262] Como ya vimos, además en el caso de GARCÍA ÁLVAREZ, en "La Función Constitucional...", o.c., págs. 296 y ss., se remite a AGUILAR para poner de manifiesto que, como consecuencia del papel peculiar a desempeñar por los órganos auxiliares, es normal que el nivel superior del personal de estos órganos, encargado de sus relaciones externas, sea nombrado por los órganos constitucionales con los que se relaciona, siendo así que, además, eso sucede con todos los órganos auxiliares que existen en el ordenamiento español, lo cual evidencia, para dicho autor, que, en definitiva, los órganos auxiliares de nuestra Constitución no tienen como función el control del órgano constitucional que están encargados de auxiliar, sino reforzarlo en sus funciones, lo que supone que el Consejo de Estado "aconseja " al Gobierno y contribuye a su labor de dirección de la Administración, siendo lógico que sus miembros sean nombrados por los órganos constitucionales de los que dependen.

[263] Fundamento Jurídico Cuarto de la STC 204/1992.

II.4.2. La autonomía orgánica y funcional de los órganos consultivos autonómicos

La importancia de los órganos consultivos autonómicos ha sido resaltada sin excepciones, en cuanto que dichos órganos, tanto los de previsión estatutaria como los que no, pueden ser considerados como piezas o elementos esenciales de la estructura política de las respectivas Comunidades Autónomas, y ello por las importantes funciones que realizan, que, sintéticamente se refieren a una tarea fiscalizadora preventiva en relación con la observancia de la Constitución, los Estatutos de Autonomía y, en general, las normas jurídicas que resulten aplicables a los distintos supuestos de los que conocen, colaborando, de ese modo, a lo que en el ámbito comunitario y, más concretamente en la Carta de Niza del año 2000, se denominó el derecho a una buena administración, tanto en la producción de actos normativos como en el procedimiento legislativo[264].

Así pues, en el ámbito funcional de los órganos consultivos autonómicos, bien puede señalarse la concurrencia de un mimetismo generalizado que desemboca en la atribución de similares competencias a tales órganos, justificado por la aplicación de la técnica subrogatoria y del inmovilismo, además de la falta de creatividad de los legisladores autonómicos en la materia, circunstancias todas ellas que, además, topan con las carencias y deficiencias de un sistema global de reparto de competencias que limita la libertad del legislador autonómico a la hora de configurar las instituciones propias, proyectándose todo ello negativamente en la atribución de facultades consultivas.

Y es que, a pesar de los problemas existentes para la conformación de la función consultiva autonómica[265], que terminan por condicionar la libertad de su legislador, cierto

---

[264] CHECA GONZÁLEZ, C. "El papel de los consejos consultivos en la elaboración de las normas", *Jornadas sobre la Función Consultiva*, 17-18 septiembre de 2009, pág. 57. URL: http://www.madrid.org/ccmadrid/attachments/043_Libro%20Jornadas%20sobre%20la%20Funcion%20Consultiva.pdf (fecha de consulta, 23 de febrero de 2011).

[265] GALERA, "Función Consultiva...", o.c., págs. 170 y ss. Dicha autora pone de manifiesto los obstáculos en la configuración de la función consultiva autonómica, señalando, de un lado, que el Estado, a partir del deficiente sistema de reparto competencial establecido en el ordenamiento jurídico vigente, mediante las cláusulas de remisión correspondientes, bien puede modificar las competencias de las instituciones de autogobierno autonómicas, a través del ejercicio de sus competencias sobre el régimen de la institución general del Estado o sobre los procedimientos administrativos del artículo 149.1. 18ª CE, además del ejercicio de su competencia para aprobar la legislación procesal, vía artículo 149.1.6 CE, todo lo cual puede influir en las funciones consultivas atribuidas a sus órganos autonómicos. A ello se une, la existencia de cláusulas de remisión en las leyes de creación de los órganos consultivos autonómicos muy parecidas a las previstas en la Ley Orgánica del Consejo de Estado, donde la reserva de ley orgánica prevista constitucionalmente para la atribución de competencias a tan alto cuerpo consultivo, quiebra por la remisión de leyes ordinarias a la legislación especial, poniendo de manifiesto la "escasísima virtualidad" de esta reserva de ley, hasta el punto que probablemente sea "la reserva de ley más menospreciada del Derecho español", en palabras de

es que el régimen jurídico competencial de tales órganos consultivos consigue expresar la proyección de la autonomía territorial en el ejercicio de la función consultiva y la virtualidad de estas instituciones de garantía en el sistema normativo autonómico, bien porque se trata de supuestos de intervención consultiva (mediante la cual los órganos consultivos contribuyen al aseguramiento del respeto a la autonomía consagrada en su ordenamiento y en el constitucional), bien porque tales órganos tienen atribuidas competencias vinculadas directamente con la garantía del principio de legalidad y derechos de las personas, todo lo cual permite la consolidación, además, de facultades autonómicas en garantía de la autonomía territorial, como así se ha puesto de manifiesto con el hasta ahora último y más reciente proceso de reforma estatutaria, evidenciando la cercanía de tales órganos consultivos con el Estatuto Autonomía, al dictaminar sobre los anteproyectos de reforma de tales Estatutos, en claro mimetismo con el Consejo de Estado y la atribución de competencia, tras la Ley Orgánica 3/2004, para dictaminar anteproyectos de reforma constitucional. Siendo así, el dictamen del órgano consultivo autonómico, cumple una función de garantía del respeto a los límites a los que se halla sometida la iniciativa autonómica de reforma, consiguiendo una delimitación técnico-jurídica de las condiciones formales y materiales a las que está sometida dicha iniciativa además de contribuir a una reducción de las posibilidades de impugnación constitucional fundada en argumentos expuestos en el dictamen emitido por tales órganos, ayudando a asegurar la congruencia de la reforma proyectada con los principios y respetos constitucionales y estatutarios[266].

Más concretamente, la función consultiva autonómica tiene gran incidencia en el control y garantía del respeto al ordenamiento jurídico y de las garantías que el mismo consagra a favor de las instituciones autonómicas, la cual se advierte específicamente en cuatro ámbitos de emisión de dictámenes por el órgano en cuestión. A saber:

En primer lugar, en el caso de intervención del procedimiento legislativo[267], lo cual es perfectamente asimilable a otros mecanismos de control previo de constitucionalidad de las

---

GARCÍA ÁLVAREZ, en "Función Consultiva...", o.c., págs. 94 y 196, lo cual se traslada, también a los órganos consultivos autonómicos. Finalmente, dicha autora incluye, también, como obstáculo a la función consultiva autonómica las posibilidades de intervención del poder reglamentario en esta materia, que son innumerables, todo lo cual, en definitiva, *"genera un régimen competencial disperso e inestable que requiere una permanente actividad de clarificación y actualización de las competencias del conjunto de las instituciones consultivas"*.

[266] *Ibídem,* págs. 172 y 173. Todo lo cual, a juicio de Galera, contribuye, en definitiva, a cumplir las exigencias de estabilidad y coherencia del sistema normativo, mediante el examen jurídico de la propuesta normativa desde el parámetro de control que ofrece el respectivo ordenamiento autonómico y el conjunto del ordenamiento constitucional.

[267] Es lo que FONT I LLOVET ha denominado "forma complementaria de control del legislador" autonómico, en "Los órganos consultivos de las Comunidades Autónomas y la Administración Local", *Actas de las Jornadas sobre la Función consultiva,* Granada, Consejo Consultivo de Andalucía, 1998, págs. 113 y ss. También, GRANADO GUIJELMO, I. en "Altos organismos consultivos y control preventivo de constitucionalidad", págs. 73 y ss., y en "La función de los Consejos Consultivos (una reflexión de bienvenida al Consejo de Navarra)", pág. 51.

leyes, como el que realiza el Consejo Constitucional francés o nuestro Tribunal Constitucional mediante el extinto recurso previo de inconstitucionalidad, donde el órgano autonómico resulta garante no sólo de la Constitución, sino del Estatuto de Autonomía y del resto del ordenamiento jurídico, poniendo de manifiesto las disfunciones del texto inicialmente propuesto y las consecuencias de su inserción en el ordenamiento jurídico, todo lo cual termina por cubrir una vacío en el sistema de garantías del respeto al Estatuto de Autonomía y al ordenamiento autonómico, ante la inexistencia de una jurisdicción estatutaria, que asegure la conformidad de las leyes autonómicas al Estatuto y la restricción en el acceso a la jurisdicción constitucional en cuanto que impide la impugnación de normas autonómicas por instancias de la Comunidad Autónoma.

Igualmente, y en segundo lugar, la intervención de los órganos consultivos autonómicos en el ejercicio de la potestad reglamentaria del ejecutivo autonómico (a partir de la interpretación del Tribunal Constitucional a través de la Sentencia 204/1992, respecto del antiguo artículo 23.2 de la Ley Orgánica del Consejo de Estado), permite el ejercicio de una labor de garantía de dichos órganos, que habrá de extenderse tanto a los reglamentos ejecutivos como a los independientes (estos últimos dictados en ausencia de ley autonómica), exceptuándose los organizativos, por razones obvias, ya que, la necesidad y la oportunidad también de realizar un juicio de legalidad se sustenta en un aumento de las garantías del sistema constitucional que se proyecta sobre el ámbito de los derechos[268].

Ahora bien, donde más se advierte la función de garantía de autonomía política, ejercida por los órganos consultivos autonómicos es, sin duda alguna, en los procesos de impugnación de normas, resoluciones o actos adoptados por los órganos del Estado que puedan lesionar el ámbito de la autonomía de las Comunidades Autónomas o de la Administración local, como exigencia previa de dictamen del órgano consultivo a la interposición de recursos de inconstitucionalidad, conflictos de competencia y procesos en defensa de la autonomía local, donde la función consultiva, conecta, al igual que en el procedimiento legislativo, con una función de control de la constitucionalidad de las normas autonómicas, extendiéndose la actuación del órgano en cuestión al examen de la protección del orden constitucional de reparto de competencias y del bloque de la constitucionalidad, además de asesorar jurídicamente en relación a la interposición del recurso o conflicto con garantías de viabilidad, haciendo gala, en definitiva, de la doble naturaleza de los órganos consultivos autonómicos, en cuanto órganos de asesoramiento y órganos de control previo y garantía del ordenamiento.

Un último ámbito en el que se advierte la importante función desarrollada por los órganos consultivos autonómicos es, indudablemente, en la emisión de dictamen preceptivo previo al planteamiento de un proceso en defensa de la autonomía local, cuya intervención sirve para refrendar la legitimidad de la impugnación o como medio disuasorio para la continuación del procedimiento, teniendo en cuenta que el dictamen preceptivo del órgano consultivo autonómico sirve para expresar una opción legislativa

---

[268] Como bien señala GALERA en "Función consultiva...", o.c., págs. 195-196.

dirigida a armonizar el ejercicio de las competencias legislativas con el respeto a la autonomía de los entes locales, además de articular mecanismos de depuración previa y, en ese sentido, se descarga de labor a la jurisdicción constitucional[269].

Así las cosas, y respecto a las competencias de los órganos consultivos autonómicos, una vez más, la importante Sentencia 204/1992, de 26 de noviembre, del Tribunal Constitucional, en la que dicho Tribunal se decantó por la tesis de la "sustitución" (de modo que sólo tendría sentido mantener la intervención preceptiva del Consejo de Estado en aquellas Comunidades Autónomas donde no existiesen órganos consultivos propios, siempre que fuesen equivalentes[270]), nos da importantes pistas sobre la cuestión planteada. En este sentido, y como ya vimos en su momento, nuestro máximo intérprete de la Constitución señala que la emisión de dictámenes por el Consejo de Estado en todas las competencias atribuidas al respecto, es una garantía de Derecho, de los ciudadanos y del interés general, de forma que cuando la Comunidad Autónoma disponga de un órgano consultivo propio, semejante al Consejo de Estado, lo sustituye en el ámbito de las competencias autonómicas. En consecuencia, los consejos consultivos habrán de tener las mismas competencias en el ámbito de su Comunidad que las que tiene el Consejo de Estado en el ámbito estatal.

Siendo así, y partiendo de las premisas fijadas por nuestro Tribunal Constitucional, algunos autores se han aventurado a señalar las competencias que habrían de otorgarse a los órganos consultivos autonómicos para poder equiparse al Consejo de Estado español, siendo las mismas las siguientes: dictamen preceptivo en relación con los anteproyectos de leyes y disposiciones de carácter general como consecuencia de la transposición de directivas comunitarias, en garantía de la observancia del derecho comunitario; dictamen preceptivo acerca de la observancia del sistema constitucional de distribución de competencias, en casos en que exista una legislación básica del Estado sobre una materia, entrecruzamiento de títulos competenciales que incidan en la legislación autonómica, planteamiento de un recurso de inconstitucionalidad o conflicto de competencias por la Comunidad Autónoma, acuerdos entre Comunidades Autónomas, y cualquier recurso del Estado contra un acto o disposición de una Comunidad Autónoma, al amparo de los artículos 161.2 de la Constitución y 76 de la Ley Orgánica del Tribunal Constitucional;

---

[269] GALERA en "Función consultiva...", o.c., págs. 201 y ss. Dicha autora evidencia las disfunciones relativas a la ausencia de una regulación legal por parte de la Ley Orgánica del Tribunal Constitucional, en relación al procedimiento para efectuar el dictamen del órgano consultivo autonómico, el plazo para la elaboración o emisión de dictamen, o los efectos derivados de la omisión o dictamen negativo por el órgano consultivo autonómico, de forma que en este punto habrá que estar a la normativa autonómica, tan dispar, con el problema añadido de que el cómputo del plazo para interponer el conflicto en cuestión comienza desde la recepción del dictamen de referencia.

[270] Esto es, dotados de las características de organización y funcionamiento que aseguren su independencia, objetividad y rigurosa cualificación técnica.

igualmente, el dictamen habría de ser preceptivo en caso de ejercicio de legislación delegada o de emisión de un reglamento ejecutivo por parte de la Comunidad Autónoma[271].

Pues bien, del análisis efectuado sobre las distintas regulaciones autonómicas, considerando tanto el carácter preceptivo como el facultativo[272] de los dictámenes a emitir por sus órganos consultivos, bien puede señalarse que, con carácter general, se cumplen las exigencias de Gómez-Ferrer, ya que en el ámbito de emisión de dictamen respecto de anteproyectos de leyes y disposiciones de carácter general, todos los órganos consultivos tienen atribuida dicha competencia, salvo los casos de Aragón, La Rioja y Madrid, al tiempo que en la esfera de la observancia del orden constitucional de reparto de competencias, todas las Comunidades Autónomas salvo Murcia, Euskadi y Madrid[273], prevén dictamen preceptivo de su órgano consultivo (salvo Aragón, que el dictamen es facultativo), previo a la interposición del recurso de inconstitucionalidad o en materia de conflictos de

---

[271] En GÓMEZ-FERRER MORANT, R., "La función consultiva en España: organización y competencias del Consejo de Estado y de los Consejos Consultivos de las Comunidades Autónomas. La reforma del Consejo de Estado a través de la Ley Orgánica 3/2004", *Jornadas sobre la Función Consultiva*, 17-18 septiembre de 2009, págs. 27 y ss. Dicho profesor y consejero añade, también, que los dictámenes de los órganos consultivos autonómicos también deberían ser preceptivos en relación con la interpretación, nulidad y resolución de contratos, modificaciones contractuales, nulidad, interpretación y extinción de concesiones administrativas cuando se formule oposición del concesionario, y, en fin, en los mismos casos que se prevé por la normativa específica la intervención del Consejo de Estado para las Corporaciones Locales, y ello para potenciar el funcionamiento del Estado Social y Democrático de Derecho, la seguridad jurídica de los gobernantes a la hora de tomar decisiones y las garantías de los derechos e intereses de los ciudadanos.

[272] La preocupación por la eficacia, por la repercusión real de un serie de pronunciamientos que no son vinculantes para el organismo consultante, no es nueva, tal y como ya afirmó en su día Rubio Llorente. Para tan prestigioso consejero, *"es justamente el interés por medir el grado de atención que los destinatarios de los dictámenes prestan a las observaciones formuladas en los mismos lo que explica la inclusión en la normativa que regula el funcionamiento de los órganos consultivos (con muy pocas excepciones) de previsiones que posibilitan el seguimiento de las normas y actos objeto de dictamen, una vez emitido y notificado éste. En primer lugar, la que establece la obligación de llevar un registro con las disposiciones legislativas y reglamentarias dictaminadas por el Consejo, que se extiende en algunos casos a las resoluciones recaídas en los expedientes sometidos a consulta. Y en segundo lugar, el deber impuesto a la autoridad consultante de consignar expresamente si la decisión adoptada sobre el asunto previamente informado se produce de acuerdo con el órgano consultivo o simplemente oído el mismo y de comunicar dicha decisión al Consejo, obligación esta última que en determinadas ocasiones incumple"*, en "La Función consultiva…", o.c., pág. 102.

[273] En este sentido, y siguiendo los criterios del Tribunal Constitucional, dicha competencia habría de otorgarse, igualmente, a todos los órganos consultivos autonómicos, y, sin embargo, como vemos, no es así. El mencionado dictamen, a emitir por los órganos consultivos autonómicos en el caso de Anteproyectos de Leyes, es de extraordinaria trascendencia, a juzgar por el evidente papel que los órganos consultivos autonómicos desarrollan en este caso, al examinar la adecuación de la ley proyectada no sólo a la Constitución y al Estatuto de Autonomía, sino también al Derecho comunitario y a la legislación básica estatal, además de valorar su encaje en el ordenamiento jurídico en el que se integrará, y de velar por una técnica normativa adecuada.

competencias y en cuanto al recurso en defensa de la autonomía local, lo que evidencia la importancia que las autonomías otorgan a dicha cuestión. Al mismo tiempo, y en cuanto a la legislación delegada y reglamentos ejecutivos, como objeto de dictamen por el correspondiente órgano consultivo, debe señalarse que salvo Andalucía y Extremadura, todos los órganos consultivos restantes someten su legislación delegada a dictamen del órgano consultivo, el cual, además, conoce, en todas las Comunidades Autónomas, de los proyectos de reglamentos ejecutivos o de desarrollo de leyes o de Derecho Comunitario, así como de sus modificaciones, cumpliéndose, una vez más, con el mínimo necesario de atribuciones a favor de un auténtico o genuino órgano consultivo sustitutivo del Consejo de Estado en la región.

Así las cosas, y teniendo en cuenta que una de las competencias que se repiten en las diferentes regulaciones contenidas a nivel autonómico, a favor de los órganos consultivos de referencia, es la relativa al dictamen preceptivo en relación con la impugnación por el Gobierno de la Nación de las "disposiciones y resoluciones adoptadas por los órganos de las Comunidades Autónomas", extendiéndose, como hemos visto, a los recursos de inconstitucionalidad y conflictos de competencia ante el Tribunal Constitucional, es lo cierto que la funcionalidad de dicho dictamen responde a la necesidad de protección o garantía del Estatuto de Autonomía en cuanto la ley estatal impugnada pudiera afectar a una determinada competencia asumida por la Comunidad Autónoma, lo cual debe unirse, también, al principio de interés favorable a la legitimación de las Comunidades Autónomas, establecido por el Tribunal Constitucional conforme el artículo 32.2 de su Ley Orgánica[274], lo que permite concluir que dicha función de garantía lo sería al mismo tiempo de la Constitución y en general de todo el ordenamiento jurídico, de forma que dicho órgano consultivo contribuye a otorgar al órgano activo una seguridad jurídica en su actuación ejerciendo igualmente una función de cooperación en defensa ante el Tribunal Constitucional de las competencias autonómicas y a los fines mismos de dicha jurisdicción.

En este sentido, para Font i Llovet, la intervención del órgano consultivo en estos casos se justifica, bien porque la protección del Estatuto de Autonomía escapa de los órganos de la Comunidad Autónoma para imputarse a un órgano externo a la misma como es el Tribunal Constitucional, de forma que la intervención del Consejo puede suponer la manifestación de un juicio sobre la legitimidad de la norma estatal por parte de un órgano propio de la Comunidad Autónoma, si bien "se trata de un juicio faltado de ulterior reacción del propio órgano"; bien, en segundo lugar, porque se trataría de dotar a los

[274] En este sentido, la STC 199/87, determina que *"la Comunidad Autónoma que recurre contra una ley del Estado está legitimada para actuar no sólo en defensa de su propia competencia en la materia, sino también para la depuración objetiva del orden jurídico que regula, en la medida en que el ejercicio o despliegue de las funciones que le correspondan puede verse afectado-como textualmente dispone el artículo 32.2 de la ley Orgánica de este Tribunal- por la norma recurrida"*.

órganos políticos de la Comunidad Autónoma de un asesoramiento adecuado antes de proceder al ejercicio de una función constitucional de tanta trascendencia[275].

Al mismo tiempo, Trujilllo resalta la función que los instrumentos de fiscalización preventiva pueden cumplir si consideramos las facultades que ostenta el Gobierno para suspender temporalmente la aplicación de las normas autonómicas impugnadas por él ante la jurisdicción constitucional, por lo que dado el retraso del Tribunal Constitucional en resolver asuntos, que puede paralizar el propósito político autonómico pretendido por la norma impugnada, cobran especial interés "los institutos preventivos, cuyas actuaciones, además de sus posibles efectos disuasorios en el plano autonómico, pudiera incluso trascender a las instancias estatales que tengan a su cargo el seguimiento de la actividad normativa autonómica[276].

Por lo demás, todos los órganos consultivos autonómicos conocen de reclamaciones de daños y perjuicios o de responsabilidad patrimonial, en función de diferentes cuantías o en algunos casos, sin especificarse umbral inicial, como el caso de Murcia o Euskadi, revisión de oficio de actos nulos, así como los supuestos de nulidad, interpretación, modificación y resolución de contratos administrativos además de los supuestos de resolución y nulidad de concesión administrativas, en los supuestos previstos en la normativa de contratación administrativa, lo que evidencia la vocación de sustitución de los órganos consultivos autonómicos respecto del Consejo de Estado.

No obstante, y como conclusión de todo lo anterior, puede señalarse que la función de garantía de los órganos consultivos en el respeto y observancia de la Constitución, el Estatuto de Autonomía, el bloque de constitucionalidad y resto del ordenamiento jurídico, resulta salvaguardada a través de tales órganos, los cuales terminan por conocer, bien a consultas facultativas, bien preceptivas, la gran mayoría de las actuaciones encaminadas ya sea en relación a la acción, con cierta trascendencia, legislativa, reglamentaria o de defensa de la actuación de la propia Comunidad Autónoma, ya sea respecto de la actuación del Gobierno de la Nación frente a las mismas, a modo de un mimetismo y homogeneidad que es realmente llamativo[277].

Pasemos a continuación, a observar la regulación de la autonomía en cada uno de los entes consultivos autonómicos, procediendo a una crítica concreta y, posteriormente, general de la misma. Ante todo, y como premisa fundamental, debe señalarse que con la autonomía orgánica y funcional, el ordenamiento autonómico (al igual que el estatal, para

---

[275] En "Los Consejos Consultivos...", o.c., págs. 19 y ss.

[276] En "La Función Consultiva...", o.c., págs. 172 y ss.

[277] No obstante, RUBIO LLORENTE, en "La función consultiva...", o.c., pág. 106, resalta la necesidad de atribuir al conocimiento del Consejo de Estado las siguientes materias, relacionadas con la distribución de competencias y los órganos consultivos autonómicos: legislación básica del Estado y leyes orgánicas o disposiciones de tal carácter que integran dichas leyes; además, el Presidente del Consejo de Estado también estima necesario atribuir a los órganos consultivos autonómicos competencias en relación con el derecho comunitario.

el Consejo de Estado), trata de garantizar el grado de idoneidad que se requiere para un adecuado y eficaz ejercicio de las funciones que se encomiendan a sus respectivos órganos consultivos, siendo necesario para ello, como hemos visto, que dichos órganos ocupen una posición autónoma e independiente dentro del sistema político estatutario de la Comunidad Autónoma, o, lo que Trujillo[278] denomina una "posición de equidistancia institucional", por cuanto que difícilmente se conseguiría el alto cometido que tiene encomendado el órgano consultivo en cuestión, si estuviese integrado en una relación de dependencia del Legislativo o del Ejecutivo, sobre cuyas actividades normativas puede dictaminar, o bien respecto de la propia Administración autonómica, de cuyos actos conoce también en determinados supuestos.

En el ámbito autonómico, y, en definitiva, en cualquier ámbito, no basta con proclamar la independencia del órgano consultivo en cuestión, circunstancia esta que, como hemos visto, lleva a cabo la mayoría de normas autonómicas, sino que es necesario asegurarlo a través de distintas garantías. Una de ellas, es, principalmente, la atribución de autonomía orgánica y funcional al órgano en cuestión, en el bien entendido que la autonomía de un órgano es consecuencia de las normas que regulan la estructura y funcionamiento interno del mismo, además del estatuto que se reconozca a sus miembros, como ya hemos visto. No obstante, y en cuanto a la configuración de dicha autonomía, con carácter general, y como seguidamente veremos, se ha extendido a la gran mayoría de regulaciones autonómicas, todo lo cual evidencia, en buena medida, la coherencia legislativa posterior de dotar con mayor independencia de actuación al órgano consultivo de la Comunidad Autónoma, al menos en lo que a atribución de dicha autonomía se refiere.

Bien puede señalarse que, en este sentido, la especial posición institucional que ocupan los órganos consultivos autonómicos, al igual que el Consejo de Estado, se traduce en el carácter definitivo de sus dictámenes, para cuyo trascendental ejercicio tales órganos están revestidos de determinadas notas que garantizan su independencia y objetividad, siendo necesario que aparezcan separados de la estructura administrativa, que sus miembros estén dotados de alta competencia técnica (cualidad apreciable discrecionalmente por quien los nombra), y garantizada su inamovilidad, además de la colegialidad del órgano de referencia. A ello se añade la exigencia de autonomía presupuestaria (en cuanto la necesidad de elaboración del propio presupuesto por el órgano autonómico, inclusión como partida independiente en el proyecto de ley correspondiente, y gestión presupuestaria no sometida a intervención por parte de órgano gubernamental competente, sometiéndose la gestión económico-presupuestaria exclusivamente al control del órgano fiscalizador autonómico), y autonomía de personal (posibilitando al Consejo la selección de personal, conforme la legislación autonómica).

Y es que, en definitiva, la atribución de autonomía orgánica y funcional a los órganos consultivos autonómicos, por parte de los respectivos ordenamientos, trata de garantizar el grado de idoneidad que se requiere para el adecuado y eficaz ejercicio de las funciones que

[278] "La función consultiva...", o.c., pág. 163.

se le encomiendan, por cuanto que el alto cometido que se les otorga veda su integración en la organización autonómica en cuanto genere una relación de dependencia del Legislativo o del Ejecutivo, sobre cuyas actividades normativas pueden ser llamados a dictaminar, o bien respecto de la Administración autonómica, de cuyos actos también conocen en determinados casos, siendo imprescindible, por tanto, la posición de la mencionada equidistancia institucional[279].

Más concretamente, la autonomía orgánica se manifiesta en las potestades que tienen atribuidas los órganos autonómicos, en el estatuto de sus miembros, en los aspectos relativos al personal a su servicio, junto al carácter supremo de sus actuaciones acorde con la relevancia de sus funciones. Al mismo tiempo, la autonomía funcional resulta evidenciada en el hecho de que, salvo por razones de urgencia el órgano legitimado para recabar los dictámenes solicite que éstos se emitan en plazo reducido, en todos los restantes aspectos los órganos de referencia no sufren interferencia alguna, lo cual aparece confirmado en aspectos tales como la admisión o inadmisión a trámite de las solicitudes que se formulen, suspensión o no de su tramitación a fin de recabar información complementaria y la declaración, en su caso, de incompetencia para la emisión de dictamen.

Siendo así, la normativa vigente en los diecisiete órganos consultivos analizados es la siguiente:

a) Comisión Jurídica Asesora catalana: la normativa de aplicación determina que dicha Comisión actúa con total independencia de los órganos a los que asesora, no está adscrita a ningún departamento de la Generalidad ni sometida a ninguna instrucción ni relación de jerarquía, elabora su propio proyecto de reglamento junto a sus modificaciones y disposiciones necesarias para su funcionamiento, y participa en la elaboración y dictamen, si procede, de anteproyectos de ley que le someta el Gobierno catalán en caso de que afecten a su competencia, organización y funcionamiento. Asimismo, administra su presupuesto y se le atribuyen las competencias en materia de personal y contratación que corresponden a un Departamento[280]. Además, elabora el anteproyecto de su presupuesto y lo remite al Departamento por medio del cual se relaciona con el Gobierno y determina la forma de retribuir las propuestas de dictamen de sus miembros[281]. No cabe informe ulterior sobre las cuestiones en que haya dictaminado dicho órgano por parte de ningún otro órgano asesor,

---

[279] *"Que no resulta parangonable con la que corresponde, por ejemplo, al Tribunal de Cuentas o equivalentes autonómicos o al Defensor del Pueblo respecto de los respectivos Parlamentos"*, en palabras de TRUJILLO, G. "La Función Consultiva en las Comunidades Autónomas: sus órganos específicos y sus relaciones con el Consejo de Estado", *Documentación Administrativa,* nº 226, 1991, pág. 163.

[280] Artículo 2 del Decreto 69/2006.

[281] Artículos 54.2 y 3 del Decreto 69/2006.

salvo el Consejo de Garantías Estatutarias, cuando proceda[282]. Finalmente, el artículo 55.3 del Decreto 69/2006 establece que tiene competencia para suscribir contratos y convenios.

b) Consejo de Garantías Estatutarias: el artículo 1 de su Ley reguladora establece que dicho órgano cumple sus funciones con plena independencia de los órganos ejecutivos, legislativos y judiciales, mediante dictámenes técnico-jurídicos que en ningún caso expresan criterios de oportunidad y conveniencia, añadiendo el apartado tercero de dicho artículo que para tener garantizada la independencia de dicho órgano, éste disfruta de autonomía orgánica, funcional y presupuestaria, además de elaborar y aprobar su propio Reglamento de Organización y Funcionamiento, de conformidad con la Disposición Adicional Tercera de la Ley 2/2009.

c) Consejo Consultivo canario: Conforme el artículo 1.2 del Decreto 181/2005, ejerce sus funciones con plena autonomía orgánica y funcional para garantizar su independencia e imparcialidad. Además, elabora el anteproyecto de su presupuesto y lo remite al parlamento para su aprobación[283]. Emitido un dictamen por el Consejo Consultivo sobre un asunto, su solicitante no podrá recabar, para el mismo procedimiento y en los mismos términos, ningún otro informe de cualquier otro órgano de la Comunidad Autónoma o del Estado, conforme el artículo 3.2 de la ley 5/2002.

d) Consejo Consultivo balear: Por razón de su autonomía orgánica el Consejo Consultivo tomará las decisiones que le correspondan con total independencia de los órganos a los cuales asesora, el cual, además, no se integra en ninguna Consejería de la Administración autonómica. Por razón de la autonomía funcional, el Consejo administra los créditos que le concede el presupuesto de la Comunidad Autónoma y ejerce las funciones de jefatura de su personal[284]. También elabora el anteproyecto de su presupuesto y lo remite al Presidente del Gobierno, de acuerdo con el artículo 35 del Decreto 24/2003. Los asuntos dictaminados por el Consejo Consultivo balear no podrán ser remitidos para informe a ningún otro órgano, organismo o institución de la Comunidad Autónoma o del Estado, conforme el artículo 3.3 de la Ley 5/2010.

e) Consejo Consultivo andaluz: ejerce sus funciones con autonomía orgánica y funcional para garantizar su objetividad e independencia. En virtud de la autonomía orgánica, no dependerá de ninguna institución de la Comunidad Autónoma de Andalucía, ni se integrará en ninguna Consejería de la administración autonómica; como expresión de su autonomía funcional, emite sus dictámenes y adopta decisiones con total independencia, propone al Consejo de Gobierno la aprobación de su reglamento orgánico y sus modificaciones, aprueba el anteproyecto de su presupuesto, administra los créditos que le asigna el presupuesto de la Comunidad Autónoma, aplica su política de personal tomando

[282] Artículo 13.3 de la Ley 5/2005, en el bien entendido que dicho artículo hace referencia al desaparecido Consejo Consultivo catalán, debiéndose entender que sus funciones se han asumido por el Consejo de Garantías Estatutarias al que, considero, se refiere ahora el artículo de referencia.

[283] Artículo 23 de la Ley 5/2002.

[284] Artículo 1.1 del Decreto 24/2003, de 28 de marzo.

como referencia la Ley de Función Pública andaluza y ejerce las demás funciones que le atribuye el ordenamiento jurídico[285]. Conforme el artículo 3, apartado segundo, de la Ley 4/2005, los asuntos en que haya dictaminado el Consejo Consultivo andaluz no podrán ser remitidos ulteriormente para informe a ningún otro órgano u organismo de la Comunidad Autónoma de Andalucía.

f) Consejo Jurídico Consultivo valenciano: ejerce sus funciones con autonomía orgánica y funcional, con el fin de garantizar la objetividad e independencia de las mismas, la tutela de la legalidad y el Estado de Derecho. No forma parte de la administración activa, ni está integrado en ninguna de las consejerías u órganos o entidades de la Comunidad Autónoma, precede a cualquier otro órgano consultivo autonómico y sustituye, en los mismos términos, al Consejo de Estado, salvo aquellos casos que expresamente le estén reservados a este último[286]. De acuerdo con el artículo 2.4 de la Ley 10/1994, los asuntos sobre los que haya dictaminado el Consell Juridic Consultiu no podrán remitirse a informe de ningún otro órgano de la administración de La Generalitat.

g) Consejo Consultivo de Aragón: ejerce sus funciones con autonomía orgánica y funcional, con el fin de asegurar su objetividad e independencia, está adscrito a la Presidencia de la Comunidad Autónoma, lo cual no supone dependencia jerárquica de ninguna naturaleza en el cumplimiento de las funciones que le son atribuidas por la Ley. Su autonomía funcional comprenderá la capacidad de administrar los créditos que figuren en el presupuesto de la Comunidad Autónoma, con arreglo a las normas de gestión presupuestaria vigentes, desempeñará la función directiva sobre el personal que le sea adscrito para el cumplimiento de sus funciones de acuerdo con lo dispuesto por el ordenamiento jurídico sobre el personal al servicio de la Administración de la Comunidad Autónoma de Aragón[287]. De conformidad con el artículo 14.3 de la Ley 1/2009, los asuntos en los que hubiera dictaminado el Consejo Consultivo no podrán remitirse a informe de ningún otro órgano de la Administración de la Comunidad Autónoma.

h) Consejo Consultivo de La Rioja: en garantía de su autonomía orgánica, el Consejo no dependerá de ninguna institución de la Comunidad Autónoma, ni estará integrado en ninguna Consejería u otro órgano en los que se estructure el Gobierno o la Administración autonómica, organizará sus propios servicios y régimen interior sin perjuicio de la Ley reguladora y su reglamento; tendrá plena autonomía en la gestión de su personal que dependerá orgánica y funcionalmente del mismo[288]. En garantía de su completa autonomía funcional, corresponde al Consejo adoptar sus decisiones con total independencia de los órganos a los que asesora, elaborar de acuerdo con lo establecido en la Disposición Adicional 2ª de su Ley, su propio Reglamento orgánico y de funcionamiento, así como sus modificaciones, elevarlo al Gobierno para su aprobación, y disponer su publicación en el

---

[285] Artículo 3 del Decreto 273/2005.

[286] Artículo 2 del Decreto 138/1996, de 16 de julio.

[287] Artículo 2 del Decreto 148/2010, de 7 de septiembre.

[288] Artículo 16 del Decreto 8/2002.

Boletín Oficial de La Rioja, elaborar su anteproyecto de presupuesto, que figurará como sección independiente en los Presupuestos Generales de la Comunidad Autónoma y, además, disfrutar del estatuto especial que se determina en su reglamento en materia de régimen presupuestario, interior, de personal y protocolario[289]. Además, se prevé que dicho órgano consultivo, tendrá reservado un epígrafe separado en el Boletín Oficial de La Rioja. Conforme el artículo 2.4 de la Ley 3/2001, los asuntos sobre los que haya dictaminado el Consejo no podrán ser sometidos a dictamen ulterior de ningún otro órgano o institución consultiva de la Comunidad Autónoma de La Rioja.

i) Consejo Consultivo de Galicia: Goza de plena autonomía orgánica y funcional, ejerciendo sus funciones con independencia y objetividad para el cumplimiento y desarrollo de sus fines y no está integrado en ningún otro órgano de la Xunta de Galicia. En atención a su autonomía funcional, el Consejo adopta sus decisiones con total independencia respecto de los órganos y entes que soliciten sus dictámenes, propone al Consejo la aprobación de su Reglamento orgánico y de funcionamiento así como sus ulteriores modificaciones, administra los créditos que le asigne el presupuesto de la Comunidad Autónoma, y gestiona su política de personal de conformidad con la normativa autonómica, con su reglamento y normas de desarrollo[290]. De otro lado, ejerce las competencias de gestión, ejecución y liquidación presupuestarias y de contratación administrativa, conforme su reglamento y de conformidad con la ley de régimen financiero y presupuestario de la Comunidad Autónoma, de acuerdo con el artículo 9 del Decreto 282/2003. Elaborará el anteproyecto de su presupuesto, que se incorporará como sección propia al de la Comunidad Autónoma y podrá aprobar su Reglamento de régimen interior, al amparo del artículo 71 y la Disposición Final 1ª del Decreto 282/2003. De acuerdo con el artículo 2.3 de la Ley 9/1995, los asuntos dictaminados por el Consejo Consultivo gallego no podrán ser remitidos, para informe ulterior, a ningún otro órgano u organismo de la Comunidad Autónoma.

j) Consejo Consultivo de Castilla La Mancha: ejerce sus funciones con autonomía orgánica y funcional, para garantizar su objetividad e independencia, y en concordancia con su autonomía funcional toma sus decisiones con total independencia de los órganos a los que asesora; tiene competencia para aprobar el proyecto de su Reglamento orgánico[291], elaborar su propuesta de presupuesto, aprobar su Reglamento de régimen interior y aplicar su política de personal ajustándose a la normativa vigente en la Comunidad Autónoma[292]. El artículo 40.3 de la Ley 11/2003, establece que los asuntos dictaminados por el Consejo

---

[289] Artículo 17 del Decreto 8/2002.

[290] Artículo 3 del Decreto 282/2003, de 22 de mayo.

[291] Que será aprobado por las Cortes autonómicas, lo cual, a juicio de FERNÁNDEZ CAMACHO, I., y ORTEGA MUÑOZ, M. en "El Consejo Consultivo de Castilla-La Mancha: nuevo órgano de relevancia estatutaria", Parlamento y Constitución. Anuario, nº 1, 1997, págs. 141-165 (pág. 148), garantiza un mayor grado de independencia, en la medida en que en el complejo procedimiento de elaboración de su Reglamento, la intervención del Ejecutivo regional es mínima, correspondiendo un papel preponderante a las Cortes regionales como órgano encargado de su aprobación.

[292] Artículo 1 del Reglamento Orgánico de dicho Consejo.

Consultivo manchego no podrán ser remitidos para su informe a ningún otro órgano de la Comunidad Autónoma.

k) Consejo Consultivo de la Región de Murcia: ejerce la función consultiva con plena autonomía orgánica y funcional para garantizar su objetividad e independencia, no está integrado en ninguna de las Consejerías ni departamentos de la Administración Regional y los asuntos en que haya dictaminado no podrán ser sometidos a dictamen ulterior de ningún otro órgano o institución de la Región de Murcia. La normativa de aplicación prevé la elaboración del anteproyecto de su presupuesto, que aparecerá como sección independiente en los Presupuestos Generales de la Comunidad Autónoma, de conformidad con el artículo 16 de la Ley 2/1997.

l) Consejo de Navarra: ejerce sus funciones con autonomía orgánica y funcional para garantizar su objetividad e independencia. En atención a su autonomía orgánica, el Consejo no dependerá de ninguna institución de la Comunidad Foral de Navarra ni se integrará en ningún Departamento de la Administración de la Comunidad Foral. En atención a su autonomía funcional, el Consejo toma sus decisiones con total independencia de los órganos a los que asesora, propone al Gobierno de Navarra la aprobación del Reglamento de organización y funcionamiento y las sucesivas reformas del mismo, aprueba el anteproyecto de su presupuesto y figura como un órgano de la Comunidad Foral independiente en los Presupuestos Generales; administra los créditos que le asigna la ley de Presupuestos Generales, tiene reservado un epígrafe separado en el Boletín Oficial de la Comunidad Foral y aplica su política de personal, en el marco de la normativa vigente autonómica y en los términos de la Ley Foral del Consejo y su Reglamento[293]. El artículo 4.5 del Decreto Foral 90/2000, determina que los asuntos dictaminados por el Consejo de Navarra no podrán ser remitidos a informe jurídico de ningún otro órgano u organismo de la Comunidad Foral de Navarra o de otra Administración Pública, incluido el Consejo de Estado.

m) Comisión Jurídica Asesora de Euskadi: ejerce la función consultiva con plena autonomía jerárquica y funcional, en garantía de su objetividad e imparcialidad. Elabora su Reglamento orgánico y de funcionamiento, para su aprobación por el Gobierno vasco, de conformidad con la Disposición Final 2ª de la Ley 9/2004, y se adscribe, sin integrarse en la estructura jerárquica de la Administración, al órgano del que dependan los servicios jurídicos centrales del Gobierno Vasco. El artículo 1.3 de la Ley 9/2004 determina que los asuntos dictaminados por la Comisión Jurídica Asesora de Euskadi no se someten a informe de ningún otro órgano.

n) Consejo Consultivo de Extremadura: atendiendo a su autonomía orgánica, el Consejo no dependerá de ninguna institución de la Comunidad Autónoma de Extremadura, ni se integrará en ninguna consejería de la Administración autonómica. En el ejercicio de su autonomía funcional, emite y adopta sus decisiones con plena independencia de los órganos

[293] Artículos 27 y 28 de la Ley Foral 8/1999 y 2 del Decreto Foral 90/2000.

a los que asesora, aprueba el proyecto de su reglamento de organización y funcionamiento y sus modificaciones, elabora su anteproyecto de presupuesto que se incorporará como sección propia al anteproyecto de ley de Presupuestos Generales de la Comunidad Autónoma, establece sus normas de régimen interior, aplica su política de personal, según normativa Comunidad Autónoma y ejerce las demás funciones que le atribuye el ordenamiento jurídico[294]. Igualmente, elabora y aprueba su Reglamento Orgánico y de Funcionamiento, de acuerdo con la Disposición Final 1ª de la Ley 16/2001. De otro lado, el artículo 14.2 de su Reglamento orgánico, establece que ninguna autoridad podrá dar instrucciones o aleccionar a los miembros del Consejo en el ejercicio de sus funciones. Finalmente, conforme el artículo 3.3 de la Ley 16/2001, establece que los asuntos en que haya dictaminado el Consejo Consultivo extremeño no podrán ser objeto de ulterior informe por ningún otro órgano de la Comunidad Autónoma.

o) Consejo Consultivo de Castilla y León: ejerce sus funciones con autonomía orgánica y funcional, y en su actuación observa los principios de objetividad, independencia e imparcialidad. En el ejercicio de su autonomía orgánica y funcional elabora su reglamento orgánico y sus modificaciones, si bien será aprobado por la Junta de Castilla y León, elabora su anteproyecto de presupuesto, que se integrará como sección en los Presupuestos Generales de la Comunidad Autónoma, y una vez aprobado lo ejecuta y liquida, concreta y determina su dotación de personal y tiene capacidad para contratar, administrar y conservar el patrimonio afecto al cumplimiento de sus funciones[295]. Los asuntos dictaminados por el Consejo Consultivo no podrán ser remitidos para su informe posterior a ningún otro órgano o Institución de la Comunidad Autónoma[296].

p) Consejo Consultivo del Principado de Asturias: el Consejo Consultivo del Principado de Asturias, en garantía de su objetividad e independencia, ejerce sus funciones con plena autonomía orgánica y funcional. Tendrá facultades para organizar todos los asuntos relacionados con su régimen interior y su personal, conforme su Ley reguladora y su Reglamento; elabora y aprueba anualmente el proyecto de su presupuesto, que se integrará como sección independiente en la Ley de Presupuestos Generales de la Comunidad Autónoma[297], estableciéndose, además, que no está integrado en ninguna de las conserjerías de la Comunidad Autónoma, de acuerdo con el artículo 1.3 del Decreto 75/2005. Dispondrá de epígrafe propio e independiente en el Boletín Oficial de Asturias. En aplicación del artículo 3.4 de la Ley 1/2004, los asuntos dictaminados por el Consejo Consultivo asturiano no podrán ser sometidos a informe ulterior de ningún otro órgano u organismo de las Administraciones.

---

[294] Artículo 3 del Decreto 146/2004.

[295] Artículo 2 del Decreto 102/2003.

[296] Artículo 3.3 de la Ley 1/2002.

[297] Artículo 2 de la Ley 1/2004.

q) Consejo Consultivo de la Comunidad de Madrid: ejerce sus funciones con autonomía orgánica y funcional, con el fin de garantizar su objetividad e independencia. Elabora el anteproyecto de su presupuesto, que figurará como sección independiente en el Presupuesto de la Comunidad de Madrid[298], si bien su Reglamento orgánico se aprueba por el Consejo de Gobierno autonómico, de conformidad con la Disposición Final 2ª de la Ley 6/2007[299], y se prevé, además, la asistencia, con voz pero sin voto, del Director General de los Servicios Jurídicos de la Comunidad de Madrid a las reuniones del Pleno y de la Comisión Permanente[300]. Los asuntos dictaminados por el Consejo Consultivo madrileño no podrán ser sometidos al informe posterior de ningún otro órgano o institución de la Comunidad de Madrid, de las entidades locales o de las universidades públicas[301], teniendo en cuenta que, además, la Disposición Adicional Tercera de la Ley 6/2007, de 21 de diciembre, del Consejo Consultivo de la Comunidad de Madrid, determina que todas las referencias que la legislación de dicha Comunidad lleve a cabo respecto del Consejo de Estado se entenderán hechas al mencionado Consejo Consultivo, "a partir de la fecha de inicio de solicitud de dictámenes a que se refiere la Disposición Transitoria única" de dicha norma, y todo ello sin perjuicio de la Disposición Adicional Primera de la misma, que viene a establecer la posibilidad de seguir solicitando dictámenes al Consejo de Estado por parte de dicha Comunidad Autónoma, en los términos del artículo 24 de su Ley Orgánica.

De todo lo expuesto podemos apreciar que cuatro normativas autonómicas no han sido excesivamente generosas con sus órganos consultivos a la hora de concretar el alcance del reconocimiento de la autonomía orgánica que les atribuyen, tal y como ocurre en los supuestos de los órganos consultivos de Canarias, Valencia, Euskadi[302] y Madrid, además

---

[298] Artículo 19 de la Ley 6/2007.

[299] Dicha Disposición no establece quién debe elaborarlo, lo cual, en buena coherencia con la atribución de autonomía orgánica y funcional, habría de ser el propio Consejo Consultivo madrileño. Sin embargo, de la introducción del Decreto 26/2008, de 10 de abril, por el que se aprueba el Reglamento Orgánico de dicho Consejo, no parece desprenderse que haya sido elaborado por dicho órgano consultivo, para luego someterlo a su aprobación por el Consejo de Gobierno de la Comunidad Autónoma.

[300] Para GARRIDO MAYOL, en "Sobre la necesidad...", o.c., pág. 837, la presencia del Director de los Servicios Jurídicos de referencia le merece un juicio desfavorable, pues la presencia de quien ostente tal cargo puede restar independencia y objetividad a un órgano que debe estar precisamente caracterizado por tales cualidades.

[301] Artículo 3.4 de la Ley 6/2007.

[302] La adscripción de dicho órgano consultivo al órgano del que dependan los Servicios Jurídicos centrales del Gobierno vasco, ha sido criticado por, entre otros, GALERA, en "Función consultiva...", o.c., págs. 165 y 166, que entiende que , en ese caso, puede ser insuficiente toda exigencia de independencia orgánica y funcional e imparcialidad de la institución, cuando el responsable político, además, propone en exclusiva a los miembros de la Comisión Jurídica Asesora, y ello a pesar de que la Exposición de Motivos de la Ley 9/2004, determina que la institución en cuestión combina dicha integración con un estatuto personal de sus miembros que proporciona inamovilidad, estabilidad y continuidad en el ejercicio de sus funciones, lo cual pone a salvo su necesaria autonomía funcional, ya

del Consejo catalán de Garantías Estatutarias, siendo así que de los cuatro supuestos, el que más se acerca a la independencia del órgano en cuestión es la regulación valenciana, al prever, frente al resto, su no integración en los órganos o Instituciones de la Comunidad Autónoma y la mención expresa de que sustituye al Consejo de Estado salvo en los supuestos expresamente atribuidos al mismo, además de la atribución en cuanto a la elaboración de un Anteproyecto de su presupuesto. En los casos restantes, únicamente, la normativa catalana va más allá de proclamar la autonomía orgánica de dicho órgano y le atribuye la competencia para aprobar, y no sólo elaborar, su propio Reglamento. Dicha circunstancia, por lo demás, contrasta con aquellas regulaciones autonómicas que han concretado y atribuido mucha más potestades a sus respectivos órganos consultivos autonómicos, a partir del reconocimiento de dicha autonomía orgánica, como es el caso de La Rioja, Navarra, Galicia o Extremadura, que atribuyen competencias a los órganos de referencia en materia de régimen interior, contratación, autonomía de gestión respecto del personal del órgano en cuestión, estatuto especial en materia presupuestaria, o elaboración de su propio Reglamento aunque la aprobación del mismo se atribuya al ejecutivo autonómico.

Debe tenerse en cuenta, asimismo, en el ámbito funcional, que la superioridad de la función consultiva prevista por todos los órganos consultivos expuestos[303], excepción hecha del Consejo de Garantías Estatutarias, en cuanto a la imposibilidad de informe posterior de ningún otro órgano o institución de la Comunidad Autónoma, supone que el control de constitucionalidad, estatutoriedad y legalidad de los actos y normas provenientes del conjunto de administraciones e instituciones radicadas en el territorio de la Comunidad Autónoma corresponde en exclusiva al órgano consultivo, de forma que la posición de igualdad o equidistancia institucional respecto al resto de instituciones autonómicas se reafirma por el legislador autonómico con la definición de dicha superioridad[304], lo cual, al mismo tiempo, hace referencia, y como se expondrá seguidamente, a una intención legislativa de reforzar la independencia del órgano en cuestión. Siendo así, el hecho de que el informe del órgano consultivo sea el último que se emita es, ciertamente, una cuestión sustantiva, ya que en ese instante ya se ha puesto de manifiesto todas las racionalidades y se han efectuado todos los informes pertinentes, de forma que están presentes todos los que pudieran concurrir. El órgano consultivo en ese caso, deberá atender a todos los actos anteriores y velar por la interdicción de la arbitrariedad de los poderes públicos con una especial aplicación de los principios generales del Derecho.

---

que no se integra en la línea jerárquica ni está sometida a ningún tipo de dirección o dependencia en el ejercicio de sus funciones.

[303] En este sentido, a modo de ejemplo gráfico, el artículo 10.3 del Reglamento Orgánico del Consejo Consultivo de La Rioja, determina que *"Los dictámenes del Consejo Consultivo de La Rioja tienen el carácter de últimos y excluyentes en relación con cualquier órgano o institución consultiva de la Comunidad Autónoma, de conformidad con lo establecido en el artículo 2.4 de la Ley reguladora"*.

[304] GALERA, "Función consultiva...", o.c., pág. 162.

La primera vez que se previó la fórmula de referencia[305], en cuanto a la superioridad indicada, fue, como ya vimos, a través de la Ley de 1860, en cuyo texto se estableció que una vez consultado el Consejo de Estado, no podía solicitarse parecer de "ningún otro cuerpo ni oficina del Estado". Siendo así, lo que, en un principio, se previó como declaración de la superioridad o alto rango del órgano en cuestión, ha terminado por adaptarse a la complejidad de nuestros días, donde la intervención administrativa en la vida económica y social del ciudadano, a través de un Estado Social y Democrático de Derecho prestacionista, ha conllevado la aparición de numerosas instituciones, en garantía de los derechos ciudadanos o del control de la legalidad de la actuación de la Administración. Es el caso, en este sentido, del Consejo Económico y Social, que existe en nuestras Comunidades Autónomas, como cauce de participación y colaboración entre agentes económicos y sociales y poderes públicos, o la figura del *ombudsman* que vela por la defensa de los derechos fundamentales ante la Administración; y, en fin, la actuación de órganos de fiscalización externos, encargados de controlar la gestión económico-financiera de los poderes públicos. Resulta, de ese modo, que el órgano consultivo autonómico es una de las instituciones consultivas de la Comunidad Autónoma, de forma que si bien cada institución tiene su propio carácter, el dictamen emitido por el órgano o Consejo consultivo de referencia, es el último del procedimiento, lo que evidencia el carácter eminentemente funcional de dicha previsión, dirigido a asegurar la independencia e imparcialidad del órgano en cuestión, que no puede estar expuesto a que su parecer pueda ser revisado o contradicho por otra institución, lo que le dota de una completa seguridad y tranquilidad en el ejercicio de sus funciones.

Al mismo tiempo, todas las regulaciones autonómicas prevén la potestad del propio órgano consultivo para recabar los antecedentes o completar el expediente sometido a dictamen, por parte del órgano competente, y ello junto a la previsión de suspensión del plazo para emitir resolución y apercibimiento de archivo de actuaciones de no cumplirse el requerimiento, lo que evidencia un aspecto más de la autonomía funcional de tales órganos en el ejercicio de las competencias que se le atribuyen.

De otro lado, y en cuanto a la potestad disciplinaria, como elemento a considerar respecto de la autonomía orgánica interna de los órganos consultivos en cuestión, puede señalarse que del examen de la normativa vigente respecto de las distintas Comunidades Autónomas, existe una gran mayoría que dispone expresamente de dicha potestad, teniendo en cuenta que en el resto de supuestos, no se atribuye a ninguna otra institución ni tampoco podría interpretarse en dicho sentido. Antes al contrario, las normas de referencia reconocen facultades de inspección y supervisión del personal de los distintos órganos consultivos, bien a favor del Presidente o del Secretario General, incluso en algún caso al

---

[305] La fórmula, con carácter general, es la siguiente: "*Los asuntos dictaminados por el Consejo Consultivo…., no podrán ser sometidos al informe posterior de ningún otro órgano o institución de la Comunidad Autónoma…, de las entidades locales o de las universidades públicas*".

Pleno[306], lo cual supone un reconocimiento general en este ámbito a favor de la autonomía orgánica de los órganos objeto de estudio.

Así las cosas, los esfuerzos doctrinales por reconducir los requisitos necesarios relativos a la dotación, a favor de los órganos consultivos autonómicos, de las necesarias garantías que aseguren la separación orgánica y funcional, con respecto a los centros de poder, como exigencia básica e inherente a la naturaleza y fines de los mismos, a realizar con plena autonomía orgánica y funcional, se han sintetizado en los siguientes contenidos mínimos: carácter colegiado del órgano, inexistencia de dependencia jerárquica respecto a otro órgano, ausencia de instrucciones o indicaciones en el ejercicio de sus funciones, formalización de su actividad en dictámenes e informes, reconocimiento de la potestad de autoorganización interna, dotación de medios materiales y personales suficientes, y, finalmente, garantías de nombramiento, independencia, inamovilidad, cese y régimen de incompatibilidades de sus miembros[307].

Tales requisitos pueden concretarse, aún más, en la necesidad de tomar decisiones con total independencia de los órganos a los que asesoran y la atribución de las siguientes competencias a favor de tales órganos consultivos: aprobación del Proyecto de su Reglamento Orgánico, elaboración de Propuesta de su Presupuesto, aprobación de su Reglamento de Régimen Interior, aplicación de la política de su personal ajustándose a la normativa vigente en la Comunidad Autónoma, y la configuración del status de sus miembros, en cuanto inamovilidad e incompatibilidades[308].

Con carácter general, y según hemos podido comprobar en el epígrafe correspondiente, la inmensa mayoría de los órganos consultivos autonómicos, cumple, hoy en día, los requisitos mencionados, si no todos, una gran parte de ellos, aunque en algunos casos, como ya vimos, la cuestión no está tan clara[309]. No obstante, Garrido Mayol entiende que, tras realizar un análisis de las distintas leyes que regulan la configuración, estructura y

---

[306] Artículo 29.2 d) del Reglamento de Organización y Funcionamiento del Consejo Consultivo de Canarias.

[307] "Función consultiva...", o.c., págs.164 y 165.

[308] Debe recordarse, por lo demás, que la Ley 30/1992, de 26 de noviembre, exige, con carácter básico, que tales órganos estén dotados de "autonomía orgánica y funcional", lo que supone, a juicio de Salgueiro Cortiñas, en "Experiencia...", o.c., pág. 249, que deben estar separados de cualquier otro, sin integrarse en la Administración activa, además de no estar ligados por lazos jerárquicos que afecten a su libertad, teniendo en cuenta, además, que el órgano consultivo no está en el procedimiento sino que aparece en él, lo cual le diferencia de aquellos otros órganos que se incluyen en la otra tendencia de la Administración consultiva, llamados órganos de *staff* permanentes e insertos en el proceso de decisión, como son las Secretarías Generales Técnicas y/o Gabinetes, entre otros.

[309] Recordemos las regulaciones madrileña, canaria y vasca, fundamentalmente. También surgen dudas respecto del Consejo de Garantías Estatutarias, en cuanto a la superioridad en su orden, tal y como hemos visto, cuestión lógica, por lo demás, ante la existencia del Tribunal Constitucional, el cual ha clarificado la posición de dicho Consejo en la Sentencia 31/2010, de 28 de junio, como hemos tenido ocasión de exponer páginas atrás.

composición, competencia y funcionamiento de los Consejos autonómicos, puede concluirse, con carácter general, que "estamos antes unas Instituciones que ejercen sus funciones con autonomía orgánica y funcional y que no forman parte de la Administración activa ni se hayan integrados en ninguno de los Departamentos gubernamentales, lo que garantiza la objetividad e independencia en el ejercicio de sus funciones", calificando las críticas a la creación de tales órganos de apresuradas y apriorísticas[310].

Ciertamente, tales facetas y grados de autonomía son inferiores a los que caracterizan a los órganos parlamentarios, circunstancia esta justificada, como es sabido, porque en esos casos, la autonomía no es sólo garantía de independencia, sino más bien de la inviolabilidad[311] que corresponde al Parlamento en cuanto órgano representativo de los ciudadanos, conforme regulan los respectivos Estatutos de Autonomía, y es por ello que la capacidad de autoorganización de que disponen es más acusada de la que se reconoce a otros órganos estatutarios o, más aún, no regulados por los respectivos Estatutos de Autonomía.

La importancia de dotar a un órgano consultivo de autonomía orgánica y funcional es imprescindible, como hemos visto, para poder ejercer la alta función consultiva encomendada al mismo con independencia, función esta que consiste en que "un órgano ajeno a la Administración activa, independiente del Gobierno, e integrado por profesionales de reconocida solvencia, aconseje a aquél en relación con determinados asuntos de especial relevancia, con la pretensión de que su actuación sea acertada y ajustada a derecho", añadiendo que "el fundamento tradicional de la Administración consultiva se basa en la ajenidad respecto a la toma de decisión: un órgano es el que resuelve, el que decide; y otro órgano diferente quien asesora con carácter previo, con la independencia de criterio que deriva de no estar sometido a relación jerárquica respecto al decisor", concluyendo dicho autor que "objetividad técnica y separación respecto a la acción administrativa directa son, por tanto, dos notas fundamentales que deben caracterizar a los órganos consultivos",

[310] "La Función Consultiva en la Comunidad...", o.c., págs. 578-586. Si bien en su estudio no se incluyen los Consejos Consultivos de Asturias ni de la Comunidad de Madrid, por ser anterior dicho estudio a su creación.

[311] Sobre la inviolabilidad de los miembros de los órganos consultivos autonómicos poco o nada se ha escrito, quizá porque, como señalo, no existe especialidad alguna en este sentido, circunstancia esta que se traduce en ausencia de fuero especial en los mismos casos que para los miembros del Consejo de Estado, como ya vimos, a salvo para aquellos miembros natos que por su cargo de origen disfruten de dicho privilegio, y de inexistencia de posibilidad de prestar declaraciones en despachos o por escrito, como prevé la normativa vigente para los Consejeros del Consejo de Estado. La responsabilidad de los miembros de órganos consultivos autonómicos se declara expresamente, por lo demás, en el artículo 15 de la Ley 1/2002, de 9 de abril, reguladora del Consejo Consultivo de Castilla y León, que viene a señalar que *"Para la confección de las ponencias de dictamen, los Consejeros tendrán el auxilio del personal técnico del Consejo. Los letrados del Consejo desarrollarán las funciones de estudio, preparación y redacción de aquéllas que se les encomienden. No obstante, la responsabilidad corresponderá íntegra y exclusivamente a los miembros del Consejo"*.

siendo por ello cierto que "la credibilidad e importancia de todo órgano consultivo es directamente proporcional a su independencia y autonomía. Cuando ésta falta, el órgano consultivo se desnaturaliza y se dirige a justificar las actuaciones de la Administración activa[312]"

[312] GARRIDO MAYOL, V. "Sobre la necesidad de crear el Consejo Consultivo de la Comunidad de Madrid", en ÁLVAREZ CONDE, E. y PLAZA DE DIEGO, R. (Dirs.), *Derecho Público y Administración de la Comunidad de Madrid, 1983-2008, XXV Aniversario de la Comunidad de Madrid*, Madrid, Comunidad de Madrid-IMAP-Tirant lo Blanch, 2008, págs. 814 y 815.

CAPÍTULO III. LA AUTONOMÍA ORGÁNICA DEL CONSEJO DE ESTADO Y DE LOS CONSEJOS CONSULTIVOS AUTONÓMICOS

III.1. La independencia y la inamovilidad personal como principios básicos

Como ya hemos visto y estudiado en el Capítulo I, el segundo inciso del artículo 107 de la Constitución Española de 1978, señala que la composición y competencia del Consejo de Estado se regularán mediante Ley Orgánica, lo cual evidencia, en relación a la naturaleza jurídica del órgano en cuestión, que se incluye entre una de las instituciones fundamentales del Estado[313], al tiempo que pone de manifiesto la importancia de dicho Consejo, la cual se deduce, a su vez, de las relevantes competencias que ejerce y de su especial composición que, por lo demás, se convierte en un asunto especialmente delicado, pues la no garantía de la independencia de sus miembros, derivada del artículo 107 de la Constitución Española, puede ser causa de inconstitucionalidad, como puso de manifiesto el Fundamento Jurídico 37 de la Sentencia del Tribunal Constitucional 56/1990, de 29 de marzo[314].

Bien puede decirse que en la composición del Consejo de Estado se advierte la preocupación del legislador por lograr el máximo equilibrio entre la capacidad técnico-jurídica de los Consejeros y la experiencia adquirida en las áreas de Gobierno y Administración[315], ya que el Consejo no sólo aprecia la constitucionalidad y la legalidad de los proyectos normativos y consultas que se le someten, sino también los aspectos de oportunidad, todo lo cual, a juicio de Ruiz Miguel, es corolario de la naturaleza de órgano auxiliar del Consejo de Estado, ya que auxilia la actividad política de los órganos constitucionales, si bien con técnicas complejas de actuación[316].

La vigente Ley Orgánica del Consejo de Estado, introduce un sistema mixto de composición respecto de sus consejeros, ya que sus miembros son libremente elegidos pero seleccionados de entre aquellos que pertenecen a determinadas categorías. En este sentido,

---

[313] Según afirma RUIZ MIGUEL, siguiendo a DE LA QUADRA-SALCEDO, en "Consejo de Estado...", o.c., pág. 97, como materia propia de Ley Orgánica, conforme el artículo 81 de la Constitución Española.

[314] Recordemos que dicha Sentencia, en su Fundamento Jurídico 37 establece que *"el Consejo de Estado no forma parte de la Administración activa. Es, por el contrario, conforme al art. 107 CE y al art. 1.1 de la Ley Orgánica 3/1980, de 22 de abril (LOCE), un órgano consultivo que actúa, en todo caso, con autonomía orgánica y funcional en garantía de su objetividad e independencia (art. 1.2 LOCE)"*, añadiendo que *"El Consejo de Estado, pese a la dicción literal del art. 107 de la CE, que se refiere a él como supremo órgano consultivo del Gobierno, tiene en realidad el carácter de órgano del Estado con relevancia constitucional al servicio de la concepción del Estado que la propia Constitución establece. Así resulta de su composición [arts. 7 y 9 h] LOCE] y de sus funciones consultivas que se extienden también a las Comunidades Autónomas [...]"*.

[315] CORDERO TORRES, "El Consejo de Estado...", o.c., págs. 186-187. LOPEZ PINA, "Consejo de Estado...", o.c., pág.104.

[316] En "Consejo de Estado...", o.c., pág. 98.

Ruiz Miguel distingue tres niveles en la composición del Consejo: un nivel político, donde se sitúa la actividad de auxilio de dicho órgano, compuesto por los miembros del Consejo *stricto sensu,* esto es, el Presidente, los Consejeros (permanentes, natos y electivos), y el Secretario General; un segundo nivel que articula técnicamente esa actividad de auxilio político, integrado por el cuerpo de letrados del Consejo de Estado; y un último nivel burocrático y de apoyo administrativo a los dos niveles anteriores, que lo integra el personal administrativo de apoyo a los dos anteriores.

No obstante, y con carácter tradicional, el Consejo de Estado español ha contado con dos categorías de Consejeros, los Permanentes y los Natos[317], además de un Presidente y un Secretario General, de conformidad con el artículo 4 de su Ley Orgánica. Los Consejeros electivos fueron introducidos a principios del siglo XX, con un eminente carácter representativo-corporativo[318], como el que ahora les corresponde.

---

[317] Según RUIZ MIGUEL, en *"El Consejo de Estado..."*, o.c., págs. 186-187, la figura de los Consejeros Natos no siempre ha estado bien vista. En este sentido, dicho autor pone de manifiesto que Cordero Torres ya señaló en su momento que frente a dicha categoría de miembros era frecuente imputar "la confusión entre la capacidad ideal de los títulos o preeminencias y la real de las personas que las encarnan", añadiendo que "el obstáculo puede salvarse cuidando de reducir al mínimo indispensable la concurrencia de consejeros automáticos", si bien "la capacidad técnico-jurídica y la especialización administrativa no son las únicas cualidades a tener en cuenta para la selección de los consejeros", ya que en ocasiones el Consejo "debe apreciar, ponderar y recoger los verdaderos intereses nacionales si concurren o pugnan varios, o bien ha de tener en cuenta algún interés respetable; o ha de ofrecer una cierta experiencia, como fuente de intuición y genio, para el gobierno y la administración del Estado", añadiendo dicho autor, que entonces ha de buscarse como aquellos que encarnan "tales dotes a personas que no son verdaderamente eminencias científico-administrativas".

[318] Concretamente a través del artículo segundo del Real Decreto de 13 de septiembre de 1924, por el que se vino a modificar los artículos 2,4,5,10, 17,18, 20, 21, 23, 24, 26 y 28 de la Ley del Consejo de Estado de 5 de abril de 1904. El artículo 2 de dicha Ley, en su nueva redacción , vino a establecer lo siguiente: *"El Consejo de Estado se compondrá: de los miembros del Gobierno, un presidente, ocho ex ministros, designados con arreglo al artículo 5º de esta ley; el jefe del Estado Mayor Central del Ejército; el Jefe del Estado Mayor de la Armada, el patriarca de las Indias, un individuo de la Diputación de la grandeza que ella designe, un consejero de cada uno de los Consejos de Instrucción Pública, Sanidad, Superior Fomento, y dos del Trabajo, correspondientes al elemento patronal y al obrero que sus respectivos presidentes designen; un miembro de la Real Academia de Ciencias Morales y Políticas, del mismo modo propuesto; el presidente de la Real Academia de Jurisprudencia y Legislación, el Decano de la Facultad de Derecho de la Universidad Central y cuatro consejeros nombrados por el Rey, con sujeción a las prescripciones de la ley. Estos cuatro últimos consejeros formarán la Comisión Permanente, presididos por el más antiguo de ellos. Todos estos funcionarios tendrán el título de consejeros de Estado, y su tratamiento será el de excelencia. Habrá también el número necesario de funcionarios y empleados subalternos"*. Igualmente, el artículo cinco, en su nueva redacción dada tras la modificación de referencia, vino a establecer que *"los consejeros no permanentes que han de formar parte del Pleno desempeñarán sus cargos durante dos años, al cabo de los cuales, en el mes de junio, se hará la renovación; en cuanto a los ex ministros, por el procedimiento hasta ahora establecido, y en cuanto a los demás, por el que al presente se establece [...]"*.

La reforma operada en la Ley Orgánica 3/1980, de 22 de abril, mediante la Ley Orgánica 3/2004, de 28 de diciembre, ha venido a ampliar, como ya sabemos, la composición de los consejeros Natos del Consejo de Estado, al introducir a los ex presidentes del gobierno "con el fin de enriquecer y potenciar tan relevante función consultiva", particularizándolos en la figura de "Consejeros Natos con carácter vitalicio", cuya mayor justificación se sostiene, conforme la Exposición de Motivos de la nueva norma, en su "experiencia política y el conocimiento directo de la realidad del Estado atesorados por quienes han asumido, desde el compromiso democrático, la más alta dirección de la acción del Estado"[319]. Tales miembros, conforme el artículo 35 del Reglamento orgánico del Consejo de Estado, estarán integrados en el Pleno del Consejo, podrán ser miembros de la Comisión de Estudios o de Ponencias especiales y realizar otras funciones de asesoramiento, dirección o representación acordes a su experiencia o rango[320].

No obstante, el artículo 8.1 del Reglamento orgánico del Consejo de Estado, añade que el estatuto personal y económico de los Consejeros Natos con carácter vitalicio será el de los Consejeros Permanentes, sin perjuicio del que le corresponda como ex Presidentes del Gobierno, circunstancia que refuerza la unidad y coherencia del legislador en la configuración del máximo órgano consultivo del Gobierno en nuestro país.

No debe olvidarse, además, que la reforma mencionada, tal y como ya hemos indicado, lleva a cabo, aunque de manera menos relevante, una actualización de cargos, puntualización necesaria en este momento al tratar sobre la composición de los miembros del Consejo de Estado. Dicha actualización, en este sentido, planea en tres casos: sustitución de la mención al Presidente de la "Junta de Jefes de Estado Mayor" por la actual de "Jefe del

[319] Dichos argumentos fueron confirmados por el propio Consejo de Estado, en su Dictamen 1484/2004, de 15 de julio, sobre el anteproyecto de la ley que reformaría la Ley Orgánica 3/1980, al señalar que "no es objetable la incorporación institucional a las tareas del Consejo de Estado de los ex Presidentes del Gobierno. Es claro que el acervo de sus conocimientos y experiencias enriquecerá desde perspectivas amplias y plurales el ejercicio de la función consultiva y redundará en indudable beneficio para el Gobierno, destinatario de los dictámenes, estudios e informes del Consejo de Estado. La fórmula técnica adoptada consistente en conferir a los ex Presidentes del Gobierno la condición de consejeros natos del Pleno con carácter vitalicio, resulta técnicamente correcta y conceptualmente apropiada". No obstante, una voz crítica frente a dicha figura es la de ÁLVAREZ CONDE, en "Reforma constitucional y reformas estatutarias", o.c., pág. 76, ya que "puede conducir a una politización" del Consejo,

[320] Tal y como señala GALERA, en "Constitución, Función Consultiva…", o.c., pág. 119, parece en este punto que el legislador estatal ha bebido de las fuentes autonómicas, y particularmente, de la regulación de los Consejos Consultivos de Extremadura, Castilla-La Mancha o León, al importar la figura del Consejero Nato por razón de los cargos que haya ostentado, siempre de gran relevancia política. La regulación de referencia al efecto es la contenida en el artículo 4.3 de la Ley 16/2001, de 14 de diciembre, del Consejo Consultivo de Extremadura, si bien en este caso se denominan "Consejeros Permanentes", aunque responden a la naturaleza de Consejeros Natos, el artículo 41.3 de la Ley 11/2003, de 25 de septiembre, del Gobierno y del Consejo Consultivo de Castilla-La Mancha y la Ley 1/2002, del Consejo Consultivo de León.

Estado Mayor de la Defensa", actualización del cargo de "Director General de lo Contencioso del Estado" por la de "Abogado General del Estado-Director del Servicio Jurídico del Estado", al igual que, por último, la denominación del "Director del Centro de Estudios Constitucionales", sustituyéndola por la de "Director del Centro de Estudios Políticos y Constitucionales".

Asimismo, la mencionada reforma, como igualmente se adelantó páginas atrás, va más allá de una mera actualización de cargos en el caso del Presidente del Consejo previsto en el artículo 131.2 de la Constitución Española, sustituyendo dicho cargo por el de Presidente del Consejo Económico y Social, e igualmente, el cargo de Presidente de la Comisión General de Codificación por la de Presidente de la Sección Primera de la Comisión General de Codificación cuando la presidencia de dicho órgano recaiga en un Ministro del Gobierno.

Por lo demás, la reforma de 2004 incluye, entre los Consejeros Permanentes del Consejo de Estado, a aquellas personas que estén o hayan estado ocupando cargos en calidad de miembros de los consejos consultivos u órganos consultivos equivalentes de las Comunidades Autónomas, lo cual debe ser bien recibido pues supone la conexión entre Estado y Comunidades Autónomas, que hasta entonces no estaba representada en el Consejo de Estado; además, la reforma mencionada extiende la composición del supremo órgano consultivo, en calidad de Consejeros Permanentes, a los ex gobernadores del Banco de España, además de introducir, entre los miembros electivos, el cargo de juez o abogado general del Tribunal de Justicia de la Unión Europea, de conformidad con los artículos 7.4 y 10 de la Ley Orgánica 3/1980, y 9.1 b) de la misma, respectivamente, en su redacción dada por la Ley Orgánica 3/2004, de 28 de diciembre.

III.2. La independencia y la inamovilidad de los miembros de los órganos del Consejo de Estado

La principal forma de garantizar la independencia e inamovilidad de los miembros de cualquier órgano, independientemente del ámbito que alcance, no es otra que a través de una regulación cuidadosa y respetuosa con los principios que asisten a dicho órgano, proyectados en la regulación del estatuto de los miembros que lo componen. En el caso que nos ocupa, y como veremos seguidamente, la normativa actualmente vigente en cuanto a la regulación de los miembros del Consejo de Estado, cumple con el respeto a los principios de autonomía orgánica y funcional que por mandato legislativo, tiene reconocidos el supremo órgano consultivo del Gobierno, y que, por sustitución, deben ser reconocidos igualmente a los órganos consultivos autonómicos.

En este sentido, la regulación vigente en torno al estatuto de los miembros del Consejo de Estado, en primer lugar, parece resultar respetuosa con el mencionado requisito, máxime cuando debe servir de ejemplo a las Comunidades Autónomas a la hora de configurar sus respectivos órganos consultivos, como seguidamente veremos.

III.2.1. El Presidente del Consejo de Estado

La figura del Presidente del Consejo de Estado, es quizá la que mejor representa la doble naturaleza de la función atribuida a este órgano: la técnico-jurídica y la política, atendiendo a su designación, y, a su vez, a los requisitos necesarios para ocupar dicho cargo, distintos de los necesarios para ocupar el puesto de Consejero Permanente, por cuanto que ha de ser un jurista de reconocido prestigio y con experiencia en asuntos de Estado, es decir, con una acreditada capacidad técnica y con dominio en el terreno de la política. Su nombramiento, por lo demás, debe llevarse a cabo mediante Real Decreto acordado en Consejo de Ministros, refrendado por su Presidente, circunstancia esta que pone de manifiesto que dicho cargo se corresponde con el de personal de confianza del Gobierno, tal y como ya recogía la Memoria de dicho Consejo, del año 1980[321]. A juicio de García Álvarez, esto supone una ruptura de la lógica tradicional de las funciones del Pleno y de la Comisión Permanente, que no ha sido sustituida por otra, por cuanto que la presencia de una Presidente que se configura como "persona de confianza del Gobierno" vacía de sentido la diferencia que se ha querido establecer entre un Pleno consejero en asuntos de gobierno y una Comisión Permanente encargada del "control" en materia de administración[322].

En cuanto a su toma de posesión por cuanto se lleva a cabo en una sesión que se celebra al efecto en el Pleno, esto es, en sesión celebrada por el Pleno del propio órgano consultivo, y lejos, pues, de la Presidencia del Gobierno. Asimismo, el propio tenor del juramento o

---

[321] Esta circunstancia, junto con el amplio margen de discrecionalidad del Gobierno, tanto para el nombramiento como para el cese de dicho Presidente, sin período de mandato alguno expresamente previsto por la normativa de aplicación, además de las amplias atribuciones que tiene encomendadas por la normativa vigente, llevan a GARCÍA ÁLVAREZ, ("La Función Constitucional...", o.c., pág. 172), a señalar que la regulación actual, es un factor negativo para la independencia del Consejo, contrastando dicho sistema con el previsto en ordenamientos como el catalán o canario donde el Presidente del órgano consultivo es elegido de entre los consejeros y por un período de cuatro años. Frente a esta opinión, debe puntualizarse, no obstante, que el artículo 4 de la Ley 5/2005, de 2 de mayo, de la Comisión Jurídica Asesora de Cataluña, establece que su Presidente será nombrado de entre sus miembros, y en su caso, por el Gobierno, sin determinar procedimiento alguno para este nombramiento, circunstancia esta que contrasta, no obstante, con el anterior artículo 7 de Ley 1/1981, de 25 de febrero, de Creación del Consejo Consultivo de la Generalidad, en el que se establecía claramente que los miembros de dicho Consejo en Pleno elegirían de entre los mismos, por votación secreta y mayoría absoluta, a su presidente, de forma que en segunda vuelta, y respecto de aquellos dos más votados, saldría elegido quien hubiera obtenido más votos. El nombramiento se efectuará por el Presidente de la Generalidad. En el caso de Canarias, el artículo 10 de la Ley 5/2002, de 3 de junio, del Consejo Consultivo de Canarias, prevé un procedimiento muy similar al del desaparecido Consejo Consultivo Catalán, siendo dicho Consejo el que elige a su Presidente de entre sus miembros, con posterior nombramiento por parte del Presidente de dicha Comunidad Autónoma.

[322] GARCÍA ÁLVAREZ, "La Función Constitucional...", o.c., pág. 173.

promesa pone de relieve que la lealtad sólo se otorga al Rey y a la Constitución, no reconociéndose otros superiores como pudiera ser el Gobierno[323].

El Presidente del Consejo de Estado, de otro lado, tiene el tratamiento de excelencia y goza de los mismos honores y emolumentos que los Ministros del Gobierno, conforme el artículo 14.3 del Reglamento orgánico del Consejo de Estado, equiparación que se manifiesta, por ejemplo, en la percepción, en caso de fallecimiento, de las mismas pensiones de viudedad, orfandad y a favor de padres que los ex Presidentes, Vicepresidentes y Ministros del Gobierno de la Nación, o ex Presidentes del Congreso o del Senado o del Tribunal de Cuentas; no obstante, en cuestiones protocolarias la precedencia sólo es efectiva en el ámbito de las instituciones y corporaciones, y no de las autoridades, en cuyo caso los Ministros se sitúan en lugar significativamente anterior al Presidente del Consejo de Estado[324].

Asimismo, tanto el Presidente como todos los Consejeros del alto órgano consultivo, gozan de fuero especial, tanto en materia civil (a través de la Sala de lo Civil del Tribunal Supremo para demandas de responsabilidad civil por hechos realizados en el ejercicio de su cargo), como en materia penal (a través de la Sala de lo Penal del Tribunal Supremo, para la instrucción y enjuiciamiento de las causas contra tales miembros), todo ello concebido como garantía para un mejor ejercicio de funciones estatales[325]. Igualmente, el Presidente del Consejo de Estado y los Consejeros Permanentes gozan de la exención de tener que concurrir al llamamiento de jueces y tribunales, si bien dicha exención no alcanza a la declaración en calidad de testigo, la cual se podrá llevar a cabo en el despacho oficial o sede del órgano consultivo, previo aviso, con señalamiento de día y hora, conforme los artículos 412.5 y 413 de la Ley de Enjuiciamiento Criminal.

En cuanto a la posición institucional del Presidente del Consejo de Estado, debe señalarse que, frente a la opinión de considerar dicho puesto como *primus inter pares*, este ocupa una posición de supremacía frente al resto de miembros, por cuanto que, además de las atribuciones que tiene conferidas, a través de los artículos 18 a 20 del Reglamento Orgánico, tiene a su disposición un conjunto de servicios de apoyo, como Servicio de Presidencia y Gabinete del Presidente, que, siguiendo a García Álvarez, supone la expresión

---

[323] RUIZ MIGUEL, en "Consejo de Estado…", o.c., pág. 99. En efecto, el artículo 15 del Real Decreto 1674/1980, de 18 de julio, por el que se aprueba el Reglamento Orgánico del Consejo de Estado, establece, respecto al acto de toma de posesión del Presidente del Consejo de Estado que "*El Presidente tomará posesión de su cargo en sesión que, al efecto, celebrará el Pleno. En ella el Secretario general dará cuenta del Real Decreto de nombramiento, procediendo después el nombrado a prestar juramento o promesa, con arreglo a la siguiente fórmula: "Juro (o prometo) haberme fiel y lealmente en el desempeño de mi cargo de Presidente del Consejo de Estado; lealtad al Rey y guardar y hacer guardar la Constitución española, con arreglo a la que consultaré en los negocios que me fueren encomendados*".

[324] Artículos 10, 12, 14 y 16 del Real Decreto 2099/1983, de 4 de agosto, sobre Reglamento de Ordenación General de Precedencias en el Estado.

[325] Artículos 56.2 y 57.2 de la Ley Orgánica 6/1985, de 12 de julio, del Poder Judicial.

de la superioridad normativa que se le otorga, en el ejercicio de liderazgo que *de iure* se le reconoce[326].

Uno de los aspectos que más contribuyen a garantizar la independencia del personal al servicio de una institución pública, es, sin duda alguna, el régimen de incompatibilidades[327]. En este caso, el Presidente del Consejo de Estado como el resto del personal al servicio del mismo, se someten a las mismas incompatibilidades que las establecidas con carácter general para el personal al servicio de la Administración del Estado, si bien a través de una norma especial, dada la necesidad de rango de ley orgánica, en cuanto a la regulación de dicho régimen, al tratarse de personal al servicio de instituciones fundamentales del Estado protegidas por dicha reserva. Y así, es el artículo único de la Ley Orgánica 1/1985, de 18 de enero, sobre Incompatibilidades del personal al servicio del Tribunal Constitucional, Consejo General del Poder Judicial, Tribunal de Cuentas, Administración de Justicia y Consejo de Estado, el que viene a hacer extensible ese régimen general al personal de dichas instituciones fundamentales[328].

Siendo así, la Ley 53/1984, de 26 de diciembre, de Incompatibilidades del Personal al Servicio de las Administraciones Públicas, establece como regla general la incompatibilidad de las actividades del cargo de Presidente del Consejo de Estado con el desempeño, por sí o mediante sustitución, de un segundo puesto de trabajo, cargo o actividad en el sector público, de forma que la incompatibilidad alcanza a la actividad desarrollada por los miembros electivos de las Asambleas Legislativas de las Comunidades Autónomas y de las

---

[326] "La función constitucional...", o.c., págs. 172-173.

[327] No olvidemos que el artículo 103.3 de la Constitución Española, remite a la ley la regulación, entre otros aspectos, del sistema de incompatibilidades y las garantías para la imparcialidad en el ejercicio de las funciones por parte de los funcionarios públicos, de forma que la ley de incompatibilidades actualmente vigente, y aplicable a los miembros del Consejo de Estado, como seguidamente veremos, establece en su introducción que "*La nueva regulación de las incompatibilidades contenida en esta Ley parte, como principio fundamental, de la dedicación del personal al servicio de las Administraciones Públicas a un solo puesto de trabajo, sin más excepciones que las que demande el propio servicio público, respetando el ejercicio de las actividades privadas que no puedan impedir o menoscabar el estricto cumplimiento de sus deberes o comprometer su imparcialidad o independencia*".

[328] Concretamente dicho artículo establece que "*1. El régimen de incompatibilidades del personal al servicio del Tribunal Constitucional, Consejo General del Poder Judicial y Tribunal de Cuentas, así como el de los componentes del Poder Judicial y personal al servicio de la Administración de Justicia, será el establecido en la Ley de Incompatibilidades del Personal al Servicio de las Administraciones Públicas, sin perjuicio de las competencias para la autorización, reconocimiento o denegación de compatibilidades señaladas en sus disposiciones específicas. 2. La Ley de Incompatibilidades del Personal al Servicio de las Administraciones Públicas será de aplicación al personal al servicio del Consejo de Estado. 3. Quedan modificadas, en consecuencia, las normas sobre incompatibilidades relativas al personal a que se refieren los anteriores apartados, en cuanto se opongan a lo dispuesto en la presente Ley Orgánica*". Dicho precepto no ha sido objeto de modificación alguna desde su aprobación en el mes de enero de 1985, circunstancia esta que evidencia el indudable fin del legislador español en este ámbito.

Corporaciones Locales, altos cargos y restante personal de órganos constitucionales y de todas las Administraciones Públicas, incluida la Administración de Justicia, y de los Entes, Organismos y Empresas de ellos dependientes, además de las actividades concertadas de la Seguridad Social en la prestación sanitaria[329].

En el ámbito privado, la incompatibilidad es también la regla general, si bien en las condiciones que determina la norma de referencia[330].

A todo ello debe añadirse, para los casos de Presidente del Consejo de Estado y de Consejero Permanente, la incompatibilidad de dicho nombramiento para el desempeño del mandato como Diputado, Senador o miembro de la Asamblea Legislativa de Comunidad Autónoma, conforme los artículos 12.2 de la Ley Orgánica 3/1980, de 22 de abril y 16.2 de su Reglamento Orgánico, y ello en virtud de la aplicación de los artículos 6.1 b) y c), 154, 177, 202, y 210 de la Ley Orgánica 5/1985, de 19 de junio, de Régimen Electoral General[331].

Un paso más en la independencia, y al mismo tiempo, imparcialidad, del Presidente del Consejo de Estado, y, por ende de la propia Institución, lo podemos encontrar en la regulación del artículo 16 del Reglamento Orgánico de dicho Consejo, que viene a establecer una incompatibilidad prácticamente total de dicho cargo con todo empleo, ya no cargo, de la Administración activa, además del desempeño del ejercicio de la abogacía o de cargos en empresas concesionarias, contratistas, arrendatarias o administradoras de monopolios, obras o servicios públicos, y ello unido al deber de inhibición en los términos comprendidos en el mencionado artículo, lo que evidencia la intención del legislador de cumplir con el mandato constitucional en cuanto a la autonomía orgánica del supremo órgano consultivo del Gobierno[332].

---

[329] RUIZ MIGUEL en "Consejo de Estado...", o.c., pág. 103, incluye, llevando a cabo una interpretación teleológica, y dentro del concepto de "órganos constitucionales", los órganos auxiliares, añadiendo que en la esfera pública sólo son compatibles los puestos de carácter docente o sanitario. Dicho autor se está refiriendo en este punto, al Tribunal de Cuentas y al Defensor del Pueblo, principalmente.

[330] Artículos 11 y siguientes de la Ley 53/1984, de 26 de diciembre.

[331] Que vienen a establecer como causa de inelegibilidad e incompatibilidad, los cargos de Presidente y Consejero Permanente del Consejo de Estado, para los cargos de Diputado o Senador, Alcalde o Concejal, Diputado Provincial o Diputado al Parlamento Europeo.

[332] El artículo 16 en cuestión, que, además no se ha visto afectado por la reforma de 2004, establece: "*Incompatibilidades e Inhibiciones.- 1. El cargo de Presidente es incompatible con todo empleo en la Administración activa, salvo los de carácter docente; con el ejercicio de la abogacía y con el desempeño de cargos de todo orden en Empresas concesionarias, contratistas, arrendatarios o administradoras de monopolios, obras o servicios públicos, cualquiera que sea su ámbito territorial y con los demás que, con carácter general, están declarados incompatibles con el cargo de Ministro. 2. Asimismo, será incompatible con el mandato de Diputado, Senador o miembro de una Asamblea de Comunidad Autónoma. 3. El Presidente tendrá la obligación de inhibirse del conocimiento de los asuntos en cuyo despacho hubiere intervenido, o que interesen a Empresas en cuya dirección, asesoramiento o*

Especialmente significativa es la aplicación, en virtud del artículo 12.1 de la Ley Orgánica 3/1980, de 22 de abril, del Consejo de Estado, respecto del Presidente y los Consejeros Permanentes, del régimen de incompatibilidades establecidas con carácter general, para los altos cargos de la Administración del Estado, recogido actualmente a través de la Ley 5/2006, de 10 de abril, de regulación de los conflictos de intereses de los miembros del Gobierno y de los Altos Cargos de la Administración General del Estado, cuyo artículo segundo determina la obligación del Gobierno, con carácter previo al nombramiento del Presidente del Consejo de Estado, de poner en conocimiento del Congreso de los Diputados el nombre de la persona propuesta para dicho cargo, con la finalidad de que se disponga la comparecencia de la misma ante la comisión correspondiente de la Cámara, en los términos que prevea su reglamento, añadiendo el apartado tercero de dicho artículo que, dicha comisión parlamentaria examinará, en su caso, a los candidatos propuestos, de forma que sus miembros formularán las preguntas o solicitarán las aclaraciones que crean convenientes, concluyendo con un dictamen, emitido por dicha comisión, en el que establecerá si se aprecia o no la existencia de conflicto de intereses.

Dicha norma, además, establece un estricto régimen de incompatibilidades respecto del personal incluido en su ámbito de aplicación, exigiendo del personal al que se refiere el artículo tercero de la misma[333], una dedicación exclusiva al puesto para el que han sido

---

administración hubiera participado él mismo o personas de su familia dentro del segundo grado civil por consanguinidad o afinidad."

[333] Esto es, miembros del Gobierno, secretarios de Estado, subsecretarios y asimilados, secretarios generales, delegados del Gobierno en las Comunidades Autónomas, Ceuta y Melilla, delegados del Gobierno en entidades de derecho público, jefes de misión diplomática permanente, jefes de representación permanente ante organizaciones internacionales, directores generales de la Administración General del Estado y asimilados, Director General de RTVE, presidentes, directores generales, directores ejecutivos y asimilados en entidades de derecho público del sector público estatal vinculadas o dependientes de la Administración General del Estado, cuyo nombramiento se efectúe por decisión del Consejo de Ministros o por sus propios órganos de gobierno y, en todo caso, los presidentes y directores con rango de director general de las Entidades Gestoras y Servicios Comunes de la Seguridad Social, el Presidente de la Comisión Nacional de la Competencia, Presidente y Directores Generales del Instituto de Crédito Oficial, presidente y consejeros delegados de las sociedades mercantiles con participación estatal mayoritaria o con posición dominante de la Administración General del Estado en su Consejo de Administración, cuando sean designados por acuerdo de Consejo de Ministros o por sus propios órganos de gobierno, miembros de los Gabinetes de Presidencia del Gobierno y Vicepresidencias nombrados por el Consejo de Ministros y Directores de los Gabinetes de los Ministros, presidentes, directores y gerentes de las fundaciones públicas estatales siempre que perciban retribuciones por el desempeño de estos cargos, así como los titulares de aquellos otros órganos a los que sus Estatutos les atribuyan tal condición, presidentes y vocales de la Comisión Nacional del Mercado de Valores, de las Telecomunicaciones y de la Energía, presidente, consejeros y el Secretario General del Consejo de Seguridad Nuclear, el presidente y miembros de los órganos rectores de cualquier otro organismo regulador y de supervisión, y, finalmente, los titulares de cualquier otro puesto de trabajo de la Administración General del Estado, cualquiera que sea su denominación, cuyo nombramiento se efectúe por el Consejo de Ministros.

nombrados, sin posibilidad de compatibilizar su actividad con el desempeño por sí, o mediante sustitución o apoderamiento, de cualquier otro puesto, cargo, representación, profesión o actividad, de carácter público o privado, por cuenta propia o ajena, además de la prohibición de percibir cualquier otra remuneración con cargo a los presupuestos de las Administraciones Públicas o entidades vinculadas o dependientes de ellas, ni cualquier otra percepción que directa o indirectamente provenga de una actividad privada, con las excepciones de los artículos 9 y 10 de dicha Ley, excepciones que incluyen la mera administración del patrimonio personal o familiar, siempre que no se ostente, por sí o junto con su cónyuge o persona que conviva en análoga relación de afectividad, hijos dependientes y personas tuteladas, participaciones directas o indirectas superiores a un diez por ciento en empresas que tengan conciertos o contratos de cualquier naturaleza en el sector público estatal, autonómico o local, o sean subcontratistas de dichas entidades o reciban subvenciones provenientes de la Administración General del Estado, o, para el caso de sociedades anónimas con capital suscrito superior a los 600.000 Euros, la prohibición que afecta a las participaciones patrimoniales que sin llegar a ese porcentaje anteriormente señalado, supongan una posición en el capital social de la empresa que pueda condicionar de forma relevante su actuación.

Por lo demás, también se encuentran exceptuadas de incompatibilidad, la creación y producción literaria, artística, científica y técnica, y sus publicaciones, la asistencia y colaboración ocasional a congresos, seminarios, jornadas o conferencias que no suponga relación profesional o menoscabo del estricto cumplimiento de los deberes encomendados y la participación en entidades culturales o benéficas en los términos del artículo 10 de la Ley 5/2006, además de las compatibilidades propias del sector público previstas en el artículo 9 de la norma de referencia.

Asimismo, la Ley 5/2006, de 10 de abril, exige de los altos cargos incluidos en su ámbito de aplicación, y, por tanto, del Presidente del Consejo de Estado y de los Consejeros Permanentes, la elaboración de una declaración de las actividades profesionales, mercantiles o laborales que hubieran desempeñado durante los dos años anteriores a su toma de posesión como alto cargo, incluyendo una relación pormenorizada de sus intereses referida a dicho período. Igualmente, deberán realizar idéntica declaración respecto de actividades que desempeñen, dentro de los tres meses siguientes a la fecha de toma de posesión, por sí o mediante sustitución o apoderamiento, además de una declaración, finalmente, de aquellas actividades que pretendan realizar una vez hayan cesado en sus cargos. Tales declaraciones se efectuarán ante el Registro de Actividades de Altos Cargos al que se refiere el artículo 14.2 de la Ley 5/2006, de 10 de abril, que tiene carácter público, frente al Registro de Bienes y Derechos Patrimoniales de altos cargos, en el que se inscribirá una declaración patrimonial comprensiva de la totalidad de bienes, derechos y obligaciones de los mismos, que tendrá carácter reservado, de conformidad con el artículo 14.3 de la Ley 5/2006, de 10 de abril[334].

Las incompatibilidades que prevé la Ley 5/2006, de 10 de abril, al mismo tiempo, se extienden a los dos años siguientes a la fecha del cese del alto cargo, en virtud del artículo 8 de la norma señalada, que establece que tales personas no podrán desempeñar sus servicios, durante dicho período de tiempo, en empresas o sociedades privadas relacionadas directamente con las competencias del cargo desempeñado, esto es, que hubiesen dictado resolución en relación con dichas empresas o sociedades, por sí, o mediante propuesta a sus superiores o por parte de sus órganos dependientes, o que hubieran intervenido en sesiones de órganos colegiados en las que se hubiesen adoptado algún acuerdo o resolución en relación a dichas entidades. Además, no podrán celebrar por sí mismos o a través de sociedades o empresas participadas por ellos directa o indirectamente en más del 10 por 100, contratos de asistencia técnica, servicios o similares con las Administraciones Públicas, directamente o a través de empresas contratistas o subcontratistas[335].

Como bien puede apreciarse, la regulación mencionada ha venido a endurecer la regulación hasta entonces vigente respecto del régimen de incompatibilidades de los altos cargos pertenecientes a la Administración General del Estado, a fin de luchar contra la corrupción pública y de imponer la ética y la independencia en el ejercicio de potestades públicas, y que, para el caso que nos ocupa, asegura la inamovilidad e independencia de los miembros más emblemáticos[336] del Consejo de Estado. Dicho régimen, por lo demás, se completa con las previsiones contenidas en el resto del articulado de la Ley 5/2006, de 10 de

---

[334] Que añade que a dicho Registro, además del interesado podrán acceder los siguientes órganos: el Congreso y el Senado, junto a las comisiones parlamentarias de investigación, los órganos judiciales para la instrucción o resolución de procesos que requieran el conocimiento de los datos que obran en el Registro y el Ministerio Fiscal, cuando realice actuaciones de investigación en el ejercicio de sus funciones que requieran el conocimiento de datos obrantes en dicho Registro. Además, el apartado cuarto de dicho artículo, determina que el contenido de las declaraciones de bienes y derechos patrimoniales de los miembros del Gobierno y de los Secretarios de Estado se publicará en el BOE, en los términos previstos reglamentariamente, y, en relación con los bienes patrimoniales, se publicará declaración comprensiva de la situación patrimonial del alto cargo omitiéndose los datos referentes a su localización y salvaguardando la privacidad y seguridad de sus titulares.

[335] Para el caso en que el ex alto cargo se reincorpore a la función pública y preste servicios retribuidos por arancel o cualquier otra forma de contraprestación económica a personas físicas o jurídicas, de carácter privado, el alto cargo se inhibirá en todas aquellas actuaciones privadas que guarden relación con las competencias que el mismo hubiera ejercido. No obstante, tales previsiones parecen difícilmente extensibles a los miembros del Consejo de Estado, en cuanto que los dictámenes de dicho Consejo no forman parte del procedimiento sino que intervienen en el mismo, lo que supone la ausencia de carácter decisorio (salvo en muy contados casos de dictamen preceptivo y vinculante) de los mismos, además de la falta de conexión de sus miembros, por el ejercicio de sus funciones con empresas o sociedades de las comprendidas en el artículo de referencia.

[336] Sin desmerecer al resto, por supuesto.

abril, de aplicación, igualmente, y como ya ha sido expuesto, al Presidente del Consejo de Estado y a los Consejeros Permanentes[337].

III.2.2. Los Consejeros Permanentes, Natos y Electivos

En el ámbito de los Consejeros del supremo órgano consultivo del Gobierno, podemos destacar varias notas comunes a los tres tipos que contempla la normativa vigente: todos tienen el tratamiento de excelencia, que conservan aun cuando cesen en el cargo salvo en caso de separación del mismo, de conformidad con el artículo 23 del Reglamento Orgánico de dicho Consejo; igualmente, tienen fuero especial ante la Sala de lo Civil y Penal del Tribunal Supremo, para el conocimiento de demandas de responsabilidad civil por hechos realizados en el ejercicio de su cargo y para la instrucción y enjuiciamiento de las causas penales dirigidas contra los mismos; se les aplica, además, el deber de inhibición en los mismos casos que el Presidente del Consejo de Estado[338]; finalmente, todos ellos pueden ser

---

[337] RUIZ MIGUEL, en "Consejo de Estado...", o.c., pág. 105, suscita una última cuestión en relación con el régimen expuesto. Señala dicho autor que no hay ningún precepto del régimen jurídico aplicable al Presidente del Consejo de Estado, en la regulación anteriormente vigente –a través de la Ley 25/1983, de 16 de diciembre, de Incompatibilidades de Altos Cargos- del que se deduzca que dicho cargo es incompatible con la pertenencia a un partido político o, cuando menos, con el desempeño de funciones directivas en un partido político o en un sindicato o con el empleo al servicio de los mismos, lo cual sería muy beneficioso en aras de la imagen de objetividad e independencia del Consejo de Estado, abogando en definitiva por la introducción de la incompatibilidad de la Presidencia del Consejo de Estado con la afiliación a un partido político o sindicato. Dicha circunstancia, por lo demás, ni cambió con la Ley 12/1995, de 11 de mayo, ni con la actual regulación, a través de la Ley 5/2006, de 10 de abril, todo lo cual mantiene vigente el comentario de dicho autor. Para EMBID IRUJO, A. en "Los principios jurídicos necesarios en la organización y funcionamiento de los Consejos consultivos autonómicos", *Documentación Administrativa,* nº 244-245, 1996, pág. 349, y haciendo alusión a los órganos consultivos autonómicos, entiende perfectamente compatible la simple militancia en un partido político o incluso la pertenencia a un Sindicato, con el puesto de Consejero, añadiendo que el legislador autonómico "no tendría competencia para adoptar una decisión de ese calibre que afecta claramente al ejercicio de derechos fundamentales y que ni siquiera ha sido adoptada en relación al Consejo de Estado". En este punto, no obstante, el tiempo no ha escuchado a ninguno de los dos autores citados, ya que ni la reforma de 2004 ha previsto dicha incompatibilidad respecto de los miembros del Consejo de Estado, ni se ha establecido a nivel estatal para todas las Comunidades Autónomas. Por el contrario, en la actualidad, sólo el Principado de Asturias ha previsto una circunstancia similar para su Consejo Consultivo, señalando el artículo 8.1.g) de la Ley 1/2004, de 21 de octubre, que no podrán ser vocales de dicho Consejo "Quienes militen o ejerzan funciones directivas o ejecutivas en partidos políticos, centrales sindicales, organizaciones empresariales y colegios profesionales", siendo la "militancia" lo que distingue dicha regulación del resto de normas autonómicas.

[338] En este sentido, el artículo 16.3 del Reglamento Orgánico del Consejo de Estado establece que *"El Presidente tendrá la obligación de inhibirse del conocimiento de los asuntos en cuyo despacho hubiere intervenido, o que interesen a Empresas en cuya dirección, asesoramiento o administración hubiera*

designados por el Gobierno, previo dictamen favorable de la Comisión Permanente, para el desempeño de cometidos especiales y participación en comisiones de estudio para cuestiones de singular relevancia o interés público, conforme los artículos 56.2 y 57.2 de la Ley Orgánica 6/1985, de 1 de julio, del Poder Judicial, 24 del Reglamento Orgánico del Consejo de Estado, y 11.4 de la Ley Orgánica reguladora de dicho Consejo.

Una nota más en común, respecto de los Consejeros del Consejo de Estado, sin distinción de categorías es la relativa a la crítica que Parada ha efectuado sobre su sistema de selección, señalando que si bien la vigente Ley Orgánica ha supuesto una mayor separación entre Consejo de Estado y Administración activa, no ha implicado una independencia real por cuanto que la influencia del Ejecutivo a través del nombramiento discrecional del Presidente y de los Consejeros es enorme, aunque de hecho se haya respetado el funcionamiento cotidiano del Consejo[339].

Por el contrario, una de las notas que más distingue a los Consejeros en el ámbito que nos ocupa, es, sin duda alguna, la relativa a su inamovilidad, salvaguardando, en todo caso, la misma, en función de la naturaleza del cargo de Consejero que la normativa de aplicación prevé, por cuanto que el artículo 11 de la Ley Orgánica del Consejo de Estado, distingue claramente, al respecto entre los Consejeros Permanentes, que son inamovibles en sus cargos, los Consejeros Natos, que conservan su condición mientras ostenten el cargo que haya determinado su nombramiento, y los Consejeros electivos, que, durante el período para el que son nombrados, al igual que los Permanentes, sólo podrán cesar en su condición por renuncia o por causa de delito, incapacidad permanente o incumplimiento de su función, apreciada mediante Real Decreto acordado en Consejo de Ministros, previa audiencia del interesado e informe favorable del Consejo de Estado en Pleno, como seguidamente veremos.

En todo caso, y sea como fuere, tal y como ya señaló en su día García de Enterría, en la composición del Consejo de Estado se ve claramente la "preocupación del legislador por lograr el máximo equilibrio entre la competencia jurídica de los Consejeros y la experiencia adquirida en las área de Gobierno y Administración. La colaboración de quienes han desempeñado los más altos cargos políticos, judiciales, civiles y militares, o ejercen un mandato público de la misma índole, con aquellos otros que poseen una formación en las ciencias del Derecho y de la Administración, trata de garantizar que en el examen y decisión de las consultas se tengan en cuenta tanto las circunstancias actuales como los criterios tradicionales[340]".

---

participado él mismo o personas de su familia dentro del segundo grado civil por consanguinidad o afinidad".

[339] PARADA VÁZQUEZ, "Derecho administrativo…", o.c., pág. 297.

[340] Cfr. "Estructura orgánica y Administración consultiva…", o.c.

Los Consejeros Permanentes del Consejo de Estado

Teniendo en cuenta lo anterior, y respecto de los Consejeros Permanentes, su regulación se encuentra desarrollada en el artículo 7 de la Ley Orgánica del Consejo de Estado, y 25 y siguientes de su Reglamento Orgánico, partiendo de la base de que son nombrados mediante Real Decreto[341], sin límite de tiempo. Esto supone la derogación del artículo único de la Ley 32/1968, de 27 de julio, que establecía el límite de setenta y cinco años como edad máxima para el desempeño de dicho cargo[342], circunstancia esta que en todo caso debe interpretarse como una garantía de independencia frente al Gobierno que lo nombra si bien, para algunos, supone el cargo público más protegido de todo el Estado, poniendo a cubierto a sus titulares de la necesidad de obtener otras compensaciones al finalizar su mandato, a través de otros nombramientos por parte del Poder Ejecutivo. Tal protección, se interpreta, en consecuencia, como excesiva, al compararse con la limitación temporal en cargos estatales necesitados por la función que desempeñan de una superior estabilidad, siendo el caso de los magistrados del Tribunal Supremo o del Tribunal Constitucional, o los propios miembros del Consejo General del Poder Judicial[343].

El nombramiento de Consejero Permanente del Consejo de Estado debe realizarse entre personas que estén o hayan estado comprendidas en alguna de las categorías que determina el artículo 7 de su Ley Orgánica, el cual ha sido objeto de modificación, ya anticipada anteriormente, en cuanto a la introducción de dos nuevas categorías aptas para el nombramiento, cuales son la de miembro de los Consejos Consultivos u órganos equivalentes de las Comunidades Autónomas, y la relativa a ex Gobernadores del Banco de España.

---

[341] Que también debe contemplar la categoría a la que pertenece el nombrado y la Sección a la que se adscribe dicho Consejero, lo cual preserva su independencia. Mediante Real Decreto, también, se debe acordar la modificación de la adscripción del Consejero a la Sección correspondiente.

[342] Tal es el caso de RUIZ MIGUEL, en "Consejo de Estado...", o.c., pág. 109. Para GARCÍA ÁLVAREZ, sin embargo, el inciso "sin límite de tiempo" se refiere a la duración del nombramiento no a la derogación señalada por Ruiz Miguel, si bien reconoce que la práctica administrativa parece ir en el sentido señalado por el primero, en "La función constitucional...", o.c., pág. 175.

[343] PARADA VÁZQUEZ, "Derecho administrativo...", o.c., pág. 305. Igualmente, GARCÍA ÁLVAREZ, en "La Función Constitucional...", o.c., pág. 177, cuestiona si más bien la inexistencia de límite temporal en la duración del cargo de Consejero Permanente es la expresión de un deseo de estabilidad y continuidad en la doctrina del Consejo, además de la consecuencia del carácter de "senado burocrático" que el legislador se empeña en atribuir y el Consejo en asumir, por cuanto que, a juicio de dicho autor, de dicho Consejo no se espera que sea independiente del Gobierno sino imparcial y coherente con su propia doctrina cuando se pronuncia "sobre asuntos que contraponen a un departamento ministerial con un particular, una Administración autonómica, un ente local o simplemente otro departamento", y ello porque si el legislador buscaba la independencia del Consejo de Estado con la actual regulación, hubiese incurrido en una "peligrosa esquizofrenia", con un Presidente que es órgano de confianza del Gobierno, la posibilidad de reenvío de asuntos por dicho Presidente al Pleno del Consejo junto a la existencia de una gran mayoría de Consejeros, Natos y Electivos, nombrados por el Gobierno.

Resulta así, que las categorías que recoge dicho precepto son tanto netamente políticas como administrativas, destacando, en el primer caso, la categoría de Ministro o Presidente o miembro de los Consejos Ejecutivos de las Comunidades Autónomas, y, en el segundo, la de Funcionarios del Estado con quince años de servicios al menos en Cuerpos o Escalas para cuyo ingreso se exija título universitario.

Sea como fuere, habrá de respetarse el mandato del artículo 25.2 del Reglamento Orgánico del Consejo de Estado, que exige que "cuando menos, dos de los ocho Consejeros permanentes han de proceder del Cuerpo de Letrados del Consejo de Estado[344]", teniendo en cuenta que, conforme el artículo 7 de la Ley Orgánica 3/1980, de 22 de abril, y 25 de su Reglamento[345], los Consejeros Permanentes deben ser en número igual al de las Secciones del Consejo, de forma que al aumentar, con la reforma de 2004, en dos categorías las propuestas para el nombramiento de tales Consejeros, implícitamente se está abriendo la posibilidad de aumentar reglamentariamente las Secciones del Consejo de Estado en un futuro próximo[346], si bien no se exige que haya un Consejero por cada una de las

---

[344] Curiosamente, RUIZ MIGUEL, en "Consejo de Estado...", o.c., pág. 108, puso de manifiesto, con anterioridad a la reforma introducida en 2004, que el mencionado precepto daba por sentado el número de Secciones del Consejo de Estado, en ocho, pese al tenor abierto de la Ley, en su artículo 13.1, que determina que las Secciones serán como mínimo de ocho, pudiendo ampliarse el número reglamentariamente, cuando se cumplan los requisitos contemplados en dicho artículo, de forma que, a juicio de dicho autor, *"ciertamente la cláusula referida sirve para fortalecer la autonomía e independencia del Consejo de Estado (constitucionalmente exigidas por su naturaleza jurídica) y aun su eficacia"*, si bien por reserva constitucional (art. 107 CE), debe ser una ley orgánica la que regule la composición del Consejo, concluyendo dicho autor que *"aun reconociendo la bondad del objetivo perseguido, habida cuenta de que determina de forma importante la composición del Consejo, creemos que dicha disposición es ilegal por vulnerar dicha reserva al introducir una determinación que ni la Constitución ni la ley autorizan a hacer al reglamento"*. No obstante, y desde mi punto de vista, de la lectura del propio artículo 13.1 de la Ley Orgánica del Consejo de Estado, se deduce la remisión al propio Reglamento, frente a la opinión de Ruiz Miguel, remisión esta que bien puede habilitar el desarrollo reglamentario de la previa regulación orgánica habilitándolo para ello, siempre que se dé el supuesto en que la referida ampliación de secciones se lleve a cabo "a propuesta de la Comisión Permanente del propio Consejo de Estado, cuando el volumen de las consultas lo exigiere", esto es, cuando se lleve a cabo en los términos del artículo 13.1 de dicha Ley Orgánica. En todo caso, GARCÍA ÁLVAREZ, en "La función constitucional...", o.c., págs. 184 y 185, apunta la influencia italiana en la regulación normativa que nos ocupa, por cuanto el Real Decreto 2840, de 30 de diciembre de 1923, estableció la reserva de la tercera parte de los puestos de consejero a favor de los *referendari*, categoría equivalente a la de Letrado del Consejo de Estado en España, con origen en una costumbre antigua italiana según la cual los *referendari* eran promovidos a Consejeros para cubrir uno de cada tres puestos.

[345] Concretamente, el apartado primero del artículo 25 del Reglamento orgánico del Consejo de Estado determina que *"Los Consejeros Permanentes, en número igual al de las Secciones del Consejo, son nombrados sin límite de tiempo, por Real Decreto entre personas que estén o hayan estado comprendidas en alguna de las categorías señaladas en el artículo 7 de la Ley Orgánica"*.

[346] Para GARCÍA ÁLVAREZ, en "La función constitucional...", o.c., pág. 413, este es un ejemplo claro de la sistemática vulneración de reserva de ley orgánica prevista en el artículo 107 de la Constitución

mencionadas categorías, aunque sí que tales Consejeros pertenezcan a una de ellas, por cuanto que, conforme los artículos 13 de la Ley Orgánica del Consejo de Estado y 12 de su Reglamento Orgánico, cada Sección de dicho Consejo se compone de un Consejero Permanente que la preside, un Letrado Mayor y de los Letrados que sean necesarios según la importancia de los asuntos o el número de consultas, lo cual supone una correlación entre el número de Consejeros Permanentes y el de Secciones del Consejo de Estado.

Una de las peculiaridades del régimen de incompatibilidades de los Consejeros Permanentes, conectado directamente con la garantía de su independencia, y en relación también con su nombramiento, supone que, además de las previsiones ya enunciadas anteriormente en relación al Presidente del Consejo de Estado que se extienden a tales Consejeros, se ve reforzado con la previsión del artículo 29.1 de su Reglamento Orgánico, que establece el preceptivo dictamen de la Comisión Permanente, una vez nombrado el mencionado Consejero por el Gobierno y publicado el mismo en el Boletín Oficial del Estado, acerca de la idoneidad legal e incompatibilidades de dicho miembro, pudiendo el Presidente del Consejo, según dicho precepto en su apartado segundo, someter el asunto a dictamen del Pleno, antes de ponerlo en conocimiento del Gobierno, en caso de que la Comisión Permanente se pronuncie desfavorablemente.

Sobre la naturaleza de dicho dictamen, que, según se desprende de la regulación reglamentaria es consultiva, Aguilar Fernández-Hontoria sostiene que es la misma que el control que efectúa el Tribunal Constitucional sobre los nombramientos de los magistrados de dicho Tribunal a través del artículo 2.1 g) y 10 f) de su Ley Orgánica, si bien para Ruiz Miguel, ello no es comparable por cuanto que en el primer caso el control proviene de una norma reglamentaria (artículo 29.1 del Reglamento Orgánico del Consejo de Estado) y en el segundo de una Ley Orgánica; además, añade dicho autor, que es necesario previsión legal expresa para que un dictamen sea vinculante; y, finalmente, a juicio de Ruiz Miguel, no resultan equiparables ambos supuestos porque "si la declaración de idoneidad fuera impeditiva de la toma de posesión afectaría de forma evidente a la composición del Consejo y debiera ser regulado, en consonancia con el artículo 107 CE, mediante ley orgánica[347]". Igualmente, para García Álvarez, al emitirse el dictamen de la Comisión Permanente tras el nombramiento del Consejero, dicho dictamen carece de total eficacia jurídica, al tiempo que propugna la necesidad de que dicho dictamen se extienda a los Consejeros Electivos y al Presidente, en todo caso con anterioridad a su nombramiento, debiéndose poner en

Española, en cuanto que exige dicho rango para regular la composición y competencias del Consejo de Estado, haciendo referencia a la inexistencia de un número determinado de Consejeros Permanentes, que varía en función del número de Secciones, que son modificables reglamentariamente, circunstancia esta que se extiende también a los letrados.

[347] "Consejo de Estado…", o.c., págs.108 y 109.

conocimiento de la Comisión Parlamentaria correspondiente todo el procedimiento a fin de institucionalizar el control parlamentario en este punto[348].

Resulta así que, dicha declaración, es más bien, un medio de garantía de la independencia del Consejo de Estado, si bien se mueve en el plano de la *auctoritas* de dicho órgano, y no de la orden o decisión, por cuanto que el mismo puede declarar que una persona que tiene formalmente el derecho a ser miembro del Consejo de Estado, materialmente puede no ser adecuada para el puesto, si bien su declaración no tiene la fuerza del juicio del *non demerito* que ejerce, por ejemplo, el Consejo de Estado italiano para autorizar el cambio de categoría en su seno. En consecuencia, la garantía de idoneidad legal prevista por el artículo 29.1 del Reglamento Orgánico del Consejo de Estado no tiene gran relevancia, en palabras de Ruiz Miguel, por cuanto que se produce una vez nombrado el Consejero Permanente, teniendo en cuenta que su cargo es sin límite de tiempo y que la falta de idoneidad no es motivo de separación del cargo[349].

Por lo demás, la inamovilidad del cargo de Consejero Permanente, así declarada por el artículo 31.1 del Reglamento Orgánico, conlleva un estricto régimen de cese, que sólo puede darse en los supuestos de renuncia, concurrencia de un motivo de incompatibilidad, en el caso de no llevar a cabo su renuncia en el término de ocho días respecto del cargo incompatible, y, finalmente, por separación del cargo. Siendo así, y salvo el caso de separación del servicio, si el Consejero Permanente cesa en el servicio activo, podrá seguir titulándose Consejero de Estado además de disfrutar del tratamiento y honores del cargo, conforme el artículo 31.3 de dicho Reglamento.

En cuanto a las causas de separación, el artículo 32 del Reglamento Orgánico del Consejo de Estado, es especialmente protector con el cargo que nos ocupa, al señalar que sólo podrán tener lugar por causa de delito doloso (que exige sentencia condenatoria firme), incapacidad permanente (física o mental y suficientemente acreditada por certificados médicos o resoluciones judiciales firmes, si es necesario) o incumplimiento de su función, todo lo cual debe ser apreciado mediante Real Decreto, que puede ser recurrido ante la Jurisdicción Contencioso-Administrativa (a mi juicio, por la vía del procedimiento especial para la protección de derechos fundamentales, previsto en los artículos 114 y siguientes de la Ley 29/1998, de 13 de julio, en relación con el artículo 23.2 de la Constitución Española), previa audiencia del interesado e informe favorable del Consejo de Estado en Pleno, requisitos estos que son una garantía adicional a la inamovilidad del Consejero, y que también deben concurrir en el caso de que el interesado no admitiese la incompatibilidad en que pueda haber incurrido a juicio de la Comisión Permanente, conforme el artículo 32 del Reglamento Orgánico de referencia. En todo caso, los Consejeros Permanentes que cesen o sean separados, conservarán los derechos pasivos correspondientes.

---

[348] "La Función constitucional…", o.c., págs. 168 y 170.

[349] *Ibídem*, o.c., pág. 109.

En términos generales, en el ámbito de las incompatibilidades y causas de inelegibilidad electoral, debe señalarse que a los Consejeros Permanentes se les aplica idéntica normativa que la enunciada anteriormente para el Presidente del Consejo de Estado, al igual que ocurre con las causas de inhibición[350] y la declaración de actividades y bienes, antes, durante y al cese del ejercicio de sus funciones. Igualmente, gozan del privilegio de no concurrir como testigos al llamamiento del juez y de declarar en su condición de Consejero Permanente en su despacho oficial o en la sede del Consejo de Estado. La única peculiaridad prevista en la normativa de aplicación para el cargo que nos ocupa, es la relativa a la resolución en caso de duda, en relación a la concurrencia de una causa de incompatibilidad, que en este caso resuelve la Comisión Permanente, de conformidad con el artículo 28.3 del Reglamento Orgánico del Consejo de Estado.

Por lo demás, los Consejeros Permanentes presiden las Secciones del Consejo de Estado, dirigen su trabajo, forman parte de la Comisión Permanente junto con el Presidente y simbolizan el elemento técnico frente al político del Consejo de Estado, confiriendo autonomía al órgano consultivo dado el carácter casi vitalicio con que desempeñan el cargo, al no estar sujeto a límite de tiempo[351], además de los requisitos necesarios para su nombramiento, aunque el dictamen de idoneidad de la Comisión Permanente se emita tras el nombramiento y el Presidente tenga la facultad de solicitar al Pleno uno nuevo. Son, como señala Cordero Torres, los "consejeros por antonomasia"[352].

Los Consejeros Natos

Una de las novedades de la Ley del Consejo de Estado de 1944, como ya vimos, fue la introducción de las categorías de Consejeros Natos y Electivos, cuya representación de intereses corporativos, propia de la anterior regulación, ha tratado de ser superada por el legislador de 1980.

La reforma de 2004, como ya ha sido expuesto anteriormente, ha venido a modificar el artículo 8 de la Ley Orgánica del Consejo de Estado, en cuanto a la actualización de los

---

[350] Conforme el artículo 24 del Reglamento Orgánico, que determina que *"1. Todos los Consejeros tendrán la obligación de inhibirse en los mismos supuestos que para el Presidente establece el artículo 16, párrafo 3, de este Reglamento Orgánico. 2. El Consejero obligado a inhibirse lo hará por escrito dirigido al Presidente con anterioridad a la discusión del asunto, o verbalmente, al darse cuenta del mismo en la sesión respectiva."*

[351] Para GARCÍA ÁLVAREZ, en "La función constitucional…", o.c., págs. 174 y 175, tales Consejeros no llegan al nivel técnico y se mantienen insertos en el escalón político del Consejo de Estado por su designación directa y dentro de una amplia discrecionalidad del Gobierno, por la ausencia de requisito de competencia jurídica, que sí se exige al Presidente, y por la práctica de recompensar carreras políticas o administrativas exitosas. Ahora bien, aunque se sitúan en el nivel político representan el elemento técnico junto con el Presidente, en el Pleno del Alto Cuerpo salvaguardando su doctrina dado su carácter vitalicio.

[352] "El Consejo de Estado…", o.c., pág. 192.

cargos de Jefe del Estado Mayor de la Defensa y Abogado General del Estado-Director del Servicio Jurídico del Estado, la sustitución del Presidente al que se refiere el artículo 131.2 de la Constitución Española por la de Presidente del Consejo Económico y Social, y la adición, junto a la categoría de Presidente de la Sección Primera de la Comisión General de Codificación si su Presidente fuera Ministro del Gobierno, de dos categorías más de Consejeros Natos: los ex Presidentes del Gobierno, que adquieren dicha condición con carácter vitalicio y el Gobernador del Banco de España.

Junto a dichas categorías, recién incorporadas, se suman las ya tradicionales previstas en el mencionado artículo 8, que suponen la condición de Consejero Nato *ex officio* o por razón del cargo que ocupan, para el que se precisa un alto nivel de competencia técnica, si bien, y tras la reforma de 2004, con un contenido político, en algunos casos, que equilibra la naturaleza intrínseca de las funciones a desarrollar por dicho Consejo. No obstante, la categoría que nos ocupa no está exenta de críticas, aunque la cualificación política y profesional así como la innegable experiencia de sus miembros resulte de gran valía para un órgano acostumbrado a lidiar todo tipo de consultas y encargos, máxime con sus nuevas competencias encomendadas a partir de la reforma de 2004[353].

Con anterioridad al juramento o promesa y toma de posesión de los Consejos Natos designados respecto de sus cargos, debe declararse su idoneidad, de conformidad con el artículo 37 del Reglamento Orgánico del Consejo de Estado, si bien dicha norma no establece el procedimiento para dicha declaración, lo que supone, por lógica, que habrá de ser la Comisión Permanente la que se encargue de llevar a cabo dicho cometido, en el bien entendido que dicha declaración no podrá ser más que consultiva, como ocurre en el caso de los Consejeros Permanentes, teniendo en cuenta, además, para este caso que los Consejeros Natos no están sujetos a las causas de cese que se aplican a los Consejeros Permanentes y Electivos, circunstancia por la cual dicha declaración carece de sentido, ya

[353] En este sentido, pone de manifiesto RUIZ MIGUEL, en "Consejo de Estado...", o.c., págs. 112 y 113, que Cordero Torres estima que alimenta la confusión entre la capacidad ideal de los títulos o preeminencias y la real de las personas que los encarnan, ya que, además, en muchos casos no poseen el vigor intelectual necesario de trabajo especializado, postulando dicho autor la reducción al mínimo indispensable del número de estos Consejeros, además de permitir un amplio margen de discrecionalidad para escoger dentro de cada Cuerpo de los que permiten estos Consejeros el más idóneo para el puesto; Carreras, por su parte, califica esta categoría de Consejeros como un ornamento ineficaz en las tareas técnicas y un posible grupo de presión en supuestos en que se emitan juicios de oportunidad. Para Ruiz Miguel, sin embargo, tales Consejeros son personas de elevada cualificación que pueden enriquecer el Consejo y que, "acaso, pudiera achacárseles a alguno de ellos el tener poco contacto con los negocios públicos", a esta opinión se une OLIVER ARAUJO, en "El Consejo de Estado y los órganos consultivos...", o.c., pág. 34.

que la única causa de cese de tales Consejeros es la pérdida del oficio que da derecho a ser nombrado Consejero Nato, tal y como afirma Ruiz Miguel[354].

En cuanto al régimen de incompatibilidades, a los Consejeros Natos se les aplica el régimen general al igual que al resto de personal al servicio de las Administraciones Públicas[355], si bien, también resulta de aplicación el régimen especial para altos cargos aunque únicamente para los Consejeros Natos que estén habilitados para ser miembros del Consejo de Estado en virtud de la posesión de un concreto alto cargo, incluido en el ámbito de aplicación de la Ley 5/2006, de 10 de abril, que es el que determina la aplicación del régimen especial de incompatibilidades. Asimismo, y para el caso de concurrencia de una causa de incompatibilidad, apreciada por el Presidente del Consejo de Estado, se suspenderá el ejercicio de su función como Consejero Nato si no renunciasen en el término de ocho días al cargo incompatible, si bien, una vez desaparecido el motivo de incompatibilidad podrán reincorporarse a su cargo, una vez manifestado al Presidente del Consejo de Estado su voluntad de hacerlo, de conformidad con el artículo 35.5 del Reglamento Orgánico.

Al mismo tiempo, tales Consejeros están sujetos a las mismas causas de inhibición que los Consejeros Permanentes y, por ende, que el Presidente del Consejo de Estado, de conformidad con los artículos 16.2 de la Ley Orgánica del Consejo de Estado y 24 de su Reglamento Orgánico[356].

Como especial garantía de inamovilidad para los Consejeros Natos de carácter vitalicio, el nuevo artículo 35.4 del Reglamento Orgánico, determina que los ex Presidentes del Gobierno podrán suspender el ejercicio de su función por declaración manifestada al

---

[354] En "Consejo de Estado…", o.c., pág. 114. No obstante, como causas de cese de los Consejeros Natos también hay que incluir aquellas derivadas de las incompatibilidades de Altos Cargos, para los Consejeros que ostente tales puestos.

[355] Por cuanto que recordemos que la Ley Orgánica 1/1985, de 18 de enero, en su artículo único determinó que la Ley de Incompatibilidades del Personal al Servicio de las Administraciones Públicas será de aplicación al personal al servicio del Consejo de Estado, circunstancia esta que nos obliga a incluir tanto a los Consejeros Natos como a los Electivos dentro de dicha previsión, por más que ni la Ley Orgánica 3/1980, de 22 de abril, del Consejo de Estado, ni su Reglamento Orgánico, incluyan previsión alguna en este sentido respecto a tales Consejeros, lo que lleva a GARCÍA ÁLVAREZ, en "La función constitucional..", o.c., pág. 176, a sostener que tales Consejeros no están sujetos a ningún tipo de incompatibilidad, más que el deber de abstención del artículo 23 de la Ley 30/1992, de 26 de noviembre, de Régimen Jurídico de las Administraciones Públicas y del Procedimiento Administrativo Común, postura esta que, por lo que decimos, resulta cuanto menos discutible. Dicho autor entiende, además, que la limitación a los parientes consanguíneos en segundo grado, prevista en el artículo 16.2 del Reglamento Orgánico, ha sido modificada por la mencionada Ley 30/1992, que no establece limitación alguna, por cuanto dicha norma tiene el carácter de norma básica aplicable a todas las Administraciones Públicas.

[356] Que recordemos establece la obligación de inhibición para todos los Consejeros, y en los mismos supuestos que para el Presidente establece el artículo 16, párrafo 3, de dicho Reglamento.

Presidente del Consejo de Estado, de forma que transcurridos dos años desde dicha declaración, podrán reincorporarse tras manifestar a dicho Presidente su voluntad de dar por finalizada la suspensión, añadiendo dicho precepto que en caso de recaer una decisión jurisdiccional que impida el ejercicio de su función, éste se suspenderá por el tiempo al que se extienda.

Debe destacarse, por lo demás, que los Consejeros Natos no perciben sueldo o retribuciones fijas por el ejercicio de su cargo, sino dietas por la asistencia a las reuniones, por aplicación del artículo 39 de su Reglamento Orgánico[357].

Los Consejeros Electivos

Señala el artículo 36 del Reglamento Orgánico del Consejo de Estado, que los Consejeros electivos de Estado, en número de diez, serán nombrados por Real Decreto, por un período de cuatro años, entre quienes hayan desempeñado cualquiera de los cargos enumerados en el artículo 9 de la Ley Orgánica. La reforma de 2004, ya enunciada anteriormente, únicamente ha venido a añadir dos nuevos cargos, dentro del apartado b) del mencionado artículo, referidos a Juez o Abogado General del Tribunal de Justicia de la Unión Europea, y a actualizar el puesto de Presidente de la Junta de Jefes de Estado Mayor por la de Jefe del Estado Mayor de la Defensa.

De la relación contenida en los once apartados del artículo 9 de la Ley Orgánica de referencia, existe una amplia gama de supuestos: desde categorías que se corresponden con la más nítida experiencia política, caso de Diputado o Senador de Cortes Generales, Ministro o Secretario de Estado, Presidente o miembro del Consejo Ejecutivo de Comunidad Autónoma, Embajador procedente de carrera diplomática y Alcalde de capital de provincia, Presidente de Diputación Provincial, Mancomunidad Interinsular, Cabildo Insular o Consejo Insular, hasta aquellas que requieren capacidad técnica si bien referida a puestos característicos de órganos constitucionales o auxiliares pero con relevancia política, como Magistrado del Tribunal Constitucional, Defensor del Pueblo, Presidente o Vocal del Consejo General del Poder Judicial y Presidente del Tribunal de Cuentas, o supranacionales, como la categoría de Juez o Abogado General del Tribunal de Justicia de la Unión Europea. Otras categorías, en fin, la mayoría, o bien tienen carácter representativo político, como las ya enunciadas de Diputado, Senador, Presidente o miembro de Consejo Ejecutivo de Comunidad Autónoma, o Alcalde de capital de provincia, Presidente de Diputación Provincial, Mancomunidad Interinsular, Cabildo Insular o Consejo Insular, o bien carácter de representación corporativa, como Magistrado del Tribunal Constitucional, Presidente o Vocal del Consejo General del Poder Judicial y Presidente del Tribunal de Cuentas, Jefe del Estado Mayor de la Defensa, Embajador procedente de la carrera diplomática o Rector de Universidad.

---

[357] Que también prevé dicha percepción para los Consejeros electivos, determinando que ambos Consejeros devengarán las dietas de asistencia que se fijen en el presupuesto anual del Consejo.

No obstante, el artículo 9 de la Ley Orgánica del Consejo de Estado, en su segundo apartado, exige que de entre todos los Consejeros electivos dos deberán haber desempeñado el cargo de Presidente del Consejo Ejecutivo de Comunidad Autónoma, al menos por un período mínimo de ocho años, teniendo en cuenta, por lo demás, que su mandato será igualmente de ocho años.

La normativa de referencia, asimismo, no exige que todas las categorías enunciadas tengan un representante en el Consejo de Estado, a diferencia de épocas anteriores, como en el caso de las Leyes Orgánicas del Consejo de Estado de 1924 y de 1944, respectivamente, circunstancia esta que deja suficiente margen al Gobierno para nombrar a tales Consejeros eligiendo libremente entre las categorías señaladas.

Otro de los aspectos que conviene resaltar en relación al estatuto de los Consejeros Electivos es la posibilidad de interpretar jurídicamente que la designación de tales miembros es por tiempo indefinido, por cuanto que el artículo 36.2 del Reglamento Orgánico del Consejo de Estado establece que podrán ser nuevamente designados, sin establecer límite alguno a dicha posibilidad, teniendo en cuenta, además, que sólo cesarán, durante el período de su mandato, por renuncia o por causa de delito doloso, incapacidad permanente o incumplimiento de su función, apreciada en Real Decreto acordado en Consejo de Ministros, previa audiencia del interesado e informe favorable del Consejo de Estado en Pleno, circunstancia esta que pone de manifiesto las garantías a favor de la inamovilidad de tales Consejeros, en la misma línea que el resto de sus miembros, equiparándose si cabe a los propios Consejos Permanentes.

Debe significarse, en fin, que la regulación legal en cuanto a la necesidad de declaración de idoneidad previa al juramento o promesa, acto de toma de posesión, régimen de incompatibilidades y supuestos que conducen a la obligación de inhibición y percepción de dietas, es idéntica que para la ya expuesta de los Consejeros Natos, a la que me remito, lo que evidencia la existencia de idénticas garantías a favor de la independencia e inamovilidad de tales miembros, en ambos supuestos.

III.2.3. El Secretario General

La importancia del Secretario General del Consejo de Estado ya fue resaltada, en su momento, por Cordero Torres, definiéndola como la segunda figura de dicho órgano consultivo. Y ello porque, según justifica, no sólo es el secretario del Consejo en Pleno o en Comisión Permanente, sino que mientras el Presidente es jefe superior de los servicios y dependencias del Consejo, el secretario es el jefe directo e inmediato con mayores posibilidades de acción eficaz, además de corresponderle tareas más minuciosas aún[358].

---

358 "El Consejo de Estado...", o.c., pág. 201.

Incluso se ha llegado a decir de dicho cargo, que de él depende, más que de ningún otro, el buen funcionamiento del Consejo y la dignidad con que se desempeña la función[359].

Conforme el artículo 40 del Reglamento Orgánico del Consejo de Estado, el Secretario General del Consejo de Estado forma parte de la plantilla orgánica del Cuerpo de Letrados del Consejo de Estado, la cual incluye, también a los Letrados Mayores, en número igual al de Secciones del Consejo, y a los Letrados del Consejo, en número dependiente de las necesidades del Servicio dentro de las dotaciones que se determinen por la Ley de Presupuestos correspondiente.

El nombramiento del Secretario General se lleva a cabo mediante Real Decreto, entre los Letrados Mayores, a propuesta de la Comisión Permanente aprobada por el Pleno, de conformidad con los artículos 10.1 de la Ley Orgánica del Consejo de Estado y 54 de su Reglamento Orgánico, de forma que la discrecionalidad del Gobierno se limita a rechazar o aceptar la propuesta de la Comisión Permanente, todo lo cual supone una mayor garantía de la autonomía del Consejo de Estado y de independencia para la propia figura de referencia, así exigida legalmente, teniendo en cuenta, además, conforme el artículo 10.2 de dicha Ley Orgánica, que asistirá, con voz pero sin voto, a las sesiones del Pleno, de la Comisión Permanente y de la Comisión de Estudios[360].

La regulación de aplicación, sin embargo, no determina la duración de dicho nombramiento, circunstancia esta que permite sostener que podrá ser removido en cualquier momento y sustituido por persona que cumpla con los requisitos necesarios para su nombramiento.

La especial posición del Secretario General, situado entre los Letrados (incluidos los Mayores) y los Consejeros, impide aplicar las mismas garantías de inamovilidad previstas a favor de los Consejeros Permanentes respecto de dicho cargo, ya que además de no se situarse a su mismo nivel, tampoco se justifica dicha aplicación por la excepcionalidad de tales garantías.

Por lo demás, el Secretario General tendrá el sueldo y asignaciones conformes a su categoría, así consignadas en la de Ley de Presupuestos Generales del Estado, prestará juramento o promesa en forma ante el Presidente del Consejo de Estado, en cuya sesión actuará como secretario interino el Letrado Mayor más antiguo, y su tratamiento será el de excelencia, al igual que los Consejeros de Estado[361]. Además, dicho cargo estará asistido por un Letrado de Secretaría, el cual estará a las inmediatas órdenes del Presidente y del propio Secretario General, adscrito especialmente para auxiliarle en sus funciones, de forma que desempeñará los trabajos que el mismo le encomiende, aunque singularmente le

---

[359] PÉREZ HERNÁNDEZ, "Consejo de Estado…", o.c., págs. 25 y 26, respectivamente.

[360] Lo que lleva a GARCÍA ÁLVAREZ, en "La función constitucional…", o.c., pág. 172, a sostener que el Secretario General no es miembro ni del Pleno ni de la Comisión Permanente, por cuanto que no tiene derecho a voto, requisito necesario para ser considerado como tal en cualquier órgano colegiado.

[361] Artículos 55 a 57 del Reglamento Orgánico del Consejo de Estado.

corresponderá redactar bajo la dirección del Secretario General los proyectos de dictamen respecto de aquellos en que dicho Secretario fuera ponente, conforme los artículos 62 y 63 del Reglamento Orgánico.

En cuanto al régimen de incompatibilidades, y en coherencia con su origen, el Secretario General tendrá las mismas incompatibilidades que los restantes miembros del Cuerpo de Letrados, conforme el artículo 57 del Reglamento Orgánico del Consejo de Estado.

III.2.4. Los Letrados Mayores y los Letrados del Consejo de Estado

Frente al nivel político, en el técnico, como ya dijimos, se sitúan tanto los Letrados Mayores como los Letrados del Consejo de Estado. Estos, pertenecen a la plantilla orgánica del Cuerpo de Letrados del Consejo, cuya selección, de conformidad con el artículo 47 del Reglamento Orgánico del Consejo de Estado, exige, titulación en Derecho, además de la aplicación, con carácter general para la selección y provisión de todos los puestos de trabajo en el Consejo de Estado, de los principios de mérito y capacidad, que en el caso de los Letrados del Alto Cuerpo es especialmente rigurosa[362].

Los Letrados del Consejo de Estado tienen encomendado el estudio, preparación y redacción de los proyectos de dictamen sobre los asuntos sometidos a consulta del Consejo, debiéndose añadir, además, que también han de defender dicho proyecto de dictamen, como defensa de su parecer[363], al preverse su asistencia a las reuniones de la Comisión Permanente y del Pleno en las que se vaya a debatir un asunto de cuya preparación haya estado encargado dicho Letrado, de forma que el mismo podrá hacer las declaraciones o dar las explicaciones sobre el proyecto de dictamen a petición de los Consejeros, conforme el artículo 101.3 del Reglamento Orgánico[364]. En todo caso, su independencia personal queda garantizada por cuanto que en caso de que el Consejero Permanente, presidente de Sección, deseche una propuesta de informe emitido por uno de los Letrados, después de haberlo debatido en la reunión de la Sección, el Letrado puede negarse a emitir un nuevo proyecto dictamen, en cuyo caso quedará encargado el Letrado Mayor conforme a las instrucciones del Consejero de referencia[365].

La adscripción de los Letrados, tanto Mayores como el resto, será a una o varias Secciones del Consejo de Estado, teniendo en cuenta que el número de Letrados dependerá

---

[362] Artículos 8, 40 y siguientes del Reglamento Orgánico del Consejo de Estado.

[363] Tal y como señala BLANQUER, D. en *Consejo de Estado y Autonomías*, Madrid, Tecnos, 1994, pág. 130.

[364] En este sentido, en su Moción nº 82, de 21 de noviembre de 1984, el Consejo de Estado señaló que *"implicaría una equivocación flagrante entender que los servicios que han de prestar los Letrados constituyen un capítulo sin relevancia a la hora de concebir el marco normativo propio del Consejo de Estado y que lo único sustancial en este punto es lo que concierne a los órganos decisorios y los miembros que los componen"*.

[365] Artículos 34.2 y 66.3 del Reglamento Orgánico del Consejo de Estado.

de la dotación presupuestaria correspondiente, atendiendo, eso sí, a las necesidades del servicio. Igualmente, el nivel técnico que nos ocupa, por lo demás, podrá prestar asistencia, tras la reforma de 2004, a la Comisión de Estudios y a uno o varios de los grupos de trabajo que se constituyan, de forma que la adscripción y la prestación de asistencia las acordará el Presidente del Consejo, a propuesta del Secretario General, oído el parecer de la Comisión Permanente, y, en su caso, de la Comisión de Estudios, conforme el artículo 65 del Reglamento Orgánico, todo lo cual permite cierta garantía de inamovilidad para los Letrados, por cuanto que no se encuentran a la simple disposición del Presidente del Consejo de Estado, sino que una nueva adscripción exige llevar a cabo el procedimiento recién señalado, debiendo pasar la nueva decisión, de esa manera, por tres órganos distintos (Secretario General, Presidente y Comisión Permanente).

El procedimiento para el ingreso en el Cuerpo de Letrados del Consejo de Estado se lleva a cabo mediante oposición, señalando el artículo 45 del Reglamento Orgánico que el ingreso sólo tendrá efecto mediante dicho sistema. Los artículos 46 y siguientes de dicho Reglamento regulan, al mismo tiempo, el procedimiento al efecto, el cual se inicia mediante convocatoria aprobada por el Presidente del Consejo, a propuesta no vinculante del Secretario General, quien, previa comunicación de vacantes a la Comisión Permanente le habrá de otorgar autorización para efectuar dicha propuesta al Presidente, y cuya convocatoria debe contener las plazas vacantes existentes y, en su caso, hasta dos más para aquellos aspirantes que aprueben todos los ejercicios y no obtengan plaza, si bien tendrán derecho a ocupar, por su orden, las primeras vacantes que se produzcan.

Los requisitos para el ingreso en el Cuerpo de Letrados del Consejo de Estado, de conformidad con el artículo 47 de su Reglamento Orgánico, y tras la reforma de 2005, se refieren a la necesidad de ostentar la nacionalidad española, la mayoría de edad, capacidad legal y física, y Licenciatura en Derecho[366]. Tras un duro proceso selectivo, detallado en el artículo 48 del Reglamento Orgánico[367], y tras las propuestas del Tribunal constituido al efecto, que serán unipersonales para cada plaza, a favor del aspirante que obtenga mayor número de votos, el nombramiento se hará por el Presidente del Consejo de Estado y se publicará en el BOE.

---

[366] Recordemos, como ya señalamos en el Capítulo I relativo a la tramitación parlamentaria de la Ley Orgánica y Reglamento del Consejo de Estado, que antes de la reforma operada mediante Real Decreto 449/2005, de 22 de abril, no se exigía licenciatura específica alguna, por cuanto, a juicio del entonces legislador no era requisito indispensable dicha titulación concreta. La experiencia y la práctica diaria, durante todo este tiempo, ha debido de llevar al legislador de 2005 a modificar el precepto en cuestión a fin de adaptarlo a las exigencias el puesto.

[367] El proceso, como señala RUIZ MIGUEL en "Consejo de Estado...", o.c., pág. 119, es extraordinariamente exigente, en consonancia con el elevado prestigio y nivel cultural y profesional del que goza, si bien dicho sistema de oposición fue criticado por garantizar las dotes memorísticas y no la capacidad práctica de los aspirantes, circunstancia por la cual Cordero recomendó en su momento el reforzamiento de los ejercicios prácticos sin detrimento de los de carácter teórico.

La mayor garantía de independencia del Cuerpo de Letrados del Consejo de Estado hasta ahora efectuada, fue la llevada a cabo por el Tribunal Constitucional en su Sentencia 99/1987, de 11 de junio, en la que, a propósito del enjuiciamiento de conformidad con la Constitución Española de numerosos preceptos de la Ley 30/1984, de 2 de agosto, de Medidas para la Reforma de la Función Pública, declaró inconstitucional su Disposición Adicional 9ª.1.4., precepto este que a su vez fue desarrollado mediante Real Decreto 849/1985, de 5 de junio, por cuanto que a través del mismo se integraba a tales Letrados en el Cuerpo Superior de Letrados del Estado[368], lo que suponía la introducción de un elemento extraño, sometido al Ministro de Justicia, dentro del Consejo de Estado, para llevar a cabo la dirección y coordinación de dichos Letrados, lo cual fue declarado inconstitucional por el máximo órgano garante de la Constitución Española, como ya pusimos de manifiesto, por haberse llevado a cabo dicha integración mediante ley ordinaria, vulnerando así la reserva de ley orgánica establecida por el artículo 107 de nuestra Carta Magna para regular la composición del Consejo de Estado. Y ello, además, razonado por el Tribunal Constitucional en cuanto que tales Letrados se adscriben, como hemos visto, a una o varias Secciones, y asistirán al Pleno y a la Comisión, así como, en su caso, a la Comisión de Estadios o a grupos de trabajo que se constituyan, lo que supone que tales Letrados forman parte de la composición del Consejo de Estado[369].

De otro lado, en cuanto a las incompatibilidades, los Letrados del Consejo de Estado están sujetos a las mismas incompatibilidades que el personal al servicio de las Administraciones Públicas, si bien el artículo 15.2 de la Ley Orgánica de dicho órgano permite la compatibilidad con el ejercicio de funciones docentes, siempre que no perjudiquen el funcionamiento del Consejo y estén previamente autorizadas por el Presidente, lo cual permite deducir que dicho órgano podrá revocar la mencionada autorización por necesidades del servicio. Por lo demás, y en cuanto a toma de posesión, incompatibilidades y régimen estatutario en general, resulta de aplicación el propio de los funcionarios de la Administración civil del Estado, con las salvedades propias de la regulación específica que les resulta de aplicación, conforme el artículo 71 del Reglamento Orgánico del Consejo de Estado.

Por lo demás, cualquier Letrado puede ser designado a título individual para desempeñar cometidos especiales y participar en comisiones de estudio sobre cuestiones de

---

[368] Además de someterse a la dirección y coordinación de la Dirección General del Servicio Jurídico del Estado, junto con el resto de Letrados del Estado, a través del artículo 1.2 del Real Decreto 850/1985, de 5 de junio, de organización de los Servicios Jurídicos del Estado.

[369] Para autores como RUIZ MIGUEL en "Consejo de Estado...", o.c., pág. 120, ni siquiera mediante ley orgánica podría integrarse a los Letrados de dicho Consejo en un Cuerpo o elemento jerárquicamente subordinado a la Administración del Estado, pues en ese caso, nos hallaríamos ante una violación de la propia configuración constitucional del Consejo de Estado como órgano del Estado dotado de relevancia constitucional con autonomía orgánica y funcional en garantía de su independencia y objetividad, según señalaron dos posteriores Sentencia del Tribunal Constitucional, la 56/1990, de 29 de marzo, y la 204/1992, de 26 de noviembre, respectivamente.

singular relevancia o interés público, a petición del Gobierno y previa designación por parte del Presidente del Consejo de Estado. No obstante, dicha designación podrá ser rehusada si las funciones exteriores implican una reducción en el seno del Consejo de Estado de las actividades de los designados, con el límite, además, de una décima parte de los que forman plantilla. La actuación de los comisionados no será imputable al Consejo de Estado.

De otro lado, el ascenso de Letrado a Letrado Mayor se produce por estricto orden de antigüedad, para lo que computa, incluso, la excedencia voluntaria, a partir de una Orden de 18 de septiembre de 1981, de la Presidencia del Gobierno, publicada en el BOE de 21 de octubre de 1981, que vino a dejar sin efecto[370] el inciso final del artículo 69 del Reglamento Orgánico del Consejo de Estado, donde se establecía expresamente que la situación de excedencia voluntaria no computaba para el ascenso, circunstancia esta que pone de manifiesto que el ascenso no se produce exclusivamente por acumulación de experiencia.

III.2.5. El personal de apoyo administrativo al Consejo de Estado

En el tercer nivel, burocrático, junto con los miembros que forman y emiten el parecer del supremo órgano consultivo del Gobierno, existe, con carácter auxiliar, un conjunto de personas que, siendo funcionarios de Cuerpos Generales de la Administración civil del Estado, se encuentran adscritos al Consejo de Estado, desempeñando las funciones administrativas y auxiliares que la normativa vigente les atribuye, en el ámbito del Alto Cuerpo, conforme el artículo 73 de su Reglamento Orgánico, atendiendo a un origen que se corresponde con Cuerpos Generales del Estado que agrupan auxiliares y administrativos, personal de archivo y biblioteca y subalternos, respectivamente.

Siendo así, la pertenencia de dicho personal a dichos Cuerpos no afecta a la autonomía e independencia del Consejo de Estado ni tampoco a la reserva de ley orgánica que, por mandato constitucional, exige una regulación de la composición de dicho órgano, por cuanto que las tareas encomendadas al personal que nos ocupa, no van más allá del apoyo administrativo, con carácter auxiliar, al ejercicio de la función típicamente consultiva encomendada al Alto Cuerpo, o lo que es lo mismo, tal y como señala Ruiz Miguel, no son tareas esenciales o directamente vinculadas con la función propia del Consejo de Estado, de forma que el origen y selección de tales funcionarios no afecta ni a la naturaleza jurídica ni a las competencias del Consejo de referencia, si bien las tareas que realiza dicho personal son también importantes, al contribuir al funcionamiento ordinario del órgano consultivo[371].

Dentro de las categorías que podemos encontrar, respecto del personal que nos ocupa, podemos distinguir entre funcionarios de Cuerpos Generales Administrativo y Auxiliar de la Administración Civil del Estado, destinados a tareas administrativas y auxiliares, cuyos

---

[370] A raíz de un recurso interpuesto por Letrados del Consejo de Estado contra dicho apartado, que fue anulado, y que decía: *"No se computarán, a estos efectos, los años en que el Letrado hubiera estado en situación de excedencia voluntaria"*.

[371] En RUIZ MIGUEL en "Consejo de Estado...", o.c., pág. 122.

puestos se determinan por el propio personal directivo del Consejo de Estado, distinguiendo, previo nombramiento del Secretario General, entre un Jefe de servicios administrativos, otro de servicios económicos, otro de Secretaría del Consejo, además de un encargado del Registro del Consejo[372], y, a petición del Presidente del Consejo, un contable[373] designado por el Interventor General de la Administración del Estado; además, ocupando el cargo de archivero bibliotecario, existirá un funcionario perteneciente al Cuerpo Facultativo de Archivos y Bibliotecas, designado por el Ministerio correspondiente, a solicitud del Presidente del Consejo de Estado, en caso de que la plaza se quede vacante, conforme el artículo 81 de su Reglamento Orgánico. Finalmente, existe un conjunto de funcionarios, adscritos por la Presidencia del Gobierno, pertenecientes al Cuerpo General Subalterno, que es distribuido por el Secretario General del Consejo de Estado[374], a fin de llevar a cabo una racionalización óptima del trabajo encomendado.

Sea como fuere, el personal objeto del presente apartado, se encuentra sujeto, en cuanto a número, a las determinaciones que a tal efecto establezcan sus respectivas plantillas orgánicas, de conformidad con el artículo 72 del Reglamento Orgánico del Consejo de Estado.

III.3. La independencia de los miembros de los consejos consultivos autonómicos

Como es sabido, fue con posterioridad a la Sentencia 204/1992, de 26 de noviembre, del Tribunal Constitucional, cuando empezaron a proliferar los órganos consultivos autonómicos españoles, animados por el impulso doctrinal que, la mencionada Sentencia supuso para la mayoría de Comunidades Autónomas que no se habían atrevido hasta ese momento con la configuración y puesta en marcha de un órgano consultivo propio (Todas, a excepción de Cataluña y Canarias).

El contenido de la Sentencia de referencia es de sobra conocido, y la quintaesencia de la misma, para lo que aquí importa, podría extraerse de la posibilidad de que nuestras Comunidades Autónomas pueden crear órganos[375] con el único requisito, eso sí, de que tales órganos consultivos resulten *equivalentes u homologables* al Consejo de Estado, esto es, cuando tales órganos estén dotados de "las características de organización y funcionamiento

---

[372] Artículos 74, 75, 76 y 79, respectivamente, del Reglamento Orgánico del Consejo de Estado.

[373] Puede haber más de uno, si bien en todo caso han de pertenecer al Cuerpo Especial de Gestión de la Hacienda Pública, con la función de colaboración y auxilio en las labores de índole económica encomendadas al Jefe de los Servicios Económicos, conforme el artículo 78 del Reglamento Orgánico del Consejo de Estado.

[374] Artículos 87 y siguientes del Reglamento Orgánico.

[375] Para el Tribunal Constitucional, a través de la mencionada Sentencia, la expresión del artículo 107 de la Constitución no se puede referir tan sólo al órgano consultivo del Gobierno central sino también a los de las Comunidades Autónomas; argumento mediante el cual el Tribunal Constitucional ha proclamado la equivalencia en la intervención del órgano consultivo cuando una Ley así lo exige.

que aseguren, su independencia, objetividad y rigurosa cualificación técnica", exigencia esta que ha dado lugar a algunas interpretaciones[376], y, en todo caso, a la proliferación generalizada de tales órganos en la práctica totalidad de las autonomías, a fecha de hoy, a excepción, como es sabido, de la Comunidad cántabra la cual, y a pesar de la previsión del artículo 38 de su Estatuto de Autonomía, no ha procedido a la aprobación de la Ley, por cuanto desarrolla directamente el Estatuto de Autonomía, necesaria para la puesta en marcha y funcionamiento del Consejo Jurídico Consultivo al que el mencionado precepto hace referencia[377].

Siendo así, la regulación actualmente vigente de los diecisiete órganos consultivos autonómicos (incluyendo el Consejo catalán de Garantías Estatutarias), actualmente creados, constituidos y en funcionamiento, evidencia los rasgos actuales que permiten fijar la posición institucional de tales órganos, dotados de un carácter superior y colegiado, con exigencia de autonomía orgánica y funcional, y situados en una equidistancia institucional respecto a los órganos de la administración activa[378], lo que no supone un modelo único y homogéneo a seguir, sino, por el contrario, la garantía de una institución ajustada a la noción actual de función consultiva.

Y así, el actual sistema de función consultiva autonómica, en sustitución del Consejo de Estado, elimina el tipo institucional único representado por dicho Consejo, y se basa en un sistema institucional sustentado en la autonomía e independencia funcional, si bien más allá de esos rasgos esenciales construidos en torno a la superioridad del órgano y a su autonomía e independencia, el legislador estatal y autonómico, han podido definir la institución de la mejor manera que pudiera ajustarse a las exigencias derivadas del marco

---

[376] Señalaba EMBID IRUJO, en "Los principios jurídicos..", o.c., pág. 342, que el problema para los juristas es el del hallazgo y depuración de lo que en el ordenamiento jurídico del Consejo de Estado puede juzgarse como quintaesencia de su función, de forma que esa tarea constituye tanto un objetivo como un método de trabajo y la meta del mismo consiste en encontrar una suerte de raíz sustantiva cuya traslación al ámbito de los Consejos consultivos autonómicos pueda hacer que éstos sean considerados como semejantes al Consejo de Estado y, por tanto, cumplan el parámetro exigido por la STC 204/1992. Años después, GALERA, en "Función consultiva...", o.c., págs. 158 y 159, se referirá a la posición institucional de los órganos consultivos autonómicos, y a la inexistencia de un modelo único a seguir, el del Consejo de Estado, por más que la STC estableciese la equiparación u homologación con el mismo, cuyos rasgos de independencia e imparcialidad, hacen más bien referencia a una garantía institucional en la configuración de dicho órgano.

[377] Concretamente, el artículo 38 del Estatuto de Autonomía de Cantabria, aprobado mediante Ley Orgánica 8/1981, de 30 de diciembre, reformada mediante Ley Orgánica 11/1998, de 30 de diciembre, introdujo en su artículo único el mencionado precepto, cuyo tenor literal es el siguiente: *"El Consejo Jurídico Consultivo es el superior órgano de consulta y asesoramiento de las instituciones de la Comunidad Autónoma de Cantabria y de sus corporaciones locales. Una Ley del Parlamento de Cantabria, aprobada por mayoría de tres quintos de sus miembros, regulará sus funciones, composición y régimen de funcionamiento".*

[378] GALERA, "Función consultiva...", o.c., págs. 158-159.

llamado a ejercer su actividad. Todo lo cual, en fin, confirma el apartamiento de la tendencia mimética, que, en el ámbito autonómico, se ha venido produciendo hasta los últimos tiempos con las reformas estatutarias, respecto del Estado, en contra de las recomendaciones iniciales de los expertos[379].

Teniendo en cuenta las funciones atribuidas a los órganos consultivos autonómicos, en cuanto el ejercicio de la alta función consultiva, la atribución de independencia a los mismos, se hace, al igual que en el caso del Consejo de Estado, imprescindible, a fin de que tales órganos, en la emisión de su parecer, puedan actuar sin admitir intervención ajena, a modo de órdenes o instrucciones de ninguna autoridad, debiendo actuar con criterios estrictamente técnicos. Dicha independencia, que se exige por la regulación autonómica, como veremos seguidamente, ha sido igualmente requerida por el Tribunal Constitucional, en su Sentencia 204/1992, y ello en virtud de los asuntos en que recae el ejercicio de la función consultiva[380], siendo requisito imprescindible para la equiparación del órgano autonómico en cuestión con el Consejo de Estado, y para el ejercicio de una función de manera plenamente satisfactoria, en el aseguramiento de la legalidad de la actuación administrativa[381].

Y es que, sea como sea, el órgano consultivo debe ser independiente en el ejercicio de su función consultiva, y con respecto al órgano sometido a control, por cuanto que dicha independencia es la fuente de legitimidad del órgano consultivo en cuestión, además de una

---

379 Me refiero al Informe de la Comisión de Expertos en Autonomías, del año 1981, pág. 24, en el que señalaban que *"Instauradas las Comunidades Autónomas en todo el territorio del Estado, resultaría gravemente inconveniente para la salud del sistema que aquéllas decidieran reproducir en su propio espacio, los esquemas organizativos de la Administración del Estado. [...] Las Instituciones que la Constitución permite que doten las Comunidades Autónomas (sobre todo la Asamblea Legislativa y el ejecutivo o Consejo de Gobierno) son precisas para la consagración de políticas autonómicas efectivas. Pero de ahí a entender que las Comunidades Autónomas necesiten pertrecharse del mismo aparato público del que ha dispuesto el Estado centralizado, va un largo camino que no debe recorrerse en ningún caso"*.

380 Ya que la función consultiva constituye "una importantísima garantía del interés general y de la legalidad objetiva y, a consecuencia de ello, de los derechos y legítimos intereses de quienes son parte de un determinado procedimiento administrativo", según estableció el TC en Sentencia 204/1992, de 26 de noviembre.

381 ARAGÓN REYES, M., en "El control jurisdiccional como paradigma del control jurídico", *Constitución y Control del Poder*, Buenos Aires, Ediciones Ciudad Argentina, 1995, pág. 92, ha comparado la función consultiva con el control jurídico, señalando que el parámetro o canon de control que utiliza el Consejo Consultivo está constituido por un conjunto normativo, preexistente y no disponible para el órgano que lo ejerce, y es por eso que el juicio o valoración sometido a control está también sometido a razones de naturaleza jurídica, sujetas a reglas de verificación, siendo así que el control que ejercita el Consejo consultivo tiene un carácter necesario porque ha de efectuarse cuando es solicitado para ello, lo cual le diferencia del carácter voluntario del control político, que se lleva a cabo cuando el órgano al que le corresponde lo considera oportuno en virtud de criterios subjetivos.

garantía en el sometimiento de la Administración a la Ley y al Derecho, convirtiéndose en el instrumento necesario para verificar el cumplimiento de los principios emanados del artículo 103.1 de nuestra Constitución, por parte de la Administración autonómica. Y todo ello, además, porque como ha señalado Fernández Miranda[382], la idea de la autolimitación de la conducta puede ser plausible en el universo moral, pero es un absurdo lógico en el universo jurídico. Por eso, sólo cabe limitar jurídicamente desde la externalidad, porque ni es posible el autocontrol ni jurídicamente tiene el menor sentido.

Es por ello que, el proceso de implantación de los órganos consultivos autonómicos en nuestro país ha estado marcado por la preocupación, generalizada, acerca del grado de cumplimiento legal de las garantías de independencia y objetividad, a través de la autonomía orgánica y funcional, que es donde "se encarna el núcleo irreductible que debe identificar[383]" los órganos consultivos en nuestro ordenamiento jurídico, a exigencias de la jurisprudencia del Tribunal Constitucional.

En el estudio de la independencia de los miembros de los órganos consultivos autonómicos, debe distinguirse claramente dos aspectos, además de un tercero referido a la propia regulación del contenido de la autonomía orgánica y funcional por parte de la normativa objeto de estudio[384]. En este sentido, de un lado, en cuanto al acceso a la condición de miembro o consejero del órgano en cuestión, incluyendo los diferentes tipos de miembros, en su caso, requisitos para el nombramiento, y duración del cargo. Y, en segundo lugar, en cuanto a la independencia e inamovilidad de tales miembros durante su mandato, referido todo ello al régimen de incompatibilidades y ceses, así como a las garantías que rodean la apreciación de las causas para llevar a cabo la pérdida de la condición de miembro o consejero.

III.3.1. Los miembros de los consejos consultivos autonómicos: designación, requisitos, duración del cargo y retribuciones

Ante todo, conviene a nuestro estudio llevar a cabo una breve exposición de la normativa considerada a fin de extraer las pertinentes conclusiones. El resultado es el que sigue: 1. Cataluña[385]: De un lado, su Comisión Jurídica Asesora[386], definida como alto

---

[382] *Memoria sobre el concepto y método del Derecho Constitucional*, ejemplar mecanografiado, pág. 248.

[383] Acuerdo del Consejo Consultivo de Andalucía sobre su puesta en funcionamiento, con fecha 18 de febrero de 1994. *Recopilación de doctrina legal*, Granada, Consejo Consultivo de Andalucía, 1994, pág. 5.

[384] Que es especialmente significativo respecto del reconocimiento de la independencia de actuación de tales órganos, y que es objeto de epígrafe separado en el presente trabajo.

[385] Partiendo del artículo 38 de su Estatuto de Autonomía ("los derechos reconocidos por los capítulos I, II y III del presente Título y por la Carta de los derechos y deberes de los ciudadanos de Cataluña son tutelados por el Consejo de Garantías Estatutarias, de acuerdo con lo establecido por el artículo 76.2.b) y c)", la función consultiva, está encomendada actualmente, a dos órganos: la Comisión

órgano consultivo del Gobierno de la Generalidad, con autonomía orgánica y funcional para garantizar su objetividad e independencia que, además, vela por la observancia de la Constitución, el Estatuto de Autonomía, las leyes y resto del ordenamiento jurídico[387],

---

Jurídica Asesora (regulada en los arts. 72 del Estatuto de Autonomía de Cataluña, Ley 5/2005, de 2 de mayo, y Decreto 69/2006, de 11 de abril), y el Consejo catalán de Garantías Estatutarias (artículo 76 del Estatuto de Autonomía de Cataluña, Ley 2/2009,de 12 de febrero, del legislativo catalán, y Resolución de 25 de mayo de 2010, por la que se da publicidad al Reglamento de Organización y Funcionamiento del Consejo de Garantías Estatutarias, aprobado por el Pleno del Consejo con fecha 25 de mayo de 2010), de forma que el Consejo Consultivo de la Generalidad ha sido sustituido por el Consejo de Garantías Estatutarias, a partir de la última modificación del Estatuto de Autonomía de Cataluña aprobada mediante Ley Orgánica 6/2006, de 19 de julio, la cual, como ya pusimos de manifiesto páginas atrás, ha sido objeto de STC 31/2010, de 28 de junio, por la que se resuelve el recurso de inconstitucionalidad promovido por 99 diputados del Grupo Parlamentario Popular contra diversos preceptos de dicha Ley Orgánica de reforma del Estatuto de Autonomía de Cataluña, en el que se impugnaba, entre otros muchos artículos de dicha norma, el artículo 76, en sus apartados 1, 2 y 4, que regula, precisamente, el Consejo de Garantías Estatutarias, por entender que las funciones que se le atribuyen a dicho Consejo quebrantaban la reserva de control de constitucionalidad de las normas con fuerza de ley establecida en el art. 161 CE a favor del Tribunal Constitucional, así como que la eficacia vinculante atribuida a los dictámenes mencionados en el art. 76.4 del Estatuto catalán podría generar conflictos de legitimidad con los pronunciamientos de dicho Tribunal. Frente a tales alegaciones, el Tribunal Constitucional, en una Sentencia extensa pero precisa, argumenta que los apartados 1 y 2 del artículo 76 son en sí mismos inobjetables, dejando claro que *"la función dictaminadora atribuida al Consejo de Garantías Estatutarias no hace sino configurarlo en los términos del anterior Consejo Consultivo de la Generalidad, especie del género institucional consultivo cuya constitucionalidad fue confirmada por la STC 204/1992, de 26 de noviembre, y cuyos cometidos en nada pueden perjudicar al ejercicio de la función jurisdiccional que nos es propia"*, añadiendo que existen sustanciales y evidentes diferencias entre las funciones de asesoramiento de dicho órgano y la jurisdiccional atribuida al Tribunal Constitucional, concluyendo con la constitucionalidad de ambos preceptos. Sin embargo, y frente a ello, el Tribunal Constitucional declara inconstitucional el apartado 4 de dicho precepto, por las razones que ya expusimos en su momento.

[386] La Comisión Jurídica Asesora del gobierno catalán, fue restablecida por el Decreto de 17 de octubre de 1978, cuyo artículo 7 vino a establecer que "Se restablece la Comisión Jurídica Asesora, que ejercerá las funciones de asesoramiento jurídico del presidente de la Generalidad y de su Consejo Ejecutivo. Dictaminará o elaborará, si procede, las propuestas de normas que le sean sometidas. Sus miembros serán nombrados por decreto, sin límite de número". En este sentido, el mismo presidente Tarradellas, al dar posesión del cargo a los miembros de la Comisión Jurídica Asesora, destacaba lo siguiente: *"Hoy renovamos el pensamiento y las ambiciones que comportaba y que estaban representados por la Comisión Jurídica Asesora de 1932. Eso quiere decir que el planteamiento profundo de los aspectos jurídicos que están en la base del Gobierno y de las relaciones de la Generalidad con la sociedad catalana y con el resto de instituciones de España no es nuevo de hoy, sino que es ya una tradición de una manera de hacer de la Generalidad"*.

[387] Artículos 1.1, 1.2 y 1.3 del Decreto 69/2006, de 11 de abril, en adelante, Decreto 69/2006.

valora los aspectos de oportunidad y conveniencia si lo solicita el órgano consultante, conforme el artículo 3 del Decreto 69/2006 y formula sugerencias y propuestas[388].

En cuanto a su composición, está formada por quince miembros, juristas de reconocido prestigio que se distingan en el campo profesional, científico o académico y que tengan vecindad administrativa en Cataluña, conforme el artículo 3.1 de la Ley 5/2005. Son miembros natos, el Director/a del Gabinete Jurídico de la Generalidad y el Director/a del Instituto de Estudios Autonómicos. Los miembros natos no pueden ocupar el cargo de Presidente de la Comisión ni pueden ser ponentes de los dictámenes, de acuerdo con el artículo 3.2 de la Ley 5/2005. Tales miembros son nombrados por el Gobierno catalán, a propuesta del titular del Departamento a través del cual la Comisión Jurídica Asesora se relaciona con el mismo. La duración del cargo es de seis años renovable por un período de seis años más, llevándose a cabo la renovación por dos tercios cada dos años, conforme el artículo 3.3 de la Ley 5/2005[389].

Su Presidente es nombrado y separado por el Gobierno, de entre los miembros de la Comisión Jurídica Asesora, conforme el artículo 4 de la Ley 5/2005, el cual se sujeta a las incompatibilidades que determinen las leyes, conforme el artículo 20 del Decreto 69/2006.

Al mismo tiempo, su Secretario General debe ser funcionario del Cuerpo Superior de la Generalidad, con título de licenciado en Derecho, conforme el artículo 7 de la Ley 5/2005, teniendo en cuenta que asiste a la Comisión, con voz pero sin voto, de acuerdo con el artículo 9.2 del Decreto 69/2006. Es nombrado y cesado por el Presidente, una vez oída la Comisión Jurídica Asesora al amparo del artículo 23.1del Decreto 69/2006.

En cuanto a las retribuciones, los miembros de la Comisión de referencia perciben los derechos de asistencia que fija el Gobierno autonómico, previo informe del Departamento de Economía y Finanzas de la Generalidad, teniendo en cuenta que los proyectos de dictámenes elaborados por los miembros de la Comisión de referencia se retribuyen de acuerdo con los criterios que determina el Gobierno catalán, conforme los artículos 19 y 20 de la Ley 5/2005.

---

[388] Artículo 9.3 de la Ley 5/2005, de 2 de mayo, de la Comisión Jurídica Asesora, en adelante Ley 5/2005.

[389] La Ley 13/2008, de 5 de noviembre, vino a modificar la duración del cargo de los miembros de la Comisión Jurídica Asesora, prolongándolo de tres a seis años, renovable por otros seis más, adicionando una Disposición Transitoria más, la cuarta, por la que vino a establecer que "*Los miembros de la Comisión Jurídica Asesora nombrados conforme a lo que disponía la redacción primigenia del artículo 3.3 se mantienen en el cargo hasta que finalice el período de tiempo para el que fueron nombrados. Agotado dicho mandato, el Gobierno debe realizar los nuevos nombramientos. Deberá determinarse por sorteo, de entre todos los miembros designados, cuáles terminarán su mandato en cada una de las tres primeras renovaciones, la primera de las cuales tendrá lugar a los cuatro años de la designación*".

En segundo lugar, el Consejo de Garantías Estatutarias, es definido por el artículo 2.1 de la Ley 2/2009, de 12 de febrero[390], como la institución de la Generalidad que vela porque las disposiciones de la Generalidad se adecuen al Estatuto y a la Constitución, en los términos que establecen el artículo 76 del Estatuto y dicha Ley, además de dictaminar previamente a la interposición ante el Tribunal Constitucional de recursos de inconstitucionalidad, conflictos de competencia y recursos en defensa de la autonomía local, y además, según el artículo 2.1 de la Ley 2/2009, que dicho Consejo cumple sus funciones con plena independencia de los órganos ejecutivos, legislativos y judiciales, mediante dictámenes técnico-jurídicos que en ningún caso expresan criterios de oportunidad o conveniencia, de forma que los dictámenes de referencia no pueden proponer en ningún caso redacciones alternativas de dichos preceptos o partes de precepto, si bien las conclusiones pueden advertir, si procede, de la inconstitucionalidad o la antiestatutoriedad globales del dictamen de la comisión legislativa. Por lo demás, y para tener garantizada su independencia, disfruta de autonomía orgánica, funcional y presupuestaria[391].

En cuanto a su composición, está formado por nueve miembros, que deben ser juristas de competencia y prestigio reconocidos, con más de quince años de experiencia profesional, y deben tener la condición política de catalanes. Son nombrados por el Presidente de la Generalidad, seis de los cuales a propuesta del Parlamento, acordada por mayoría de tres quintas partes de los diputados, y los tres restantes a propuesta del Gobierno. El artículo 3.3 de la Ley 2/2009, exige que uno de los tres miembros designados por el Gobierno lo es de entre una terna propuesta por el Consejo de Gobiernos Locales. El período de nombramiento alcanza los nueve años sin posibilidad de reelección, si bien su renovación se lleva a cabo por tercios cada tres años, de forma que en cada renovación corresponde al Parlamento designar dos nuevos miembros y al Gobierno uno.

De otro lado, tanto el Presidente como el Secretario General, son elegidos por y entre los miembros del Consejo, en votación secreta y por mayoría absoluta, por un período de tres años renovable una sola vez.

En cuanto a las retribuciones, el artículo 52.1 del Reglamento Orgánico el Consejo de Garantías Estatutarias, de fecha 25 de mayo de 2010, únicamente se refiere al personal funcionario del Consejo, distinguiendo entre retribuciones básicas y complementarias, sin

---

[390] Cuya Disposición Adicional Segunda establece que *"El Consejo de Garantías Estatutarias sucede al Consejo Consultivo de la Generalidad en todo cuanto no regule la presente Ley, incluidos los derechos y obligaciones en materia de personal, contratos, convenios y titularidad de los bienes"*. Igualmente, la Disposición Derogatoria Única de dicha norma viene a acabar con la vigencia de la Ley 1/1981, de 25 de febrero, del Consejo Consultivo de la Generalidad, manteniendo la vigencia de su Reglamento, aprobado mediante Decreto 429/1981, de 2 de noviembre, a través de su Disposición Transitoria Cuarta, el cual ha sido derogado por el Reglamento del Consejo de Garantías Estatutarias, aprobado mediante Acuerdo de 25 de mayo de 2010, publicado en el Diario Oficial de Cataluña con fecha 8 de junio de 2010.

[391] Artículo 2.3 de la Ley 2/2009.

aludir expresamente a los Consejeros, circunstancia esta que no resulta clarificada en la Ley reguladora, que ni siquiera menciona este aspecto.

2. Canarias[392]: Definido como supremo órgano consultivo de la Comunidad de Canarias, dicho Consejo dictamina sobre la adecuación a la Constitución, al Estatuto de Autonomía y, en su caso, al resto del ordenamiento jurídico, respecto de los proyectos y proposiciones de ley y restantes materias que determine su Ley reguladora, teniendo en cuenta que ejercerá sus funciones con plena objetividad, gozando a tal fin de independencia orgánica y funcional en los términos de su Ley reguladora, conforme el artículo 1 de la Ley 5/2002. Los dictámenes salvo en los casos en que se disponga expresamente lo contrario, no son vinculantes y deberán estar jurídicamente fundamentados no pudiendo contener valoraciones de oportunidad o conveniencia de acuerdo con el artículo 3 de la Ley 5/2002.

Está compuesto por siete consejeros nombrados por el Presidente de la Comunidad Autónoma, de los cuales cuatro lo son a propuesta del Parlamento[393], por mayoría de dos tercios, y tres a propuesta del Gobierno, entre juristas de reconocida competencia y prestigio con más de 15 años de ejercicio profesional, de acuerdo con el artículo 4 de la Ley 5/2002. El período de nombramiento es por cuatro años, declarándose expresamente que son independientes e inamovibles.

Su Presidente es nombrado y separado por el Presidente de la Comunidad Autónoma, de entre los miembros del Consejo, por mayoría absoluta y votación secreta, conforme el artículo 10 de la Ley 5/2002, por un período igual que el que corresponda a su cargo de consejero.

El Secretario General es designado por el Pleno, de entre sus miembros, por mayoría absoluta, si bien dicho puesto no puede recaer en el Presidente de conformidad con el artículo 32 del Decreto 181/2005, de 26 de julio, en adelante Decreto 181/2005.

---

[392] El Consejo Consultivo de Canarias tiene su apoyo en el artículo 43 del Estatuto de Autonomía de Canarias (Ley Orgánica 10/1982, de 10 de agosto) que establecía la posibilidad de creación de un organismo consultivo que dictaminara sobre la adecuación al presente Estatuto de los proyectos o proposiciones de ley que se sometan al Parlamento así como sobre las restantes materias que determinara su Ley de creación, de forma que dicha norma fue modificada mediante Ley Orgánica 4/1996, de 30 de diciembre, que pasó a regular el Consejo Consultivo de Canarias en su artículo 44. El Consejo canario fue inicialmente regulado mediante Ley 4/1984, de 6 de julio que junto a su modificación mediante Ley 13/1986, de 30 de diciembre, fueron derogadas por la actualmente vigente Ley 5/2002, de 3 de junio, en adelante Ley 5/2002.

[393] No suscita dudas sobre la autonomía de un Consejo Consultivo el hecho de que parte de sus miembros sean designados por las Cortes, ya que en un Estado Democrático nada hay de objetable a que parte de los miembros de una institución autonómica sean de elección parlamentaria, con la ventaja añadida de que los mismos puedan tener mayor contacto con la sociedad y la "realidad social del tiempo" en que han de aplicarse las normas.

En cuanto a las retribuciones, los Consejeros percibirán las remuneraciones fijadas expresamente en las Leyes de Presupuestos de la Comunidad Autónoma de Canarias, de acuerdo con el artículo 6 de la Ley 5/2002, así como las dietas, ayudas e indemnizaciones que se determinen por el Pleno, conforme el artículo 20.2 del Decreto 181/2005. Por lo demás, los miembros del Consejo ostentan con carácter vitalicio la condición honorífica de presidente o consejero emérito, salvo que pierdan dicha condición por causa de incumplimiento grave de funciones o condena firme por delito[394].

3. Islas Baleares[395]: el Consejo Consultivo de las Islas Baleares se define por el artículo 76 de su Estatuto de Autonomía como el superior órgano de consulta de la Comunidad Autónoma, que velará en el ejercicio de sus funciones por la observancia de la Constitución, Estatuto de Autonomía y resto del ordenamiento jurídico, actuando con autonomía orgánica y funcional para garantizar su objetividad e independencia[396]. Sus dictámenes no son vinculantes salvo que legalmente así se determine, y se fundamentarán en el ordenamiento jurídico, aunque pueden introducir valoraciones de oportunidad y conveniencia si lo solicita el órgano consultante[397].

Está compuesto de diez miembros, juristas de reconocido prestigio con más de 10 años de ejercicio profesional, que disfruten de la condición política de ciudadanos de las Islas Baleares. Son nombrados por el Presidente de la Comunidad Autónoma, de forma que cuatro son elegidos por el Parlamento con el voto favorable de las tres quintas partes y los otros seis serán designados por el Gobierno autonómico, permitiéndose que uno de los cuatro miembros elegidos por el Parlamento y uno de los seis designados por el Gobierno regional puede ser personal funcionario del Grupo A1 en activo de la Administración de la Comunidad Autónoma para el grupo de los elegidos por el Parlamento o de cualquier Administración Pública para el caso de los designados por el Gobierno[398], si bien el resto de miembros no pueden ostentar la condición de funcionarios o personal laboral o eventual en activo del Estado, Comunidad Autónoma de las Islas Baleares o cualquier Administración Pública, salvo profesores de universidad[399].

---

[394] Artículo 28 del Decreto 181/2005.

[395] Su Consejo Consultivo se creó mediante Ley 5/1993, de 15 de junio, sin existir una previa regulación estatutaria, aunque luego, con la modificación del Estatuto de Autonomía en 1999, así como la última modificación de dicha norma, mediante Ley Orgánica 1/2007, de 28 de febrero, se regula dicho Consejo en el artículo 41 de su máxima norma autonómica. Actualmente, dicho órgano está regido por la Ley 5/2010, de 16 de junio, en adelante Ley 5/2010, así como por el Decreto 24/2003, de 28 de marzo, en adelante Decreto 24/2003, que aprueba el Reglamento Orgánico de dicho Consejo.

[396] Artículos 3.1 y 3.2 de la Ley 5/2010.

[397] Artículo 4.2 de la Ley 5/2010.

[398] Artículos 6.1 y 6.2 de la Ley 5/2010.

[399] Artículo 6.3 de la Ley 5/2010.

El período de nombramiento es por cuatro años sin límites expresos a la posibilidad de reelección[400], a ello se une el deber de presentar declaración de no estar incursos en causa de incompatibilidad, en un plazo de diez días tras su designación conforme el artículo 6 del Decreto 24/2003.

En cuanto a su Presidente, es elegido de entre y por los miembros del Consejo por mayoría absoluta y nombrado mediante Decreto del Presidente de la Comunidad Autónoma[401], por un período coincidente con la duración de su cargo conforme el artículo 4 del Decreto 24/2003.

De otro lado, el cargo de Secretario General se configura como un Consejero más, elegido por los miembros del Consejo, por mayoría absoluta, o en segunda vuelta, el que obtenga más votos, durante el mismo período para el que fue nombrado Consejero, siendo nombrado por Decreto del Presidente autonómico[402].

Finalmente, los miembros del Consejo perciben los derechos de indemnización por gastos de desplazamiento, estancia y asistencia a las sesiones, así como por la redacción y defensa de las ponencias, de acuerdo con lo que disponga el Reglamento orgánico del Consejo y las disposiciones de aplicación recogidas en la Ley 5/2010, de conformidad con su artículo 15.

4. Andalucía[403]: Su Consejo Consultivo es el superior órgano consultivo del Consejo de Gobierno y de la Administración de la Junta de Andalucía, incluidos sus organismos y entes sujetos a derecho público, además de ser el supremo órgano de asesoramiento de entidades locales y organismos y entidades de derecho público de ella dependientes, así como de las universidades públicas andaluzas, y demás entidades y corporaciones de derecho público no integradas en la Administración de la Junta de Andalucía cuando las leyes sectoriales así lo prescriban. Ejercerá sus funciones con autonomía orgánica y funcional, para garantizar su objetividad e independencia, conforme el artículo 129 de su Estatuto de Autonomía, velando por la observancia de la Constitución, Estatuto de Autonomía y resto del ordenamiento jurídico. En sus dictámenes valorará los aspectos de oportunidad y conveniencia si lo solicita el órgano consultante[404].

En cuanto a su composición, está integrado por un Presidente y tres tipos de Consejeros: permanentes, natos y electivos, debiéndose procurar una representación paritaria en al

---

[400] Artículo 6.4. de la Ley 5/2010.

[401] Artículo 7.2 de la Ley 5/2010.

[402] Artículo 11 de la Ley 5/2010.

[403] El Consejo Consultivo de Andalucía fue creado por Ley 8/1993, de 19 de octubre, al amparo del artículo 13.1 de su Estatuto de Autonomía, que establece la competencia exclusiva de la Comunidad Autónoma en la organización y estructura de sus instituciones de autogobierno. Recientemente, mediante la Ley Orgánica de reforma de su Estatuto de Autonomía, aprobada mediante LO 2/2007, de 19 de marzo, el artículo 129 de dicha norma viene a regular dicho Consejo.

[404] Artículo 3 de la Ley 4/2005, de 8 de abril, en adelante Ley 4/2005.

menos el 40%, excluidos los de cargos específicos, conforme el artículo 5 de la Ley 4/2005. Respecto a los Consejeros permanentes, tienen el límite de edad hasta los 65 años, y son nombrados de entre quienes hayan desempeñado el cargo de Presidente de la Junta de Andalucía, mediante Decreto del Consejo de Gobierno andaluz, previa aceptación por el interesado[405]. En cuanto a los Consejeros Electivos, en número de seis, son nombrados por Decreto del Consejo de Gobierno regional, entre profesionales que se hayan distinguido en el campo del Derecho, con más de 10 años de experiencia, exigiéndose una dedicación exclusiva y a tiempo completo, si bien la normativa de referencia permite al Consejo de Gobierno andaluz la posibilidad de designar a seis Consejeros electivos más sin dedicación exclusiva; su mandato en todo caso es de cinco años, aunque cabe una sola reelección[406]. Por lo demás, son Consejeros Natos: el Presidente de una de las Reales Academias de Legislación y Jurisprudencia de Andalucía, designado por el Instituto de Academias de Andalucía, el Fiscal Jefe del Tribunal Superior de Justicia de Andalucía, un representante del Consejo Andaluz de Colegios de Abogados designado de entre los Decanos de dichos Colegios, el Director General competente en materia de Administración Local y el Jefe del Gabinete Jurídico de la Junta de Andalucía[407].

En cuanto a su Presidente, es nombrado por Decreto de la Junta de Andalucía, oído el Consejo de Gobierno andaluz, entre juristas de reconocido prestigio con más de diez años de experiencia[408]. Dicho órgano, además, propone al Secretario General, que tendrá voz pero no voto, el cual es nombrado por el Consejo de Gobierno andaluz a partir de la propuesta ya mencionada, y oído el Pleno del Consejo, de conformidad con el artículo 13 de la Ley 4/2005.

Finalmente, el Presidente, los Consejeros Electivos y el Secretario General tendrán derecho a las retribuciones que por Ley de Presupuestos de la Comunidad Autónoma se determine, mientras que el resto de miembros perciben dietas por asistencias y gastos de desplazamiento[409].

5. Comunidad Valenciana: el Consejo Jurídico Consultivo de la Comunidad Valenciana es regulado como una institución de la Generalidad de carácter público, y definido como el órgano consultivo supremo del Consejo, de la Administración autonómica y en su caso de las Administraciones Locales de la Comunidad Autónoma en materia jurídica, incluyendo

---

[405] Artículo 7 de la Ley 4/2005. Ningún reproche se puede hacer a la inclusión de ex Presidentes autonómicos en la composición de órganos consultivos de su Comunidad Autónoma, que, además, pueden aportar experiencia. No debe olvidarse, en este punto, que al igual que los Presidentes o miembros de Consejos Ejecutivos de Comunidades Autónomas pueden formar parte del Consejo de Estado, en calidad de Consejeros Permanentes, sería un contrasentido que la propia norma autonómica no lo previera, respecto de aquellos que han ostentado dicha condición.

[406] Artículo 8 de la Ley 4/2005.

[407] Artículo 9 de la Ley 4/2005.

[408] Artículo 5 de la Ley 4/2005.

[409] Artículo 16 de la Ley 4/2005.

también a las Universidades Públicas de dicho ámbito territorial y otras entidades y corporaciones de derecho público de dicha Comunidad Autónoma no integradas en la administración autonómica[410].

Ejerce, además, sus funciones con autonomía orgánica y funcional para garantizar su objetividad e independencia, velando, en el ejercicio de su función, por la observancia de la Constitución, el Estatuto de Autonomía, las leyes y resto del ordenamiento jurídico[411]. Asimismo, valora los aspectos de oportunidad y conveniencia si lo solicita el órgano consultante[412].

En cuanto a su composición, está formado por el Presidente y seis Consejeros electivos, nombrados por cinco años, y con posibilidad de reelección de hasta tres nuevos períodos, y por los Consejeros Natos que son los ex Presidentes de la Generalidad, con voz pero sin voto, nombrados por un período de quince años si ejercieron el cargo por una o más legislaturas y por el tiempo que ejercieron el cargo, mínimo dos años, si no llegaron a completar al menos una legislatura[413]. En cuanto a la designación de los Consejeros Electivos, tres lo son por Decreto del Consejo de la Generalidad, y tres por las Cortes Valencianas, debiendo concurrir una mayoría de tres quintos, entre profesionales y científicos que se hayan distinguido en el campo del Derecho, durante más de diez años de ejercicio profesional, o entre juristas de reconocido prestigio y experiencia en asuntos de

[410] El Consejo Jurídico Consultivo de la Comunidad Valenciana se creó por Ley 10/1994, de 19 de diciembre, y fue introducido en el texto estatutario mediante Ley Orgánica 1/2006, de 10 de abril, en su artículo 43. La Ley 11/2002, de 23 de diciembre, introduce la figura de Consejero Nato por un período de quince años si se agotó al menos una legislatura o período igual al ostentado en presidencia si fue inferior a una legislatura, con un mínimo de dos años, para los ex presidentes de la Generalidad, que se incorporasen al Consejo, cuya regulación prevé que tendrán voz pero no voto. De otro lado, y en relación al Consejo Consultivo valenciano, GARRIDO MAYOL, en "El Consejo...", o.c, págs. 39 y 40, ha señalado que *"El Estatuto de Autonomía de la Comunidad Valenciana no contempla entre sus instituciones de autogobierno órgano alguno que ejerza la función jurídica consultiva en relación con el Gobierno Valenciano y su Administración...El Consejo Jurídico Consultivo de la Comunidad Valenciana se crea, por tanto, no porque lo prevea el Estatuto de Autonomía, sino en ejercicio de la competencia de organización de sus instituciones de autogobierno que tiene asumida la Comunidad Valenciana -art.148.1 de la Constitución y 31.1 de su Estatuto de Autonomía-, a la luz de la doctrina del Tribunal Constitucional...No es, por tanto, un órgano con relevancia estatutaria, ni un órgano necesario, derivado de la previsión de la norma institucional básica, que carece, por ello, de lo que se ha denominado "garantía institucional"*, pues el legislador autonómico podría, sin que se viera alterada la configuración institucional que el Estatuto de Autonomía contempla, suprimir el Consejo Consultivo de igual manera que ha estimado conveniente crearlo". No obstante, dicho Consejo ya ha sido previsto en su respectivo Estatuto de Autonomía, por lo que vendrá a disfrutar de la garantía institucional inherente a dicha previsión, tal y como veremos seguidamente respecto de los órganos de relevancia estatutaria.

[411] Artículos 1 y 2 de la Ley 10/1994, de 19 de diciembre, en adelante, Ley 10/1994.

[412] De conformidad con el artículo 2 de la Ley 10/1994.

[413] Artículo 3.3 de la Ley 10/1994.

Estado o autonómicos, que, además ostenten la condición política de valenciano[414]. Los natos ostentarán su condición de modo inmediato a su cese salvo que incurran en incompatibilidad, conforme el artículo 14 del Decreto 138/1996, de 16 de julio, en adelante Decreto 138/1996.

Su Presidente es elegido y nombrado por el Presidente de la Generalidad, de entre los Consejeros Electivos y tras la renovación de dichos Consejeros[415].

Igualmente, el Secretario General, con voz pero sin voto, es nombrado por el Consejo de Gobierno, a propuesta del Presidente del órgano consultivo.

Los miembros del Consejo percibirán sus retribuciones según el presupuesto del órgano consultivo, así como los derechos de indemnización por gastos o ayudas y derechos pasivos[416].

6. Aragón[417]: el Consejo Consultivo de Aragón es el supremo órgano consultivo del Gobierno y Administración de la Comunidad Autónoma y ejerce sus funciones con autonomía orgánica y funcional con el fin de garantizar su objetividad e independencia[418]. Se establece, además, que dicho Consejo estará adscrito a la Presidencia del Gobierno de Aragón, sin que esta adscripción suponga dependencia jerárquica en el cumplimiento de las funciones que le son atribuidas por ley, añadiéndose que dicho órgano ejerce sus funciones con autonomía orgánica y funcional con el fin de garantizar su objetividad e independencia, velando por la Constitución, Estatuto de Autonomía y resto del ordenamiento jurídico, y, en particular, tendrá en cuenta el respeto y cumplimiento de los derechos y deberes de los aragoneses y de los principios rectores de las políticas públicas recogidos en el Estatuto de Autonomía de Aragón, conforme los artículos 1.2 y 2 de la Ley 1/2009.

En cuanto a su composición, está formado por ocho Consejeros y un Presidente, que deben poseer la condición política de aragoneses, de forma que seis habrán de ser juristas de

---

[414] Artículo 6 de la Ley 10/1994.

[415] Artículo 5 de la Ley 10/1994.

[416] Artículo 17 del Decreto 138/1996.

[417] Originariamente, la Comisión Jurídica Asesora del Gobierno de Aragón fue creada mediante Ley 1/1995, de 16 de febrero, del Presidente y del Gobierno de Aragón, regulada posteriormente, mediante Texto Refundido de la Ley del Presidente y del Gobierno de Aragón, aprobado mediante Decreto Legislativo 1/2001, de 3 de julio. En la actualidad, el Consejo Consultivo de Aragón, está regulado mediante Ley 1/2009, de 30 de marzo, en adelante Ley 1/2009, del mencionado Consejo Consultivo, en aplicación del artículo 58 de su Estatuto de Autonomía. De otro lado, su primer Reglamento fue aprobado mediante Decreto 132/1996, de 11 de junio, y actualmente recogido por el Decreto 148/2010, de 7 de septiembre, en adelante, Decreto 148/2010. El Consejo de referencia, por lo demás, no fue previsto estatutariamente en su origen, pero sí introducido mediante la última reforma, llevada a cabo por Ley Orgánica 5/2007, de 20 de abril, que crea en su artículo 58 un Consejo Consultivo de Aragón, cuyas funciones, hasta el momento de su constitución, han sido desempeñadas por la desaparecida Comisión Jurídica Asesora, por mor de la DT 4ª de dicha Ley Orgánica.

[418] Artículo 58 de su Estatuto de Autonomía.

reconocido prestigio con más de diez años de experiencia profesional, y dos entre quienes hayan desempeñado con anterioridad a su nombramiento alguno de los siguientes cargos: Presidente de Aragón, Presidente de las Cortes de Aragón, Justicia de Aragón, Vicepresidente del Gobierno de Aragón, Consejero del Gobierno de Aragón, Diputado de las Cortes de Aragón, Diputado del Congreso por Aragón, Senador por Aragón, Presidente de la Cámara de Cuentas, Presidente del Consejo Económico y Social, Presidente del Consejo Local de Aragón, Alto Cargo de la Administración autonómica, Rector de la Universidad de Zaragoza, Decano de la Facultad de Derecho de la Universidad de Zaragoza y Decano del Colegio de Abogados en Aragón, de forma que tales circunstancias serán comprobadas por la Comisión Institucional de las Cortes de Aragón[419]. Todos los miembros son nombrados mediante Decreto aprobado por el Gobierno aragonés durante un período de tres años, aunque cabe renovación del nombramiento por dos períodos más, conforme el artículo 8 de la Ley 1/2009.

El Presidente es, igualmente, nombrado por Decreto del Gobierno autonómico, entre juristas con más de quince años de experiencia profesional y reconocido prestigio público, por un período de tres años y posibilidad de reelección por dos períodos más, en virtud de los artículos 5 y 8 de la Ley 1/2009.

En cuanto a su Secretario General, habrá de ser un Letrado de la Asesoría Jurídica de la Comunidad Autónoma, designado por el Gobierno autonómico[420].

Por lo demás, el Presidente y los Consejeros podrán desempeñar su función en régimen de dedicación exclusiva y tendrán derecho a las retribuciones que anualmente se fijen en la Ley de Presupuestos de la Comunidad Autónoma de Aragón, de forma que en caso de no ejercer dicha actividad en régimen de exclusividad, percibirán las dietas e indemnizaciones que reglamentariamente se establezca[421].

7. La Rioja[422]: el Consejo Consultivo de La Rioja es el órgano consultivo superior de la Comunidad Autónoma, estableciéndose que una Ley regulará su composición y funciones y garantizará su independencia[423], de modo que, en el ejercicio de sus funciones, gozará de

[419] Artículo 7 de la Ley 1/2009. La intervención de dicha Comisión es antes del nombramiento del Consejero, por lo que habrá que aplaudir dicha previsión, frente a la regulación del artículo 29.1 del Reglamento Orgánico del Consejo de Estado, en cuanto a la apreciación de idoneidad y causas de incompatibilidad por parte del Pleno del Consejo de Estado a posterior, esto es, tras el nombramiento del Consejero.

[420] Artículo 21 de la Ley 1/2009.

[421] Artículo 12 Ley 1/2009.

[422] El Consejo Consultivo de La Rioja fue creado mediante Ley 3/1995, de 8 de marzo, de régimen jurídico del Gobierno y la Administración Pública de la Comunidad Autónoma, e incluido en el Estatuto de Autonomía, a través de su reforma mediante Ley Orgánica 2/1999, de 7 de marzo, introduciendo un nuevo artículo 42. La inicial Ley 3/1995, fue derogada por la vigente Ley 3/2001, de 31 de mayo, del Consejo Consultivo de La Rioja, en adelante, Ley 3/2001; su Reglamento se rige por Decreto 8/2002, de 24 de enero, en adelante, Decreto 8/2002.

[423] Artículo 42 de su Estatuto de Autonomía.

plena autonomía orgánica y funcional en garantía de su objetividad e independencia, determinándose que en el ejercicio de su función, velará por la observancia de la Constitución, el Estatuto de Autonomía y resto del ordenamiento jurídico, en cuyo conjunto normativo fundamentará el Consejo su dictamen, si bien, y excepcionalmente, valorará aspectos de oportunidad y conveniencia cuando lo solicite el órgano consultante[424], ejerciendo sus funciones con imparcialidad, objetividad e independencia, de acuerdo con el artículo 4 del Decreto 8/2002.

Respecto a su composición, está integrado por cinco Consejeros, nombrados por el presidente de la Comunidad Autónoma, mediante Decreto, de los cuales tres a propuesta del Parlamento y dos del Gobierno de La Rioja, entre juristas de reconocido prestigio con más de diez años de experiencia profesional efectiva. El mandato es por cinco años aunque cabe reelección hasta un máximo de 3 períodos; la renovación es a razón de uno por año[425].

El Presidente del órgano consultivo riojano, es nombrado de entre los miembros del Consejo Consultivo por el Presidente de la Comunidad Autónoma, mediante Decreto, de acuerdo con el artículo 4 de la Ley 3/2001.

De otro lado, el puesto de Secretario General será provisto mediante libre designación por el propio Consejo, entre funcionarios de Administraciones Públicas, pertenecientes al Grupo A, debiendo ostentar la titulación en Derecho, con un mínimo de cinco años de antigüedad en la Función Pública[426]. Dicho puesto tendrá voz pero no voto y se somete al régimen de Función Pública autonómico sin más peculiaridades que las indicadas en la Ley 3/2001[427].

Igualmente, los miembros del Consejo tienen derecho a la percepción de indemnizaciones por desplazamiento, estancia, asistencia a ponencias y sesiones, según su Reglamento orgánico, pero no retribuciones periódicas fijas, de acuerdo con el artículo 6.4 de la Ley 3/2001.

8. Galicia[428]: el artículo 1 de la Ley 9/1995, creó el Consejo Consultivo de Galicia como órgano superior consultivo de la Xunta que gozará de plena autonomía orgánica y funcional en garantía de su objetividad e independencia, y velará por la observancia de la Constitución, del Estatuto de Autonomía y el resto del ordenamiento jurídico[429]. Su

---

[424] Artículos 1 y 2 de la Ley 3/2001.

[425] Artículo 3 de la Ley 3/2001.

[426] Artículo 5 de la Ley 3/2001.

[427] Artículo 9 de la Ley 3/2001.

[428] El Consejo Consultivo de Galicia fue creado mediante Ley 9/1995, de 10 de noviembre, en adelante Ley 9/1995, luego modificada mediante Ley 12/2007, de 27 de junio. Su Reglamento orgánico y de funcionamiento se rige por Decreto 282/2003, de 22 de mayo, en adelante, Decreto 282/2003, que derogó el anterior Decreto 287/1996, de 12 de julio. La Ley 12/2007, por lo demás, introdujo la figura de los ex Presidentes de la Junta como Consejeros Natos, si bien con carácter no renovable salvo que sean nombrados consejeros electivos

[429] Artículos 1 y 2 de la Ley 9/1995.

dictamen, salvo que por Ley se disponga otra cosa, será no vinculante y estrictamente jurídico, sin entrar en valoraciones de oportunidad y conveniencia, a menos que le sea solicitado por el órgano consultante[430].

Está compuesto de cinco Consejeros electivos, nombrados por Decreto del Presidente de la Comunidad Autónoma, oído el Consejo de la Xunta, entre juristas de reconocido prestigio con más de diez años de experiencia profesional efectiva, altos cargos y funcionarios de las Administraciones Públicas, con titulación en Derecho. El mandato es por seis años renovable una sola vez, salvo vacantes. Son Consejeros natos, además, los ex Presidentes de la Xunta, por un período de seis años si tuvieron la condición de Presidente durante cuatro o menos años, y por doce años si superaron los cuatro años, mandato no renovable, salvo nombramiento como Consejero Electivo[431].

En cuanto a su Presidente, es elegido por y entre los Consejeros, en votación secreta y por mayoría absoluta, o, en segunda votación, el más votado[432], por un período de seis años, aunque cabe renovación por otro período de idéntica duración[433], siendo nombrado mediante Decreto del Presidente de la Xunta, conforme el artículo 19.2 del Decreto 282/2003, de 22 de mayo.

Respecto al puesto de Secretario General, se integra en el cuerpo de Letrados del propio Consejo, si bien tiene voz pero no voto y es nombrado por el Presidente[434].

Por lo demás, los miembros del Consejo gallego tienen derecho a las remuneraciones, por el ejercicio de sus funciones que se determinen en los Presupuestos Generales de la Comunidad Autónoma[435].

9. Castilla La Mancha[436]: el Consejo Consultivo de Castilla-La Mancha es el superior órgano consultivo de la Junta de Comunidades y de las Corporaciones Locales de la Comunidad Autónoma[437], conforme el artículo 13 de su Estatuto de Autonomía. Ejerce sus

[430] Artículo 3 de la Ley 9/1995.

[431] Artículo 4 de la Ley 9/1995.

[432] Artículos 5 y 10 de la Ley 9/1995.

[433] Artículo 10 de la Ley 9/1995.

[434] Artículo 21 de la Ley 9/1995.

[435] Artículo 4.7 de la Ley 9/1995.

[436] El Consejo Consultivo de Castilla La Mancha está previsto en el artículo 13.4 de su Estatuto de Autonomía, aprobado mediante LO 9/1982, de 10 de agosto, a través de la modificación operada mediante Ley Orgánica 3/1997, de 3 de julio. Dicho órgano se creó por Ley 8/1995, de 21 de diciembre, del Gobierno y del Consejo Consultivo de Castilla La Mancha, que fue derogada por la Ley 7/1997, de 5 de septiembre, que a su vez fue modificada mediante Ley 4/2000, de 7 de junio. Ambas normas han sido derogadas por la Ley 11/2003, de 25 de septiembre, del Gobierno y del Consejo Consultivo de Castilla La Mancha, en adelante, Ley 11/2003, que es la que actualmente está en vigor.

[437] A juicio de FERNÁNDEZ CAMACHO, I., y ORTEGA MUÑOZ, M. en "El Consejo Consultivo de Castilla La Mancha…", o.c., págs. 142, la existencia del Consejo Consultivo de Castilla-La Mancha responde, muy especialmente, a la necesidad de completar los mecanismos de garantía del Estatuto de Autonomía frente a la legislación autonómica y estatal, articulados en el ordenamiento vigente,

funciones con autonomía orgánica y funcional para garantizar su objetividad e independencia, vela por la observancia de la Constitución, el Estatuto de Autonomía y todo el ordenamiento jurídico, de acuerdo con los artículos 38 y 39 de la Ley 11/2003. Asimismo, sus dictámenes se fundamentarán en Derecho salvo que la autoridad consultante requiera la valoración de aspectos de oportunidad y conveniencia.

En cuanto a su composición[438], está formado por cinco Consejeros Electivos, de los cuales tres son designados por las Cortes de Castilla La Mancha, por mayoría de tres quintos, y dos por el Consejo de Gobierno autonómico. En este sentido, son miembros Natos[439] los ex presidentes de la Junta de Comunidades, de las Cortes y del Tribunal Superior de Justicia de Castilla La Mancha, que habiendo ejercido el cargo durante al menos seis años gocen de la condición de ciudadano de dicha Comunidad Autónoma. El nombramiento de los miembros natos se establece por el tiempo que desempeñaron el cargo por el que acceden al Consejo, sin existir plazo para su incorporación. Los miembros

---

únicamente a través de los recursos de inconstitucionalidad o conflictos de competencias ante el Tribunal Constitucional, a lo que añaden dichas autoras que, a juicio de Trujillo, también por razones de economía institucional, para cumplir, en la Región, la función de asesoramiento al Gobierno y a la Administración, que tiene atribuida el Consejo de Estado, todo lo cual supone la configuración de dicho órgano conforme las características de las SS TC 56/90 y 204/92, determinando su equivalencia con el Consejo de Estado, en cuanto objetividad, independencia y cualificación técnica, además de su carácter de órgano de asesoramiento de los legislativos autonómicos o, cuando menos, la atribución de amplias facultades de asesoramiento en los procesos legislativos y constitucionales de las Comunidades Autónomas.

[438] Artículo 39 de la Ley 11/2003. De otro lado, y a tenor de la regulación expuesta, es posible afirmar que el modelo elegido es el de un órgano técnico-jurídico, fundamentalmente, en cuya elección participan las Cortes y al que se puede incorporar la experiencia de quienes han asumido las más altas responsabilidades de la región, teniendo en cuenta que con ello, y según la Exposición de Motivos de la norma reguladora, se piensa que dicha composición contribuirá al más exacto pronunciamiento en derecho sobre la materia a dictaminar y a hacer más fructífera la posibilidad que la ley determina en el sentido de permitir la inclusión en el dictamen de cuestiones de oportunidad y conveniencia si así lo requiere expresamente la autoridad consultante. El modelo, en fin, permite reforzar las garantías de sometimiento de los poderes públicos regionales al ordenamiento jurídico, teniendo en cuenta que dicho Consejo se configura como órgano necesario y de relevancia estatutaria, debido a su previsión en el artículo 13.2 del Estatuto de Autonomía de Castilla La Mancha, el cual, además es considerado como superior órgano consultivo de la Comunidad Autónoma y de sus Corporaciones Locales, de forma que se configura como órgano consultivo de toda la Comunidad Autónoma, y no sólo de su Gobierno.

[439] FERNÁNDEZ CAMACHO, y ORTEGA MUÑOZ, en "El Consejo Consultivo de Castilla La Mancha...", o.c., págs. 151 y ss., señalan que la presencia de Consejeros Natos en el Consejo Consultivo de referencia, aparte de constituir (en su momento) un rasgo de singularidad respecto del resto de órganos consultivos autonómicos, muestra un perfil del Consejo Consultivo castellano-manchego congruente con la posibilidad de que sus dictámenes puedan contener valoraciones de oportunidad o conveniencia cuando así lo requiera la autoridad consultante, puesto que en estos casos dichas valoraciones se pueden ver enriquecidas con la experiencia que en todo caso aporta el hecho de haber desempeñado ciertos cargos de relevancia constitucional y política a nivel autonómico.

electivos deben ser titulados en Derecho con más de diez años de ejercicio profesional, y gozar de la condición de ciudadano castellano- manchego, teniendo en cuenta que su nombramiento es por cinco años conforme el artículo 41 de la Ley 11/2003. Todos los Consejeros son nombrados por Decreto de la Presidencia de la Junta y deben presentar declaración sobre actividades, intereses y bienes en la forma del artículo 20, de la Ley 7/1997, de 5 de septiembre, del Gobierno y del Consejo Consultivo, modificado por Ley 4/2000, de 7 de junio. El artículo 25 del Reglamento del Consejo establece expresamente la responsabilidad, íntegra y exclusiva de los miembros de dicho Consejo.

En cuanto a su Presidente, es elegido por y entre los Consejeros Electivos, conforme el artículo 43 de la Ley 11/2003.

De otro lado, el Secretario General es nombrado y relevado por el Presidente del Consejo entre funcionarios de cualquier Administración Pública, titulados en Derecho y que tengan como mínimo cinco años de antigüedad en la Función Pública[440].

En cuanto a las retribuciones, el Presidente y los Consejeros electivos tienen derecho a la remuneración prevista en la Ley de Presupuestos Generales de Castilla La Mancha para los Consejeros y Viceconsejeros del Gobierno regional; respecto a los Consejeros Natos, sólo tendrán derecho a esas remuneraciones si optan por incompatibilidad, en caso contrario el Consejo Consultivo fijará su retribución, conforme el artículo 48 de la Ley 11/2003. Por lo demás, la normativa estudiada determina que los Consejeros que perciban remuneración o pensión periódica con cargo a presupuestos de las Administraciones Públicas, organismos, instituciones o corporaciones o cualquier otro ente público, deben optar entre esa remuneración o la prevista para los Consejeros del órgano consultivo[441], estableciéndose la obligación de comunicación al Consejo de toda actividad pública o privada para emisión de dictamen sobre compatibilidad, además del deber de abstención de emisión de opinión y voto sobre asuntos en los que tengan directo interés personal, profesional o empresarial[442]. Todos los miembros tienen derecho a percibir dietas, gastos y compensaciones según su Reglamento conforme el artículo 48 de la Ley 11/2003.

10. Murcia[443]: el Consejo Jurídico de la región de Murcia es el superior órgano consultivo en materia de gobierno y administración de la región de Murcia, que, además, ejerce la función consultiva con plena autonomía orgánica y funcional para garantizar su objetividad e independencia. Además, dicho órgano no está integrado en ninguna de las Consejerías ni departamentos de la administración regional; y, al mismo tiempo, velará por la observancia de la Constitución, el Estatuto de Autonomía y el resto del ordenamiento

---

[440] Artículo 44 de la Ley 11/2003.

[441] Artículo 48 de la Ley 11/2003.

[442] Artículo 48 de la Ley 11/2003.

[443] El Consejo Jurídico de la Región de Murcia fue creado mediante Ley 2/1997, de 19 de mayo, en adelante, Ley 2/1997, modificada por la Disposición Adicional 7ª de la Ley 12/2006, de 27 de diciembre. Su Reglamento fue aprobado mediante Decreto 15/1998, de 2 de abril, en adelante, Decreto 15/1998.

jurídico, fundamentando en ellos su dictamen. Salvo disposición legal en contra, los dictámenes no son vinculantes ni su carácter será exclusivamente jurídico[444].

En cuanto a su composición, está integrado por cinco miembros, designados entre juristas de reconocido prestigio con al menos diez años de ejercicio en la función o actividad profesional respectiva, que además tengan la condición política de murcianos. Son nombrados por el Presidente de la Comunidad Autónoma, de forma que, en cuanto a su designación, tres corresponde a la Asamblea regional por mayoría de dos tercios, y dos a propuesta del Consejo de Gobierno autonómico. Su nombramiento es por un período de seis años, pudiendo ser reelegidos[445].

Respecto a su Presidente, es elegido por y entre los Consejeros, mediante votación secreta y mayoría absoluta, siendo nombrado por el Presidente de la Comunidad Autónoma por un período de tres años pudiendo ser reelegido por dos mandatos más[446].

De otro lado, el Letrado-Secretario General, será designado por el Consejo, a propuesta del Presidente, entre funcionarios titulados en Derecho, pertenecientes al Cuerpo Superior de Administradores de la Comunidad Autónoma o a cualquier cuerpo superior funcionarial de otra Administración Pública u órgano institucional de la Comunidad Autónoma[447], disponiendo de voz pero sin voto, y sometiéndose al estatuto general de la función pública regional sin más peculiaridades que las determinadas en la Ley 2/1997, de conformidad con el artículo 9 de la Ley 2/1997.

En cuanto a las retribuciones de los Consejeros, tienen derecho de percepción a indemnizaciones por desplazamiento, estancia, y asistencia sesiones, según su Reglamento Orgánico[448], si bien el Presidente percibirá una dieta de estancia o presencia, y los consejeros una indemnización por especial dedicación por elaboración de ponencias y por asistencia a las reuniones, dietas que serán fijadas anualmente por el Consejo de conformidad con los artículos 22, 23 y 24 del Decreto 15/1998.

11. Navarra[449]: el Consejo de Navarra es el alto órgano consultivo superior de la Comunidad Foral de Navarra que, en el ejercicio de sus funciones, velará por la observancia y el cumplimiento de la Constitución, de la Ley Orgánica de Reintegración y Amejoramiento del Régimen Foral de Navarra y del resto del ordenamiento jurídico. Sus dictámenes no podrán contener valoraciones de oportunidad o de conveniencia y ejercerá

---

[444] Artículos 1 y 2 de la Ley 2/1997.

[445] Artículo 4 de la Ley 2/1997.

[446] Artículo 4 de la Ley 2/1997.

[447] Artículo 6 de la Ley 2/1997.

[448] Artículo 7 de la Ley 2/1997.

[449] El Consejo de Navarra fue creado mediante Ley Foral 8/1999, de 16 de marzo, en adelante, Ley Foral 8/1999, y su Reglamento fue aprobado mediante Decreto Foral 90/2000, de 28 de febrero, en adelante, Decreto Foral 90/2000. En la actualidad, está previsto en el artículo 28 ter de la Ley Orgánica 13/1982, de 10 de agosto (LORAFNA), precepto este introducido mediante Ley Orgánica 7/2010, de 27 de octubre.

sus funciones con autonomía orgánica y funcional para garantizar su objetividad e independencia[450]. Asimismo, apreciará la legalidad y en su caso la constitucionalidad de los anteproyectos de leyes forales y de proyectos de otras disposiciones generales y actos administrativos que le sean sometidos a consulta, de acuerdo con el artículo 3 del Decreto foral 90/2000.

Respecto a su composición, el Consejo está formado por siete miembros, nombrados por el Presidente de la Comunidad Autónoma, de entre juristas de reconocido prestigio y experiencia que tengan la condición política navarra, de los cuales cinco lo son a propuesta del Parlamento y dos son designados por el Gobierno; la duración de su mandato es por seis años si bien es posible un nuevo nombramiento[451].

Su Presidente, de otro lado, es elegido de entre sus miembros por mayoría absoluta y votación secreta, siendo nombrado por el presidente de la Comunidad Autónoma, por un período de seis años, aunque es posible un nuevo nombramiento conforme el artículo 7 de la Ley Foral 8/1999.

Respecto al Secretario General, es elegido de entre los miembros del Consejo por el mismo procedimiento que para el Presidente, con la salvedad de que en caso de empate se resolverá a favor del de menor edad, conforme el artículo 9 de la Ley Foral 8/1999.

En relación a las retribuciones, los miembros del Consejo tendrán derecho a percibir las dietas y compensaciones que reglamentariamente se establezcan por su asistencia a las sesiones de trabajo del Consejo, además de la compensación que se determine reglamentariamente por su participación como ponentes en informes y dictámenes e indemnizaciones por gastos por razón del servicio y viajes, según normativa foral vigente[452].

12. Euskadi[453]: la Comisión Jurídica Asesora de Euskadi es el órgano colegiado superior consultivo de las Administraciones de la Comunidad Autónoma de Euskadi incluidas en su

---

[450] Artículos 1 y 2 de la Ley Foral 8/1999.

[451] Artículo 4 de la Ley Foral 8/1999.

[452] Artículos 15 y 50 del Decreto Foral 90/2000.

[453] La Comisión Jurídica Asesora de Euskadi fue creada mediante Decreto 187/1999, de 13 de abril, y actualmente está regulada por la Ley 9/2004, de 24 de noviembre, en adelante, Ley 9/2004. Su reglamento fue aprobado mediante Decreto 167/2006, de 12 de septiembre, en adelante, Decreto 167/2006. Dicha Comisión trae causa de la Disposición Adicional Decimoséptima de la Ley 30/1992, de 26 de noviembre, en su redacción dada por la Ley 4/1999, de 13 de enero, que, con carácter básico establece en su apartado segundo que "La Administración consultiva podrá articularse mediante órganos específicos dotados de autonomía orgánica y funcional con respecto a la Administración activa, o a través de los servicios jurídicos de esta última. En tal caso, dichos servicios, no podrán estar sujetos a dependencia jerárquica ya sea orgánica o funcional, ni recibir instrucciones, directrices o cualquier clase de indicación de los órganos que hayan elaborado las disposiciones o producido los actos objeto de consulta, actuando para cumplir con tales garantías de forma colegiada". Para GARRIDO MAYOL, en "La Función Consultiva...", o.c., págs. 852 y 853, en este sentido, la Disposición Adicional de referencia no respeta la jurisprudencia del Tribunal Constitucional,

ámbito de actuación; ejerce la función consultiva con plena autonomía jerárquica y funcional, en garantía de su objetividad e imparcialidad, y se adscribe, sin integrarse en la estructura jerárquica de la Administración, al órgano del que dependan los servicios jurídicos centrales del Gobierno Vasco. Asimismo, vela porque la actuación administrativa se ajuste a la Ley y al Derecho, apreciando la acomodación al ordenamiento jurídico de los proyectos de normas y actos que se someten a dictamen[454].

Está compuesta de diez miembros, que han de ostentar la titulación o doctorado en Derecho, con acreditada competencia profesional en las materias que ha de conocer la Comisión, y que sean funcionarios con más de diez años de antigüedad en los cuerpos superiores de cualquiera de las Administraciones Públicas de la Comunidad Autónoma, o pertenezcan a los cuerpos docentes universitarios que presten servicios en la Universidad del País Vasco, con al menos cinco años de antigüedad en los mismos. El nombramiento como vocal es mediante Decreto del Consejo de Gobierno vasco, a propuesta motivada del miembro a cuyo Departamento estén adscritos los servicios jurídicos centrales. Los Consejeros son inamovibles, durante los 6 años de nombramiento si bien cabe renovación por períodos sucesivos de la misma duración conforme el artículo 7 de la Ley 9/2004.

La Presidencia es ocupada por los titulares de los órganos que tengan asignada la jefatura de los servicios jurídicos centrales del Gobierno Vasco y la competencia sobre el control normativo atribuido a estos[455].

El Secretario General es nombrado por el Presidente, por libre designación, entre funcionarios de carrera de los cuerpos superiores de cualquiera de los cuerpos de la Comunidad Autónoma del País Vasco, con titulación o doctorado en Derecho, y con al menos diez años de antigüedad en los citados cuerpos de cualquier administración pública, conforme el artículo 6.4 de la Ley 9/2004.

Por lo demás, los miembros de la Comisión Jurídica Asesora son remunerados mediante una única retribución y por un solo concepto, con resarcimiento por gastos o cambio de residencia, conforme la normativa de Altos Cargos[456].

---

fundamentalmente la Sentencia 204/1992, así como la del Tribunal Supremo, ejemplificada en Sentencias de 24 de noviembre de 1989 (Sala especial de revisión), y de 16 de enero de 1993, de forma que, a juicio de dicho autor, la STC 204/1992 exige, respecto de los órganos consultivos autonómicos que participen de las mismas características y tengan idénticas o semejantes funciones a las del Consejo de Estado, mientras que las Sentencias del Tribunal Supremo estiman la necesidad de que dichos órganos consultivos sean homologables al Consejo de Estado; siendo así, tales criterios jurisprudenciales, señala GARRIDO MAYOL, no parecen compadecerse con la posibilidad expresada en la Disposición Adicional de referencia cuando señala que la "Administración consultiva podrá articularse [...] a través de los servicios jurídicos de esta última (de la Administración activa)", aunque se expresen en el siguiente párrafo una serie de prevenciones. Frente a dicha opinión, la doctrina mayoritaria entiende que la Disposición de referencia sí cumple los requisitos de la jurisprudencia del Tribunal Constitucional.

454 Artículos 1,2 y 4 de la Ley 9/2004.

455 Artículo 6 de la Ley 9/2004.

13. Extremadura[457]: es el superior órgano consultivo de la Comunidad Autónoma, que velará por la observancia de la Constitución, del Estatuto de Autonomía y del resto del ordenamiento jurídico; ejercerá sus funciones con autonomía orgánica y funcional con el fin de garantizar su objetividad e independencia, y no entrará a conocer aspectos de oportunidad y conveniencia salvo que le sea solicitado expresamente[458].

En cuanto a su composición, consta de cinco Consejeros electivos, nombrados por cinco años, con posibilidad de una reelección, designados entre juristas de reconocido prestigio que residan en la Comunidad Autónoma de Extremadura y gocen de la condición política de extremeños, con al menos diez años de experiencia profesional. La designación de tales Consejeros recae, respecto a tres de ellos, en la Asamblea de Extremadura por mayoría absoluta de sus miembros, mientras que los dos restantes son designados por el Consejo de Gobierno autonómico. El Consejo Consultivo extremeño cuenta, además, con Consejeros Permanentes, por un período equivalente a la mitad del tiempo que desempeñaron el cargo por el que acceden al Consejo, que se podrán incorporar al Consejo en cualquier momento, previa comunicación por escrito dirigida al Presidente del órgano consultivo, siempre que residan en Extremadura y hayan ocupado los siguientes cargos, al menos un mandato completo: Presidentes del Gobierno, del Congreso o Senado y Tribunal Supremo, Presidente de la Comunidad Autónoma de Extremadura, de la Asamblea de Extremadura y del Tribunal Superior de Justicia de Extremadura[459], siendo su nombramiento y cese mediante Decreto del Presidente autonómico. Dichos Consejeros tienen el límite máximo de permanencia en los 72 años, conforme el artículo 5 de la Ley 16/2001. Por lo demás, todos los Consejeros deben realizar declaración de incompatibilidad y sobre actividades, intereses y bienes, así como de rentas y remuneraciones conforme la Ley 5/1996, de 26 de septiembre, de declaración de bienes, rentas, remuneraciones y actividades de representantes y cargos públicos extremeños[460].

El Presidente del Consejo extremeño, nombrado mediante Decreto del Presidente de la Comunidad Autónoma, es elegido por y entre sus miembros, por mayoría absoluta, y habrá de ostentar la condición de jurista, de acuerdo con el artículo 4 de la Ley 16/2001.

De otro lado, el Secretario General del Consejo perteneciente al cuerpo de Letrados del mismo, tiene voz pero no voto, y es nombrado por el Presidente del Consejo de acuerdo con el artículo 25 de la Ley 16/2001.

---

[456] Artículo 7 de la Ley 9/2004.

[457] El Consejo Consultivo de Extremadura se constituyó en febrero de 2003, actualmente está regulado mediante Ley 16/2001, de 14 de diciembre, en adelante, Ley 16/2001. Su Reglamento se rige en nuestros días, por el Decreto 146/2004, de 28 de septiembre, en adelante Decreto 146/2004. La previsión de dicho Consejo se recoge en el artículo 51 de su Estatuto de Autonomía, a partir de la modificación operada mediante Ley Orgánica 12/1999, de 6 de mayo.

[458] Artículo 1 de la Ley 16/2001.

[459] Artículo 4 de la Ley 16/2001.

[460] Artículo 10 del Decreto 146/2004.

Finalmente, los miembros del Consejo consultivo extremeño perciben las remuneraciones que les corresponde conforme la Ley de Presupuestos Generales de la Comunidad Autónoma.

14. Castilla y León[461]: es el superior órgano de la Junta y de la Administración de la Comunidad Autónoma, conforme el artículo 33 del Estatuto de Autonomía de Castilla y León[462]; ejerce sus funciones con autonomía orgánica y funcional con el fin de garantizar la objetividad e independencia de las mismas, y, además, vela, en el ejercicio de dichas funciones, por la observancia de la Constitución, el Estatuto de Autonomía y todo el ordenamiento jurídico. Sus dictámenes se fundamentarán en Derecho sin que pueda extenderse a valoraciones de oportunidad o conveniencia, salvo que expresamente sea solicitado por la autoridad solicitante[463]. Dicho Consejo no está integrado en ninguna de las Consejerías u otros órganos o entidades de la Administración autonómica, según declaración del artículo 1.1 del Decreto 102/2003.

Está integrado por Consejeros Natos y Electivos. Los Consejeros Electivos serán cinco, nombrados por un período de seis años, con posibilidad de reelección, de los cuales tres son designados por las Cortes de Castilla y León, elegidos en la votación conjunta que corresponda presentar a los grupos parlamentarios, en proporción al número de procuradores integrado en cada uno de ellos, por mayoría de tres quintos en primera vuelta o mayoría absoluta en segunda, mientras que los dos restantes son designados por la Junta de Castilla y León; en todo caso, deberán ser titulados en Derecho con más de diez años de dedicación a función o actividad profesional de contenido jurídico, y gozar de la condición de ciudadano de Castilla y León. No obstante, y excepcionalmente, el Reglamento orgánico del Consejo podrá contener la posibilidad de Consejeros Electivos que no sean titulados en Derecho, y acrediten una reconocida competencia en relación a las funciones del Consejo. De otro lado, son Consejeros Natos los ex Presidentes de la Junta de Castilla y León, que gocen de la condición de ciudadanos de Castilla y León, con el límite de edad de 70 años, aunque cabe prórroga a solicitud del interesado hasta los 75 años. La duración del mandato de los Consejeros Natos habrá de entenderse por el tiempo que reste hasta el cumplimiento

---

[461] El Consejo Consultivo de Castilla y León, está reconocido como institución propia en el artículo 19.2 del Estatuto de Autonomía y regulado en su artículo 24, que tras la modificación operada mediante la Ley Orgánica 4/1999 se prevé en el artículo 33. Dicho órgano consultivo fue creado mediante Ley 1/2002, de 9 de abril, en adelante, Ley 1/2002; su Reglamento se rige por el Decreto 102/2003, de 11 de septiembre, en adelante, Decreto 102/2003.

[462] Para SALGUEIRO CORTIÑAS, Mª J. en "Experiencia, casuística y doctrina del Consejo Consultivo de Castilla y León", *Revista Jurídica de Castilla y León,* nº 12, 2007, págs. 249 y 250, la creación del órgano consultivo de referencia es la afirmación sustancial de la capacidad que la Comunidad Autónoma de Castilla y León tiene sobre la base de su potestad de autoorganización, constitucionalmente garantizada, para proceder a la institucionalización de sus órganos propios de consulta, lo cual lleva aparejado una profundización en el autogobierno de Castilla y León y la necesidad de tutelar con mayor proximidad la legalidad y el interés general público implicando, además, una mejora de nuestro esquema institucional.

[463] Artículos 1 y 3 de la Ley 1/2002.

de la edad señalada, incluida, en su caso, la prórroga correspondiente[464]. Todos los Consejeros son nombrados mediante Decreto del Presidente de la Comunidad Autónoma, conforme el artículo 10 de la Ley 1/2002.

El Presidente es elegido de entre los Consejeros electivos[465], nombrado por Decreto del Presidente de la Comunidad Autónoma, se asimila a efectos retributivos a los Consejeros de la Junta y percibirá complemento de productividad en la cuantía que establezca el Pleno, además de las indemnizaciones por gastos de viaje, alojamiento y manutención conforme el presupuesto anual del Consejo[466].

En cuanto al Secretario General, es nombrado y relevado por el Pleno del Consejo, a propuesta de su Presidente, entre funcionarios de cualquier Administración Pública, entidad, institución u organismo público, con titulación en Derecho y que tengan al menos diez años de antigüedad en funciones de asesoramiento jurídico a la Administración Pública, de acuerdo con el artículo 13 de la Ley 1/2001.

Por lo demás, los Consejeros con plena dedicación se asimilan a los Consejeros de la Junta, a efectos de retribuciones, y percibirán la productividad que determine el Pleno del Consejo, además de las indemnizaciones por gastos por viaje, alojamiento y manutención, conforme el presupuesto anual del Consejo, teniendo en cuenta, además, que si se les ha autorizado compatibilidad por actividades docentes e investigadoras, tendrá derecho a indemnización por su asistencia a las sesiones y reuniones del Consejo, en la cuantía que se determine en su presupuesto anual, además de las compensaciones por elaboración de ponencias de dictamen o trabajos encomendados, igualmente en la cuantía que determine el presupuesto anual del Consejo[467].

15. Asturias[468]: es el superior órgano de consulta de la Comunidad Autónoma, con preeminencia sobre cualquier otro del mismo carácter, y en tal calidad le corresponde prestar a los órganos de su Administración Pública y a las Entidades Locales radicadas en su territorio los asesoramientos que procedan con arreglo a la Ley 1/2004[469]; además, velará por la observancia de la Constitución, del Estatuto de Autonomía y del resto del

---

[464] Y ello por cuanto que el artículo 7, apartado sexto, de la Ley 1/2002 fue derogado por la Disposición Derogatoria de la Ley 12/2005, de 27 de diciembre, de las Cortes de Castilla y León, que establecía que el mandato en cuestión de los miembros natos del Consejo Consultivo de dicha Comunidad Autónoma, sería de duración igual a la mitad del tiempo en que desempeñaron el cargo por el que acceden al mencionado Consejo Consultivo.

[465] Artículo 8 de la Ley 1/2002.

[466] Artículo 24 del Decreto 102/2003.

[467] Artículo 31 del Decreto 102/2003.

[468] El Consejo Consultivo del Principado de Asturias, fue creado por la reforma de su Estatuto de Autonomía, operada mediante Ley Orgánica 1/1999, de 5 de enero, que introdujo un nuevo artículo 35 quater. En desarrollo de dicha previsión, se aprueba la Ley 1/2004, de 27 de junio, reguladora del Consejo Consultivo asturiano, en adelante, Ley 1/2004. Su Reglamento se rige por el Decreto 75/2005, de 14 de julio, en adelante, Decreto 75/2005.

[469] Artículos 35 quater del Estatuto de Autonomía asturiano y 1 de la Ley 1/2004.

ordenamiento jurídico, sus dictámenes se fundamentan en Derecho y sólo valorarán los aspectos de oportunidad y conveniencia cuando lo solicite expresamente la autoridad consultante, de conformidad con el artículo 3 de la Ley 1/2004.

Forman el Consejo Consultivo asturiano cinco vocales, nombrados mediante Decreto del Presidente de la Comunidad Autónoma, de los cuales tres son a propuesta del Consejo de Gobierno y los otros 2 a propuesta de la Junta General del Principado de Asturias, por mayoría de tres quintos, designados entre personas que, gozando de la condición política de asturianos, sean juristas de reconocido prestigio con más de 10 años de experiencia profesional efectiva, de acuerdo con el artículo 6 de la Ley 1/2001. El nombramiento será por seis años, con posibilidad de una reelección[470].

Respecto a su Presidente, es designado de entre los cinco vocales[471] y nombrado por Decreto del presidente de Comunidad Autónoma, a propuesta de los vocales, que lo elegirán por mayoría absoluta, o por mayor número de votos en segunda votación; la duración del mandato de dicho órgano con relevancia externa debe coincidir con su mandato de vocal, de acuerdo con el artículo 5 de la Ley 1/2001.

El Secretario General, de otro lado, es nombrado y relevado libremente por el Consejo Consultivo a propuesta de su Presidente, entre los letrados pertenecientes al cuerpo de Letrados del Consejo, si bien tendrá voz pero no voto[472].

Finalmente, los miembros del Consejo Consultivo asturiano percibirán las retribuciones reflejadas en la Ley de Presupuestos Generales de la Comunidad Autónoma, establecidas para los Consejeros y Viceconsejeros del Gobierno regional, conforme el artículo 10 de la Ley 1/2004, concretando el Reglamento orgánico que dichas remuneraciones serán las correspondientes a las previstas para los Viceconsejeros regionales en los Presupuestos Generales autonómicos[473].

16. Madrid[474]: es el superior órgano consultivo del Gobierno y de la Administración de la Comunidad de Madrid, así como de sus organismos autónomos y entidades de derecho público dependientes de la misma[475]; ejerce sus funciones con autonomía orgánica y

---

[470] Artículo 11 de la Ley 1/2004.

[471] Artículo 4 de la Ley 1/2004.

[472] Artículo 7 de la Ley 1/2004.

[473] Artículo 11 del Decreto 75/2005.

[474] El Consejo Consultivo de la Comunidad de Madrid ha sido creado por Ley 6/2007, de 21 de diciembre, en adelante, Ley 6/2007, al amparo del artículo 26.1.1 de su Estatuto de Autonomía. Su Reglamento Orgánico de Ejecución y Desarrollo de la mencionada Ley, de otro lado, está regulado mediante Decreto 26/2008, de 10 de abril, en adelante, Decreto 26/2008.

[475] Para GARRIDO MAYOL, en "Sobre la necesidad...", o.c., pág. 836, sorprende que siendo órgano consultivo de las entidades locales y universidades públicas no reconozca a alcaldes y rectores legitimación para acudir a dicho órgano directamente y no a través del Consejero competente, añadiendo que el modelo por el que se ha optado es de origen gubernamental, al ser el Gobierno el que nombra a su miembros sin participación del Parlamento autonómico.

funcional con el fin de garantizar su objetividad e independencia, teniendo en cuenta que velará en el ejercicio de sus funciones por la observancia de la Constitución, el Estatuto de Autonomía y del resto del ordenamiento jurídico. Sus dictámenes se fundamentarán en Derecho y valorará los aspectos de oportunidad y conveniencia cuando lo solicite expresamente la autoridad consultante[476].

En cuanto a su composición, está formado por Consejeros Permanentes y Consejeros Electivos. Los Consejeros Permanentes son los ex presidentes de la Comunidad de Madrid, cuyo nombramiento tendrá carácter vitalicio. Los Consejeros electivos se determinan en número entre seis y diez, si bien dicho número será idéntico al de las Secciones del Consejo[477]. Los Consejeros Electivos serán nombrados y cesados mediante Decreto del Consejo de Gobierno autonómico por un período de seis años, pudiendo ser reelegidos una sola vez, exigiéndose la condición de juristas con quince años de experiencia, o personas que hayan desempeñado alguno de los siguientes cargos: Presidente de la Asamblea de la Comunidad de Madrid, Consejeros y Viceconsejeros de dicha Comunidad Autónoma, alto cargo de la Administración General del Estado con categoría mínima de Subsecretario y Alcalde de Madrid [478].

El Presidente es nombrado y separado por Decreto del Consejo de Gobierno, entre personas que cumplan los requisitos exigidos para ser Consejero Electivo, cuyo nombramiento será por seis años, renovable por una sola vez, de acuerdo con el artículo 6 de la Ley 6/2007.

El Secretario General es elegido por el Pleno a propuesta del Presidente, entre personas que reúnan las condiciones necesarias para ser nombrados Consejeros Electivos o Letrados del Consejo madrileño. Será elegido con cada cambio de Presidente, y el cargo se ejercerá en régimen de dedicación exclusiva. Dicho órgano se somete al régimen de incompatibilidades del personal al servicio de las Administraciones Públicas[479].

Respecto a las retribuciones, el Presidente del Consejo percibirá las previstas para los Vicepresidentes de la Comunidad Autónoma, mientras que los Consejeros tendrán las retribuciones previstas para los Consejeros autonómicos; el Secretario General, por lo demás, percibirá las retribuciones correspondientes al puesto de Viceconsejero autonómico[480].

Así las cosas, y de la normativa recién expuesta, podemos extraer las siguientes consecuencias:

---

[476] Artículos 1 y 2 de la Ley 6/2007.

[477] Artículo 16.3 del Decreto 26/2008. Actualmente, mayo de 2011, el Consejo Consultivo de Madrid está formado por ocho Consejeros Electivos y un Consejero Permanente, D. Joaquín Leguina Herrán.

[478] Artículo 7 de la Ley 6/2007.

[479] Artículo 9 de la Ley 6/2007.

[480] Artículo 11 de la Ley 6/2007.

a) Número de miembros y permanencia en el cargo: Podemos distinguir tres grandes bloques: el primero, relativo a aquellas regulaciones que establecen un número de vocales o miembros, además de los miembros natos, igual o inferior a siete, con un período de mandato extenso, que prevé una o varias renovaciones; el segundo, en cuanto a aquellos órganos consultivos que prevén un número de miembros igual o inferior a siete, con un período de mandato escaso, sin renovación; y, finalmente, un tercer bloque respecto de aquellos órganos consultivos cuya normativa establece un número de miembros superior a siete, con un período de mandato no excesivamente extenso, dado el número de miembros, salvo alguna excepción como seguidamente veremos.

Pues bien, pertenecen al primer bloque los órganos consultivos de la Comunidad Valenciana (con seis miembros, más los Consejeros Natos –éstos por un tiempo de quince años o el tiempo que permanecieron en el cargo por el que acceden al Consejo si fue inferior a cuatro años-, y un período de mandato de cinco años con la posibilidad de hasta tres renovaciones), La Rioja (con cinco miembros y un período de mandato de cinco años con posibilidad de hasta tres renovaciones), Galicia (con cinco miembros, más los Consejeros Natos-éstos con un mandato de un período de seis años si ocuparon el puesto por el que acceden cuatro o menos años, y doce años si excedió de cuatro dicho período-, con un período de mandato de seis años más la posibilidad de una renovación), Murcia (con cinco miembros y mandato de seis años con posibilidad de una reelección, si bien su Presidente será nombrado por tres años con la posibilidad de dos reelecciones), Navarra (con siete miembros y mandato por seis años, con posibilidad de una reelección), Castilla y León (integrado por cinco miembros y mandato por seis años con posibilidad de una reelección, junto a los Consejeros Natos, cuyo mandato se corresponde con el tiempo que permanecieron en el cargo, si bien con el límite de 70 años de edad prorrogable hasta los 75 años) y Asturias (con cinco miembros y seis años de nombramiento con posibilidad de una renovación). En este primer bloque, es posible incluir, al mismo tiempo, al órgano consultivo extremeño, ya que se encuentra formado por cinco miembros electivos, con un período de mandato de cinco años, con posibilidad de reelección, ello unido con una composición de hasta siete Consejeros Permanentes, que ocuparán el cargo por el tiempo que desempeñaron el puesto por el que acceden al órgano consultivo, siempre que haya sido como mínimo de un mandato, con el límite de edad de 72 años[481].

Resulta así, en consecuencia, que nueve de las dieciséis Comunidades Autónomas que disponen de órgano consultivo han optado por la estabilidad en el ejercicio del cargo, facilitando de ese modo la continuidad en la doctrina emanada de tales órganos, aspecto

---

[481] La peculiaridad de la comunidad extremeña se haya en la circunstancia de que justifica la denominación de Consejeros Permanentes respecto de cargos que en otros órganos consultivos se denominan Consejeros Natos, como es el caso de ex Presidente de la Junta extremeña, de las Cortes de la Comunidad Autónoma o Asamblea autonómica o del Tribunal Superior de Justicia de la Comunidad Autónoma, que en Castilla La Mancha, Galicia, Valencia o Castilla y León, por ejemplo, se corresponden con el cargo de Consejero Nato. Dicha circunstancia sólo repite, y para el caso de ex Presidente de la Comunidad Autónoma, en el caso andaluz y madrileño.

este de importancia en orden a la independencia efectiva de dicho órgano, no comprometido por la "interinidad" o fugacidad en el puesto, y, en definitiva, en orden a la configuración del órgano en cuestión en sustitución del Consejo de Estado en el territorio de la respectiva Comunidad Autónoma, como posteriormente veremos.

En el segundo bloque que hemos diferenciado, bien pueden encajar los órganos consultivos de Canarias (con siete Consejeros y nombramiento por cuatro años, sin posibilidad expresa de renovación, si bien su normativa prevé el ejercicio del cargo en funciones para aquellos Consejeros nombrados por el Parlamento canario, por mayoría de dos tercios, hasta que dicho Parlamento, y tras dos sesiones sin alcanzar dicha mayoría, obtenga la misma) y Castilla La Mancha (con cinco Consejeros Electivos y un período de nombramiento de cinco años, sin posibilidad expresa de reelección, si bien se prevé que los Consejeros Natos, con independencia de los cinco Consejeros Electivos, permanecerán en el puesto por el tiempo que desempeñaron el cargo por el que acceden al Consejo Consultivo, siempre que hubieran permanecido en sus respectivos puestos al menos seis años). Resulta así que, respecto de este segundo bloque, el legislador autonómico ha optado por una cierta "interinidad" en la permanencia del cargo consultivo, que no se extiende más allá de cinco años, circunstancia esta que viene a dificultar la estabilidad necesaria para conseguir el asentamiento de la doctrina emanada del órgano consultivo, siguiendo el ejemplo del Consejo de Estado, para el caso de los Consejeros Permanentes, nombrados sin límite de tiempo. Dicha circunstancia fue criticada en su momento por algún sector de la doctrina, como el caso de Blanquer, que estima que el régimen de los miembros de los consejos consultivos autonómicos no garantiza su independencia, siendo especialmente criticables la brevedad y el carácter renovable de los mandatos, proponiendo plazos considerablemente más largos, y sobre todo, no coincidentes con la duración del mandato del Gobierno autonómico, sin posibilidad de renovación, además de renovaciones por mitades o por tercios a fin de asegurar la "continuidad de los criterios y la doctrina del órgano".

En cuanto al tercer y último bloque de los anteriormente diferenciados, podemos incluir los órganos consultivos de Cataluña (tanto su Comisión Jurídica Asesora, con quince miembros y seis años de mandato con posibilidad de reelección, como el Consejo de Garantías Estatutarias, con nueve miembros nombrados por un período de nueve años sin posibilidad de reelección), Islas Baleares (con diez miembros, mandato de cuatro años y posibilidad ilimitada de reelección), Andalucía (con once miembros electivos, un período de mandato de cinco años más la posibilidad de una reelección, además del Presidente, nombrado por tiempo indefinido, de cinco Consejeros Natos, y Consejeros Permanentes, con el límite de edad de 65 años), Aragón (con ocho miembros, más un Presidente, todos ellos con un mandato por tres años con posibilidad de dos reelecciones), País Vasco (con diez miembros, aunque con posibilidad de ampliar o reducir el número de vocales reglamentariamente, según el número de asuntos y necesidades[482], nombramiento por seis años y renovaciones sin límite de tiempo, teniendo en cuenta que su Presidente y Vicepresidente permanecerán en el puesto mientras ocupen los cargos a los que se refiere el artículo 6.2 de la Ley 9/2004, de 24 de noviembre) y, finalmente, Comunidad de Madrid (entre seis y diez miembros electivos, nombrados por un período de seis años, con posibilidad de una reelección, además de sus Consejeros Permanentes, nombrados con carácter vitalicio, y el Presidente del Consejo Consultivo madrileño, nombrado por seis años con posibilidad de una reelección, lo que le equipara a los Consejeros electivos).

La consecuencia es que, con carácter mayoritario, los órganos consultivos autonómicos con un elevado número de miembros prevén una estabilidad moderada o superior de los cargos que, por su formación contribuirán a un mejor asentamiento y consolidación de la doctrina del órgano en cuestión, siendo así, por ese orden, Cataluña (cuyos miembros, en cuanto a la Comisión Jurídica Asesora, son juristas que pueden permanecer hasta 12 años en el puesto, si son renovados. Y lo mismo ocurre en el caso del Consejo de Garantías Estatutarias, donde todos sus miembros son juristas de competencia y prestigio reconocido nombrados por nueve años, tiempo razonable para formar y consolidar una doctrina jurídica), Islas Baleares (como paradigma de la estabilidad, con posibilidad de reelección ilimitada a favor de sus Consejeros), Andalucía (cuyos Consejeros electivos, como profesionales del Derecho, pueden permanecer hasta diez años en el Consejo incluida la reelección), Comunidad de Madrid (cuyos miembros Electivos, que son juristas con quince años de experiencia, pueden alcanzar los doce años en el Consejo madrileño, incluida la reelección) y País Vasco (cuyos miembros, todos juristas, no tienen límites a la renovación).

Debe aplaudirse, por lo demás, la reforma operada en el ordenamiento aragonés con carácter reciente, el cual, hasta su vigente Ley 1/2009, preveía una composición amplia de su órgano consultivo pero con poca estabilidad, ya que se trataba de profesionales jurídicos que contribuían a la formación de la doctrina de dicho órgano pero que no permanecían en

---

[482] Circunstancia esta que debe ser criticada por cuanto que la necesidad de equiparar la Comisión Jurídica Asesora vasca al Consejo de Estado, debe partir de una reserva de ley en cuanto a la organización y el funcionamiento del órgano consultivo, circunstancia esta que no parece respetarse al permitirse al Reglamento de organización de dicho órgano la posibilidad de alterar esa composición, en cuanto a la ampliación o minoración del número de miembros, por mucho que se lleve a cabo dicha habilitación legal a través del artículo 6.1 de la Ley 9/2004, de 24 de noviembre. En este sentido, RUIZ MIGUEL, en "Consejo de Estado…", o.c., pág. 213, pone de manifiesto que la composición del órgano consultivo autonómico es uno de los aspectos básicos de su regulación de forma que sólo por Ley puede determinarse todo aquello que afecte a la misma, y en modo alguno por reglamento, circunstancia por la cual, y siguiendo las argumentaciones de dicho autor, el Decreto que amplíe la composición de referencia será recurrible ante la Jurisdicción Contencioso-Administrativa y posteriormente en amparo, ante el Tribunal Constitucional, por alegando vulneración del artículo 23.2 de la Constitución Española. A todo ello podemos añadir que, en el presente supuesto, debe tenerse en cuenta que la composición de los miembros de la Comisión vasca debe decidirse siempre por el mismo órgano, esto es, el legislativo, y no el ejecutivo que es el que aprueba el reglamento orgánico de dicha Comisión.

el puesto más allá de seis años, circunstancia esta que resultaba ciertamente escasa a la contribución de una sólida formación doctrinal de los trabajos de tales órganos, siendo así que, con la actual regulación, el Consejo Consultivo aragonés ha pasado a ocupar uno de los mejores lugares en cuanto estabilidad y permanencia de sus miembros se refiere, previendo un mandato de tres años pero con posibilidad de resultar reelegido dos nuevos períodos más[483].

De otro lado, y en cuanto al nombramiento de Presidente, si bien debe partirse de la base de que la legislación estatal, como norma de parámetro de homologación, configura el mencionado nombramiento como acto de discrecionalidad política exigiendo la doble condición de jurista de reconocido prestigio y experiencia en asuntos de Estado, si bien, y siguiendo a Embid Irujo[484], ese carácter que encierra las condiciones acumulativas de jurista de reconocido prestigio y experiencia en asuntos de gobierno o administración de la Comunidad Autónoma, debe postularse como necesario respeto siempre en función de parámetros de mera eficacia en la gestión y cumplimiento efectivo del papel de órgano consultivo del Gobierno de la Comunidad Autónoma, justificación esta que permite mayor laxitud en cuanto a la configuración del mismo, lo cual nos permite concluir en la ausencia de necesidad o concurrencia de ambos requisitos en el caso de los órganos consultivos autonómicos, siempre que dicho nombramiento cumpla con el papel que de él se espera en el ámbito institucional.

b) Características de los miembros de los órganos consultivos autonómicos y retribuciones: Señala Ruiz Miguel, con acierto, que dentro de la alusión del Tribunal Constitucional a la "organización" en cuanto a la equiparación entre órganos consultivos autonómicos y el Consejo de Estado, parece integrarse lo referible a la composición del órgano consultivo, exigible en la medida en que éste pretenda asumir competencias ejercidas por aquél, si bien los Consejos autonómicos ejercen funciones no desempeñadas por el Consejo de Estado, de forma que la exigencia de independencia y autonomía en su organización derivan entonces de la propia configuración del órgano autonómico, concluyendo que en la medida en que un órgano autonómico no haya sido creado por el Estatuto de Autonomía con unas determinadas competencias, y en la medida en que una

[483] Ciertamente, la reforma llevada a cabo por la comunidad aragonesa va más allá. La inicial configuración de su órgano consultivo como Comisión Jurídica Asesora, hasta la reforma de 2009, no sólo hacía referencia a su denominación. La opción autonómica por crear, como órgano consultivo propio, una Comisión Jurídica Asesora tiene la ventaja de resultar más económico y mucho más cercano en el ejercicio de sus funciones, tal y como SANTAMARÍA PASTOR J.A. demandaba en *Fundamentos de Derecho Administrativo,* Madrid, Fundación Ramón Areces, 1988, págs. 1057 y ss. Sin embargo, el riesgo es elevado, por cuanto que puede existir duplicidad de funciones con las Asesorías internas, sujetas a instrucciones jerárquicas, y, sobre todo, no está asegurada plenamente la independencia, frente a un órgano consultivo en forma de institución ajena, dotada de plena autonomía orgánica y funcional.

[484] "Los Principios Jurídicos...", o.c., pág. 351.

institución autonómica no desempeñe competencias que originariamente corresponden al Consejo de Estado, la libertad de configuración del régimen jurídico del órgano se amplía[485].

Siendo así, en este segundo apartado podemos establecer una premisa fundamental, que no es otra que la, al menos con carácter general, composición de carácter jurídico-especializado de los miembros del órgano consultivo colegiado, habida cuenta de la necesidad de contar con juristas expertos en Derecho y acreditada experiencia, en muchos casos, para formar parte del órgano consultivo en cuestión. En este sentido, diez de los diecisiete órganos creados exigen, a través de su normativa, que todos los miembros del mismo sean juristas, con una dilatada experiencia de 15 años o más (Cataluña, en cuanto al Consejo de Garantías Estatutarias y Canarias y Aragón), 10 o más años (Islas Baleares, La Rioja, Murcia, País Vasco[486] y Asturias), o sin especificar número de años de experiencia (Cataluña, en cuanto a su Comisión Jurídica Asesora y Navarra), circunstancia esta muy positiva teniendo en cuenta la elevada cualificación del órgano consultivo que redundará en el resultado de su trabajo. No obstante, dicho dato positivo debe contrastarse con el origen del nombramiento de tales miembros, en el bien entendido que, aunque en algunas ocasiones se ha afirmado que atribuir la designación de miembros de órganos técnicos a otros de naturaleza política, como el Ejecutivo o el Parlamento, constituye un riesgo para la imparcialidad exigible de los primeros, no obstante, debe señalarse que la independencia no es consecuencia de la forma en que se designa a los miembros, sino de la regulación de la posición jurídica de los mismos y de la organización en que se integran[487].

Teniendo en cuenta lo anterior, y partiendo de los diez ejemplos considerados, en cinco de los supuestos mencionados sus miembros son elegidos, en su totalidad o mayoritariamente, por el Gobierno autonómico, cuales son los casos de la Comisión Jurídica Asesora de Cataluña, Aragón, Islas Baleares, País Vasco y Asturias, quizá justificado en la intención de mantener un mayor control sobre el órgano que ha de ayudar a dicho Gobierno a supervisar la actuación de la Administración de su territorio. En los casos restantes, es el parlamento autonómico el que mayoritariamente nombra a dichos

---

[485] "Consejo de Estado...", o.c., pág. 206.

[486] La normativa del País Vasco exige, en este sentido, 10 años de antigüedad en cuerpos superiores de la Administración Pública vasca o cuerpos docentes universitarios, que presten servicios en la Universidad del País Vasco, con una antigüedad en este último caso de, al menos, cinco años, conforme el artículo 6.3 de la Ley 9/2004, de 24 de noviembre, de la Comisión Jurídica Asesora de Euskadi. Dicha regulación, por lo demás, también prevé la exigencia de doctorado, debiéndose entender como algo añadido a la licenciatura.

[487] En este sentido, GALERA, en "Función Consultiva...", o.c., pág. 165, señala que *"la conexión subjetiva establecida por los legisladores autonómicos entre los órganos consultivos y el gobierno autonómico, similar a la realizada por el legislador orgánico sobre la base del artículo 107 CE, no implica sin más una quiebra de la autonomía e independencia institucional respecto de la administración activa, sino que dicha independencia se determina por la concurrencia efectiva de garantías orgánicas, de tal forma que la conexión subjetiva de la institución con otro órgano autonómico debe resultar compatible con la ausencia de dependencia jerárquica"*.

miembros, destacando los casos del Consejo catalán de Garantías Estatutarias, donde seis de los nueve miembros son propuestos por el Parlamento, por mayoría de tres quintas partes, y uno de los tres miembros restantes designados por el Gobierno lo es de entre una terna propuesta por el Consejo de Gobiernos Locales; a ello se une el Consejo navarro en el que la proporción es de cinco miembros propuestos por el Parlamento navarro frente a dos designados por el Consejo Gobierno autonómico, lo que no deja de suponer un refuerzo a la presunción de independencia con la que se dota al órgano en cuestión por parte de la regulación estudiada[488].

En cuanto a las siete regulaciones restantes, en casi todos los casos existe una mayoría de miembros especializados en Derecho, que sólo se exceptúa respecto de los miembros Natos o Permanentes, según denominación por parte de la normativa autonómica, pero en todo caso correspondientes a ex Presidentes de la Comunidad Autónoma, exigiéndose un elevado número años de experiencia de diez o más (Andalucía, Comunidad Valenciana, Galicia, Castilla y León[489]), si bien en los casos de Andalucía (respecto a sus Consejeros Electivos que, son en esencia, los que hay que considerar) y Galicia, el nombramiento se lleva a cabo exclusivamente por el Presidente de la Comunidad de Autónoma, frente a los supuestos de Valencia y Castilla y León, que participa por mayoría o igualdad, el Parlamento autonómico en la designación de miembros, circunstancia esta que ha sido criticada, para el caso de Galicia, por algún sector de la doctrina[490].

---

[488] En Cataluña, el Consejo de Garantías Estatutarias ciñe su actuación a las disposiciones de la Generalidad, y su adecuación a la Constitución y Estatuto de Autonomía, además de pronunciarse con anterioridad a la interposición de recursos de inconstitucionalidad, conflictos de competencias y recursos en defensa de la autonomía local. En Navarra, sus miembros son nombrados por Decreto del Presidente de la Comunidad Foral, si bien su Consejo, de carácter consultivo, apreciará la legalidad y, en su caso, la constitucionalidad de los Anteproyectos de Leyes Forales y de Proyectos de otras disposiciones generales y actos administrativos que le sean sometidos a consulta, conforme los artículos 16 y 17 de la Ley Foral 8/1999, de 16 de marzo, de Creación y Regulación del Consejo de Navarra, teniendo en cuenta que dicho órgano se configura como órgano consultivo de la Comunidad Foral Navarra.

[489] En ese caso se establece la posibilidad, excepcional, de que el Reglamento orgánico del Consejo consultivo determine el acceso a la condición de Consejeros de otros titulados superiores que, aun no siendo licenciados en Derecho, acrediten una reconocida competencia en relación con las funciones del Consejo, conforme el artículo 7.3 de la Ley 1/2002, de 9 de abril, reguladora del Consejo Consultivo de Castilla y León, lo cual también resulta criticable, al igual que el caso de la Comisión vasca, por habilitar reglamentariamente una materia que debía estar reservada a la ley. De otro lado, también resulta criticable el sistema de designación de sus miembros por parte del Parlamento autonómico, ya que en ese caso, y como hemos visto, los Grupos parlamentarios pueden presentar candidatos en proporción al número de Procuradores integrado en cada uno de esos Grupos, lo cual parece favorecer el reparto por cuotas entre los partidos mayoritarios, práctica que el Tribunal Constitucional ya consideró contraria al espíritu de la Constitución en la Sentencia 3/1982.

[490] Como así ha procedido BLANCO VALDÉS, en "La Función Consultiva Autonómica...", o.c. págs. 116 y 117. Dicho autor ha puesto de manifiesto que "la previsible dependencia gubernamental que se

Respecto de los tres casos restantes, en el supuesto de Castilla La Mancha, también se exige una gran mayoría de especialización jurídica de sus miembros, con experiencia de más de diez años, respecto de sus cinco Consejeros Electivos, incluyendo a su Presidente, si bien dicha circunstancia no se exige para los Consejeros Natos, en número de tres, aunque uno de ellos ostente dicha condición jurídica en todo caso, al tratarse del Presidente del Tribunal Superior de Justicia de la Comunidad Autónoma de referencia, lo que reduce a un número inferior, en principio, la concurrencia de miembros sin especialización jurídica. Dicha circunstancia, por lo demás, es equilibrada con el órgano que designa a tales Consejeros Electivos, ya que de los cinco, tres lo son por las Cortes castellano-manchegas y dos por su Consejo de Gobierno, si bien dicho equilibrio se rompe con el escaso período de nombramiento, al no existir posibilidad de reelección, siendo esta por sólo cinco años.

Respecto a Extremadura, la exigencia de especialización se extiende a sus Consejeros Electivos, en número de cinco, como ya vimos, y con posibilidad de repetir en el cargo, si bien dicha circunstancia no se extiende a los Consejeros Permanentes, aunque se cumple en el caso de los ex Presidentes del Tribunal Supremo y del Tribunal Superior de Justicia de Extremadura, por lo que restan cinco miembros más sin, en principio, dicha especialización, todo lo cual, y teniendo en cuenta la posibilidades de incorporación de esos cinco miembros restantes, en los que debe concurrir varias premisas[491], dota, a priori, a

---

deriva del sistema de designación que acaba de apuntarse, podría verse reforzada, además, por el hecho de que los designados puedan ser reelegidos, aunque por una sola vez, lo que según resulta fácil de entender, sería posible que acabase traduciéndose en una mayor *docilidad*, valga la expresión, de los consejeros, en una explicable estrategia personal de conseguir su reelección." Concluye dicho autor señalando que, en fin, todo esto ha de llevarnos a la reflexión acerca de la opción de los diversos legisladores por convertir esos órganos consultivos en meros *apéndices jurídicos* de los gobiernos respectivos, toda vez que la forma de composición de los consejos entra en clara contradicción con el principio de independencia de los consejeros que, pese a ello, proclaman todas las leyes que han venido a regularlos. En los casos como Galicia, continua dicho autor, cuyo órgano consultivo está compuesto por consejeros electivos de libre nombramiento del gobierno, son órganos que "puedan quedar enfeudados en su labor dictaminadora a los intereses de quien los ha nombrado, y ello tanto por la forma de designación de los miembros que han de componerlos, como por la posibilidad de que tales miembros sean reelegibles, lo que, obviamente, es susceptible de actuar como un elemento reforzador de aquella dependencia", señalando, además, que dicha cuestión no es baladí en la medida en que la atribución de competencias consultivas a estos órganos, ello supone la paralela sustracción de las mismas al Consejo de Estado, lo que resultaría, a la postre, que *"la descentralización de la función consultiva del Estado que estos órganos han operado podría traducirse en una pérdida de garantías para los particulares, vistas las importantísimas competencias dictaminadoras que, en el ámbito del trafico jurídico, se han asignado a tales consejos consultivos de las comunidades autónomas".*

[491] Esto es, los cargos de Consejeros Permanentes relativos a ex Presidente del Gobierno, Congreso o Senado, de la Comunidad Autónoma de Extremadura o de su Asamblea, que residiendo en la Comunidad Autónoma de referencia, y gozando de la condición política de extremeños, comuniquen por escrito al Presidente de la Comunidad Autónoma extremeña su deseo de incorporación, conforme el artículo 4 de la Ley 16/2001, de 14 de diciembre, del Consejo Consultivo de Extremadura.

dicho órgano consultivo de una mayoría jurídica especializada que permitirá sentar cierta doctrina y continuidad en el órgano en cuestión.

El caso de la Comunidad de Madrid, es, por lo demás, atípico. De un lado, se exige la especialización jurídica, con quince años de experiencia para sus Consejeros Electivos, en número, como vimos, igualmente atípico, si bien, dicho requisito se exime, alternativamente, para dichos puestos, ante la posibilidad de sustituir dicha exigencia por el desempeño de los cargos que contiene el artículo 7 de la Ley 6/2007, de 21 de diciembre, reguladora del Consejo Consultivo de la Comunidad de Madrid, cargos que no suponen, en absoluto, una formación jurídica, aunque puede conllevarla, todo lo cual pone en peligro la formación de doctrina por el órgano en cuestión, a lo que se une la circunstancia de que todos los elegidos como juristas con quince años de experiencia, son nombrados por Decreto del Consejo de Gobierno madrileño, lo cual unido a la inexistencia de un Cuerpo de Letrados de dicho Consejo, por cuanto tienen su origen en diferentes Cuerpos del Estado o de la Comunidad de Madrid[492], pone de manifiesto una de las carencias más importantes del órgano consultivo en cuestión, y, en definitiva, termina por permitir el cuestionamiento de su "equivalencia" con el Consejo de Estado en este punto, esto es, en la composición, tal y como exige el Tribunal Constitucional en su Sentencia 204/1992.

En segundo lugar, y en relación a las retribuciones, podemos distinguir dos supuestos. El primero, respecto de normativas autonómicas que prevén retribuciones "estables", con cargo a presupuestos generales de la Comunidad Autónoma y con carácter fijo, como es el caso de Canarias, Andalucía para algunos de sus miembros[493], Comunidad Valenciana,

---

[492] Para EMBID IRUJO, en "Los Principios Jurídicos...", o.c., págs. 353 y 354, no es imprescindible la existencia de un Cuerpo de Letrados de las características del propio del Consejo de Estado para que el juicio de homologación con el mismo pueda merecer un resultado positivo, añadiendo que "Piénsese, como argumento fundamental, que la rigurosa cualificación técnica de los componentes de los consejos consultivos autonómicos a que apela la STC 204/1992 -que es el concepto que ahora debemos tener en cuenta- es referible a los miembros de éstos, a los consejeros, y no a los elementos personales auxiliares de su función, por importantes que éstos puedan ser", señalando, finalmente, que lo importante es el régimen jurídico de los Consejeros, y que una vez que haya tenido lugar esa adscripción, la dependencia funcional de ese personal del órgano consultivo autonómico esté plenamente asegurada, y que no existan, en modo alguno, posibilidades de interferencias en el ejercicio de su función por parte de la Administración autonómica activa. Sin embargo, desde mi punto de vista, la existencia de un cuerpo de Letrados propio del órgano consultivo en cuestión no deja de constituir una contribución a una mayor estabilidad y permanencia en la formación de doctrina del Consejo consultivo correspondiente.

[493] Concretamente, Presidente, Consejeros Electivos y Secretario General, aunque este último no debe integrarse como miembro propiamente dicho del órgano, al tener voz pero no voto. El resto de Consejeros percibirán dietas y serán indemnizados por los gastos de desplazamiento. No obstante, la normativa andaluza exige dedicación exclusiva a los Consejeros Electivos, aunque se habilita al Consejo de Gobierno autonómico para nombrar hasta Consejeros más con dedicación no exclusiva, conforme el artículo 8 de la Ley 4/2005, de 8 de abril del Consejo Consultivo de Andalucía.

Aragón para el caso de dedicación exclusiva de sus miembros, Galicia, Castilla La Mancha para algunos de sus miembros[494], País Vasco, Extremadura, Castilla y León para el caso de dedicación exclusiva de sus miembros, Asturias y Comunidad de Madrid, siendo así que en tales casos se incentiva la mayor dedicación y continuidad en la labor desarrollada por los miembros de tales Consejos, que perciben retribuciones periódicas y estables por el estudio, discusión y elaboración de dictámenes en el seno del órgano consultivo. El segundo caso, es aquel en el que la normativa prevé indemnizaciones por gastos de asistencia, desplazamiento, redacción de ponencias, dictámenes e incluso dietas, grupo este en el que debemos de incluir las Comunidades Autónomas restantes, las cuales no contribuyen a incentivar la plena dedicación a la labor encomendada.

Existe, por lo demás, un requisito muy extendido en casi todos los órganos consultivos autonómicos, que es el relativo a la exigencia de la condición política de ciudadano de la Comunidad Autónoma en cuestión para poder acceder a la condición de miembro del órgano consultivo correspondiente, bien para todos sus componentes o al menos para la mayoría, a excepción de los Consejeros que acceden a su cargo por el puesto que desempeñan o que desempeñaron en el pasado, circunstancia esta que sólo encuentra excepción en Canarias, Andalucía, La Rioja, Galicia, País Vasco[495] y Comunidad de Madrid, y que tiene mucho que ver con la potestad de autoorganización autonómica y de la idea que dicha Comunidad Autónoma tenga en torno a la configuración de su propio órgano consultivo, exigiéndose dicha condición, quizá, por un mayor apego y conocimiento de la idiosincrasia autonómica por parte del Consejero en cuestión.

III.3.2. Régimen de incompatibilidades y causas de cese

La normativa de aplicación a los diferentes consejos consultivos autonómicos arroja los siguientes datos:

1. Cataluña: la condición de miembro de la Comisión Jurídica Asesora es incompatible con el cargo de Diputado/a al Parlamento de Cataluña, Congreso o Parlamento Europeo,

---

[494] El Presidente y los Consejeros Electivos percibirán la retribuciones que de determinan en la Ley de Presupuestos autonómica para los cargos de Consejero o Viceconsejero regional, mientras que los Consejeros Natos sólo percibirán retribuciones si optan por la compatibilidad en el Consejo Consultivo, en caso contrario, el Consejo fijará sus remuneraciones. Todos los miembros percibirán las dietas e indemnización de gastos ocasionados. No obstante, y si bien la regulación es semejante a la andaluza, en este caso no se exige dedicación absoluta a los Consejeros Electivos, como también se exige en Canarias.

[495] En este caso, no obstante, se exige que los miembros de la Comisión Jurídica Asesora vasca sean funcionarios públicos de carrera con más de diez años de antigüedad en los cuerpos superiores de cualquiera de las administraciones públicas de la Comunidad Autónoma o pertenezcan a cuerpos docentes universitarios que presten servicios en la Universidad del País Vasco, con al menos cinco años de antigüedad en los mismos, conforme el artículo 6.3 de la Ley 9/2004, de 24 de noviembre, de la Comisión Jurídica Asesora de Euskadi.

Senador/a y Concejal/a, Regidor/a; miembro del Consejo Consultivo o Tribunal Constitucional; Síndico/a de Agravios, Defensor/a del Pueblo; cualquier cargo político o condición de personal al servicio de las Administraciones del Estado, Parlamentos, Comunidades Autónomas, Entes Locales y Unión Europea, excepto los relacionados con funciones de carácter docente y con excepción de los casos de los miembros natos; también es incompatible con el ejercicio de la carrera judicial o fiscal, ejercicio de cargos de carácter directivo en empresas concesionarias, contratistas o arrendatarias de obras o servicios de las administraciones públicas de Cataluña, y cumplimiento de funciones directivas en partidos políticos, asociaciones empresariales o sindicatos, de conformidad con los artículos 5 de la Ley 5/2005 y 15 del Decreto 69/2006. A ello se une el deber de abstención en los supuestos establecidos en la normativa general de procedimiento administrativo[196].

En cuanto a las causas que fundamentan la pérdida de la condición de miembro de la Comisión de referencia, son las siguientes: defunción, renuncia por escrito dirigida al presidente/a, expiración del período para el que fueron nombrados, incompatibilidad sobrevenida, e incumplimiento grave de funciones que exige instruir y tramitar un expediente contradictorio que debe garantizar audiencia interesado junto con un informe de la Comisión que debe finalizar con una propuesta de resolución del Presidente/a, condena por delito doloso en sentencia firme y pérdida de la condición de vecindad administrativa en Cataluña. La separación del cargo se acuerda por el Gobierno, conforme el artículo 6 de la Ley 5/2005. En todo caso, es necesario informe de la Comisión y propuesta de su Presidente/a para poder acordar la pérdida de la condición de miembro del órgano de referencia conforme el artículo 11.6 del Decreto 69/2006.

Respecto al Consejo de Garantías Estatutarias, la premisa fundamental a tener en cuenta es que sus miembros ostentan la condición de alto cargo de especial relieve institucional, actúan con imparcialidad y son inamovibles por razón del ejercicio de su cargo, conforme el artículo 10, apartados uno y dos, de la Ley 2/2009. Además, la condición de miembro de dicho Consejo, conforme el artículo 12 de la Ley 2/2009 y 28 de su Reglamento de organización, es incompatible, en el ámbito de la Generalidad, de los entes locales, de las Comunidades Autónomas, del Estado y de la Unión Europea con cualquier mandato representativo, cualquier cargo en órganos de relevancia constitucional o estatutaria, con la condición de alto cargo, en los términos definidos en la correspondiente legislación, la condición de miembro de otros órganos consultivos o asesores, con cualquier puesto de trabajo en cualquier administración pública o en los organismos, entidades y empresas que dependan de la misma, sea cual sea la forma jurídica de la vinculación, con el ejercicio de las carreras judicial, fiscal y militar, con el cumplimiento de funciones directivas o ejecutivas en partidos políticos, sindicatos y asociaciones empresariales, y con cualquier actividad profesional, mercantil o laboral remunerada. No obstante, la normativa de aplicación

---

[196] Mediante escrito dirigido al Presidente/a antes de la discusión del asunto, o verbalmente, durante la sesión correspondiente, cuando el afectado se dé cuenta, debiéndose ausentar de la reunión, conforme el artículo 14 del Decreto 69/2006.

establece la compatibilidad de dicha condición con el ejercicio de la docencia universitaria, con la investigación y el cumplimiento de actividades privadas, en los términos establecidos en la normativa autonómica de incompatibilidades de altos cargos.

A ello se une, asimismo, un deber de abstención de sus miembros de participación en la elaboración de dictámenes, deliberaciones y votaciones del Consejo en caso de dictámenes que tengan por objeto asuntos en los que hayan intervenido antes de adquirir la condición de consejeros en virtud del cargo o profesión que ejerzan, asuntos que conciernan a empresas en las que hayan participado dichos Consejeros en tareas de dirección, asesoramiento o administración, o, finalmente, en caso de interés directo o indirecto en el asunto objeto de dictamen[497].

Cabe la posibilidad de suspensión del ejercicio de funciones, igualmente, en los casos previstos en el artículo 6 de la Ley 2/2009, como procesamiento, o situación procesal equivalente. Dicha suspensión debe ser acordada por mayoría absoluta y comunicada al Presidente de la Generalidad, para que la publique.

En cuanto a las causas automáticas de cese de los Consejeros, el artículo 4 de la Ley 2/2009, establece la muerte, renuncia, extinción de mandato, pérdida de la condición política de catalanes, incapacidad declarada por decisión judicial firme, inhabilitación para el ejercicio de los derechos políticos declarada por decisión judicial firme, e incompatibilidad sobrevenida, salvo que cesen en el cargo o actividad incompatible, de acuerdo con lo establecido en el artículo 12.3 de la Ley 2/2009, teniendo en cuenta que, en caso de que concurra alguna de la causas enumeradas, el Presidente del Consejo de Garantías Estatutarias deberá comunicarlo al Presidente de la Generalidad para que publique el cese. Al mismo tiempo, el apartado segundo del artículo de referencia determina como posibles causas de cese, la condena a causa de delito por sentencia firme y el grave incumplimiento de las obligaciones del cargo, de forma que de concurrir alguna de estas causas, el Consejo de Garantías Estatutarias, por mayoría absoluta, tras considerar la gravedad de los hechos y, en su caso, la naturaleza de la pena impuesta, podrá proponer al Parlamento o al Gobierno, según corresponda, la revocación del nombramiento, cuya ratificación exige la misma mayoría requerida para la designación. El cese habrá de ser publicado[498].

2. Canarias: la condición de miembro del Consejo es incompatible con todo mandato representativo, cualquier cargo político o administrativo, el desempeño de funciones directivas en un partido político o administrativo, o en un sindicato y el empleo al servicio de los mismos, con el ejercicio de las carreras judicial y fiscal, con el desempeño de cualquier otra función, actividad pública y toda clase de profesiones liberales y actividades mercantiles e industriales, a realizar por sí mismos, por apoderamiento o sustitución. Además, se exige dedicación absoluta. Igualmente, los Consejeros canarios no pueden

[497] Artículo 11 de la Ley 1/2009 y 28 del Reglamento de organización del Consejo de Garantías Estatutarias.

[498] Artículo 4, apartados tres y cuatro, de la Ley 2/2009.

percibir más de una remuneración, periódica o eventual con cargo a presupuestos de Administraciones Públicas, y organismos y empresas dependientes de las mismas, si bien cabe compatibilidad con funciones universitarias docentes e investigadoras, a tiempo parcial, previa autorización expresa de la Mesa del Parlamento, además de las actividades contempladas en los artículos 7.2 y 8 Ley 3/1997, de 8 de mayo, de incompatibilidades de los miembros del Gobierno y altos cargos de Canarias. Las propuestas de nombramiento de los Consejeros se llevan a cabo por el Parlamento y Gobierno autonómico, y deben expresar si concurre o no causa de incompatibilidad, de forma que en caso afirmativo se concede un plazo de diez días para que el Consejero remueva la misma, en caso contrario, y de no concurrir causa justificada, queda sin efecto el nombramiento[499].

Al mismo tiempo, se establece un deber de inhibición por parte de los miembros del Consejo respecto de aquellos asuntos de carácter particular tanto en los que hubieren intervenido directamente como en los que hayan participado o interesen a familiares dentro del cuarto grado civil de consanguinidad y segundo de afinidad[500].

Respecto a la pérdida de la condición de miembro, esta tiene lugar por renuncia, terminación del mandato, incompatibilidad sobrevenida e incumplimiento grave de funciones que requieren propuesta motivada del Consejo por mayoría absoluta y audiencia del interesado, incapacidad declarada por sentencia firme y condena por delito en sentencia firme[501]. Cabe suspensión de funciones en caso de procesamiento, por el Presidente autonómico, a propuesta del Consejo Consultivo por mayoría absoluta conforme el artículo 8 de la Ley 5/2002 e igualmente en caso de incompatibilidad sobrevenida e incumplimiento grave funciones, si bien la suspensión no puede ser superior a dos meses, previéndose garantía de adopción de la propuesta por el Pleno, por mayoría absoluta, con audiencia del interesado y adopción de la resolución por el Presidente autonómico[502].

3. Islas Baleares: la condición de miembro del Consejo Consultivo balear es incompatible con cargos con mandato representativo, miembros del Gobierno de las Islas Baleares, del Gobierno del Estado, de los órganos ejecutivos superiores de las Comunidades Autónomas, de los órganos de gobierno insulares y locales, de los órganos ejecutivos de las instituciones europeas y organismos internacionales, así como los altos cargos nombrados por éstas o cualesquiera otras administraciones públicas, con el cargo de magistrado del Tribunal Constitucional, miembro del Consejo de Estado o de cualquiera de los órganos consultivos de otras Comunidades Autónomas, miembros de la Sindicatura de Cuentas, del Tribunal de Cuentas o de cualesquiera otros órganos de fiscalización externa de las Comunidades Autónomas, el cargo de Síndico de Agravios, Defensor del Pueblo o titular de alguna institución equivalente de las demás Comunidades Autónomas, miembro en ejercicio de la carrera judicial y fiscal, ejercicio de funciones directivas en partidos políticos,

---

[499] Artículos 6 de la Ley 5/2002 y 15 del Decreto 181/2005.

[500] Artículo 18 de la Ley 5/2002.

[501] Artículo 7 de la Ley 5/2002.

[502] Artículo 18 del Decreto 181/2005.

centrales sindicales, organizaciones empresariales o colegios profesionales, así como las que tengan relación laboral al servicio de estas organizaciones, ejercicio de cargos de gobierno en la Universidad, y desempeño de cargos directivos en empresas concesionarias, contratistas, arrendatarias o administradoras de obras o servicios públicos, sea cual sea su ámbito territorial[503]. Asimismo se prevé que si en el nombramiento concurre causa de incompatibilidad, el Consejero deberá cesar antes de la toma de posesión, de forma que en caso contrario se entiende que no acepta el cargo, estableciéndose la misma previsión en caso de incompatibilidad sobrevenida.

Por lo demás, la normativa autonómica balear prevé un deber de abstención de los miembros del Consejo, remitiéndose a los supuestos establecidos en la normativa general de procedimiento administrativo, además de establecer dicho deber respecto de consultas relativas a asuntos en cuya preparación o elaboración hayan participado directamente[504], añadiendo que los miembros del Consejo consultivo balear ejercen su función con objetividad e independencia, sin sujeción a vínculo jerárquico alguno ni a instrucciones de ninguna clase, de forma que el artículo 14.1 de la Ley 5/2010 añade que todo intento de presión sobre un consejero será comunicado inmediatamente por éste al presidente del Consejo y, en su caso, al Ministerio Fiscal. No obstante, la normativa de aplicación determina que el cargo de Consejero es compatible con el ejercicio de su profesión, si bien tales Consejeros no pueden tener la condición de alguno de los cargos previstos en el artículo 8.1 de la Ley 5/1993[505].

Partiendo de la base de que los miembros del Consejo Consultivo balear son inamovibles, sólo se pierde la condición de miembro de dicho Consejo por las causas tasadas en el artículo 16 de la Ley 5/2010, que determina las siguientes: renuncia presentada ante el Presidente autonómico, que inmediatamente deberá ser trasladada a la institución que hubiera propuesto el nombramiento del cargo que presenta su renuncia, fallecimiento, expiración del plazo para el que fueron nombrados, incompatibilidad sobrevenida e incumplimiento grave de funciones que exige audiencia al interesado e informe del Consejo Consultivo remitido al Consejo de Gobierno autonómico o a la Comisión de Asuntos Institucionales y Generales del Parlamento, según corresponda el Consejero a los miembros designados por el Gobierno regional o por el Parlamento, por condena por delito en sentencia firme, incapacidad declarada por sentencia judicial firme, inhabilitación para el ejercicio de cargo público y de los derechos políticos, y por pérdida de la condición política de ciudadanos de la Comunidad Autónoma[506].

Igualmente, se prevé, la posibilidad de acuerdo de suspensión del ejercicio de funciones respecto de los Consejeros, por parte del Presidente autonómico, a propuesta del Pleno del

---

[503] Art. 13 de la Ley 5/2010.

[504] Artículo 14 de la Ley 5/2010.

[505] Artículo 14.2 del Decreto 24/2003, en su redacción anterior a la Ley 5/2010. La remisión se deberá entender hecha al artículo 13 de la Ley 5/2010.

[506] Artículo 16 de la Ley 5/2010.

Consejo consultivo balear, por mayoría absoluta, previa audiencia del Consejo de Gobierno o de la Mesa del Parlamento, por el tiempo necesario para resolver sobre la concurrencia de la causa del cese[507].

4. Andalucía: el cargo de Consejero Permanente del Consejo Consultivo andaluz es incompatible con la condición de alto cargo, miembro electo de las Cortes Generales o Asambleas Legislativas de las Comunidades Autónomas y miembro de las Corporaciones Locales; dicho cargo, además, no puede ser funcionario en activo o personal laboral al servicio de la Junta de Andalucía, salvo en el ejercicio de funciones docentes e investigadoras[508]. El Presidente, los Consejeros electivos a tiempo completo y el Secretario General, tienen el régimen de incompatibilidades de los altos cargos de la Administración de la Junta de Andalucía, al tiempo que la condición de Consejero Electivo es incompatible con el desempeño de cargos políticos de representación popular. El resto de consejeros, a su vez, se somete al régimen correspondiente por razón de sus cargos o actividad, en virtud del artículo 14 de la Ley 4/2005.

Asimismo, se prevé un deber de abstención para todos los miembros en los supuestos establecidos en la normativa general de procedimiento administrativo[509], y cuando hubieran intervenido en el asunto de que se trate por su profesión o relación con el mismo, salvo el conocimiento que hayan podido tener por razón de su cargo, de acuerdo con el artículo 5 del Decreto 273/2005, siendo igualmente de aplicación, por remisión de dicha normativa, la Ley 3/2005, de 8 de abril, de Incompatibilidades Altos Cargos de Andalucía.

De otro lado, la condición de miembro del Consejo Consultivo se pierde para los Consejeros permanentes y electivos, por fallecimiento, expiración del período para el que fueron nombrados en el caso de los consejeros electivos, incompatibilidad e incumplimiento grave de funciones que exige la tramitación de un procedimiento que debe garantizar la audiencia al interesado y el informe favorable del Pleno del Consejo Consultivo por mayoría absoluta[510]. Los Consejeros Natos conservan su condición mientras ostenten el cargo que determina su nombramiento, la aplicación de las causas de cese supone la pérdida de la condición de miembro del Consejo salvo expiración mandato, si bien cabe la posibilidad de suspensión para los Consejeros Natos, si concurre causa cese, conforme los artículos 11 y 12 Ley 4/2005. La normativa de referencia, lleva a cabo, igualmente, una remisión, también, a la Ley 3/2005, de 8 de abril, de Incompatibilidades de Altos Cargos de Andalucía.

5. Comunidad Valenciana: tanto el Presidente como los miembros del Consejo Jurídico se someten al régimen general de incompatibilidades de Altos Cargos de la Administración, con la excepción del ejercicio de actividades docentes e investigadoras, no pudiendo participar tales miembros en la deliberación de temas en los que haya de emitirse

---

[507] Artículo 17 de la Ley 5/2010.

[508] Artículo 7 de la Ley 4/2005.

[509] Artículo 15 de la Ley 4/2005.

[510] Artículo 10 de la Ley 4/2005

información que afecte directamente a sus intereses o actividad. Además, el presidente y los miembros electivos están sujetos a incompatibilidad con cualquier mandato representativo, cargo político o administrativo junto al ejercicio de funciones directivas de un partido político, sindicato o asociación patronal[511]. A ello se une el deber de inhibición de los miembros del Consejo, en el conocimiento de asuntos que tengan interés o afecten a personas físicas o jurídicas con las que estén o hayan estado unidos por vínculos profesionales o de parentesco, de acuerdo con el artículo 10 del Decreto 138/1996. El cargo de Consejero Nato, por su parte, es incompatible con el ejercicio de cualquier puesto de responsabilidad ejecutiva en las Administraciones Públicas, además de los supuestos de incompatibilidad legalmente previstos. Todos los miembros del Consejo, por lo demás, tienen la obligación de presentar una declaración jurada de no incursión en causa de incompatibilidad debiendo expresar, en su caso, su intención de compatibilizar diferentes puestos, teniendo en cuenta que las actividades privadas no sujetas a retribución son compatibles si no afectan a intereses susceptibles de dictamen preceptivo[512].

En cuanto a la pérdida de la condición de miembro del Consejo Jurídico Consultivo valenciano, la normativa de aplicación diferencia entre Presidente y Consejeros Electivos, de un lado, que cesarán por defunción, renuncia, expiración del período para el que fueron nombrados, incapacidad o inhabilitación por sentencia firme, por pérdida condición política de valenciano, además de por incompatibilidad e incumplimiento de su función, apreciadas estas dos últimas causas con audiencia del interesado y por mayoría absoluta del Pleno[513], y de otro, respecto de los Consejeros Natos, que cesan por defunción, expiración del mandato, incapacidad o inhabilitación, ambas causas declaradas por resolución judicial firme, y por renuncia. [514]

6. Aragón: los cargos de Presidente y Consejeros son incompatibles con todo mandato representativo, con el desempeño de funciones directivas en los partidos políticos, sindicatos y asociaciones empresariales y con el ejercicio de las carreras judicial y fiscal[515].

Además, se prevé un deber de abstención en caso de interés directo o indirecto o por parentesco, amistad o enemistad manifiesta con personas o titulares de órganos que puedan tener interés en la resolución del asunto, o en el supuesto en que el Consejo deba emitir dictamen sobre asuntos o materias en las que alguno de sus miembros haya intervenido como asesor o representante de parte interesada en su resolución[516].

Respecto a las causas de cese, se prevén por a) renuncia, b) transcurso del plazo de nombramiento aunque cabe renovación, c) incompatibilidad sobrevenida de funciones, d) incumplimiento grave de sus funciones que requiere la instrucción de un procedimiento

---

[511] Artículo 6 de la Ley 10/1994.

[512] Artículo 15 del Decreto 138/1996.

[513] Artículo 7 de la Ley 10/1994.

[514] Artículo 7 de la Ley 10/1994.

[515] Artículo 9 de la Ley 1/2009.

[516] Artículo 10 de la Ley 1/2009.

reglamentariamente determinado con audiencia del interesado e informe favorable del Pleno del Consejo Consultivo, e) incapacidad declarada en decisión judicial firme, f) condena por delito en virtud de sentencia firme, y g) pérdida de la condición política de aragonés. Se prevé, además, que en caso de concurrir las causas c) a g) el Consejero no será convocado a las reuniones, ni participará en ninguna actividad del Consejo, desde el momento en que se tenga conocimiento fehaciente de la resolución judicial a que se refieren las letras e) y f), haya sido iniciado el procedimiento a que se refiere la letra d), se haya conocido la existencia de una incompatibilidad sobrevenida, (letra c), o de un hecho que determine la pérdida de la condición política de aragonés (letra g). En los supuestos de las letras a) y b), el Consejero continuará en funciones hasta la provisión del puesto en cuestión.

7. La Rioja: la condición de miembro del Consejo Consultivo de La Rioja es incompatible con cualquier cargo político del Estado, Comunidades Autónomas o Entidades Locales, miembro del Parlamento Europeo, Congreso, Senado, Parlamento riojano, u otros parlamentos autonómicos, con la situación de activo en cualquier cargo perteneciente a las carreras judicial o fiscal, miembro del Tribunal Constitucional, Tribunal de Cuentas, Consejo de Estado, Defensor del Pueblo o instituciones similares de las Comunidades Autónomas, con el desempeño de funciones directivas en partidos políticos, sindicatos de trabajadores, o asociaciones de empresarios y con el ejercicio de toda índole en empresas concesionarias, contratistas, arrendatarias o administradoras de obras o servicios públicos cualquiera que sea su ámbito territorial[517]. En este sentido, se establece en la normativa de aplicación que los Consejeros tienen 10 días desde su designación, y antes de su toma de posesión, para cesar en el cargo o actividad incompatible, de lo contrario se entiende que renuncian al cargo de Consejero, extendiéndose dicha regulación al supuesto de incompatibilidad sobrevenida, conforme el artículo 6 de la Ley 3/2001. No obstante, la condición de Consejero es compatible con el desempeño de cuantas funciones públicas y privadas no hayan sido expresamente declaradas incompatibles con dicho cargo, sin perjuicio del régimen de incompatibilidades aplicable a dichas funciones por su normativa correspondiente[518].

En cuanto a las causas de cese, se parte del principio de que los miembros del Consejo son independientes e inamovibles durante el desempeño de su cargo, como garantía de la objetividad e independencia del Consejo, y sólo pueden ser cesados por renuncia, expiración del período para el que fueron nombrados sin que se hubiere acordado su renovación, incapacidad permanente declarada por resolución judicial firme, incompatibilidad sobrevenida e incumplimiento grave de funciones que, en ambos casos, exige acuerdo favorable del Consejo por mayoría absoluta, previa audiencia del interesado, condena por delito doloso mediante sentencia firme, por haber sido inhabilitado judicialmente para el ejercicio de cargo público en sentencia firme y por fallecimiento. El

---

[517] Artículo 6 de la Ley 3/2001.

[518] Artículo 26 del Decreto 8/2002.

cese es aprobado mediante Decreto del Presidente autonómico, publicado en el Boletín Oficial de la Rioja. Por lo demás, se prevé la posibilidad de suspensión en cuanto al ejercicio de funciones, por parte del Presidente de la Comunidad Autónoma, para los supuestos de inculpación o procesamiento por delito doloso, previo acuerdo de la mayoría absoluta de los miembros del Consejo[519].

8. Galicia: la condición de miembro del Consejo gallego es incompatible con los cargos de Diputado/a al Parlamento de Galicia, miembro del Congreso o Senado, magistrado del Tribunal Constitucional, Defensor del Pueblo, Valedor y Vice Valedor del pueblo o cargos homónimos de una Comunidad Autónoma, miembro del Consejo de Cuentas, cualquier cargo político o administrativo del Estado, Comunidades Autónomas o Entidades Locales, funciones directivas en partidos políticos, sindicatos de trabajadores o asociaciones de empresarios, cargos de toda índole en empresas concesionarias, contratistas o arrendatarias o administradores de obras o servicios cualquiera que sea su ámbito territorial, miembro de cualquier órgano asesor de la Xunta, y el ejercicio de las carreras judicial o fiscal o de la abogacía o cualquier actividad profesional o mercantil, si bien será compatible con el ejercicio de la actividad docente o investigadora, previa declaración expresa de compatibilidad por el Presidente del Consejo[520]. Los Consejeros tienen diez días para optar por la compatibilidad si concurre causa antes de tomar posesión, en caso contrario se entenderá que renuncian al puesto de Consejero, de acuerdo con el artículo 9 de la Ley 9/1995. Se prevé, además, en este sentido, un deber de abstención respecto de asuntos en los que los Consejeros tengan interés personal o en cuya resolución pueda influir aquél, o por causa de parentesco de consanguinidad dentro del cuarto grado, o afinidad dentro del segundo, amistad o enemistad manifiesta, o por haber prestado en los dos últimos años servicios profesionales de cualquier tipo y en cualquier circunstancia o lugar[521].

La condición de miembro del Consejo Consultivo gallego se pierde por fallecimiento, renuncia, extinción del mandato para el que fueron nombrados, incapacidad permanente declarada por resolución judicial firme, incompatibilidad sobrevenida e incumplimiento grave de funciones que, en estos dos casos, exige mayoría absoluta de sus miembros previa audiencia del interesado, inhabilitación judicial para el ejercicio de cargo público declarada en sentencia firme, y, finalmente, por condena por delito doloso declarado en sentencia firme. Por lo demás, es posible declarar la suspensión en el ejercicio de funciones respecto de los miembros del Consejo, en caso de inculpación o procesamiento por delito doloso, por mayoría absoluta de los miembros[522].

9. Castilla La Mancha: la condición de miembro del Consejo Consultivo manchego es incompatible con cualquier mandato representativo o cargo político y con el ejercicio de funciones ejecutivas en partido político, cargos directivos en empresas o sociedades que

[519] Artículo 7 de la Ley 3/2001.
[520] Artículo 9 de la Ley 9/1995
[521] Artículo 30 del Decreto 282/2003.
[522] Artículo 8 de la Ley 9/1995.

contraten la prestación de servicios, suministros u obras con la administración de la Comunidad Autónoma de referencia, teniendo en cuenta, además, que los consejeros electivos no podrán desempeñar otra profesión o actividad laboral retribuida, de acuerdo con el artículo 48 de la Ley 11/2003. Dichos cargos, igualmente, son incompatibles con cualquier otro puesto, profesión o actividad laboral, públicos o privados retribuidos mediante sueldo, arancel u honorarios salvo los de naturaleza electiva. Igualmente, y en ningún caso, podrán ser miembros de las Cortes Generales, Asambleas Legislativas de las Comunidades Autónomas, Parlamento Europeo, Presidentes de Corporación Local ni ostentar cargos públicos de designación. Del mismo modo, tampoco podrán llevar a cabo el ejercicio directamente o por medio de terceras personas de cargos en empresas o sociedades dedicadas a actividades de prestación de servicios, suministros y contratos de obras para las Administraciones Públicas o subvencionadas por éstas, concesionarias de las mismas, arrendatarias o administradoras de monopolios o con participación en el sector público. Al mismo tiempo, los miembros del Consejo Consultivo de Castilla La Mancha tampoco podrán ostentar la titularidad individual o colectiva de cualquier clase de conciertos, de prestación continuada o esporádica de servicios a favor de las Administraciones Públicas[523].

La normativa de aplicación, declara, además, que durante el período de mandato los Consejeros del órgano consultivo autonómico son inamovibles, y cesarán en sus cargos por renuncia o incompatibilidad, expiración del período para el que fueron nombrados, incumplimiento grave de funciones e incapacidad o inhabilitación declaradas por resolución judicial[524]. Los Consejeros del órgano de referencia, por lo demás, pueden ser suspendidos por el Presidente de la Junta, por causa de procesamiento, incoación de expediente de incapacitación, o por incompatibilidad, a propuesta del Consejo Consultivo por mayoría absoluta, de acuerdo con el artículo 19 de su Reglamento Orgánico.

10. Murcia: el cargo de Consejero es incompatible con todo mandato representativo, con el desempeño de altos cargos en cualquier Administración o de cualquier puesto funcionarial o laboral al servicio de las Administraciones Públicas o entidades de ellas dependientes, y con excepción de la Función Pública docente; igualmente, con el desempeño de la carrera judicial y fiscal y con el ejercicio de funciones directivas o el empleo remunerado en partidos políticos, sindicatos u organizaciones empresariales, además del desempeño de cargos de todo orden o participación, superior al 5 por cien, en empresas concesionarias y contratistas de obras o Servicios Públicos, cualquiera que sea su ámbito territorial[525].

Al mismo tiempo, el artículo 7.4 de la Ley 2/1997, prevé un deber de abstención respecto de los miembros del Consejo Consultivo murciano remitiéndose a los supuestos establecidos en la normativa general de procedimiento administrativo.

---

[523] Artículo 12 de su Reglamento orgánico.

[524] Artículo 49 de la Ley 11/2003.

[525] Artículo 7 de la Ley 2/1997.

La normativa de aplicación, de otro lado, previa declaración de independencia e inamovilidad de los miembros del órgano consultivo autonómico establece como causas de cese, la renuncia o fallecimiento, renovación, condena por delito o declaración de responsabilidad civil por dolo, incompatibilidad sobrevenida, pérdida de la condición política de murciano, incapacidad permanente, e incumplimiento grave o reiterado de su función[526]. Dicho cese es acordado mediante Decreto del Presidente autonómico, previo expediente instruido por el Consejo Jurídico con audiencia al interesado y al órgano que lo designó, con una propuesta de resolución llevada a cabo por mayoría absoluta del Consejo Consultivo, de acuerdo con el artículo 7 de la Ley 2/1997. Finalmente, el artículo 18 del Decreto 15/1998, establece que salvo por expiración del mandato o renuncia o fallecimiento, habrá de instruirse un procedimiento con audiencia del interesado.

11. Navarra: además de la incompatibilidad que puede afectar por aplicación de cualquier otra normativa vigente, la condición de miembro del Consejo navarro es incompatible con la de miembro del Gobierno de Navarra, cualquier cargo electivo en las instituciones de la Unión Europea, Estado, Comunidades Autónomas y Entidades Locales, cualquier cargo directivo de partidos políticos y organizaciones sindicales y patronales, con la de miembro en ejercicio de la carrera fiscal o judicial, así como con cualquier cargo directivo en empresas concesionarias o contratistas de obras o servicios públicos[527].

De otro lado, se prevé por la normativa de aplicación un deber de abstención respecto de los miembros del órgano consultivo en los supuestos que tengan interés subjetivo y objetivo directo, de conformidad con la normativa general de procedimiento administrativo y en todo caso si hubieren intervenido en el asunto por razón de su profesión o relación personal con el mismo, salvo el conocimiento que hayan podido tener por razón de su cargo, siempre que se trate de dictámenes sobre anteproyectos o proyectos de normas de carácter general, en cuyo caso se presumirá que no existe interés directo en el asunto[528].

La condición de miembro del Consejo Consultivo navarro se pierde por renuncia, fallecimiento, expiración del período para el que fueron nombrados, incompatibilidad sobrevenida e incumplimiento grave de funciones que, en ambos casos, exige instruir y tramitar un expediente contradictorio que debe garantizar audiencia al interesado e informe del Consejo Consultivo que debe finalizar con una propuesta de resolución del Presidente/a, condena por delito doloso en sentencia firme, incapacidad declarada por resolución judicial firme y pérdida de la condición política navarra. Cabe, por lo demás, la posibilidad de suspensión de funciones, acordada por el Gobierno de Navarra, a instancia del Consejo Consultivo y oído este, para los supuestos de instrucción de expediente y procesamiento[529].

---

[526] Artículo 7 de la Ley 2/1997.

[527] Artículo 14 de la Ley Foral 8/1999.

[528] Artículos 20 de la Ley Foral 8/1999 y 13 del Decreto 90/2000.

[529] Artículos 11 y 12 de la Ley Foral 8/1999.

12. Euskadi: los vocales de la Comisión Jurídica Asesora están sujetos al régimen de incompatibilidades de la Ley 32/1983, de 20 de diciembre, de Incompatibilidades por el ejercicio de funciones públicas en el País Vasco, conforme el artículo 7 de la Ley 9/2004.

Se prevé, además, un deber de inhibición respecto de los miembros de dicha Comisión cuando concurra alguna causa de abstención y de recusación, conforme la normativa general de procedimiento administrativo, además de los supuestos en los que se trate de asuntos en cuya preparación o elaboración haya intervenido el miembro de la Comisión directamente[530].

De otro lado, los miembros de la Comisión Jurídica Asesora vasca sólo cesan por las causas y requisitos establecidos en la Ley, y más concretamente por fallecimiento, renuncia por escrito, expiración del período para el que fueron nombrados, pérdida de la condición funcionarial, incompatibilidad apreciada por mayoría absoluta de la comisión en pleno, incumplimiento grave de funciones salvo ejercicio de iniciativa, y de los deberes de abstención y sigilo, que debe ser apreciado por mayoría absoluta de la Comisión en pleno, previa audiencia del interesado, y, además, por incapacitación y condena por delito doloso ambos supuestos declarados en sentencia firme. El cese se lleva a cabo mediante Decreto, acordado en Consejo de Gobierno autonómico, si bien se prevé la posibilidad de suspensión de funciones, durante el tiempo necesario para acordar la concurrencia de una causa de cese, aunque en el supuesto de privación de libertad por sentencia firme se determina la suspensión automática del ejercicio de funciones por el miembro de la Comisión afectado[531].

13. Extremadura: la normativa de aplicación parte de una declaración general de independencia e inamovilidad respecto de los miembros del Consejo Consultivo extremeño, al tiempo que les exige dedicación absoluta. El régimen de incompatibilidades, se dice, es el previsto en la Ley de Incompatibilidades de los miembros del Consejo de Gobierno de Extremadura, añadiendo que en ningún caso la condición de miembro del órgano consultivo autonómico será compatible con el desempeño de cargo alguno de representación popular, precisándose que la condición de consejero electivo será incompatible con todo cargo político o administrativo, con el desempeño de funciones directivas en los partidos políticos, sindicatos o asociaciones y con toda clase de empleo al servicio de los mismos[532].

Por lo demás, se prevé un deber de abstención de los interesados en aquellos asuntos en los que tengan interés subjetivo directo, conforme la normativa general de aplicación a la Comunidad Autónoma, y en cualquier caso si hubiesen intervenido en el asunto de que se trate por razón de su profesión o por tener relación personal con el mismo, añadiéndose que en caso de dictámenes sobre anteproyectos de ley o proyectos de normas de carácter

[530] Artículo 11 de la Ley 9/2004.

[531] Artículo 8 de la Ley 9/2004.

[532] Artículo 6 de la Ley 16/2001.

general se presumirá que no existe interés directo en el asunto, de acuerdo con el artículo 11 del Decreto 146/2004.

Respecto al cese, este se producirá por fallecimiento, renuncia, expiración del período para el que fueron nombrados, incompatibilidad sobrevenida e incumplimiento grave de funciones que, en ambos casos, será apreciado por mayoría absoluta del Consejo Consultivo, previa audiencia del interesado[533], además de resolución judicial o administrativa firme que declare incapacitación, condena por delito doloso, inhabilitación para el ejercicio de derechos políticos y pérdida de la vecindad administrativa en cualquiera de los municipios de la Comunidad Autónoma[534]. Igualmente, se prevé la posibilidad de suspensión, por el Presidente de la Comunidad Autónoma, a propuesta del Consejo Consultivo, durante el tiempo indispensable para resolver sobre la concurrencia de alguna causa de cese, de acuerdo con el artículo 9 de la Ley 16/2001.

14. Castilla y León: la condición de miembro del Consejo Consultivo de Castilla y León es incompatible con la profesión de Procurador de las Cortes de Castilla y León, Diputado del Congreso, Senador, Parlamentario Europeo, Concejal, Consejero del Tribunal de Cuentas o de los órganos de fiscalización externa de las Comunidades Autónomas, Defensor/a del Pueblo, Procurador del Común, cualquier cargo político o administrativo del Estado, Comunidades Autónomas, Universidades y Entidades Locales, y de sus organismos autónomos, entes o empresas públicas o participadas o de cualquier otra institución pública, además del ejercicio de funciones directivas o ejecutivas en partidos políticos, sindicatos o asociaciones empresariales, y el ejercicio de cualquier otra actividad pública o privada, a lo que se añade el ejercicio directamente o a través de terceras personas en empresas o sociedades dedicadas a actividades de prestación de servicios, suministros y contratos de obras para las Administraciones Públicas o subvencionadas por estas, concesionarias de las mismas, arrendatarias o administradoras de monopolios o con participación del sector público, junto a la titularidad individual o colectiva de cualquier clase de conciertos, y la prestación continuada o esporádica de servicios a favor de las Administraciones Públicas. No obstante, se establece como excepción la administración del patrimonio propio, la investigación o la docencia, previa autorización del Pleno del Consejo y la actividad de producción y creación literaria, artística, científica, técnica o investigadora, y las publicaciones derivadas de aquellas, y la colaboración y asistencia ocasional a congresos, seminarios, jornadas de trabajo, así como conferencias o cursos de carácter profesional, siempre que no sean consecuencia de una relación de empleo o prestación de servicios o supongan menoscabo del estricto cumplimiento de los deberes[535].

Se prevé, además, un deber de abstención en los supuestos establecidos en la normativa general de procedimiento administrativo, y de inhibición en aquellos asuntos en que los miembros del Consejo Consultivo hubieren intervenido o interesen a empresas o

[533] Artículo 8 de la Ley 16/2001.

[534] Artículo 16 del Decreto 146/2004.

[535] Artículo 11 de la Ley 1/2001.

sociedades en cuya dirección, asesoramiento o administración hubiesen tenido parte o su cónyuge o familiar dentro del segundo grado civil, en los dos años anteriores a su toma de posesión[536].

Respecto a la pérdida de la condición de miembro del Consejo Consultivo castellano-leonés, se prevén como causas el fallecimiento, renuncia, expiración del período para el que fueron nombrados sin perjuicio de la posibilidad de reelección, incapacidad declarada por decisión judicial firme, pérdida de la condición política de ciudadano de Castilla y León, inhabilitación para el ejercicio de los derechos políticos mediante sentencia judicial firme, condena en sentencia firme a causa de delito e incumplimiento de funciones apreciado por las Cortes de Castilla y León, de acuerdo con el artículo 12 de la Ley 1/2001.

15. Asturias: los miembros del Consejo Consultivo asturiano se someten al régimen general de la Ley 4/1995, de 6 de abril, del Principado de Asturias. Igualmente, no podrán ser vocales de dicho Consejo quienes ostenten cargos que suponen mandato representativo, o aquellos que ostenten la condición de miembros del Consejo de Estado o de cualquiera de los órganos consultivos de las Comunidades Autónomas, miembros del Tribunal de Cuentas o de cualquiera de los órganos de fiscalización externa de las Comunidades Autónomas, Defensor del Pueblo o institución equivalente autonómica, miembros del Tribunal Superior de Justicia de Asturias, miembros de cualquiera de los organismos u órganos asesores del Principado de Asturias, aun cuando dichos cargos no sean remunerados, e, igualmente, es incompatible con la militancia o el ejercicio de funciones directivas o ejecutivas en partidos políticos, centrales sindicales, organizaciones empresariales y colegios profesionales. Se establece, por otro lado, la compatibilidad de dichos cargos con el desempeño de actividades docentes e investigadoras en régimen de no exclusividad, si bien con la obligación de formular declaración incompatibilidad, intereses, actividades y bienes patrimoniales, que se inscribirán en el Registro de Intereses del Consejo.

Se prevé, además, un deber de abstención conforme la Ley 30/1992, y de inhibición en cualquier acto o procedimiento en que hubieran tenido cualquier tipo de intervención con anterioridad a su designación como miembros del Consejo Consultivo[537].

En cuanto a las causas de cese, se prevé por fallecimiento, finalización del mandato, renuncia ante el Presidente de la Comunidad Autónoma, incapacidad o inhabilitación declarada por decisión judicial firme, incompatibilidad sobrevenida o incumplimiento grave de los deberes u obligaciones del cargo apreciados, ambos casos, bien por el Consejo de Gobierno o por el Pleno de la Junta General que exige mayoría de tres quintos previa audiencia del interesado, en todo caso, e informe favorable del Consejo Consultivo, igualmente por condena derivada de delito doloso mediante sentencia firme y por pérdida

---

[536] Artículo 9 del Decreto 102/2003.

[537] Artículos 8 y 9 de la Ley 1/2004.

de la condición política de asturiano. Se prevé, además, la posibilidad de suspensión, para el supuesto de imputación o procesamiento[538].

16. Madrid: el cargo de Presidente, Consejero Permanente y Electivo es incompatible con todo cargo o empleo en la Administración Pública, en situación de activo, salvo los de carácter docente, así como con el desempeño de cargos públicos de representación popular. No obstante, el cargo de Presidente es compatible con todos los derechos derivados de la condición de ex presidente de la Comunidad de Madrid[539]. Asimismo, se establece un deber de abstención de los miembros del Consejo Consultivo madrileño, en los supuestos previstos en la Ley 30/1992, de 26 de noviembre, de acuerdo con el artículo 10 de la Ley 6/2007[540].

Respecto a las causas de cese, se prevén el fallecimiento o incapacidad declarada mediante sentencia judicial firme, renuncia escrita dirigida al presidente, expiración del período por el que fue nombrado el Consejero, incompatibilidad sobrevenida, incumplimiento grave de funciones que será apreciado por el Pleno con expediente contradictorio y audiencia del interesado, y condena por delito apreciado mediante sentencia judicial firme. El cese del Consejero en cuestión se apreciará mediante Decreto del Consejo de Gobierno autonómico[541].

---

538 Artículo 11 de la Ley 1/2004.

539 Artículo 8 de la Ley 6/2007.

540 GARRIDO MAYOL, en "Sobre la necesidad...", o.c., pág. 837, destaca que no es exigible la dedicación exclusiva, aunque el cargo es incompatible con el ejercicio de funciones de la Administración Pública salvo las de carácter docente y de representación popular, si bien no lo es con actividades profesionales, por ejemplo el ejercicio de la abogacía, lo que puede generar disfunciones en el funcionamiento diario del Consejo, por eso llama la atención el régimen retributivo establecido en el artículo 11 de la Ley 6/2007, equiparado al de los miembros del Gobierno regional, sin distinción alguna si el cargo se va a ejercer con o sin dedicación exclusiva.

541 Artículo 12 de la Ley 6/2007.

CAPÍTULO IV. LA AUTONOMÍA FUNCIONAL DEL CONSEJO DE ESTADO

IV.1. La función consultiva del Consejo de Estado

IV.1.1. La función consultiva "stricto sensu"

La Constitución española ha determinado el ámbito competencial del Consejo de Estado en cuanto que viene caracterizado como órgano consultivo, lo que excluye la posibilidad de que por ley orgánica se le atribuyan competencias de naturaleza no consultiva.

Una de las mejores exposiciones acerca de las virtudes de la función consultiva clásica, desarrollada por el Consejo de Estado, fue la llevada a cabo por el profesor García de Enterría, en el año 1961, quien puso de manifiesto la distinción entre las funciones activa, deliberante y consultiva, dogma este sobre el que, efectivamente, se asentó la Administración Napoleónica, de forma que a cada una de las funciones relacionadas le correspondía un determinado tipo de órgano[542].

La intervención del Consejo de Estado, se dirige primordialmente a garantizar: el funcionamiento objetivo de la Administración, por relación a otros poderes constitucionales; la objetividad de la actuación administrativa frente a los particulares; o, igualmente, la objetividad de la Administración frente a las leyes que limitan su actividad.

Y es que la función consultiva ejercida por el Consejo de Estado[543], supone el despliegue de una protección *in extremis* a favor de todo el ordenamiento jurídico.

Por lo pronto, y para el caso en que se solicita, o resulta preceptivo, el dictamen del Consejo de Estado en relación a los anteproyectos de leyes, el Consejo de Estado vela por la observancia de la Constitución y del resto del ordenamiento jurídico, por cuanto dicho

---

[542] Explica la idea esencial de la división, argumentando que la formulación inicial se debe a Sieyès, en cuanto "déliberer est le fait de plusieurs; administrer est le fait d`un seul", reproduciendo, además, la versión española de Oliván, que señala que "para deliberar como para juzgar son buenos los muchos; para ejecutar, uno solo", GARCÍA DE ENTERRÍA, "La Administración española...", o.c., págs. 55-56.

[543] Frente a otros tipos de órganos consultivos encaminados al ejercicio de las funciones de asesoramiento, información y control. En este sentido, el profesor GARCÍA DE ENTERRÍA, en "La Administración española...", o.c., págs. 69-70, distingue entre: órganos institucionalizados en la función consultiva, de actuación permanente y general; órganos *ad hoc*, constituidos para emitir consulta sobre temas concretos (comisiones de encuesta, de investigación y propuesta) y, finalmente, lo que genéricamente llama dicho profesor "informaciones" (como las informaciones públicas, o, igualmente, cámaras oficiales, sindicatos, corporaciones profesionales, o, incluso, órganos públicos). Igualmente, debe incluirse dentro de la administración consultiva institucionalizada el sistema colegial (que aglutina dos tipos de colegios: según su naturaleza, los colegios técnicos, como el Consejo de Estado, y los colegios representativos; y según sus competencias materiales) y, de otro lado, el sistema de Estado Mayor.

órgano consultivo debe pronunciarse desde el punto de vista de la constitucionalidad de dicho anteproyecto, habida cuenta el principio de jerarquía normativa y de sumisión a la Constitución Española.

Igualmente, y para el caso de impugnación de disposiciones y resoluciones adoptadas por órganos legislativos y ejecutivos autonómicos, el supremo órgano consultivo, debe enfocar su dictamen desde una perspectiva constitucional. Idéntico enfoque que en el caso de interposición de recurso de inconstitucionalidad, donde el Consejo de Estado debe analizar si las leyes autonómicas son o no conformes a nuestra Carta Magna y a las leyes que, dentro del marco competencial se hubieren dictado para delimitar las distintas competencias estatales y autonómicas, o para armonizar o regular el ejercicio de las competencias de las Comunidades Autónomas. Semejante enfoque, por lo demás, es extensible al supuesto de verificación sobre la conformidad o no de la disposición o acto autonómico con el bloque de constitucionalidad, si la iniciativa se refiere al planteamiento de un conflicto de competencia (positivo o negativo) entre el Estado y una Comunidad de Autónoma.

En todos los supuestos anteriores, y alguno más (v.gr. la impugnación contenida en el Título V de la LOTC), corresponde al Consejo de Estado la vigilancia en el cumplimiento de la Constitución y del resto del ordenamiento jurídico, tanto si las razones aducidas en el expediente para sostener el recurso, el conflicto o impugnación son fundadas como, en su caso, para llevar a cabo la exposición de motivos o fundamentos que, a juicio del órgano consultivo, no apoyarían razonablemente la pretensión.

La labor del Consejo de Estado se extiende, también, a la supervisión del cumplimiento de todo el ordenamiento jurídico cuando debe dictaminar sobre proyectos o anteproyectos de disposiciones reglamentarias, así como de propuestas de resolución, llevando a cabo una verificación sobre todo el procedimiento habido hasta concluir con la propuesta, proyecto o anteproyecto en cuestión, desde todos los puntos de vista: constitucionalidad, legalidad, técnica normativa, oportunidad, conveniencia y eficacia, poniendo especial énfasis en la regularidad del procedimiento, como antesala de un acertada disposición o acto administrativo, teniendo en cuenta la gravedad de determinados vicios del procedimiento que, en nuestro ordenamiento jurídico pueden acabar con la resolución final.

El Consejo de Estado, con su actuación, en cuanto a la verificación de la regularidad del procedimiento, cumple una función garantista que contribuye a la buena actuación de los poderes públicos junto a la protección de las garantías formales de los ciudadanos, en clara consonancia con la propia naturaleza y finalidad del procedimiento, como garantía del interés público y de los derechos e intereses de los particulares[544].

---

[544] El profesor GARCÍA DE ENTERRÍA, en *Curso de Derecho...*, o.c., pág. 557, define el procedimiento como cauce necesario para la producción de actos administrativos que se eleva a la condición de validez de éstos, conforme nuestro ordenamiento jurídico, apuntando que, para la jurisprudencia, el procedimiento garantiza a la vez la posibilidad de acierto y eficacia en la Administración y los derechos de los particulares afectados por los actos administrativos.

No debe olvidarse, tampoco, que el Consejo de Estado, conforme el artículo 2 de su Ley Orgánica, también velará, en el ejercicio de sus funciones, por la mayor eficacia de la Administración Pública en el cumplimiento de sus fines, en clara conexión con el artículo 103.1 de la Constitución Española, en cuanto el principio de eficacia[545] es uno de los que rigen la actuación de dicha Administración en el cumplimiento de sus fines, de forma que a la función consultiva encomendada al Consejo de Estado le corresponde verificar si la actuación administrativa, allá donde se despliegue, cumple los requisitos del mencionado principio: ya sea en el ejercicio de potestades discrecionales, en cuanto verificación de las opciones legítimamente posibles, y según los fines perseguidos, expresando, el supremo órgano consultivo, su juicio acerca de la opción que considera que mejor cumple las exigencias del principio constitucional de eficacia, ofreciendo, incluso, textos alternativos que la Autoridad consultante considere en el ejercicio de su potestad reglamentaria mejor sirve a los objetivos del texto consultado; ya sea para verificar si una medida es idónea para alcanzar un fin determinado, o contribuye a alcanzar el tan perseguido principio de eficacia.

Igualmente, en el ejercicio de la función consultiva, al Consejo de Estado le corresponde valorar los aspectos de oportunidad y conveniencia, cuando la índole del asunto lo exija o lo

---

545 Sobre el principio constitucional de eficacia, GARRIDO FALLA, en "Comentarios a la Constitución", o.c., págs. 1599 y 1600, destaca dos sentidos del mencionado principio. El primero, en sentido de neutralidad, esto es, como una de las posibles interpretaciones de la objetividad que debe regir la actuación administrativa, lo que denomina "eficacia indiferente", en cuanto talante de la Administración y su personal, en el sentido de que ha de ser eficaz tanto si perjudica como si se favorece a la política del Gobierno que se encuentra en el Poder, esto es, "cuando el gobernante sabe que los funcionarios que tiene inmediatamente a sus órdenes actúan para conseguir los típicos fines del servicio público, ajenos a cualquier idea de satisfacer los programas políticos del partido que él representa o, al contrario, de sabotearlos, entonces es cuando el funcionario es un auténtico funcionario profesional". El segundo sentido del principio de eficacia para el profesor de referencia, de otro lado, como principio constitucional en sentido estricto, supone la consagración al más alto nivel de un buen deseo, que puede servir como argumento adicional en la impugnación de alguna ley administrativa ante el Tribunal Constitucional, partiendo de la base de que dicho principio tiene su origen en la llamada Ciencia de la Administración y de la aplicación de sus principios en nuestro ordenamiento jurídico, desde mediados del siglo pasado, comenzando por la Ley de Procedimiento Administrativo de 1958. Para PAREJO ALFONSO, L. en "La eficacia como principio jurídico de la actuación administrativa", *Documentación Administrativa,* nº 218-219, 1989, págs. 15-66, destaca que dicho principio consagra un bien o interés jurídico integrado en el orden constitucional material de valores y principios, incluidos los superiores, de forma que dicho principio juega una función servicial dirigida a asegurar el cumplimiento o realización reales y efectivos de dicho orden; además, dicho principio incluye diversas opciones legislativas, cuya concreción corresponde al legislador ordinario, en el curso del proceso de desarrollo de la norma fundamental; el principio de referencia, al mismo tiempo, se traduce de cualquier forma en un deber jurídico a cargo de la Administración Pública; y, en fin, el mencionado principio de eficacia alcanza *ex Constitutione* a los siguientes aspectos: la organización misma de la Administración, incluida la de sus medios personales así como el régimen jurídico determinante del estatuto general de la actuación de la Administración en cuanto poder público.

solicite expresamente la autoridad consultante, como control de apreciación de la oportunidad del proyecto consultado, o de alguna de sus medidas, o soluciones que persigue.

Un último y más reciente aspecto de la función consultiva a ejercer por el Consejo de Estado, es el introducido por el artículo 2.3 de su Ley Orgánica, en la modificación operada por la Ley Orgánica 3/2004, de 28 de diciembre, de forma que la elaboración, por sí o bajo su dirección, de estudios, informes o memorias que el Gobierno le solicite, junto con las propuestas legislativas o de reforma constitucional que también el Gobierno le encomiende, supone la garantía de una propuesta *secundum legem*, en todo caso, si se me permite la expresión, hasta el punto de que en el supuesto de reforma constitucional, ya no tendrá sentido un dictamen posterior del mismo órgano que elaboró la propuesta en cuestión, siendo así que el artículo 21.1 de la Ley Orgánica 3/1980, de 22 de abril, exime de dicho dictamen el mencionado supuesto. Sea como fuere, en estos casos, en los que el Consejo de Estado ya ha intervenido en varias ocasiones, aunque por su relevancia es de destacar el informe emitido sobre la reforma de la Constitución Española[546], el Alto Cuerpo consultivo despliega todo su magisterio y prestigio intelectual, ejerciendo una doctrina inigualable, en defensa del ordenamiento jurídico y de la mejor prosecución del interés general, que, es, al fin y al cabo, el objetivo de toda actuación pública, actuando como colaborador en el ejercicio de la función legislativa, tomando la iniciativa, de la mano del Gobierno y dentro del marco que el mismo le dibuja, en el procedimiento correspondiente, si bien, y en todo caso, el supremo órgano consultivo también puede elaborar los estudios, informes o memorias que juzgue oportuno para el mejor desempeño de sus funciones.

Sin embargo, debe tenerse en cuenta que hoy día es posible afirmar que el Consejo de Estado ya no conserva el monopolio en el ejercicio de la función consultiva, no sólo por la existencia de los Consejos Consultivos en las Comunidades Autónomas, sino porque esta función se atribuye a otros órganos de relevancia constitucional, como el Consejo General del Poder Judicial, el Tribunal de Cuentas, Consejos Económicos y Sociales, y Dirección General de lo Contencioso del Estado, entre otros. No obstante, la función encomendada por el artículo 1.2 de su Ley Orgánica sólo la realiza el supremo órgano consultivo del Gobierno, frente a los Consejos Consultivos autonómicos, que reducen sus dictámenes a cuestiones de estricta legalidad, a no ser que la autoridad consultante lo interese expresamente, y ello sin perjuicio de que el Consejo de Estado puede elevar mociones e incluir, en su Memoria Anual, las sugerencias y recomendaciones que considere para el mejor funcionamiento de la Administración.

---

[546] Informe del Consejo de Estado sobre Modificaciones de la Constitución Española, de 16 de febrero de 2006. Url: http://estaticos.elmundo.es/documentos/2006/01/27/ce_ismdlce-v1.pdf (consultado el 12 de enero de 2011).

No debe olvidarse, además, que la función consultiva es una función técnico jurídica, que se ejerce en el ámbito estrictamente administrativo, al servicio del poder ejecutivo y de su ámbito funcional, ejerciendo un control de legalidad centrado, aunque no de modo exclusivo, en el correcto ejercicio de la potestad reglamentaria, si se trata de normas reglamentarias, y el ajuste de los anteproyectos con el resto del ordenamiento jurídico y la Constitución, si se trata de anteproyectos de ley. Al mismo tiempo, si se trata de elaborar una ley, el dictamen se ha de ceñir a la constitucionalidad del anteproyecto, a su coordinación con el resto del ordenamiento jurídico y a cuestiones formales o de técnica normativa

Cabe destacar, en este sentido, la reforma operada en 2004, a través de la nueva redacción del artículo 2.3 de su Ley Orgánica, que atribuye al Consejo de Estado una serie de potestades o funciones que puede llevar a cabo como son: la elaboración de estudios, informes o memorias que el Gobierno le solicite o juzgue oportuno para el mejor desempeño de sus funciones; y la elaboración de propuestas legislativas o de reforma constitucional que el Gobierno le encomiende, teniendo en cuenta que en este último caso atenderá a los objetivos, criterios y límites de la reforma constitucional señalados por el Gobierno y podrá hacer también las estimaciones que estime pertinentes acerca de ellos.

A este respecto se refiere, además de los autores que ya expusimos en el Capítulo II de esta obra, de un lado, Álvarez Conde[547], el cual parte de la base de que las nuevas competencias atribuidas con la misma, puede desnaturalizar la posición constitucional del Consejo de Estado, concebido como órgano superior consultivo del Gobierno, ya que, el ejercicio de la función consultiva debe consistir en emitir dictámenes de legalidad, incluso, si se quiere, dictámenes de legalidad a oportunidad, pero la misma no puede consistir en decidir cómo se ha de realizar una reforma de la Constitución, pues ello es una decisión política, ya que la Constitución es la decisión política por antonomasia. Siendo así, la reforma de 2004 es una reforma legislativa, con una dimensión política y no estrictamente jurídica, absolutamente pensada y predeterminada para el ejercicio de determinadas competencias, que va incluso más allá de las soluciones que ofrece el Derecho Comparado: en el caso del Consejo de Estado francés, no se incluye como competencia la reforma constitucional; en el caso del italiano, la competencia para formular proyectos de ley y reglamento, ha caído en desuso desde hace varios años; en definitiva, ninguno de los dos puede elaborar propuestas de reforma constitucional, pues ello conlleva funciones de orientación y dirección política. Con todo, dicho autor termina por concluir que vamos hacia un nuevo Consejo de Estado, que ha dejado de ser un órgano "invisible" para la doctrina constitucionalista y para la opinión pública española, cuya opinión debe darse cuando la iniciativa esté ya prácticamente definida. La reforma operada ubica al Consejo de Estado fuera de su posición natural, de forma que la elaboración de propuestas legislativas

---

[547] "Reforma constitucional y reformas estatutarias", *Revista Española de la Función Consultiva*, nº 4, 2005, págs. 73 y ss.

y, sobre todo, de reforma constitucional, puede provocar una extralimitación de la función consultiva, yendo más allá que sus homólogos europeos, y que podría no ser legítimo, suponiendo, en definitiva, a la postre un grave riesgo para su, y, en consecuencia, para su propia existencia.

En la misma línea se sitúa Vera Santos[548], el cual realiza una dura crítica a dicha reforma al señalar que "esta reforma ha operado un cambio en la noción misma de la función consultiva que la Constitución encomienda a este órgano, e incluso en la posición institucional que, hasta la fecha había venido ostentando el Consejo de Estado", afirmando que "por cuestiones de urgencia política (quizás en un intento de legitimar el proceso de reforma emprendido de manera demasiado acelerada, sin dialogar ni consensuar, al menos, con el principal partido de la oposición), se ha dado la vuelta a todo el aparato doctrinal que diferenciaba los órganos constitucionales de los que no lo eran, entre otras cuestiones, porque éstos últimos no gozaban del ejercicio de funciones de dirección política". A ello añade dicho autor, en relación al contenido del nuevo artículo 2.3 de la Ley Orgánica del Consejo de Estado, en el caso de elaboración de las propuestas de reforma constitucional, que resulta absolutamente incongruente con la lógica procedimental del artículo 168 CE, por cuanto que las Cortes de la primera Legislatura no están obligadas a presentar un texto articulado de la reforma, y si no lo están éstas, no lo estaría, en principio, tampoco el Gobierno, y mucho menos, el Consejo de Estado. Por ello, concluye en que resulta enormemente arriesgado reconocer al Consejo de Estado la competencia de elaboración de propuestas de reforma constitucional, por cuanto que un órgano dotado de no puede conjugar la misma con la *potestas* que supone formalizar el procedimiento de reforma constitucional a través de la elaboración de propuestas de reforma constitucional, de lo contrario habría de modificarse la composición y las funciones de dicho órgano, teniendo en cuenta que, desde el punto de vista de la definición orgánico-funcional del Consejo de Estado, no parece adecuado, doctrinalmente hablando, que un órgano no configurado directamente por la Constitución en sus elementos básicos, que no resulta esencial en la estructura jurídico-política constitucional y que no participa en la función de dirección política del Estado, proceda, aunque sea a instancias del Gobierno, a elaborar propuestas de reforma constitucional. Unas propuestas que, a juicio del profesor Vera, se deberán presentar como texto articulado, para poder diferenciarse de otro modelo que es el de informe o estudio.

No obstante, no todo son críticas a la reforma de referencia[549], parte de la doctrina, postura esta que compartimos, considera, muy al contrario, que con las nuevas atribuciones el Consejo de Estado cuenta con un instrumento orgánico adecuado a las facultades de estudio e informe con las que el legislador equilibra la tradicional función y posición

---

[548] "De la elaboración de propuestas de reforma constitucional por el Consejo de Estado" en VERA SANTOS, J.M. y DÍAZ REVORIO, F. J. (Coords.), *La Reforma Estatutaria y constitucional*, Madrid, La Ley, 2009, págs. 754 y ss.

[549] GALERA, "Constitución, función consultiva…", o.c., pág. 117.

dictaminadora del Consejo con su vertiente asesora y consultiva, sin que por ello resulten alteradas la naturaleza y la función consultiva, sino, a nuestro juicio, enriquecidas.

Las nuevas funciones atribuidas al Consejo de Estado, no cabe duda, se justifican por la ausencia de asignación de una función institucional suficientemente definida a favor de dicho Consejo. Siendo así, la determinación de la función a desempeñar por un órgano, cuya creación y mantenimiento responde a unas determinadas necesidades, debería preceder a la articulación de su organización. Sin embargo, las funciones del Consejo de Estado no aparecen definidas ni en la Constitución ni en su Ley reguladora, ya que lo único que puede deducirse de ambas es que el Consejo de Estado es un órgano consultivo, lo cual permite, por eliminación, descartar que es un órgano jurisdiccional y un órgano activo, limitación está demasiado pobre para un órgano de la envergadura y tradición del Alto Cuerpo consultivo.

Siendo así, podemos deducir que la función constitucional del Consejo de Estado es reforzar al Gobierno en su función, igualmente, constitucional, de dirección de la Administración pública y apoyarle en la consecución de una actuación administrativa conforme al principio de legalidad.

Con mayor razón, hemos de señalar, que tanto la emisión de dictámenes que se realizan sobre consultas que se le formulan o sobre textos ya elaborados que se someten a consideración del Consejo de Estado, expresando su parecer, e indicando, normalmente, si procede o no la aprobación del texto o propuesta objeto de consulta, una vez atendidas o consideradas las observaciones que en su caso le formule; como la atribución de iniciativa legislativa que la reforma de 2004 le encomienda en los casos de elaboración de estudios, informes y memorias, y la elaboración de propuestas legislativas o de reforma constitucional, se encuadrarán dentro del ejercicio de la competencia consultiva que tiene atribuida dicho órgano.

IV.1.2. La función consultiva del Consejo de Estado "lato sensu": control, asesoramiento en los asuntos de Gobierno, función pretoria y función de garantía

Junto a la función de consulta "stricto sensu" el Consejo de Estado puede ostentar facultades de diverso tipo siempre y cuando puedan ser reconducidas a la naturaleza consultiva propia de dicho órgano. Es decir, el Consejo de Estado puede convertirse en ocasiones en órgano de control, en, copartícipe de competencias revisoras, en órgano cuasi-fiscalizador, o decisorio, y, puede cumplir a su vez una función de estudio y pretoriana. Todas estas facultades no desvirtúan la original competencia consultiva del Consejo de Estado, si no que contribuyen desde una misión preventiva garantizadora, del recto ejercicio de las funciones esenciales del Estado y en la defensa del Estado de Derecho en su conjunto.

Función de control[550]

Como ya hemos visto en el Capítulo II, al hablar de la naturaleza jurídica del Consejo de Estado, algunos autores han calificado al Consejo de Estado como órgano de control y a su función como una función de control. Esta posición rompe tanto con la concepción del consejo existente desde el Derecho Romano, conforme a la cual "*nemo ex consilio obligatur*" como con la Dogmática clásica que distingue las funciones consultiva y de control. Como es sabido la diferencia entre la función de control y la de consulta se basa, fundamentalmente, en que en el caso del control, éste se compone de dos elementos: el juicio y la medida. Es la medida la que impide *ab initio*, la eficacia del acto, o bien lo precluye o, en fin, lo retira de la circulación tras su entrada en vigor en los casos en que el acto se considere contrario a Derecho, o se oponga al interés confiado al cuidado del órgano agente. En cambio, en el caso de la función consultiva, si bien cuenta con el elemento del juicio, carece de la medida, de forma que la naturaleza de control puede predicarse de los dictámenes vinculantes, siendo discutible que dicha naturaleza pueda reconocerse a los dictámenes semi-vinculantes[551]. Nosotros, a la vista del estudio llevado a cabo, seguimos defendiendo la naturaleza esencialmente consultiva del Consejo de Estado, si bien, reconocemos que esta Institución, puede ostentar una facultad de control siempre y cuando se reconduzca a una naturaleza consultiva.

Atendiendo al artículo 2.2 de la Ley Orgánica 3/1980, de 22 de abril, en cuanto "los dictámenes del Consejo de Estado no serán vinculantes, salvo que la Ley disponga lo contrario", y, teniendo en cuenta que algún supuesto se prevé en nuestro ordenamiento jurídico respecto al carácter parcialmente vinculante del dictamen emitido por el órgano consultivo[552], algún sector de la doctrina[553] ha aprovechado para manifestar el carácter

---

[550] No está de más recordar aquí, lo que ya expusimos en el Capítulo II de esta obra, en relación a las discrepancias doctrinales sobre la naturaleza jurídica del Consejo de Estado, como órgano consultivo y órgano de control. A dicho Capítulo, en fin, me remito.

[551] RUÍZ MIGUEL, "Consejo de Estado…", o.c., págs. 150-151.

[552] De conformidad con la Resolución de 21 de junio de 2005, de la Presidencia del Consejo de Estado por la que se dispone la publicación de la relación actualizada de disposiciones que preceptúan la audiencia del Consejo de Estado, dictada en cumplimiento del artículo 140 de sus Reglamento Orgánico, podemos destacar los supuestos del artículo 102 Ley 30/1992, de 26 de noviembre, para la revisión de oficio de actos nulos, del artículo 60.1 a) de la Ley 47/2003, de 26 de noviembre, en cuanto la necesidad de dictamen favorable del Consejo de Estado para conceder anticipos de tesorería para atender gastos inaplazables que no superen el 1% de los presupuestos del año en cuestión, una vez iniciada la tramitación de expedientes de créditos extraordinarios o suplementos de crédito artículo 25, apartado tercero, de la Ley 8/1972, de 10 de mayo, en su redacción dada por la Ley 13/1996, de 30 de diciembre, en cuanto el carácter vinculante del dictamen del Consejo de Estado en los supuestos contemplados en el artículo 25.2 de la mencionada Ley; artículo 156.1 de la LORAFNA, en cuanto exigencia de dictamen previo y favorable del Consejo de Estado para la declaración de invalidez de los contratos administrativos; artículo 101 del Decreto Legislativo 1/2004, de 22 de abril, del Principado de Asturias, sobre alteración de la zonificación del uso de zonas verdes previstas en el instrumento de ordenación; artículo 50 del Decreto 1346/1976, de 9 de abril, sobre modificación de zonificación o uso

inconstitucional del mencionado precepto, partiendo de la base de que se lleva a cabo una atribución de competencias mediante ley que no tiene el carácter de orgánica, cuando el artículo 107 CE exige dicho rango legal para la mencionada atribución; además, ese tipo de dictamen (parcialmente vinculante) tiene naturaleza de control y el Consejo *ex Constitutione* no tiene naturaleza de órgano de control, sino de órgano consultivo, naturaleza que limita las posibles competencias que según el artículo 107 CE puede asumir el Consejo de Estado; además, el precepto en cuestión ignora la distribución de competencias que la CE realiza a favor de órganos o entidades, ya que una atribución al Consejo de Estado de dictámenes parcialmente vinculantes supondría un cercenamiento no previsto en la Constitución, de las competencias que la misma asigna al Gobierno o a los tribunales, pudiendo decirse lo mismo respecto de las Comunidades Autónomas y de las entidades locales.

En este sentido, García Álvarez[554], pone de manifiesto la importancia de la cuestión, destacando que es uno de los puntos claves de la posición institucional del Consejo de Estado en el sistema constitucional español. Y así, la configuración constitucional del Consejo de Estado como órgano consultivo del Gobierno, supone la consagración de la posición institucional del mismo que es un órgano consultivo en el sentido más estricto, en cuanto sólo del Gobierno, como órgano colegiado y único órgano que puede apartarse válidamente de la doctrina jurídica expresada en respuesta a una consulta preceptiva,

---

de zonas verdes o espacios libres y su Disposición Final Tercera, apartado primero; y, en fin, además de los supuestos de declaración de nulidad de contratos públicos, en remisión al artículo 102 de la Ley 30/1992, de 26 de noviembre, por la normativa de aplicación. A este respecto, el Consejo de Estado, en su Moción nº 59, de 11 de junio de 1968, distinguía entre dictámenes habilitantes, emitidos en los procedimientos de revisión de oficio, y los vinculantes, emitidos respecto de las resoluciones de los Tribunales de Honor. Igualmente, GARCÍA TREVIJANO FOS, en "Tratado de Derecho Administrativo", o.c., págs. 676-677, distinguía en los años setenta entre vinculación absoluta, que obliga a actuar en el sentido establecido, una vinculación parcial, que no obliga a actuar pero si se actúa debe ser en el sentido marcado en el dictamen, y, en fin, lo que dicho autor consideraba como una especie de "semi-vinculación", en cuanto que obliga a que la decisión contraria al dictamen habría de adoptarla un sujeto distinto del consultante del dictamen. Dicha clasificación, no obstante, es criticada por GARCÍA ÁLVAREZ, "Función Consultiva y Procedimiento…", o.c., págs. 181 y ss., partiendo de la base de que la vinculación absoluta, prevista para autorizar o refrendar la resolución del Tribunal de Honor como requisito para que fuese ejecutiva, es hoy una reliquia en nuestro ordenamiento jurídico, destaca que la posición mayoritaria de la doctrina, en el ámbito de la revisión de oficio de actos nulos, es la de considerar el carácter meramente habilitante del dictamen, esto es, el contenido negativo del dictamen impide la anulación pero el dictamen positivo no obliga a ella. Siendo así, dicho autor aboga por reservar el término "vinculante" a los dictámenes emitidos en ejercicio de las eventuales funciones arbitrales que pudiesen conferírseles en el futuro mientras que los dictámenes emitidos en materia de zonas verdes o espacios libres, de suplemento de crédito o créditos extraordinarios, en el procedimiento abreviado de responsabilidad patrimonial o, finalmente, de procedimientos de revisión de actos nulos de pleno derecho serían simplemente "habilitantes".

[553] RUIZ MIGUEL, "Consejo de Estado...", o.c., pág. 152.

[554] "Función Consultiva…", o.c., págs. 193 y ss.

mientras que los Ministros han de someter el asunto al Consejo de Ministros en caso de discrepancia. Al mismo tiempo, el término "consultivo" debe relacionarse con los artículos 24 y 117.3 CE, derecho a la tutela judicial y monopolio de la potestad jurisdiccional, así como el consiguiente rechazo de fórmulas como el recurso de agravios, en el que se atribuían funciones de justicia retenida al Consejo de Estado o los Tribunales de Honor, donde el Consejo realizaba funciones de tutela próximas a la justicia delegada, lo que significa un rechazo a la mera posibilidad de que el Alto Cuerpo consultivo pueda sustituir a los órganos jurisdiccionales como instancia de control de la Administración, si bien ello no impide que se le puedan encomendar funciones arbitrales.

El Consejo de Estado, es el órgano auxiliar del Gobierno, de forma similar a la del Defensor del Pueblo o del Tribunal de Cuentas, órganos auxiliares de las Cortes Generales. Desde dicha perspectiva puede parecer extraño que el Consejo de Estado pueda llegar a limitar la libertad de acción del órgano constitucional cuya posición está llamada a reforzar. Se han de considerar habilitantes, los efectos de aquellos dictámenes del Consejo de Estado que han de ser favorables, y no obstativos, ya que resulta extraño que por un lado se prohíba su actuación y por otro no se permita su ejercicio condicionado al asentimiento del Alto Cuerpo consultivo, cuya función de garantía jurídica, se manifiesta en plenitud en los dictámenes de eficacia reforzada.

No obstante, tal opinión no desconoce, en este sentido, la propia Exposición de Motivos de la Ley Orgánica 3/2004, y el propio Dictamen del Consejo de Estado, nº 1484/2004, sobre el anteproyecto de dicha Ley, donde se argumenta que las nuevas competencias asignadas no suponen la atribución de nuevas funciones al Consejo de Estado, sino la atribución de nuevas facultades en el ejercicio de la función consultiva constitucionalmente asignada, justificándose ello en que la función consultiva no se circunscribe de modo estricto y excluyente a la emisión de dictámenes, al tiempo que se recuerda, en este sentido, los artículos 20.2 y 3 de su Ley Orgánica y competencias de los Consejos de Estado francés y belga, respectivamente.

Todo depende, en fin, del contenido que se quiera atribuir a la función consultiva constitucionalmente encomendada al Consejo de Estado, y del tipo de órgano que el legislador orgánico quiere perfilar bajo tales premisas.

Función de asesoramiento en los asuntos de Gobierno

El paso de la monarquía absoluta a la representativa, conllevó, al mismo tiempo, la introducción de un órgano consultivo, que, progresivamente, se iría vinculando, en mayor medida, a la Administración frente al Gobierno, entendido este último como ente político. Dicha circunstancia resulta evidente a medida que avanza el régimen representativo, donde la reducción del asesoramiento político es directamente proporcional al aumento de la función consultiva administrativa. El vacío en la función de asesoramiento a favor del consejo político, en este sentido, será cubierto por los Gabinetes, como órganos de Estado Mayor.

Conservando, no obstante, reminiscencias del pasado, las competencias del Consejo de Estado en materia de asesoramiento político están principalmente atribuidas al Pleno, por cuanto que éste deberá ser consultado "en aquellos asuntos de Estado a los que el Gobierno reconozca especial trascendencia o repercusión", de conformidad con el artículo 21.9 de su Ley Orgánica; no obstante, el artículo 24.1 de dicha norma también determina que el Alto Cuerpo consultivo puede conocer de asuntos políticos, tanto en Pleno como en Comisión Permanente, mediante consulta facultativa en cuanto que dicho órgano "puede ser oído en cualquier asunto en que, sin ser obligatoria la consulta, el Presidente del Gobierno o cualquier Ministro lo estime conveniente".

Esta faceta del Consejo de Estado, ya fue criticada en su momento, y con anterioridad a la reforma introducida mediante la Ley Orgánica 3/2004, de 28 de diciembre, por algún sector doctrinal, al entender que esa doble función de órgano técnico y de órgano que puede ser consultado en cuestiones de oportunidad y conveniencia, puede ser disfuncional, de forma que dicho órgano debía ceñirse a los aspectos técnicos-jurídicos para impedir una posible utilización legal del Consejo para finalidades políticas que, aunque sean de carácter consultivo pueden enmascararse en una especial en la que los planos jurídico y político se confunden[555]. De la Cuadra-Salcedo[556], circunscribe la consulta sobre la decisión política al electorado y a las fuerzas políticas, limitando la consulta al Consejo de Estado a la constitucionalidad y legalidad de la decisión, incluyendo las cuestiones de oportunidad en el juicio de legalidad y constitucionalidad, de forma que al Gobierno le corresponde la legitimidad democrática para dar la orientación política que crea conveniente a su actuación, por lo que no es posible que ningún órgano al margen del proceso de legitimación pueda obstaculizar su derecho y su responsabilidad.

Tales críticas, sin embargo, se han endurecido a propósito de la reforma operada en la Ley Orgánica del Consejo de Estado, mediante Ley Orgánica 3/2004, de 28 de diciembre[557], por cuanto que el reconocimiento de las tareas de estudio e informe del Consejo de Estado, operadas a través de la reforma de referencia, han supuesto un fortalecimiento de la posición institucional del Consejo como órgano de estudio, asesoramiento y consulta del Gobierno, a través de la nueva redacción de los artículos 3.1 y 5.2 de la Ley Orgánica de referencia. Con ello, el Alto Cuerpo consultivo suma a sus tradicionales órganos de

---

[555] CARRERAS SERRA, F. "El Consell d'Etat com a òrgan consultiu", en VV.AA. El Govern a la Constitució i als Estatuts d'Autonomia, Barcelona, Diputación de Barcelona, 1995, págs. 81-83.

[556] DE LA CUADRA-SALCEDO, "Consejo de Estado...", o.c., págs. 225-226, y 228. RUIZ MIGUEL, por su parte, en "Consejo de Estado…", o.c., págs. 135 y 136, critica la posición de La Cuadra Salcedo, por limitar la consulta política al electorado o fuerzas políticas, por cuanto en ese caso pone en entredicho las funciones de los Gabinetes ministeriales, teniendo en cuenta que el electorado también emite una decisión, al margen del referéndum consultivo, justificándolo en la distinción entre y *potestas*, afirmando que la competencia consultiva política del Consejo de Estado es totalmente constitucional.

[557] Como ya vimos en el capítulo III de esta obra.

funcionamiento (Pleno y Comisión Permanente), una nueva Comisión de Estudios[558] encargada de llevar a cabo estudios, informes y memorias que solicite el Gobierno junto a la elaboración de propuestas legislativas o de reforma constitucional, de conformidad con los objetivos, criterios y límites establecidos por dicho Gobierno, todo lo cual confiere un inédito perfil político a la actuación de dicho órgano y una implicación en la iniciativa gubernamental nacional, con el objetivo, en definitiva, de compensar el déficit consultivo del Consejo para con ello, reequilibrar las dos facetas de la institución.

Función pretoria

Una función derivada de toda la actividad del Consejo de Estado en su conjunto, lo que Rodríguez-Zapata, siguiendo a Orlando[559] llama la función pretoria. Esta función se pone de manifiesto a través de los dictámenes, los informes, estudios, memorias y la Memoria anual, y consiste en promover y favorecer la evolución del Derecho a través de su interpretación. La manifestación más clara de esta función se materializa a través de las recopilaciones de doctrina que periódicamente publica el Consejo de Estado.

Función de garantía

La función consultiva es, primariamente, una función de garantía. La función de garantía se manifiesta en dos sentidos[560]:

En sentido objetivo, por cuanto el Consejo de Estado en su actividad vela por la Constitución y por Ordenamiento jurídico en su conjunto. Y lo hace en todo caso ya sea en términos de legalidad o en términos de oportunidad, de forma potestativa o preceptiva, con efecto, vinculante o no.

En sentido subjetivo, porque en términos genéricos a todos nos interesa que se vele por la legalidad y porque, ya en el plano más concreto, el Consejo de Estado vela para que se dé efectiva participación a los ciudadanos. En este sentido todo dictamen analiza si se ha dado participación a los interesados a través de la audiencia en los procedimientos de responsabilidad patrimonial, en la elaboración de disposiciones administrativas de carácter

---

[558] Debe recordarse, no obstante, la originalidad de dicha Comisión de Estudios, a diferencia del Consejo de Estado galo, donde tales estudios se realizan por una sección administrativa. Así, se trata de una Comisión, no de una sección, que se equipara orgánicamente a la Comisión Permanente, y que está presidida por el Presidente del Consejo de Estado, e integrada por dos Consejeros Permanentes, dos natos y dos electivos, junto con el Secretario General del Consejo. Para el ejercicio de las funciones atribuidas a dicha Comisión, esta cuenta con un soporte orgánico formalizado en los grupos de trabajo encargados de la elaboración de estudios, informes o memorias, además de la asistencia de funcionarios de otros cuerpos de la Administración del Estado y la posibilidad de una colaboración del Centro de Estudios Políticos y Constitucionales y otros organismos u órganos de la Administración estatal.

[559] RODRÍGUEZ ZAPATA, "Teoría de y práctica del Derecho constitucional", o.c. pág. 446.

[560] TRILLO-FIGUEROA MOLINUEVO, "la función consultiva…", o.c., pág. 139.

general, en la resolución de contratos o concesiones administrativas (...) o de la información Pública según el procedimiento de los órganos colegiados representativos. Se cumple con ello la previsión del artículo 105 b) de la Constitución pero sobre todo, se garantiza la efectiva interacción ciudadanos-poderes públicos tan característica del Estado Social de Derecho.

IV.1.3. La función consultiva de los consejos consultivos autonómicos

Un estudio pormenorizado de las funciones atribuidas a los órganos consultivos de las dieciséis Comunidades Autónomas que cuentan con los mismos entre sus instituciones, pone de manifiesto un cierto mimetismo en sus orígenes con el Consejo de Estado, que responde a una primera etapa de descentralización de la función consultiva, caracterizada por una sucesión respecto del Alto Cuerpo Consultivo en el ejercicio de funciones consultivas concretas, y posterior evolución hacia un diferenciación y disparidad evidente entre las distintas regulaciones autonómicas, lo cual no impide, sin embargo, distinguir varias modalidades de órganos consultivos autonómicos, dependiendo de las funciones atribuidas a los mismos.

Ahora bien, y a pesar de la disparidad característica de las regulaciones autonómicas a la hora de configurar sus propios órganos consultivos, dichos entes reúnen unas líneas comunes, que deben ponerse de manifiesto. Ante todo, todos son órganos colegiados, titulares de *auctoritas*[561], que, como tratamos de exponer a lo largo del presente trabajo, gozan de plena autonomía orgánica y funcional. Además, su régimen de organización y funcionamiento pretende asegurar su independencia, objetividad y rigurosa cualificación técnica, reforzando así su posición institucional. Igualmente, tales entes cumplen una función esencialmente consultiva, que si bien varia en su contenido y alcance, se despliega en numerosas posibilidades derivadas de la función primaria, por cuanto que la función consultiva es, ante todo, una función de garantía[562], que se manifiesta tanto en sentido objetivo, ya que los entes consultivos, al igual que el Consejo de Estado, velan por la

---

[561] Como acertadamente pone de manifiesto PLA BOIX, A.M. en "Los Consejos Consultivos autonómicos en España", en APARICIO PÉREZ, M.A. y BARCELÓ I SERRAMALERA, M (Dirs.), *Los órganos garantes de la autonomía política,* Madrid, Atelier libros, 2009, pág. 34, dos son los requisitos para que un órgano consultivo resulte titular de *auctoritas* y permita su configuración en equiparación al Consejo de Estado, esto es, la autonomía de la institución y la independencia de los consejeros, de forma que la autonomía institucional exige el cumplimiento de ciertas condiciones tales como la independencia respecto a otros poderes, autonomía reglamentaria y organizativa y un cierto grado de autonomía financiera. Al mismo tiempo, la independencia de los consejeros exige el establecimiento de un régimen de criterios objetivos en su designación, la garantía de un riguroso régimen de incompatibilidades bajo el criterio de la posible pérdida de la imparcialidad en el ejercicio de la función consultiva, y la estabilidad en el cargo, debiéndose garantizar al menos la imposibilidad de revocación del consejero por el órgano que lo ha nombrado.

[562] LAVILLA ALSINA, L. *La Administración Consultiva del Estado,* Madrid, Administraciones Públicas y Constitución-INAP, 1998, págs. 469-476.

Constitución y por el resto del ordenamiento jurídico (sea en términos de legalidad o de oportunidad, de forma potestativa o preceptiva, con efecto vinculante, o no), como, además, en sentido subjetivo, por cuanto que existe un interés público en el ejercicio de dicha función y en que se facilite la participación a favor del ciudadano, velando el ente consultivo por la necesaria audiencia al interesado en el procedimiento correspondiente, lo cual permite garantizar el cumplimiento del artículo 105 b) CE y la efectiva interacción ciudadanos-poderes públicos, propia del Estado Social de Derecho[563].

Siendo así, un estudio comparado de las distintas regulaciones, evidencia un amplio abanico de posibilidades, que, arranca del título competencial garantizado en el artículo 148.1.1ª CE, por el que se atribuye a las Comunidades Autónomas la competencia exclusiva en materia de organización de sus instituciones de autogobierno, que les permite determinar o configurar la organización o estructura de dichas instituciones, les atribuye potestad de configurar su procedimiento y funcionamiento interno y, finalmente, les permite regular el estatuto de los cargos públicos autonómicos adscritos a la Comunidad Autónoma correspondiente[564], si bien la regulación que se apruebe habrá de respetar en todo caso las prescripciones del bloque de la constitucionalidad.

Pues bien, partiendo de dicha potestad, que al fin y a la postre es la genuina potestad de autoorganización, entendida como la dotación al ente correspondiente de los medios necesarios para el ejercicio de la autonomía política y administrativa que se le confiere, nos encontramos con que los órganos consultivos autonómicos pueden llegar a ejercer un sinfín de posibilidades competenciales derivadas de la genuina función consultiva. En este sentido, se habla indistintamente de funciones de asesoramiento, incluyendo la función de asegurar la corrección de la técnica normativa del órgano consultante, función de juridificación de la actuación administrativa, función de apoyo técnico del órgano de gobierno autonómico, función de auxilio y control preventivo o profiláctico ejercido a través de informes preceptivos[565], función cuasifiscalizadora o incluso cuasijurisdiccional en el caso de

---

[563] TRILLO-FIGUEROA, "La Función Consultiva Hoy: Sentido y Alcance", o.c., pág. 139.

[564] SSTC 183/1988, 179/1989, 56/1990, 35/1982 y 179/1989, fundamentalmente. Es por ello que corresponde a cada Comunidad Autónoma la regulación de la composición y régimen de elección de su Consejo, la determinación del régimen de organización y funcionamiento del mismo, junto a la precisión del estatuto jurídico de los consejeros.

[565] Con razón pone de manifiesto GALERA en "Función Consultiva...", o.c., págs. 70 y ss., que *si el control jurídico se define como un juicio objetivado y necesario realizado por órganos imparciales, independientes y dotados de cualificación técnica, sobre la adecuación de las normas o actos producidos por sujetos de poder a un canon normativo preexistente e indisponible por el órgano de control, el control consultivo cumple esos elementos, por cuanto que el control existe desde el momento en que se realiza la actividad de comprobación de la adecuación de un acto o un comportamiento a las normas o principios que lo rigen, con independencia de que exista o no sanción. Y es por ello que ha de reconocerse que todo control funciona como una garantía, como un instrumento al servicio de la validez del Derecho, que amplía su significado a las diversas formas de influir en la actuación de un órgano conforme a los parámetros de validez establecidos por el ordenamiento.* Y es que, en definitiva, dicho control es una consecuencia más, derivada de la función consultiva atribuida genuinamente a los

dictámenes vinculantes, no obstativos o habilitantes, y, finalmente, función consultiva jurídico-administrativa (proyectada a la actividad del Gobierno y Administración), y función consultiva jurídico-estatutaria (proyectada a la actividad del legislador).

Y es por ello que la doctrina acreditada ha diferenciado, básicamente, tres modelos competenciales distintos dentro de los órganos consultivos autonómicos[566], que pasan por un primer modelo caracterizado por la atribución de funciones relacionadas con los procesos legislativos y constitucionales, mediante un control de estatutoriedad y constitucionalidad sobre actos de naturaleza parlamentaria, y que incluye al Consejo de Garantías Estatutarias de Cataluña[567], que viene a asumir el legado del Consejo Consultivo de la Generalitat, creado en 1981. Un segundo modelo, compuesto por aquellos órganos consultivos autonómicos cuya creación responde a la preocupación por el control de la legalidad ordinaria, reglamentaria y administrativa, siguiendo así el modelo tradicional del Consejo de Estado, y que alcanza a la Comisión Jurídica Asesora de Cataluña y los Consejos

---

órganos consultivos autonómicos, en cuyo ejercicio se proyectan múltiples opciones competenciales. Debe resaltarse, no obstante, que el control que ejerce tanto el Consejo de Estado como los órganos consultivos autonómicos es, fundamentalmente, de legalidad, si bien también podrá ser de oportunidad o conveniencia cuando lo solicite expresamente la autoridad consultante o lo permita la normativa específica correspondiente, siendo el caso de la Comisión Jurídica Asesora de Cataluña (art. 13.4 Ley 5/2005), y de los Consejos Consultivos balear (art. 4 Ley 5/2010), valenciano (art. 2 Ley 10/1994), aragonés (art. 14 Ley 1/2009), gallego (art. 3 Ley 12/2007), manchego (art. 39 Ley 11/2003), vasco (art. 3 Ley 9/2004), extremeño (art. 2 Ley 16/2001), castellano-leonés (art. 2.1 Ley 1/2002), asturiano (art. 3 Ley 1/2004, y madrileño (art. 2.2 Ley 6/2007); a sensu contrario, el artículo 1.2 de la Ley 2/1997, reguladora del Consejo Consultivo navarro y el artículo 3.1 de la Ley 5/2002, del Consejo Consultivo canario, prohíben expresamente dicha circunstancia.

566 PLA BOIX, en "Los Consejos...", o.c., págs. 36-37.

567 El artículo 76 de la Ley Orgánica 6/2006, de 19 de julio, establece que el Consejo de Garantías Estatutarias es la institución de la Generalitat que vela por la adecuación al presente Estatuto y a la Constitución de las disposiciones de la Generalitat, estableciendo que podrá dictaminar, en los términos que establezca la Ley, en los casos siguientes: adecuación a la Constitución de los proyectos y proposiciones de reforma del Estatuto de Autonomía de Cataluña antes de su aprobación por el Parlamento, adecuación al presente Estatuto y a la Constitución de los proyectos y las proposiciones de Ley sometidos a debate y aprobación del Parlamento y de los Decretos Leyes sometidos a convalidación del Parlamento, adecuación al presente Estatuto y a la Constitución de los proyectos de Decreto Legislativo aprobados por el Gobierno y adecuación de los proyectos y las proposiciones de Ley y de los proyectos de decreto legislativo aprobados por el Gobierno a la autonomía local en los términos que garantiza el presente Estatuto. Además, determina que dicho Consejo debe dictaminar antes de la interposición del recurso de inconstitucionalidad por parte del Parlamento o del Gobierno, antes de la interposición de conflicto de competencia por el Gobierno y antes de la interposición de conflicto en defensa de la autonomía local ante el Tribunal Constitucional. No debe olvidarse, por lo demás, que la STC 31/2010, de 28 de junio, declaró inconstitucional el último apartado de dicho precepto que establecía que los "*dictámenes del Consejo de Garantías Estatutarias tienen carácter vinculante con relación a los proyectos de Ley y las proposiciones de Ley del Parlamento que desarrollen o afecten a derechos reconocidos por el presente Estatuto*".

Consultivos de Aragón, La Rioja y Galicia[568]. Y, en fin, un tercer modelo integrado por Consejos Consultivos autonómicos que recogen competencias sobre ambos aspectos, de

[568] El artículo 8 de la Ley 5/2005, reguladora de la Comisión Jurídica Asesora catalana requiere dictamen preceptivo sobre los siguientes proyectos y expedientes administrativos: *"a) Los proyectos de disposiciones normativas que elabore el Gobierno en virtud de delegación legislativa; b) Los proyectos de reglamentos o de disposiciones de carácter general que se dicten para desarrollar las leyes o el derecho comunitario y sus modificaciones;* c) *Reclamaciones de responsabilidad patrimonial de las administraciones públicas cuya cuantía sea igual o superior a 50.000 euros. d) Recurso extraordinario de revisión, excepto en los casos de no admisión. e) Revisión de oficio de actos nulos de pleno derecho; f) Revisión de oficio de disposiciones administrativas; g) Resolución y nulidad de concesiones y de demás contratos administrativos, en los casos establecidos por la normativa de contratación administrativa; h) Creación de comarcas y modificación de las demarcaciones comarcales; i) Creación de municipios de régimen especial; j) Alteración de términos municipales; k) Constitución, modificación y supresión de entidades municipales descentralizadas; l) Acuerdos que tengan por objeto autorizar los actos sociales y de disposición a que se refiere la normativa vigente sobre enajenación de participaciones públicas en determinadas empresas; m) Procedimientos de municipalización bajo el régimen de monopolio de los servicios; n) La modificación de figuras de planeamiento urbanístico que tenga por objeto alterar la zonificación o el uso urbanístico de los espacios libres, las zonas verdes o los equipamientos deportivos considerados por el planeamiento urbanístico como sistemas urbanísticos generales o locales, en los supuestos y en los términos establecidos por la legislación urbanística; o) Cualquier otra materia que sea competencia de la Generalidad respecto a la cual las leyes establezcan la obligación de solicitar dictamen"*. Igualmente, el artículo 15 de la Ley 1/2009, reguladora del Consejo aragonés establece dictamen preceptivo sobre las siguientes materias: a*nteproyectos de reforma del Estatuto de Autonomía, Proyectos de decretos legislativos que elabore el Gobierno en uso de la delegación legislativa, Proyectos de reglamentos ejecutivos y sus modificaciones, Transacciones judiciales o extrajudiciales sobre derechos de contenido económico de la Administración de la Comunidad Autónoma, así como el sometimiento a arbitraje de los conflictos que se susciten respecto de los mismos, cuando, en ambos casos, la cuantía litigiosa exceda de 300.000 euros, Revisión de oficio de actos y disposiciones administrativas nulos de pleno derecho y recursos administrativos de revisión, Revisión de oficio de los acuerdos del Consejo Social de la Universidad de Zaragoza, Aprobación de los pliegos de cláusulas administrativas generales, Interpretación, nulidad y resolución de los contratos administrativos cuando se formule oposición por parte del contratista, y en las modificaciones de los contratos, cuando su cuantía conjunta o aisladamente sea superior a un 20% del precio primitivo del contrato y éste sea igual o superior a 6.000.000 de euros, Interpretación, modificación, nulidad y resolución del contrato de concesión de obra pública cuando se formule oposición por parte del concesionario, en las modificaciones acordadas en fase de ejecución de las obras que puedan dar lugar a la resolución del contrato por aumentar o disminuir más de un 20% el importe total inicialmente previsto o representen una alteración sustancial del proyecto inicial y en aquellos supuestos previstos en la legislación específica, Reclamaciones administrativas de indemnización de daños y perjuicios de cuantía superior a 6.000 euros, Modificación de los instrumentos de planeamiento urbanístico regulados por la Ley cuando tuvieren por objeto una diferente zonificación o uso urbanístico de suelo no urbanizable especial o de los espacios verdes y libres de dominio y uso público previstos en el plan, Alteración de términos municipales y rectificación de límites territoriales, Constitución y disolución de entidades locales menores, Conflictos en defensa de la autonomía local, Cualquier otra materia en la que la Ley establezca la obligación de solicitar dictamen del Consejo Consultivo de Aragón.* En cuanto al riojano, el artículo 11 de la Ley 3/2001, determina los siguientes supuestos de dictamen preceptivo: *proyectos de Decretos legislativos que se elaboren por el Gobierno en uso de una delegación*

forma que asumen competencias del Consejo de Estado junto al control preventivo de la constitucionalidad y estatutoriedad de los anteproyectos de ley que se someten al parlamento autonómico, siendo el caso del resto de órganos consultivos autonómicos[569].

---

legislativa, anteproyectos de ley o proyectos de disposiciones administrativas, cualquiera que sea su rango, que afecten a la organización, competencia o funcionamiento del Consejo Consultivo, proyectos de reglamentos o disposiciones de carácter general que se dicten en desarrollo o ejecución de leyes estatales o autonómicas, recursos de inconstitucionalidad y conflictos de competencias que se planteen ante el Tribunal Constitucional, con carácter previo o posterior a la interposición de recurso. En este último caso el Gobierno acordará, en la misma sesión, interponer el recurso y formular la consulta, conflictos de atribuciones que se susciten entre las diversas Consejerías y entre altos organismos e instituciones de la Comunidad Autónoma, revisión de oficio de los actos administrativos en los casos y con los efectos previstos en la Legislación vigente, y, en los mismos términos, los recursos administrativos de revisión, reclamaciones de cuantía indeterminada o superiores a 6.000 euros que, en concepto de daños y perjuicios, se formulen ante la Administración Pública, proyectos de transacciones extrajudiciales y de sometimiento a arbitraje sobre bienes y derechos de contenido económico de la Administración Pública, nulidad, interpretación y resolución de los contratos administrativos y concesiones cuando se formule oposición por parte del contratista y, en todo caso, en los supuestos que así lo dispongan las normas aplicables, cualquier otro asunto que, por disposición expresa de una ley, haya de ser consultado al Consejo Consultivo. Finalmente, el artículo 11 de la Ley 12/2007, determina los siguientes supuestos de dictamen preceptivo respecto del Consejo Consultivo gallego: *proyectos de reforma del Estatuto de autonomía de Galicia, proyectos de legislación delegada a que se refiere el artículo 10.1, a) del Estatuto de Autonomía de Galicia, convenios y acuerdos de cooperación con otras comunidades autónomas, con arreglo a los artículos 145.2, inciso primero, de la Constitución y 35.1 y 2 del Estatuto de autonomía de Galicia, reglamentos que se dicten en ejecución de leyes, así como sus modificaciones, conflictos de atribuciones que se susciten entre las diversas consellerías y entre otros altos organismos e instituciones de la Comunidad Autónoma, recursos administrativos de revisión, revisión de oficio o a petición del interesado de los actos administrativos en la forma establecida en la Ley de Régimen Jurídico de las Administraciones Públicas y del Procedimiento Administrativo Común, nulidad, interpretación y resolución de los contratos administrativos en la forma establecida en la Ley de Contratos del Estado y de Régimen Local, nulidad, interpretación, modificación y extinción de concesiones administrativas cualquiera que sea su objeto, en los casos en que así lo exijan las normas de aplicación, reclamaciones de responsabilidad patrimonial de cuantía superior a 1.500 euros, creación o supresión de municipios, así como la alteración de términos municipales, cese de sus miembros, en todo caso y, en general, en todos aquellos supuestos en que así lo establezca una legislación específica.*

[569] Entre las regulaciones que podemos destacar, se encuentra el artículo 17 de la Ley 4/2005, reguladora del Consejo Consultivo andaluz, el cual establece los siguientes supuestos de dictamen preceptivo: *anteproyecto de reforma del Estatuto de Autonomía; anteproyectos de leyes; proyectos de reglamentos que se dicten en ejecución de las leyes y sus modificaciones; recursos de inconstitucionalidad y conflictos de competencia ante el Tribunal Constitucional; convenios o acuerdos de cooperación con otra Comunidad Autónoma contemplados en el título V del Estatuto de Autonomía; conflictos de atribuciones que se susciten entre Consejerías; proyectos de Estatutos de las Universidades Públicas de Andalucía y sus reformas; transacciones judiciales o extrajudiciales sobre los derechos de contenido económico de la Administración de la Comunidad Autónoma, así como el sometimiento a arbitraje de las cuestiones que se susciten respecto de los mismos, cuando, en ambos casos, la cuantía litigiosa exceda de 300.000 euros. Revocación de actos de naturaleza tributaria cuando la deuda supere los 30.000 euros y conflictos en la aplicación de la norma tributaria; expedientes tramitados por la Administración de la Comunidad*

Aun así, estamos en condiciones de afirmar que los órganos consultivos autonómicos son órganos colegiados de naturaleza estatuaria o derivada de un desarrollo estatutario[570],

Autónoma, en que la consulta venga exigida por Ley, en los supuestos contenidos en la misma, que se refieran, entre otras, a las materias relativas a reclamaciones administrativas de indemnización por daños y perjuicios de cuantía superior a 60.000 euros; anulación de oficio de los actos administrativos; recurso extraordinario de revisión; interpretación, modificación, resolución y nulidad de concesiones y contratos administrativos, cuando el precio del contrato sea superior a 600.000 euros para la interpretación y resolución, o que la cuantía de aquélla exceda del 20 por 100 del precio del contrato para la modificación, así como de los Pliegos de Cláusulas Administrativas Generales; modificación de figuras de planeamiento, que tengan por objeto una diferente zonificación o uso urbanístico de parques, jardines o espacios libres, dotaciones o equipamientos previstos en un plan, así como los supuestos de suspensión de instrumentos de planeamiento que competen al Consejo de Gobierno; creación y supresión de municipios o alteración de términos municipales; constitución y disolución de Entidades Locales Autónomas y creación de Áreas Metropolitanas y demás asuntos en que la consulta venga exigida por la legislación de Régimen Local; expedientes tramitados por instituciones, entidades, organismos, Universidades y empresas en que, por precepto expreso de una Ley, deba pedirse dictamen al Consejo Consultivo; conflictos en defensa de la autonomía local; transacciones de las Entidades Locales que superen el 5 por 100 de los recursos ordinarios de su Presupuesto; tratándose de solicitudes de dictamen que versen sobre reclamaciones en materia de responsabilidad patrimonial frente a Administraciones Públicas no pertenecientes a la Administración de la Comunidad Autónoma de Andalucía, el Consejo Consultivo será competente para dictaminar cuando la cuantía de la reclamación sea superior a 15.000 euros. E igualmente, el artículo 10 de la Ley 10/1994, reguladora del Consejo Consultivo valenciano determina los siguientes supuestos de dictamen preceptivo: *anteproyecto de reforma del Estatuto de Autonomía; anteproyectos de leyes, excepto el anteproyecto de Ley de Presupuestos de la Generalidad Valenciana; proyectos de Decretos legislativos; proyectos de reglamentos o disposiciones de carácter general que se dicten en ejecución de leyes y sus modificaciones; recursos de inconstitucionalidad y conflictos de competencia ante el Tribunal Constitucional; convenios o acuerdos de cooperación con otras Comunidades Autónomas; conflictos de atribuciones entre los distintos departamentos del Gobierno valenciano; expedientes que versen sobre reclamaciones de cuantía superior a 3.000 euros que, en concepto de indemnización por daños y perjuicios, se formulen a la Generalitat, a las Corporaciones Locales, a las Universidades públicas y a las demás entidades de derecho público; revisión de oficio de los actos administrativos; nulidad, interpretación y resolución de los contratos administrativos cuando se formule oposición por parte del contratista y, en todo caso, en los supuestos previstos en la legislación de contratos del Estado; interpretación, resolución y nulidad de concesiones administrativas cuando se formule oposición por parte del concesionario y, en todo caso, en los supuestos en que así lo dispongan las normas aplicables; modificación de los planes de urbanismo, las normas complementarias y subsidiarias y los programas de actuación que tengan por objeto una diferente zonificación o uso urbanístico de las zonas verdes o de los espacios libres previstos, cuando la consulta sea preceptiva según la ley, salvo en el supuesto previsto en el artículo 13.1 de la Ley de Bases de Régimen Local cuyo dictamen podrá ser emitido por el Consejo de Estado cuando así lo acuerde el órgano competente y recursos extraordinarios de revisión. Igualmente, los asuntos relativos a la organización, competencia y funcionamiento del Consejo Jurídico Consultivo y cualquier otra materia, competencia de la Generalitat Valenciana o de las administraciones locales radicadas en la Comunidad Valenciana, respecto a la que las leyes establecen la obligación de pedir el dictamen.*

[570] Recordemos que la STC 35/1982, dejó bien clara la posibilidad de que los órganos consultivos autonómicos fueran órganos no previstos en el Estatuto de Autonomía, en cuanto que podían ser

que se integran en calidad de instituciones de autogobierno en la organización institucional de las Comunidades Autónomas, para el cumplimiento de los cometidos fiscalizadores preventivos que tienen encomendados, respecto a la observancia de la Constitución, Estatuto de Autonomía y normas jurídicas que resultaren de aplicación a los distintos supuestos encomendados, y que tienen atribuidas, en general, las siguientes funciones: examen previo de la legitimidad constitucional-estatutaria de los Proyectos y proposiciones de ley; cooperación a la defensa jurisdiccional de las competencias autonómicas y a los fines de la jurisdicción constitucional; examen previo de la legalidad de los Decretos Legislativos y Reglamentos autonómicos; control de legalidad de ciertos actos de la Administración autonómica y local, como en materia de convenios de colaboración entre Comunidades Autónomas; y, en fin, reclamaciones de responsabilidad patrimonial.

Junto a ello, podemos destacar, por lo demás, dos características añadidas. La primera, la encomienda de elaboración de una Memoria anual, que se reproduce prácticamente en todas las legislaciones autonómicas, a excepción de Canarias, Valencia, Castilla La Mancha, Castilla-León y Madrid, que no lo recogen expresamente en su normativa con rango legal, lo cual no obsta a la elaboración de la misma, por previsión reglamentaria. En dicha Memoria, además, se prevé la posibilidad de sugerencias para la mejora de la actuación administrativa, previsión que reproduce la regulación estatal respecto del Consejo de Estado. En cuanto a la segunda, sólo dos regulaciones autonómicas, las correspondientes a la Comisión Jurídica Asesora catalana y al Consejo Consultivo de Castilla-León, prevén expresamente una ampliación de competencias derivadas claramente de la función consultiva, cuales son la de formular "propuestas y sugerencias atendiendo a los problemas que detecte en el ejercicio de la función consultiva", más allá de su inclusión en la propia Memoria de la Comisión[571]; y, asimismo, la elaboración, a solicitud de la Junta de Castilla-León, de los estudios, informes, propuestas o dictámenes sobre asuntos relacionados con el cumplimiento y desarrollo del Estatuto de Autonomía[572].

---

estatutarios, si se recogían en el Estatuto de Autonomía, como instituciones de autogobierno no esenciales, o creados por ley de asamblea legislativa. La diferencia actual entre órganos consultivos autonómicos radica, fundamentalmente, en la opción del legislador entre el modelo clásico de función conectada al ámbito de actuación del Gobierno y Administración, o bien, ampliada a la actividad parlamentaria, como acabamos de exponer.

[571] Art. 9.3 Ley 5/2005, 2 de mayo.

[572] Art. 2.2 Ley 1/2002, de 9 de abril.

IV.2. Manifestaciones de la actividad consultiva

IV.2.1. Dictámenes del Consejo de Estado

La emisión del parecer del supremo órgano consultivo del Gobierno, tiene su máxima expresión en los dictámenes que emanan del mismo, a propósito de las materias en que la consulta es preceptiva o facultativa, pero que, en todo caso, dan lugar a la obligada opinión.

Los supuestos en que el supremo órgano consultivo del Gobierno debe dictaminar preceptivamente, se contienen en los artículos 21 y 22 de su Ley Orgánica[573], tanto en Pleno

---

[573] Por su importancia, deben reproducirse ambos preceptos. El artículo 21, en este sentido, de la LOCE, establece que *"El Consejo de Estado en Pleno deberá ser consultado en los siguientes asuntos: 1. Anteproyectos de reforma constitucional, cuando la propuesta no haya sido elaborada por el propio Consejo de Estado. 2. Anteproyectos de Leyes que hayan de dictarse en ejecución, cumplimiento o desarrollo de tratados, convenios o acuerdos internacionales y del derecho comunitario. 3. Proyectos de decretos legislativos. 4. Dudas y discrepancias que surjan en la interpretación o cumplimiento de tratados, convenios o acuerdos internacionales en los que España sea parte. 5. Problemas jurídicos que suscite la interpretación o cumplimiento de los actos y resoluciones emanadas de Organizaciones internacionales o supranacionales. 6. Reclamaciones que se formalicen como consecuencia del ejercicio de la protección diplomática y las cuestiones de Estado que revistan el carácter de controversia jurídica internacional. 7. Anteproyectos de ley o proyectos de disposiciones administrativas, cualquiera que fuere su rango y objeto, que afecten a la organización, competencia o funcionamiento del Consejo de Estado. 8. Transacciones judiciales y extrajudiciales sobre los derechos de la Hacienda Pública y sometimiento o arbitraje de las contiendas que se susciten respecto de los mismos. 9. Separación de Consejeros Permanentes. 10. Asuntos de Estado a los que el Gobierno reconozca especial trascendencia o repercusión. 11. Todo asunto en que, por precepto expreso de una ley, haya de consultarse al Consejo de Estado en Pleno."*; igualmente, el artículo 22 de la LOCE establece que: *"La Comisión Permanente del Consejo de Estado deberá ser consultada en los siguientes asuntos: 1. En todos los tratados o convenios internacionales sobre la necesidad de autorización de las Cortes Generales con carácter previo a la prestación del consentimiento del Estado. 2. Disposiciones reglamentarias que se dicten en ejecución, cumplimiento o desarrollo de tratados, convenios o acuerdos internacionales y del derecho comunitario europeo. 3. Reglamentos o disposiciones de carácter general que se dicten en ejecución de las Leyes, así como sus modificaciones. 4. Anteproyectos de Ley Orgánica de Transferencias o delegación de competencias estatales a las Comunidades Autónomas. 5. Control del ejercicio de funciones delegadas por el Estado a las Comunidades Autónomas. 6. Impugnación de las disposiciones y resoluciones adoptadas por los órganos de las Comunidades Autónomas ante el Tribunal Constitucional, con carácter previo a la interposición del recurso. 7. Conflictos de atribuciones entre los distintos Departamentos ministeriales. 8. Recursos administrativos de súplica o alzada que deban conocer en virtud de disposición expresa de una Ley el Consejo de Ministros, las Comisiones Delegadas del Gobierno o la Presidencia del Gobierno. 9. Recursos administrativos de revisión. 10. Revisión de oficio de disposiciones administrativas y de actos administrativos, en los supuestos previstos por las Leyes. 11. Nulidad, interpretación y resolución de los contratos administrativos cuando se formule oposición por parte del contratista y, en todo caso, en los supuestos previstos en la legislación de contratos del Estado. 12. Nulidad, interpretación, modificación y extinción de concesiones administrativas, cualquiera que sea su objeto, cuando se formule oposición por*

como en Comisión Permanente, si bien, deben destacarse aquellos en que la finalidad del dictamen supone su mayor expresión y perfección a favor de la garantía de todo el ordenamiento jurídico.

En materia de inconstitucionalidad, de conflictos constitucionales y de impugnación de disposiciones o resoluciones, conforme el Título V de la Ley Orgánica del Tribunal Constitucional, el órgano reclamante y receptor de la consulta es el Gobierno de la Nación, teniendo en cuenta que el dictamen en cuestión habrá de ser solicitado con carácter previo al ejercicio de la acción de inconstitucionalidad, conflicto o impugnación, tras la modificación habida mediante Ley Orgánica 3/2004, respecto del artículo 22.6 de la Ley Orgánica del Consejo de Estado. En todo caso, y mediante la consulta, preceptiva y no vinculante, el Gobierno recibe un asesoramiento frente a una actuación legislativa, reglamentaria o administrativa, de carácter autonómico, que considera puede estar incursa en inconstitucionalidad material o que infringe las normas que definen los ámbitos competenciales diseñados por la Constitución, Estatutos de Autonomía o las Leyes. Y todo ello dirigido al Presidente de Gobierno, como legitimado para interponer el recurso de inconstitucionalidad, o al Gobierno, si se trata de la interposición de conflictos entre el Estado y una Comunidad Autónoma o de impugnar ante el Tribunal Constitucional las disposiciones normativas sin fuerza de ley y resoluciones emanadas de cualquier órgano de las Comunidades Autónomas.

En todos esos casos, el Consejo de Estado, en el ejercicio de su función consultiva, debe velar por la observancia de la Constitución, en cuanto ha de emitir su parecer sobre la pretensión de inconstitucionalidad, si la ley o el acto con fuerza de ley es o no conforme con la Constitución; de competencias, si la disposición o resolución de una Comunidad respeta el orden de competencias establecido en la Constitución, en los Estatutos de Autonomía o en las Leyes Orgánicas correspondientes; o, de impugnación, en cuanto ha de apreciar si la misma está fundada en los términos del artículo 77 de la Ley Orgánica del Tribunal Constitucional.

Hasta la reforma de 2004, se permitía al Gobierno solicitar la consulta al Consejo de Estado antes o después de la actuación que pretendía seguir, circunstancia esta que suponía una excepción al clásico ejercicio de la función consultiva, en el que el parecer es solicitado

---

parte del concesionario y, en todo caso, cuando así lo dispongan las normas aplicables. 13. Reclamaciones que, en concepto de indemnización de daños y perjuicios, se formulen a la Administración del Estado a partir de 6.000 euros o de la cuantía superior que establezcan las leyes. 14. Concesión de créditos extraordinarios o suplementos de crédito. 15. Concesión y rehabilitación de honores y privilegios cuando así se establezca por disposición legal. 16. Asuntos relativos a la organización, competencia y funcionamiento del Consejo de Estado. 17. Concesión de monopolios y servicios públicos monopolizados. 18. Todo asunto en que por precepto expreso de una Ley haya de consultarse al Consejo de Estado en Comisión Permanente. 19. Todo asunto en que por precepto de una Ley haya de consultarse al Consejo de Estado y no se diga expresamente que debe ser al Consejo en Pleno".

y emitido antes de adoptar la decisión[574]. En todo caso, dicha circunstancia se ha eliminado con la vigente regulación, la cual supone, un reforzamiento de la intervención del supremo órgano consultivo en el específico proceso de toma de decisión del órgano consultante.

Asimismo, el Consejo de Estado constituido en Comisión Permanente, debe ser consultado, conforme el artículo 22.6 de su Ley Orgánica, en el caso de Anteproyectos de Ley Orgánica de transferencias o delegación de competencias estatales a las Comunidades Autónomas, en clara aplicación del artículo 150.2 de la Constitución Española, de forma que el Consejo de Estado habrá de velar porque se respete escrupulosamente el precepto constitucional y los requisitos que el mismo contiene.

Como es sabido, las leyes orgánicas de transferencia o delegación son mecanismos de traslación de competencias (aquellas de titularidad estatal que por su propia naturaleza sean susceptibles de transferencia o delegación), por el que se atribuyen determinadas materias a las Comunidades Autónomas por encima del techo competencial que tienen atribuido estatutariamente, configurándose dicho mecanismo como una vía de modificación fuera del Estatuto de Autonomía, de las competencias autonómicas, a fin de corregir la distribución de competencias operada por el mismo, bien porque se haya mostrado poco funcional o porque se decida aumentar el techo competencial autonómico.

La distinción entre transferencia y delegación, es clara y pacífica hoy en día en la doctrina. La transferencia supone la atribución a una Comunidad Autónoma de la titularidad de una determinada competencia; la delegación, por su parte, es una mera cesión de atribuciones concretas, y, por tanto, de ejercicio de la competencia, conservando el

[574] Señalaba el Consejo de Estado en su Memoria de 1983 que, la excepción señalada en cuanto el acto decisorio puede preceder al acto consultivo ha devenido prácticamente en una regla general, con la consiguiente pérdida de eficacia de la función consultiva, tanto desde la perspectiva –menor en sí misma- del Consejo de Estado cuanto desde la perspectiva –importante por sí, en todo caso-, del mejor asesoramiento del Gobierno, a efectos de respaldar la legalidad y acierto de su decisión impugnatoria y de procurar su más sólida fundamentación. En este sentido, AROZAMENA SIERRA, en "La función consultiva del Consejo de Estado", Documentación Administrativa, nº. 244-245, 1996, págs. 137-160 (págs. 138 y 139), señalaba que el dictamen *a posteriori* al ejercicio de la acción de inconstitucionalidad, o competencial o de impugnación, no debía privar de eficacia a la función consultiva, que no opera ciertamente en la fase de impugnación, pero puede-y debe- servir para que conocido el dictamen pueda el Gobierno reconsiderar el planteamiento para, en su caso, si aquél comparte el parecer del Consejo de Estado y es desfavorable al planteamiento por entender que no existen fundadas razones para mantener la impugnación de inconstitucionalidad, o el conflicto competencial, o el previsto en el Título V de la LOTC, articule el apartamiento del proceso mediante el desistimiento, y, en caso de informe favorable –si el estado procesal del litigio lo permite-, hacer llegar al Tribunal el dictamen emitido por el Consejo de Estado. En todo caso, el propio Tribunal podrá recabar del Gobierno la remisión del dictamen del Consejo de Estado relativo a la consulta previa o posterior de la interposición del recurso de inconstitucionalidad, o al conflicto de competencia o la impugnación que regula el Título V de la LOTC, pues así lo autoriza el artículo 88.1 de la Ley Orgánica del Tribunal Constitucional.

cedente su titularidad. Ambas pueden ser revocadas, mediante Ley Orgánica (el mismo instrumento que para su concesión). El dictamen del Consejo de Estado se debe solicitar preceptivamente en ambos casos.

Al mismo tiempo, la práctica generalizada evidencia que las materias transferidas son tanto legislativas como de ejecución, mientras que las delegadas son sólo de ejecución o gestión de servicios estatales, conservando el Estado la competencia legislativa y la potestad reglamentaria. En ambos casos, es posible, no obstante, incluir las competencias no exclusivas de la cláusula residual del artículo 149.3 de la Constitución Española. Más dificultad ofrece la determinación de aquellas materias que no pueden ser objeto de transferencia o delegación, afirmando la doctrina mayoritaria que el núcleo queda reducido a la no transferencia de materias que merecen la conceptuación de competencias exclusivas absolutas, aunque en este caso, también es posible la transferencia o delegación de las facultades de gestión, siempre que no se trate de materias intrínsecamente relacionadas con la soberanía. En todo caso, la facultad de gestión ha de referirse a la concreta facultad de gestión y no a la competencia propiamente dicha, ya que no es posible transferir o delegar una materia o competencia en bloque, sino sólo determinadas "facultades" propias de dichas competencias[575].

En tercer lugar, el Consejo de Estado debe emitir dictamen preceptivo, aunque no vinculante, en materia de control del ejercicio de facultades delegadas por el Estado a las Comunidades Autónomas, en aplicación del artículo 153 b) de la Constitución Española, en relación con el artículo 150.2 de nuestra Carta Magna, y 22.5 de su Ley Orgánica.

En este sentido, la razón que se ha dado para no extender el control y dictamen del Consejo de Estado a las facultades transferidas a las Comunidades Autónomas, por parte del Estado, ha sido que en el caso de la transferencia, y en tanto no se revoque la misma, tales competencias pasan a ser competencias propias de las Comunidades Autónomas, frente a la delegación de competencias en que el Estado sigue siendo titular de las mismas[576].

El dictamen del Consejo de Estado procede respecto de proyectos de actos, o disposiciones de carácter general, cuando la Ley de Delegación haya atribuido a la Administración del Estado, respecto de actos y disposiciones de la Comunidad Autónoma, potestades de anulación, revocación o modificación, configurándose de ese modo, una

---

[575] AROZAMENA SIERRA, en "La función consultiva...", o.c., pág. 141, entiende incluso que tratándose de materias comprendidas en la categoría de competencias exclusivas
relativas, el artículo 150.2 de la Constitución Española abre la posibilidad de transferir o delegar no sólo competencias ejecutivas, sino también legislativas.

[576] No obstante, el traspaso de la titularidad como nota diferenciadora entre la transferencia y la delegación no está tan clara. Conforme pone de manifiesto el Consejo de Estado, en su *Informe sobre la reforma de la Constitución Española*, de 16 de febrero de 2006, pág. 176, es mayoritaria la opinión entre especialistas en el sentido de que no existen diferencias cualitativas entre ambos supuestos, pues en ambos casos es el ejercicio y no la titularidad de las facultades, lo que se cede a las Comunidades Autónomas vía artículo 150.2 de la Constitución Española.

garantía residenciada en el Consejo de Estado, con el fin de velar, en el ejercicio de su función consultiva, por la observancia de la Constitución y del resto del ordenamiento jurídico. En consecuencia, el dictamen es preceptivo en los casos de ejercicio de los poderes de control del Gobierno, que entrañen anulación, revocación o modificación de disposiciones o actos emanados de las Comunidades Autónomas, que invocan su competencia delegada vía legislativa, conforme el artículo 150.2 de la Constitución Española.

Un cuarto ámbito de obligado dictamen, es el ejercicio de la potestad legislativa por parte del Gobierno, recogido en los artículos 22.4, en cuanto Anteproyectos de Ley Orgánica de transferencia o delegación de competencias estatales a las Comunidades Autónomas, y 21.2, respecto a Anteproyectos de Leyes que hayan de dictarse en ejecución, cumplimiento o desarrollo de tratados, convenios o acuerdos internacionales y del derecho comunitario europeo, de su Ley Orgánica. A lo que se une los supuestos de consulta facultativa, en cuanto el Consejo de Estado puede ser consultado respecto de cualquier anteproyecto de Ley cuando el Presidente del Gobierno o los Ministros que asumen la iniciativa lo estimen conveniente, conforme el artículo 25.1 de la misma Ley Orgánica.

El ejercicio de la función que se atribuye al Alto Cuerpo consultivo, supone una colaboración en el proceso de formación de las leyes, cooperando a la obra del Gobierno, o de sus miembros, en la preparación de anteproyectos de ley, aportando conocimiento y experiencia en la mejor realización de la misma, de forma que emite su parecer sobre la constitucionalidad del anteproyecto de ley, verifica si la ley proyectada se ajusta a los tratados internacionales celebrados, integrantes de nuestro ordenamiento jurídico y en vigor, y, finalmente, coopera a la corrección técnico-jurídica de la obra legislativa[577].

En otro orden de cosas, el Consejo de Estado debe ser, igualmente consultado, respecto de los proyectos de Decretos Legislativos, como decretos gubernamentales que desarrollan una delegación atribuida por las Cortes Generales, y de cuyo ejercicio resultan normas con rango de ley. En este sentido, dicha función consultiva viene referida a las modalidades de delegación que se recogen en el artículo 82 de nuestra Constitución, en cuanto textos articulados y textos refundidos, de forma que la función consultiva del Consejo de Estado en estos casos responde a un control, que se proyecta sobre el contenido y sobre el procedimiento.

Y así, el Consejo de Estado en Pleno, conforme el artículo 21.3 de su Ley Orgánica, verifica en los anteproyectos de textos articulados si desarrollan, dentro de los límites de la delegación, las bases de la ley delegante, pues a las leyes de bases corresponde delimitar con precisión el objeto y alcance de la delegación legislativa y los principios y criterios a seguir para su ejercicio, y ello frente al Gobierno, al que corresponde articular y verificar, partiendo del objeto y alcance de la delegación, el ajuste del anteproyecto consultado a los principios y criterios establecidos en las bases. En el caso de anteproyectos de textos

---

[577] AROZAMENA SIERRA, "La función consultiva…", o.c., pág. 143.

refundidos, en segundo lugar, el Consejo de Estado extiende su función a verificar si en el ejercicio de la delegación el anteproyecto respeta el ámbito normativo al que se refiere el contenido de la delegación y si ésta comprende la regularización, aclaración y armonización de los textos legales que han de ser refundidos. Resulta así, en consecuencia, que la función consultiva es más intensa y compleja, debiendo el supremo órgano consultivo del Gobierno emitir su juicio de fondo sobre la interpretación de las reglas refundidas y los contenidos refundidos, llevando a cabo una valoración que se extiende también a los aspectos de técnica y sistemática del texto consultado.

Un último aspecto en el que el dictamen del Consejo de Estado resulta especialmente significativo, es el relativo al ejercicio de la potestad reglamentaria. Siendo así, el artículo 22.2 de la Ley Orgánica del Consejo de Estado, determina el preceptivo dictamen del Consejo de Estado constituido en Comisión Permanente respecto de disposiciones reglamentarias que se dicten en ejecución, cumplimiento o desarrollo de tratados, convenios o acuerdos internacionales y del derecho comunitario europeo; igualmente, el artículo 22.3 de la Ley Orgánica del Consejo de Estado, establece idéntico dictamen respecto de reglamentos o disposiciones de carácter general que se dicten en ejecución de las Leyes, así como sus modificaciones. Debe aclararse, en este sentido, que la Sentencia del Tribunal Supremo, Sala Tercera, de 18 de diciembre de 1990, vino a señalar que indicada consulta a la Comisión Permanente está reservada a las normas reglamentarias conectadas a la ley y a sus ulteriores modificaciones a fin de que el Consejo de Estado garantice que la potestad reglamentaria se acomoda y no contraviene la ley de que es mero producto subordinado.

El propio Consejo de Estado ha tenido ocasión de pronunciarse sobre la competencia que nos ocupa, en cuanto "no sólo, pues, la potestad reglamentaria se halla sometida al control y revisión *ex post* de los Tribunales, sino que opera sobre ella el más cualificado control preventivo (el del Consejo de Estado, como supremo órgano consultivo), control interno a la Administración como tal, pero externo al núcleo de la misma en que la potestad se ejercita, núcleo que, con propiedad, puede identificarse en el seno de una "Administración activa" funcionalmente diferenciada de la "Administración consultiva[578]".

Y es que, en el ejercicio de esta función, corresponde al Alto Cuerpo, verificar si el texto sometido a consulta ha ido precedido del procedimiento legalmente establecido, emitido por órgano competente, si el texto se ajusta a la Ley que proporciona cobertura al Reglamento, que desarrolla, ejecuta o complementa, y si dicho reglamento respeta los límites materiales o sustantivos de la potestad reglamentaria. A todo ello se une, los aspectos de técnica normativa (construcción de la regla de Derecho, certeza y claridad en su enunciado y ordenación sistemática, fundamentalmente).

---

[578] *Memoria del Consejo de Estado del año 1989.*
Url: http://www.consejo-estado.es/pdf/MEMORIA%201989_4.pdf (fecha de consulta, 23 de octubre de 2010).

En consecuencia, el dictamen del Consejo de Estado se inserta, como control previo, en el procedimiento de formación de la norma, procurando garantizar, con su contribución, al mejor logro, en el contenido y la forma, de dicha norma, por lo que dicho órgano consultivo coopera a conferir a la norma las ineludibles exigencias de constitucionalidad y legalidad así como de perfeccionamiento técnico-normativo.

Ni que decir tiene que, tras la Sentencia del Tribunal Constitucional 204/1992, de 26 de noviembre, el dictamen del Consejo de Estado, respecto del ejercicio de la potestad reglamentaria de las Comunidades Autónomas sólo es preceptivo en aquellas autonomías en que no exista órgano consultivo equivalente al Consejo de Estado, en aplicación del artículo 24, segundo inciso, de la Ley Orgánica de dicho Consejo[579].

Y es que, hasta la Sentencia 204/1992, de 26 de noviembre, del Tribunal Constitucional, la interpretación del antiguo artículo 23.2 de la Ley Orgánica 3/1980, de 12 de abril, ahora artículo 24, mantuvo muy dividida a la doctrina española. En este sentido, se defendieron tesis expansivas, proclives a la intervención del Consejo de Estado respecto a la actividad autonómica, sin distinguir si se trataba de actos administrativos dictados en ejercicio de competencias exclusivas o no, propugnado su intervención especialmente en cuanto al ejercicio de la potestad reglamentaria de ejecución de leyes estatales, sobre la base de que el artículo 107 de la Constitución Española se aplicaba a toda la Administración, por aplicación de una garantía de uniformidad, y por la tradición y experiencia del órgano en cuestión pudiendo el Consejo de Estado coordinar competencias y acciones autonómicas con sus dictámenes, lo cual fue criticado por confundir la función consultiva con la función de control, trayendo controles genéricos no tolerados[580].

Una segunda posición inicial sobre dicha cuestión, pasaba por la tesis garantista, justificando la intervención del Consejo de Estado con base en el artículo 149.1.18ª de la Constitución, en cuanto competencia exclusiva del Estado sobre las bases del régimen jurídico y sobre el procedimiento administrativo común, además del artículo 149.1.1 de la misma Carta Magna; sin embargo, tal posición olvidaba que una cosa era elevar al rango de básico la necesidad de un dictamen inmerso en un procedimiento y otra imponer el órgano que debía emitirlo[581].

---

579 Cuya redacción es la siguiente: "*El dictamen será preceptivo para las Comunidades Autónomas que carezcan de órgano consultivo propio en los mismos casos previstos por esta Ley Orgánica para el Estado, cuando hayan asumido las competencias correspondientes*".

580 Entre otros, RODRÍGUEZ OLIVER, en "Las competencias consultivas del Consejo de Estado y las Comunidades Autónomas", *Revista Española de Derecho Administrativo*, nº 33, 1982, pág. 275 y GÁLVEZ MONTES, en "Artículo 107. El Consejo de Estado", en "Comentarios a las leyes políticas", o.c., págs. 378-400.

581 MONTORO CHINER, M.J. en "De nuevo sobre Procedimiento y Seguridad Jurídica: los órganos consultivos autonómicos", *Revista Española de Administración Pública*, nº 122, 1990, pág. 388. Dicha profesora sostuvo con anterioridad a la STC 204/1992, en relación a la aplicación del entonces artículo 23.2 LOCE a las Comunidades Autónomas, que el artículo 23.2 de referencia debía entenderse en el

Al mismo tiempo, también se manifestaron posiciones intermedias, advirtiendo la confusión entre emisión de consulta y control, la cual generaba una función no prototípica del Consejo de Estado[582].

Y, en fin, posiciones más restrictivas, se inclinaron bien por la inaplicación de dicho artículo al tratarse de competencias exclusivas de las Comunidades Autónomas, o por circunscribir la obligación de consulta cuando se tratara de competencias provenientes del Estado, pero no de las que derivaban del Estatuto de Autonomía[583], bien por conectar el entonces artículo 23.2 de la LOCE con el artículo 150.2 de la Constitución Española, advirtiendo que en esos casos la Ley Orgánica de delegación de facultades correspondientes a materias de titularidad estatal podía establecer como medida de control el dictamen del Consejo de Estado, lo cual suponía que dicho órgano controlaba al Gobierno en su forma de apreciar la conformidad o no de las Comunidades Autónomas con la ley de delegación[584].

Al mismo tiempo, la jurisprudencia del Tribunal Supremo tuvo ocasión de pronunciarse en numerosas ocasiones, con anterioridad a la resolución de la cuestión por el Tribunal Constitucional. La más significativa de sus resoluciones, fue una Sentencia, dictada por la Sala de Revisión, con fecha 24 de noviembre de 1989, por la que sentó la doctrina contenida en la Sentencia de 17 de febrero de 1988, frente a la de 18 de marzo de ese mismo año, en cuanto que en materias asumidas con carácter exclusivo por una Comunidad Autónoma el dictamen no debía ser preceptivo. Previamente, en Sentencia de 12 de mayo de 1987, el Tribunal Supremo entiende que el dictamen en cuestión sólo debe exigirse respecto de competencias asumidas por las Comunidades Autónomas. En dos Sentencias posteriores a esta última, de 23 de octubre de 1987 y 17 de febrero de 1988, el Alto Tribunal incurre en contradicción, por cuanto que en la primera la omisión del dictamen del Consejo de Estado impide conocer en el fondo del asunto, por ser un vicio esencial de forma, y, en la segunda, dicha omisión no impide entrar en el fondo del asunto al ser dicho dictamen un control de tipo interno, no exigible para la perfección de la norma. De requerirse dicho dictamen, ello

---

sentido de la no preceptividad del dictamen siempre que las Comunidades Autónomas, mediante su legislación dictada en materia de competencia exclusiva, hayan prescindido del requisito del dictamen, o sin haber eliminado tal requisito la Comunidad Autónoma ha instituido un órgano consultivo que efectúe tal función consultiva como órgano asesor de la Administración autonómica que será el competente para dictaminar cuando la legislación vigente lo exija, como ocurre en Cataluña. Para dicha autora, en fin, se imponía "una reinterpretación del artículo 23.2 de la LOCE, permitiendo entender que la preceptividad del dictamen, para las Comunidades Autónomas, en los mismos casos previstos en aquella ley para el Estado, cuando hayan asumido las competencias correspondientes, es una remisión al dictamen de un órgano consultivo equivalente, dentro de la propia Comunidad. (Posición que se asume por la STS de 19 de diciembre de 1989).

[582] TOLIVAR ALAS, "El Consejo de Estado y las Comunidades Autónomas", *Revista Española de Derecho Administrativo*, nº 28, 1981, pág. 65.

[583] TOLIVAR ALAS, "El Consejo…", o.c., pág. 65 y BRAVO FERRER-DELGADO, M. en "Consejo de Estado…" o.c., pág. 591.

[584] BOSCH BENÍTEZ, O. "El Consejo de Estado…", O.C., pág. 2479.

sería atentatorio al principio de autonomía, el cual postula como uno de sus contenidos la autoorganización. En Sentencias posteriores se muestra inflexible con la omisión del dictamen del Consejo de Estado en el ejercicio de la potestad reglamentaria por las Comunidades Autónomas, como es el caso de las Sentencias de 6 de junio de 1988, 5 de abril de 1989, 27 de julio de 1990 y 27 de noviembre de 1990 (esta última al tratarse de desarrollo de ley de competencia estatal) y, en cambio, en otras tantas, pasa por alto dicha omisión, como en Sentencias de 5 de abril de 1989, 19 de diciembre de 1989, 1 de junio de 1990.

La cuestión, por lo demás, y como es sabido, fue resuelta por el Tribunal Constitucional mediante Sentencia 204/1992, de 26 de noviembre, tal y como será expuesto en el próximo epígrafe.

Sin embargo, no sólo se cuestiona la competencia del Consejo de Estado respecto a las Comunidades Autónomas, resulta también que, a partir de los actos emanados del supremo órgano consultivo, algún autor ha cuestionado la incardinación del mencionado órgano dentro de la organización administrativa, considerando que la función auxiliar desempeñada por el mismo no es más que un mero juicio sin posibilidad de clasificación ni como acto administrativo ni como acto jurisdiccional[585]. Frente a dicha argumentación, sin embargo, bien se puede objetar que el acto administrativo no se limita a una mera manifestación de voluntad[586] sino que abarca los actos no negociables comprendidos en los procedimientos administrativos, al tiempo que la función de garantía implicada en la consulta se orienta al interés de la Administración Pública, de forma que aunque el acto

---

[585] Las razones de dicha afirmación se corresponden con que la actividad administrativa se manifiesta en actos de voluntad y la consultiva se resuelve en la expresión de juicios; además, continua el argumento, la actividad consultiva se contrapone, junto con la actividad de control, a la Administración activa, configurándose como garantía en la disyuntiva autoridad-libertad; y, en fin, la actividad consultiva no es exclusiva de la Administración, pudiendo ser explicada al margen de la Administración, como lo sería en la legislación o en la jurisdicción. Entre los autores que definen la presente tesis, se encuentra FERRARI, que vino a señalar que la actividad consultiva junto con la de control se contrapone a la Administración activa constituyendo una garantía en el conflicto autoridad-libertad, además de que la actividad administrativa se manifiesta actos de voluntad mientras que la consultiva se puede realizar también fuera de la Administración (en materia de legislación o jurisdicción) en *Gli organi ausiliari,* Milano, Giuffré, 1956, págs. 108 y 177 y FERNÁNDEZ DE VELASCO CALVO, R. *El acto administrativo: exposición doctrinal y estudio del Derecho español,* Madrid, V. de Suárez, 1929. Para GARCÍA-TREVIJANO, en "La función consultiva..."o.c., pág. 130, los órganos consultivos tienen como finalidad ilustrar a los órganos que han de adoptar las decisiones, de forma que no emiten declaraciones de voluntad (aunque los actos que adopten, normalmente informes o dictámenes, sean voluntarios, como cualquier acto jurídico), sino que se trata de declaraciones de juicio.

[586] La definición de acto administrativo emanada del profesor GARCÍA DE ENTERRÍA en *Curso de Derecho Administrativo,* Madrid, Civitas, 2000, I, a partir de la clásica definición de ZANOBINI es muy ilustrativa: *"declaración de voluntad, de juicio, de conocimiento o de deseo realizada por la Administración en ejercicio de una potestad administrativa distinta de la potestad reglamentaria"*.

consultivo es susceptible de encontrar aplicación en campos ajenos al administrativo, ello no excluye el carácter materialmente administrativo de las actividades consultivas[587].

Y es más, la ubicación del Consejo de Estado, a través de su artículo 107, en la Constitución Española, dentro del Título IV, referido al Gobierno y a la Administración, pone de relieve, en este sentido, el encuadramiento constitucional del Consejo de Estado en el seno de la Administración Pública, por cuanto que el propio concepto de Gobierno excluye la posibilidad de integrar un órgano consultivo en el mismo, concluyéndose que el órgano consultivo es un órgano administrativo ya que formalmente así ha sido configurado[588], lo que implica la producción de actos administrativos inherentes a su propia naturaleza.

Siendo así, la consecuencia fundamental de la calificación del Consejo de Estado como órgano auxiliar es que produce, igualmente, actos auxiliares, entendidos, además, como actos jurídicos, como actos administrativos que provienen de un órgano administrativo, configurados, tales actos, como actos de trámite dictados dentro de un procedimiento que finaliza normalmente con una resolución administrativa. Dichos actos, por lo demás, no son actos discrecionales, por cuanto que "La valoración de la oportunidad no es, por tanto, un caso de discrecionalidad administrativa, sino más rectamente la expresión de un verdadero consejo dentro de una relación que debe ser, en tal caso, de confianza entre el órgano consultante y el que emite su parecer"

La intervención del Consejo de Estado[589], y, por extensión de los órganos consultivos con carácter previo a la aprobación de las disposiciones reglamentarias, permite desarrollar una función preventiva de control global sobre la capacidad normativa del Gobierno, y, por tanto, no sólo puntual, y, a posteriori, que es la que corresponde a la potestad jurisdiccional. Siendo así, la posición del órgano consultivo le permite obtener una visión de conjunto sobre el resto del ordenamiento jurídico, ya que conoce las demás iniciativas normativas efectuadas y el conjunto de la reglamentación del sector o de la materia, pudiendo, de ese modo, situar un determinado proyecto en un contexto más general que incide incluso en la *oportunidad normativa*, esto es, en la valoración de la conveniencia de que se adopte una determinada disposición en relación con el resto de la actividad normativa del propio Gobierno.

La función consultiva se sitúa en el tránsito del *control* de la legalidad del ejercicio de las potestades administrativas y de gobierno hacia la *colaboración* y auxilio al ejercicio de dichas potestades dentro de la legalidad, apuntando la Sentencia del Tribunal Supremo, de 16 de julio de 1996, la cual viene a indicar que de la función consultiva derivan importantes aspectos como auxiliar a la Administración consultante a los efectos del ejercicio de sus

---

[587] GÁLVEZ MONTES, "Artículo 107...", o.c., pág. 619.

[588] *Ibídem*, pág. 620.

[589] En "El control de la potestad reglamentaria por los órganos consultivos: legalidad y oportunidad", *Revista Española de Derecho Constitucional*, nº 62, 2001, págs. 58-59.

competencias, ser garantía de que la autoridad consultante va a actuar en los términos del mandato contenido en el artículo 103 de la Constitución Española, en cuanto ha de servir con objetividad los intereses generales, y, constituir, en cierto modo, un control que tiene su expresión en un dictamen que debe revestir las características de objetividad y procurar el correcto hacer del Gobierno y de la Administración, todo lo cual le permite concluir a dicho autor, con la idea de que el sentido de la intervención de los órganos consultivos, y, por ende del Consejo de Estado, no es sólo de carácter negativo sino que adquiere un sentido *positivo*, al mencionar el Tribunal Supremo la proyección de la actividad consultiva sobre el núcleo de la función administrativa y el servicio objetivo del interés general, como garantía de su satisfacción y cumplimiento[590].

Ahora bien, no debe olvidarse que en el ejercicio de la función consultiva respecto de la potestad reglamentaria, la observancia de la discrecionalidad de la Administración frente a la arbitrariedad, juega un papel esencial. Y es que, ya señaló la Sentencia del Tribunal Supremo de 13 de noviembre de 1987, que "el importante grado de discrecionalidad de la potestad reglamentaria multiplica la trascendencia de los dictámenes que deben preceder a la emanación de la norma: existen razonamientos de oportunidad que formulados en sede jurisdiccional pueden resultar inoperantes, y que, en cambio, en la vía administrativa pueden tener éxito, alterando el contenido de la disposición".

Resulta así, que la actividad consultiva que se desarrolla en el ámbito del control del ejercicio de la potestad reglamentaria del Gobierno, desarrolla una función específica dentro de la más general de garantía de la legalidad y de los derechos e intereses legítimos de los interesados, funcionalidad esta última que es la propia de la "justicia" respecto de la Administración, añadiéndose una función de *participación en la definición del interés público* que corresponde al Gobierno o a la Administración, en cuanto colaboración o auxilio de la función ejecutiva.

No debe olvidarse, por lo demás, la relevante función que la Ley Orgánica 3/2004, de 28 de diciembre, ha atribuido al Consejo de Estado en materia de dictamen preceptivo sobre anteproyectos de reforma constitucional, conforme la nueva redacción del artículo 22.1 de

---

[590] No obstante, debe tenerse en cuenta que en nuestro ordenamiento jurídico sólo es preceptivo el dictamen del órgano consultivo respecto de reglamentos de desarrollo, o ejecutivos, frente a los independientes, que están exentos, hoy por hoy, de dicho dictamen con carácter preceptivo. FONT I LLOVET, sin embargo, en "El control de la potestad reglamentaria por los órganos consultivos: legalidad y oportunidad", *Revista española de Derecho Constitucional*, nº 62, 2001, págs. 57-76 (págs. 59-60), evidencia como dicha cuestión ha ido creciendo en Italia y en Francia hasta llegar a dictamen preceptivo de todo tipo de reglamentos, sin distinción, disminuyendo el peso de la actividad administrativa y aumentando el de la reglamentaria. En España, parece que se ha producido cierta tendencia en ese sentido (disminución de intervención en actividad administrativa, como el aumento de la cuantía de responsabilidad patrimonial, o eliminación de dictamen en caso de actos anulables, y aumento de intervención en el ámbito normativo, especialmente reglamentario, con el caso del dictamen en el procedimiento de conflicto en defensa de la autonomía local, aunque, en este caso, se refiere a normas con rango de ley), si bien, según dicho autor, no es especialmente significativo.

su Ley Orgánica, en los supuestos en que la propuesta no haya sido elaborada por el propio Consejo.

En este sentido, el Alto Cuerpo consultivo, en su Dictamen 1484/2004, a propósito del anteproyecto de la Ley Orgánica 3/2004, señaló que "dada la entidad potencial de las iniciativas de que se trata, resulta adecuada la previsión del dictamen del Consejo de Estado a la luz de su competencia y experiencias jurídicas y de su posición y caracterización institucionales", adelantándose a una posible incompatibilidad entre esta nueva atribución y la de elaboración de propuestas de reforma constitucional, en cuanto que en un caso de reforma podría darse un doble intervención del Pleno del Consejo de Estado, en un primer momento con ponencia de la Comisión de Estudios sobre la propuesta de reforma, y en otro posterior, inmediatamente antes de aprobarse por el Gobierno el proyecto, con ponencia de la Comisión Permanente dictaminando sobre el anteproyecto aprobado por el Gobierno, de forma que para evitar dobles pronunciamientos, posiblemente divergentes, la reforma de referencia, a propuesta del Consejo de Estado, ha excluido la posibilidad de pronunciamiento del Pleno sobre una misma iniciativa, dando al Gobierno la opción de consultar al Consejo de Estado mediante la solicitud de elaboración de texto o bien mediante emisión de dictamen sobre el anteproyecto elaborado por el mismo.

En el caso de los órganos consultivos autonómicos, podemos señalar que la gran mayoría de los consejos consultivos se conciben fundamentalmente como órganos asesores del Gobierno y dictaminan, con carácter preceptivo, a solicitud del mismo, sobre anteproyectos de reforma del Estatuto de Autonomía, proyectos de decretos legislativos, anteproyectos de leyes, o leyes estatales con carácter previo a la interposición del recurso de inconstitucionalidad. No obstante, existen también un conjunto de órganos consultivos que incluyen en sus funciones la de asesorar al Parlamento a partir de dictámenes que no tienen carácter vinculante. Tal es el caso de Canarias, Castilla-León, Cataluña (a través del Consejo de Garantías Estatutarias), Islas Baleares, La Rioja, Murcia y Navarra, esto es, un número inferior a la mitad del total de consejos consultivos autonómicos españoles existentes en la actualidad[591].

IV.2.2. Estudios e informes del Consejo de Estado

Atendiendo a la nueva configuración legislativa del Consejo de Estado, que ha sido expuesta en múltiples ocasiones, en páginas anteriores, el supremo órgano consultivo del Gobierno tiene ante sí, un nuevo campo de actuación, de enormes posibilidades, cuyo destinatario está sabiendo aprovechar.

---

[591] Un estudio interesante sobre dicha materia podemos encontrarlo en TORNOS MAS, J. "El papel de los Consejos Consultivos en la tramitación y aprobación de las normas con fuerza de ley", *Revista Española de la Función consultiva,* nº 4, 2005, págs. 105 y ss. Naturalmente con las necesarias actualizaciones legislativas, dado el tiempo transcurrido.

La función de estudio se convierte en una realidad a través de la reforma llevada a cabo por la Ley Orgánica 3/2004, que viene a introducir de forma institucional la Comisión de Estudios como órgano interno de actuación junto con el Pleno y la Comisión Permanente. Desde su entrada en vigor, "El Consejo de Estado realizará por si o bajo su dirección los estudios, informes o memorias que el Gobierno le solicite y elaborará las propuestas legislativas o de reforma constitucional que el gobierno le encomiende (...)".

A través del trabajo de la recién creada Comisión de Estudios[592], la cual puede estar auxiliada por el Centro de Estudios Políticos y Constitucionales y expertos tanto propios de la Administración como externos en la materia de que se trate, el Consejo de Estado ya ha plasmado su buen hacer en asuntos de envergadura. Hasta la fecha, ocho han sido los informes encomendados al Consejo de Estado: el primero, el relativo a las modificaciones de la Constitución española (16 de febrero de 2006); el segundo, sobre la protección de los hábitats y especies marinas (9 de julio de 2006); el tercero, referido a la inserción del Derecho europeo en el Ordenamiento español (14 de febrero de 2008); el cuarto, el informe sobre las propuestas de modificación del Régimen Electoral General (24 de febrero de 2009); el quinto, el informe sobre la adaptación del ordenamiento jurídico español y europeo contra la pesca ilegal (17 de julio de 2009); el sexto, relativo a la titularidad compartida de las explotaciones agrarias (14 de abril de 2010); el séptimo, informe sobre las garantías del cumplimiento del Derecho comunitario (15 de diciembre de 2010); y por último, el informe sobre anuncios de contenido sexual y prostitución en prensa (9 de marzo de 2011).

En cuanto al tema de las propuestas legislativas, todavía no se ha dado caso. La mayoría de los anteproyectos de Ley o sus modificaciones son remitidos por el Gobierno al Consejo de Estado para consulta. En muchos casos, de forma potestativa, en otros, generalmente por trasposición de directivas comunitarias, de forma preceptiva.

---

[592] La cual estará integrada por el Presidente, el Secretario General y dos Consejeros de cada tipo, con la posibilidad de incorporar otros Consejeros si fuera necesario. En cuanto a sus competencias, "ordenará, dirigirá y supervisará la realización de los estudios, informes o memorias en cargados por el Gobierno y, una vez conclusos, emitirá juicio acerca de su suficiencia y adecuación al encargo recibido". Asimismo, "la Comisión de Estudios elaborará las propuestas legislativas o de reforma constitucional que el Gobierno encomiende al Consejo de Estado", conforme el artículo 24 de la Ley Orgánica del Consejo de Estado, en su nueva redacción dada por Ley Orgánica 3/2004. En este sentido, ya advirtió el Consejo de Estado en su Dictamen 1484/2004, que la Comisión de Estudios es responsable de ordenar y dirigir la realización de estudios, informes, memorias y propuestas que le encomiende el Gobierno, pero no de elaborar materialmente tales trabajos, que podría hacerlo, pero cabiendo la posibilidad de crear grupos de trabajo que luego elevarían su propuesta a la Comisión, tal y como ha previsto la reforma.

IV.2.3. Memorias y Propuestas o Mociones

Al margen de las nuevas funciones atribuidas al Consejo de Estado, a través de la Ley Orgánica 3/2004, de 28 de diciembre, en relación a la elaboración de estudios, informes o memorias, otras manifestaciones de la actividad del Consejo de Estado, más allá de la fundamental, esto es, la emisión de dictámenes en respuesta a consultas (preceptivas o no) de la Administración activa, se corresponde con lo que se configura como una actividad complementaria del mismo, puramente asesora, que no es otra que la emisión de propuestas y consejos al Gobierno, a través de Mociones sobre un tema puntual o de Memorias, elaboradas desde los años ochenta y cuya importancia ha ido creciendo gradualmente, hasta el punto de que su contenido merece un estudio detallado por la importancia de sus aportaciones[593].

Si bien la actuación del Consejo de Estado se basa en el carácter rogado de la consulta emanada de la Administración activa, ello admite excepciones, por cuanto que el órgano consultivo no está limitado por el contenido de la consulta, antes bien, es posible que pueda plasmar en sus dictámenes cualesquiera cuestiones que se susciten a raíz del examen del expediente.

Al mismo tiempo, el Alto Cuerpo consultivo puede formular opiniones dirigidas a la Administración activa, ya sea mediante propuestas elevadas al Gobierno en forma de "Mociones", conforme el artículo 20.2 de su Ley Orgánica, o bien a través de la elaboración de una "Memoria" de carácter anual, en la que se plasman las actividades del Consejo de Estado durante el año, sus observaciones acerca del funcionamiento de los servicios públicos y las sugerencias de medidas y disposiciones generales que estime pertinentes, de acuerdo con el artículo 20.3 de la Ley Orgánica 3/1980, de 22 de abril.

---

[593] El origen de las Mociones se encuentra en la práctica de la "jurisdicción retenida", durante el siglo XIX, mientras que el de las Memorias deviene del derecho comparado, más concretamente, del Consejo de Estado italiano, bajo la presidencia de SANTI ROMANO, a partir de 1929. En nuestro país, las Mociones ya estaban reconocidas en la Ley de 5 de abril de 1904, artículo 28, con la necesidad de que la moción viniese motivada por un asunto que le hubiese sido consultado, bajo la competencia, además, de la Comisión Permanente, y no del Pleno. Con la Ley Orgánica de 25 de noviembre de 1944, se eliminan las restricciones anteriores, si bien la competencia se mantiene a favor de la Comisión Permanente. La vigente Ley Orgánica, no obstante, mantiene dicha redacción, y reconoce competencia para formular las propuestas tanto al Pleno como a la Comisión Permanente introduciendo la novedad de la preceptividad de la misma con carácter anual. De otro lado, a partir de los años setenta del siglo pasado, las emisiones de mociones empiezan a descender, situación muy similar a la que motivó en Francia la sustitución del sistema de mociones por el de memorias anuales. En este sentido, GARCÍA ÁLVAREZ, en "Función consultiva...", o.c., pág. 209, pone de manifiesto que el vigente artículo 20.3 LOCE, en el que se incluye las memorias anuales, procede del anteproyecto elaborado por una Ponencia especial, presidida por el consejero permanente Jordana de Pozas, y elevado al Gobierno por medio de una moción del año 1979, sin embargo, dicha moción no está en los archivos del Consejo, al menos, aclara dicho autor, clasificada como tal, si bien es mencionada en la *Memoria anual del Consejo de Estado de 1980*, pág. 16.

La diferencia entre una y otra no es baladí. Mientras que en las mociones el Consejo de Estado tiene un amplio margen de actuación, dentro de la propuesta, pudiendo introducir todo aquello que estime conveniente, en el caso de la Memoria, sin embargo, está sujeta a una periodicidad anual y su contenido está parcialmente predeterminado[594]. En ambos casos, no obstante, se consagra una relación directa que suple la distancia entre órgano consultante y órgano consultado a propósito de la consulta emanada del Gobierno o del órgano competente que eleve dicha consulta, todo lo cual se ha de poner de manifiesto con el artículo 2.1 de su Ley Orgánica, en cuanto que se establece como función del Consejo de Estado la de valorar los aspectos de oportunidad, no sólo cuando la autoridad consultante lo solicite sino cuando resulte conveniente para "la mayor eficacia de la Administración para el cumplimiento de sus fines".

Algunos autores han destacado, como único destinatario de las Mociones y Memorias que nos ocupan, al Gobierno, lo que les permite configurar al Consejo de Estado como órgano consultivo del Gobierno en sentido estricto, lo cual supone una renuncia a un factor fundamental homogeneizador ya que la elaboración de Memorias y Mociones no se prevé respecto de todos los órganos consultivos autonómicos[595]. En este sentido, a juicio de García Álvarez[596], se priva a las Comunidades Autónomas de un órgano específico que podría ser una sección que hiciese un seguimiento particular de la actividad de cada Administración regional para poder así detectar sus problemas y carencias específicos y formular las correspondientes propuestas de reforma. No obstante, con la práctica total configuración de los consejos consultivos autonómicos, muchos ya prevén la elaboración de memorias anuales y elevación a sus respectivos parlamentos, circunstancia esta que no concurría, como bien puede suponerse, en el momento en que dicho autor realizó su crítica.

Las Memorias se elevan por el Pleno del Consejo de Estado, anualmente, al Gobierno, y son sometidas, previamente, a la aprobación de dicho Pleno, en una sesión solemne celebrada en el primer trimestre de cada año, constituyéndose una Ponencia especial para su preparación, de la que formarán parte los Consejeros Permanentes de Doctrina Legal,

---

[594] GARCÍA ÁLVAREZ, en "La función constitucional...", o.c., pág. 218, pone de manifiesto la importancia de tales funciones, al poseer el Consejo de Estado una facultad de iniciativa que contribuye *"enormemente a acentuar su autonomía respecto a la Administración activa, que no queda limitada a incluir en los dictámenes determinados aspectos conexos, sino que se extiende a la propia elección de los temas".*

[595] *Ibídem*, pág. 219. Entre los órganos consultivos que deben aprobar una Memoria anual, se encuentra el Consejo Consultivo de Aragón, conforme el artículo 18.2 del Decreto 148/2010, de 7 de septiembre, y el Consejo Consultivo de La Rioja, conforme el artículo 13 de la Ley 3/2001, de 31 de mayo. En este sentido, igualmente, GARCÍA ÁLVAREZ, en "Función consultiva...", o.c., págs. 202 y 203, critica dicha opción legislativa, donde "la falta de una estructura descentralizada del Consejo se traduce también en una falta de sensibilidad hacia los problemas específicos de las Administraciones autonómicas".

[596] "Función consultiva...", o.c., pág. 212.

Presupuestos, Gestión Económica y Biblioteca, así como el Secretario General, conforme el artículo 144.2 del Reglamento Orgánico del Consejo de Estado.

Las Memorias pueden contener "observaciones" y "sugerencias", de forma que éstas últimas se distinguen de las propuestas en que su objeto está cerrado, ya que mientras que las propuestas pueden versar sobre cualquier asunto, las sugerencias de la Memoria deben dirigirse exclusivamente al "mejor funcionamiento de la Administración", siendo, además, mucho más generales tales sugerencias que las propuestas que el Consejo de Estado apruebe *ad hoc*, constituido al efecto.

Ahora bien, la función del Consejo de Estado en cuanto a la formulación de observaciones y sugerencias, puede plantear, de algún modo, solapamiento de funciones con el Defensor del Pueblo. Pérez-Tensa[597], en este sentido, ya afirmó en su momento que las funciones que la Constitución Española asignaba al Defensor del Pueblo, y que están desarrolladas a través de los artículos 28 y 30 de su Ley Orgánica, podían ser mejor cumplidas por el Consejo de Estado. No obstante, no debe olvidarse que el Defensor del Pueblo actúa desde la óptica de la protección de los derechos fundamentales, mientras que el Consejo de Estado tiene encomendada la vigilancia de la observancia de la Constitución y del resto del ordenamiento jurídico, aunque, en este aspecto también se incluye la protección de los derechos fundamentales[598].

Las Memorias, de otro lado, se dividen en dos partes. En la primera, se realiza una exposición sobre la organización y la actividad del Consejo durante el año. En la segunda, denominada "observaciones y sugerencias", es lo que el Alto Cuerpo ha definido como "reflexión de conjunto sobre el funcionamiento de la Administración", donde el Alto

---

[597] "Perspectivas...", o.c., pág. 345 (en nota).

[598] VERA SANTOS, J.M. en *El Defensor del Pueblo en la Constitución y en los Estatutos de Autonomía*, Madrid, Centro de Estudios Políticos y Constitucionales, 2002, págs. 35 y ss., pone de manifiesto la naturaleza jurídica de dicha Institución y aquellas autonómicas que han sido constituidas a partir de los respectivos Estatutos de Autonomía, significando que se trata de una Institución vinculada teleológicamente al control de la Administración y a la actuación como garante de los derechos y libertades fundamentales, que se configuran como órganos de naturaleza auxiliar del Parlamento correspondiente, de manera que el Defensor del Pueblo es un órgano de relevancia constitucional, mientras que los segundos se configuran como órganos estatutarios o de desarrollo estatutario, según aparezcan expresamente o no en el Estatuto de Autonomía, o se creen mediante la amplia potestad de autoorganización autonómica que prevé el artículo 148.1.1 CE. Ambos órganos gozan de autonomía orgánica y funcional respecto al poder legislativo, como órganos auxiliares que son, y ello *"sin olvidar las necesarias y lógicas vinculaciones electivas, de iniciativa fiscalizadora y de reelaboración política que de sus tareas realiza el ejecutivo"*. Al mismo tiempo, el mencionado autor pone de manifiesto que los ámbitos principales de actuación competencial de la Institución son la Administración General del Estado, la de las Comunidades Autónomas, la de justicia y la militar. En el ámbito autonómico se circunscribe al ámbito territorial correspondiente. En todo caso, es de destacar la de las respectivas instituciones, elemento esencial para que los diferentes contenidos de sus resoluciones, que no son directamente ejecutivas, puedan ser tenidos en cuenta y realizados, además de hacerse constar en los respectivos Informes que habrán de presentar a sus respectivos Parlamentos.

Cuerpo realiza un análisis de los diversos temas de actualidad surgidos en el ejercicio de la función consultiva durante el año 2009 que se refieren al funcionamiento de los servicios públicos y a la sugerencia de medidas para la mejora de la Administración.

Siendo así, el supremo órgano consultivo del Gobierno debe proporcionar opiniones independientes que faciliten el ejercicio de sus funciones constitucionales, a través de una valoración global y de la elaboración de doctrina coherente que permita la aplicación uniforme del ordenamiento jurídico por parte de la Administración.

Al mismo tiempo, puede afirmarse que las Memorias tienen el papel de reforzar la eficacia de los dictámenes, o lo que es lo mismo, la relación entre el órgano auxiliar y el constitucional al que sirve de apoyo, circunstancia esta que puede advertirse a través de los artículos 120.3, 144 y 7.6 del Reglamento Orgánico del Consejo de Estado[599].

Además de las dos partes señaladas, las Memorias incluyen un Anexo que recoge la composición personal del Consejo de Estado al terminar el año, los presupuestos ya ejecutados y la trascripción de las nuevas normas que establezcan consultas o que le afectan de alguna manera.

Por lo demás, debe aplaudirse la utilización de las últimas tecnologías por parte del Consejo de Estado, el cual, a través de su página web, procede a publicar las Memorias anuales de referencia, en relación con el cumplimiento del artículo 105 b) CE, en cuanto el principio de publicidad de la actuación administrativa, publicación que resulta de gran utilidad para lograr la publicidad de dicha actuación administrativa, lo cual unido a la existencia de una base de datos fundamentalmente amplia de sus dictámenes, contribuye al conocimiento, de la doctrina del mencionado Consejo, coadyuvando al cumplimiento de los más elementales principios del Estado de Derecho.

La estructura precisa de la última de las Memorias del Consejo de Estado publicadas a la fecha de elaboración de la presente obra, se correspondía con la del año 2009, y su estructura fue la siguiente: Primera Parte.- I. Composición del Consejo de Estado durante el año al que se refiere dicha Memoria. II. Función Consultiva. A) Dictámenes, incluyendo número de consultas recibidas, número de las declaradas de urgencia, número de dictámenes de fondo, reuniones y número de votos particulares; B) Estudios e Informes; III. Personal (consejeros, letrados, personal administrativo, laboral y varios) incluyendo nombramientos, renuncias, fallecimientos y situaciones; IV. Servicios. Incluyendo, archivo y biblioteca, informática, gestión y servicios generales, conservación, mantenimiento suministros; V. Varios. Incluye, relaciones institucionales, honores y distinciones, sentencias y resoluciones emanadas del Tribunal de Conflictos de Jurisdicción y relación de

---

599 Donde se establece una "comisión especial de memoria", de la que tiene que formar parte el consejero permanente que presida la comisión encargada de la elaboración de la recopilación de la "doctrina legal", teniendo en cuenta que los informes que elabora cada sección, cuando uno de sus dictámenes preceptivos no son seguidos por la Administración, se dirigen a la comisión de memoria como destinatario final.

disposiciones aprobadas durante el año que afectan al Consejo de Estado; Segunda Parte.- Observaciones y Sugerencias, incluyendo las relativas a "La emisión de dictámenes en relación con la impugnación ante el Tribunal Constitucional de disposiciones y resoluciones adoptadas por los órganos de las comunidades autónomas; la disciplina transitoria de la Ley 33/2006, de 30 de octubre, sobre igualdad del hombre y de la mujer en el orden de sucesión de los títulos nobiliarios; acerca del error judicial como título de imputación de la responsabilidad patrimonial; responsabilidad del estado por denegación de permisos de trabajo, posteriormente reconocidos en vía judicial; el análisis del impacto normativo; la responsabilidad del contratista y del concesionario frente a terceros; la huelga y su incidencia en el ámbito de la contratación pública; sobre la conveniencia de publicar una recopilación selectiva de la legislación militar; la supresión de la autorización previa; sobre el régimen jurídico del desistimiento en el procedimiento administrativo.

Partiendo, pues, del amplio margen del Consejo de Estado en el ámbito de la propuesta, por cuanto no está sujeto a solicitud del órgano consultante ni a límite en cuanto a su materia ni contenido[600], el artículo 143.2 del Reglamento Orgánico del Consejo de Estado, determina que cuando el Pleno o la Comisión Permanente lo estimaren, el Presidente constituirá una Ponencia especial encargada del estudio y preparación de la propuesta correspondiente para su aprobación por los mismos, de forma que no existe más restricción que la que pueda marcarse el propio Consejo en la elaboración de la propuesta en cuestión.

El asunto sobre el que pueden versar las propuestas es igualmente, amplio, tanto de índole jurídica como política. La única restricción en este aspecto es el destinatario de la propuesta, que sólo puede ser el Gobierno, según la normativa vigente, aspecto este que, como se ha adelantado anteriormente, ha sido criticado por algún autor[601] en cuanto las enormes posibilidades que se pierden respecto del riguroso estudio del Consejo de Estado, ampliable a Comunidades Autónomas y otros órganos del Estado que han sido privados del consejo del Alto Cuerpo consultivo, crítica esta que, en relación a las mociones sí pueden mantener su vigencia, ya que la normativa autonómica no prevé dicha posibilidad, con carácter general, respecto de sus consejos consultivos.

Con las Mociones, el Consejo de Estado contribuye a acentuar su autonomía respecto de la Administración activa, la cual no queda limitada a incluir en los dictámenes determinados aspectos conexos, sino que se extiende a la propia elección de los temas[602].

---

[600] El artículo 143.1 del Reglamento Orgánico del Consejo de Estado, titulado "Mociones", establece que "*El Consejo de Estado en Pleno o en Comisión Permanente podrá elevar al Gobierno las propuestas que juzgue oportunas acerca de cualquier asunto que la práctica y experiencia de sus funciones le sugieran*".

[601] RUIZ MIGUEL, "Consejo de Estado...", o.c., pág. 155.

[602] DE ASÍS ROIG, A. en "Los efectos de la omisión del dictamen preceptivo del Consejo de Estado en la elaboración de las disposiciones especiales", *Poder judicial*, nº16, 1989, págs. 9-62, esp. pág. 21, en nota, ha llegado a afirmar que las Mociones son el verdadero dato diferencial de las funciones consultivas del Consejo de Estado respecto del resto de cuerpos consultivos.

Con el tiempo, las Mociones han perdido importancia a lo largo de los años, debido en parte, como señala García Álvarez[603], a que las memorias anuales cubren una parte importante de las funciones que hasta 1980 desempeñaban las mociones. Dicho autor, por lo demás, pone de manifiesto que una parte de la doctrina ha vinculado dicha pérdida de importancia con la asunción progresiva de funciones de "control" en detrimento de las tradicionales consultivas, hablándose incluso de "decadencia" de la función consultiva y de su "deslizamiento" hacia la función de "garantía". Dicho autor añade la falta de personal y de ministros y altos cargos en la composición del Consejo de Estado, como otros posibles motivos de la menor importancia de las mociones en los últimos años, si bien sus afirmaciones se efectuaron en el año 1997, de forma que es necesario observarlas desde la actual composición del Consejo de Estado, y de las actuales funciones al mismo encomendadas, lo cual hacer perder cierta vigencia a tales afirmaciones, como bien puede comprobarse.

Por lo demás, las Mociones carecen de eficacia jurídica, no obstante, se distingue entre aquellas en que el Consejo de Estado se dirige al Gobierno para instar la adopción de una medida determinada, debiéndose publicar el acuerdo del Consejo de Ministros si se acepta la propuesta; aquellas que contienen interpretaciones del Derecho vigente; y, en fin, aquellas en que el Consejo de Estado dirija al Consejo de Ministros la propuesta de adopción de una norma reglamentaria, remitiendo incluso su articulado, de forma que el dictamen preceptivo del mismo puede salvarse mediante la aplicación del artículo 18.1 de su Ley Orgánica, dando audiencia a los interesados en los asuntos sometidos a consulta. Dicha posibilidad de propuesta reglamentaria, admitida por la doctrina, no llega, ni mucho menos, a la trascendencia de la actual atribución al Consejo de Estado de elaboración de propuestas legislativas o de reforma constitucional, atribuidas a la Comisión de Estudios, y aprobadas por el Pleno, aunque termina por confundir, aún más, la distribución constitucional de competencias entre órganos constitucionales y auxiliares, que tanto ha criticado la doctrina de nuestro país.

---

[603] "Función consultiva...", o.c., pág. 213.

CONCLUSIONES

I. En lo que respecta a la regulación del Consejo de Estado español podemos señalar que, referente al debate constituyente, tanto en su constitucionalización a través del artículo 107 CE, como en su mención en el apartado b) del artículo 153 CE, no se cuestionó la concepción tradicional del Consejo de Estado.

La Constitución no creó el Consejo de Estado pero sí le dotó de rango constitucional, afirmando de ese modo, su existencia en el Estado, reservando a una Ley Orgánica la regulación de su competencia y funcionamiento. El constituyente acogió la función consultiva como atribución fundamental del Consejo de Estado, siguiendo la tradición, justificándose, así, el rechazo al carácter vinculante del dictamen a emitir por aplicación del artículo 153 b) CE.

Como hemos argumentado, la redacción inicial del que terminó siendo el artículo 107 CE coincidió, prácticamente, con la final, pues en lo que se refiere al primer inciso del artículo 107 CE, la cuestión central fue la relativa a la definición del Consejo de Estado, bien como "supremo órgano consultivo del Gobierno", o bien como "supremo órgano consultivo en materias del Gobierno y administración", haciendo referencia a su competencia *ratione materiae*; en cuanto al segundo inciso del artículo en cuestión, se cambió la expresión "La Ley" por la finalmente aprobada "Una Ley Orgánica". Esa Ley Orgánica a la que alude este artículo 107 de la Constitución es la que tratamos en la siguiente conclusión.

II. La Ley Orgánica 3/1980, de 22 abril, vino a configurar un Consejo de Estado que continuaba la línea de la Ley de 1944, si bien adaptado al nuevo escenario democrático, de forma que en cuanto a composición excluía una profesionalización de sus miembros al tiempo que incluía personalidades que, en su mayoría, formaban parte de "la cúpula de la vida jurídica nacional". Su competencia consultiva aparece configurada como una función de "velar por la observancia de la Constitución y del resto del Ordenamiento jurídico", sin perjuicio de valorar "los aspectos de oportunidad y conveniencia" cuando lo exigiese la índole del asunto o lo solicitase expresamente la autoridad consultante, así como la mayor eficacia de la Administración en el cumplimiento de sus fines.

III. En cuanto a la naturaleza jurídica, hemos de destacar que el Consejo de Estado, es un órgano de relevancia constitucional (frente a los Consejos Consultivos autonómicos que derivan de Estatutos de Autonomía o de normas inferiores, que son órganos estatutarios o de desarrollo estatutario), el cual puede calificarse como órgano auxiliar, junto con el Tribunal de Cuentas y el Defensor del Pueblo, y que proporciona al Gobierno los datos necesarios para adoptar decisiones conformes a Derecho. Y es un órgano auxiliar, al no desarrollar función alguna de *indirizzo*, sino una actividad técnica al actuar como garantía de la actuación administrativa, del interés general y de la legalidad objetiva, sea o no vinculante su dictamen, ejercitando no un poder sino una función estatal, de relevancia constitucional.

Esta caracterización de órgano auxiliar, se predica en virtud de las funciones que desempeña dicho órgano, de manera autónoma del órgano constitucional al que se vincula, esto es, el Gobierno, por cuanto que "la relación de auxiliariedad excluye tanto una relación de paridad, como una relación de jerarquía o subordinación, que es la que vincula a un órgano interno con el órgano principal en el cual se inserta".

IV. En lo que concierne a la naturaleza funcional del Consejo de Estado, existen dos posturas encontradas. a) la de aquellos autores que defienden su doble naturaleza, consultiva y de control. Argumenta la función de control a partir de la emisión de dictámenes con efectos vinculantes; en la realización tanto un control de legalidad o legitimidad como de oportunidad; en las garantías de autonomía orgánica y funcional; y en último lugar, en el cometido jurídico encomendado al Consejo de Estado, esto es, velar por la Constitución. b) Nosotros coincidimos con los autores que abogan porque esta institución se configura como órgano únicamente consultivo, debido a los siguientes criterios formales: su ubicación al margen de la estructura departamental, a fin de proporcionar juicios objetivos; su atribución de competencias generales, no sólo sectoriales; su estructura colegiada, siendo concebido como órganos colegiados perfectos donde su dictamen emana de la mayoría y su Presidente carece de derecho de veto; y finalmente, la emisión de su dictamen anterior a la decisión que debe adoptar el consultante, a fin de ilustrar al mismo en dicha decisión.

V. Desde el punto de vista material, la definición constitucional del Consejo de Estado como órgano consultivo, supone una limitación objetiva y evidente de su competencia. El hecho de que el artículo 107 de la Constitución española, analizado en la conclusión I, remita a la Ley Orgánica el desarrollo de esta institución, no da lugar a que a través de la misma se le puedan asignar cualquier otra competencia. Como veremos en la conclusión VII, referida a la autonomía funcional, el Consejo de Estado se configura como un órgano al que se atribuye una competencia consultiva, de la que emanan diversas potestades o funciones, no pudiendo una Ley Orgánica, entrar a establecer otra competencia diferente a la consultiva establecida constitucionalmente.

El Consejo de Estado, se ha pronunciado, en relación a su propia naturaleza, señalando que su función es "esencialmente consultiva", y que "no ejerce ningún tipo de control sobre otros órganos". El Consejo de Estado aporta elementos de juicio para que la decisión que se adopte sea conforme al ordenamiento jurídico. En este sentido, el Tribunal Constitucional, descartó el ejercicio de funciones de control por el Consejo de Estado debido al carácter generalmente no vinculante de sus dictámenes. Lo único que podría justificar la existencia de cierto control, siempre en sentido sociológico y no jurídico, sería la demostración de un poder real, efectivo, de dicho Consejo en la toma de decisiones, que fuese más allá de la persuasión por una argumentación concreta, es decir, de su capacidad de influencia sobre la autoridad administrativa.

Hemos de señalar igualmente, que la función consultiva que el Consejo de Estado desarrolla, se diferencia claramente de la de otros órganos. En primer lugar debido a su carácter de órgano supremo reflejado, principalmente, en la imposibilidad de someter nuevamente a dictamen de ningún otro cuerpo u órgano de la Administración del Estado todo asunto que ya haya sido dictaminado previamente por el Pleno del Alto Cuerpo Consultivo; en segundo lugar, por no tener como finalidad la justificación de una decisión o la búsqueda de nuevas posibilidades de actuación sino procurar la adecuación de la actuación administrativa al ordenamiento jurídico; y, finalmente, por el carácter no exclusivamente jurídico del asesoramiento de dicho Consejo.

En esta línea, refiriéndonos a los consejos consultivos (como órganos colegiados de naturaleza estatutaria) de las Comunidades Autónomas, y en relación con el Consejo de Estado, se ha de señalar que tienen idéntica naturaleza jurídica, si bien tales órganos no podrán disfrutar de aquellas características exclusivas del supremo órgano consultivo. Al respecto, el Tribunal Constitucional, exige que estos consejos consultivos autonómicos, tengan características muy similares a las del Consejo de Estado, compartiendo, por tanto, su misma naturaleza jurídica.

VI. En lo referente al ámbito orgánico, señalamos que la normativa vigente resulta especialmente garantista con la independencia e inamovilidad de los miembros del Consejo de Estado, advirtiéndose claramente, un propósito de refuerzo de la *auctoritas* del Alto Cuerpo Consultivo a través de una regulación que tiende a asegurar la imparcialidad de sus miembros en el ejercicio de sus funciones con la aplicación de la Ley de Incompatibilidades del Personal al Servicio de la Administración del Estado y disposiciones concordantes. La regulación vigente de su estructura y organización interna, así como su configuración respecto al Gobierno, nos permite afirmar que dicho órgano tiene garantizada su autonomía orgánica y funcional, gozando de un estatuto independiente en cuanto a personal, presupuestario y de funcionamiento interno.

La vigente Ley Orgánica del Consejo de Estado, introduce un sistema mixto de composición respecto de sus consejeros, ya que sus miembros son libremente elegidos pero seleccionados de entre aquellos que pertenecen a determinadas categorías. En base a lo anterior, podemos establecer las siguientes categorías: un primer nivel, político, compuesto por los miembros del Consejo *stricto sensu,* esto es, el Presidente, los Consejeros (permanentes, natos y electivos), y el Secretario General; un segundo, técnico, integrado por el cuerpo de Letrados del Consejo de Estado; y un último nivel burocrático y de apoyo administrativo a los dos niveles anteriores, que lo integra el personal administrativo.

VII. En relación con la anterior conclusión, la reforma operada en la Ley Orgánica 3/1980, de 22 de abril, mediante la Ley Orgánica 3/2004, de 28 de diciembre, ha venido a ampliar, la composición de los consejeros Natos del Consejo de Estado, al introducir a los ex Presidentes del Gobierno "con el fin de enriquecer y potenciar tan relevante función consultiva", particularizándolos en la figura de "Consejeros Natos con carácter vitalicio", cuya mayor justificación se sostiene, conforme la Exposición de Motivos de la nueva norma, en su "experiencia política y el conocimiento directo de la realidad del Estado atesorados por quienes han asumido, desde el compromiso democrático, la más alta dirección de la acción del Estado".

Igualmente, la reforma, incluye, entre los Consejeros Permanentes del Consejo de Estado, a aquellas personas que estén o hayan estado ocupando cargos en calidad de miembros de los consejos consultivos u órganos consultivos equivalentes de las Comunidades Autónomas, lo cual debe ser bien recibido pues supone la conexión entre Estado y Comunidades Autónomas, que hasta entonces no estaba representada en el Consejo de Estado; además, dicha reforma, extiende la composición del supremo órgano consultivo, en calidad de Consejeros Permanentes, a los ex gobernadores del Banco de España, además de introducir, entre los miembros electivos, el cargo de juez o abogado general del Tribunal de Justicia de la Unión Europea.

En esta línea, la independencia e inamovilidad personal como principios básicos de los que hemos referido a los miembros del Consejo de Estado son igualmente predicables de los miembros de los consejos consultivos autonómicos. La independencia de los órganos consultivos autonómicos está garantizada jurídicamente en todas las Comunidades Autónomas, si bien dicha independencia no resulta desarrollada o concretada, como debería en supuestos como el Consejo Consultivo madrileño, canario o vasco, circunstancia esta que, relacionada con el conjunto normativo autonómico, a fin de dilucidar la configuración legislativa de dichos órganos, nos lleva a la necesidad de que los mismos estén dotados "de las características de organización y funcionamiento que aseguren su independencia, objetividad y rigurosa cualificación técnica", como ya señaló el Tribunal Constitucional en Sentencia 204/1992, de 26 de noviembre, exigencia esta que no termina de cumplirse, debido a una deficiente regulación de tales consejos consultivos.

VIII. Referente a la autonomía funcional del Consejo de Estado, la Constitución española ha determinado su ámbito competencial en cuanto que viene caracterizado como órgano consultivo, lo que excluye la posibilidad de que por Ley Orgánica se le atribuya una competencia distinta de la consultiva, si bien, como ya adelantamos anteriormente, se le podrán atribuir otras funciones, siempre y cuando se reconduzcan a la naturaleza consultiva propia de dicho órgano.

El Consejo de Estado, se configura como un órgano en sentido técnico, como centro al que se atribuye una competencia (consultiva), de la que emanan diversas potestades o funciones (control, asesoramiento, pretoria, y de garantía) que conllevan determinadas consecuencias. Es decir, junto a la función de consulta "stricto sensu" el Consejo de Estado puede ostentar facultades de diverso tipo, siempre y cuando se puedan encuadrar dentro de la competencia consultiva, propia y genuina del Consejo de Estado.

El Consejo de Estado puede convertirse en ocasiones en órgano de control, en, copartícipe de competencias revisoras, en órgano cuasi-fiscalizador, o decisorio, y, puede cumplir a su vez una función de estudio y pretoriana. Todas estas facultades no desvirtúan la original competencia consultiva del Consejo de Estado, si no que contribuyen desde una misión preventiva garantizadora, del recto ejercicio de las funciones esenciales del Estado y en la defensa del Estado de Derecho en su conjunto.

Cabe destacar, en este sentido, la reforma ya citada de Ley Orgánica 3/1980, de 22 de abril, mediante la Ley Orgánica 3/2004, de 28 de diciembre, a través de la nueva redacción del artículo 2.3 de su Ley Orgánica, que atribuye al Consejo de Estado una serie de potestades o funciones que puede llevar a cabo y que perfecciona su tarea consultiva como son: la elaboración de estudios, informes o memorias que el Gobierno le solicite o juzgue oportuno para el mejor desempeño de sus funciones; la elaboración de propuestas legislativas o de reforma constitucional que el Gobierno le encomiende, teniendo en cuenta que en este último caso atenderá a los objetivos, criterios y límites de la reforma constitucional señalados por el Gobierno y podrá hacer también las estimaciones que estime pertinentes acerca de ellos; y por último, en la elaboración de propuestas o mociones.

IX. Con las nuevas atribuciones, el Consejo de Estado cuenta con un instrumento orgánico adecuado a las facultades de estudio e informe con las que el legislador equilibra la tradicional función y posición dictaminadora del Consejo con su vertiente asesora y consultiva, sin que por ello resulten alteradas la naturaleza y la función consultiva, sino, a nuestro juicio, enriquecidas.

En relación a la emisión del parecer del supremo órgano consultivo del Gobierno, tiene su máxima expresión en los dictámenes que emanan del mismo, a propósito de las materias en que la consulta es preceptiva o facultativa, pero que, en todo caso, dan lugar a la obligada opinión.

A través de la Comisión de Estudios, el Consejo de Estado ya ha plasmado su buen hacer en asuntos de envergadura.

Respecto a la cuestión de las propuestas legislativas, todavía no se ha dado el caso, la mayoría de los anteproyectos de Ley o sus modificaciones siguen siendo remitidos por el Gobierno al Consejo de Estado para consulta. En muchos casos, de forma potestativa, en otros, generalmente por trasposición de directivas comunitarias, de forma preceptiva.

Las competencias del Consejo de Estado en materia de asesoramiento en los asuntos de Gobierno, están principalmente atribuidas al Pleno, por cuanto que éste deberá ser consultado "en aquellos asuntos de Estado a los que el Gobierno reconozca especial trascendencia o repercusión".

En lo que se refiere a la función pretoria, esta se pone de manifiesto a través de los dictámenes, los informes, estudios, memorias y la Memoria anual, y consiste en promover y favorecer la evolución del Derecho a través de su interpretación. La manifestación más clara de esta función se materializa a través de las recopilaciones de doctrina que periódicamente publica el Consejo de Estado.

En cuanto a la función de garantía, esta se manifiesta en dos sentidos: en primer lugar, en sentido objetivo, por cuanto el Consejo de Estado en su actividad vela por la

Constitución y por el Ordenamiento jurídico en su conjunto (y lo hace en todo caso ya sea en términos de legalidad o en términos de oportunidad, de forma potestativa o preceptiva, con efecto, vinculante o no); y en segundo lugar, en sentido subjetivo, porque, en términos genéricos, interesa al ciudadano que se vele por la legalidad y porque, ya en el plano más concreto, el Consejo de Estado vigila para que se dé efectiva participación a los ciudadanos.

Otra de las funciones del Consejo de Estado dentro de su competencia consultiva, es la relativa a la formulación opiniones dirigidas a la Administración activa, ya sea mediante propuestas elevadas al Gobierno en forma de "Mociones", o bien a través de la elaboración de una "Memoria" de carácter anual, en la que se plasman las actividades del Consejo de Estado durante el año, sus observaciones acerca del funcionamiento de los servicios públicos y las sugerencias de medidas y disposiciones generales que estime pertinentes.

En lo relativo a la diferencia entre ambas, si bien en las mociones el Consejo de Estado tiene un amplio margen de actuación dentro de la propuesta, pudiendo introducir todo aquello que estime conveniente, en el caso de la Memoria, sin embargo, está sujeta a una periodicidad anual y su contenido está parcialmente predeterminado.

En los últimos tiempos, las Mociones han dejado paso en volumen e importancia a las Memorias, cuyo interés ha crecido progresivamente, especialmente en cuanto a las recomendaciones y sugerencias que contienen en su segunda parte.

X. Referente a la autonomía funcional de los consejos consultivos autonómicos, un análisis de la legislación vigente, permite establecer, con carácter general, las siguientes competencias a favor de los órganos consultivos autonómicos: en primer término, la adecuación de proyectos de decretos y anteproyectos de leyes a la Constitución, al Estatuto y al resto del ordenamiento jurídico; en segundo lugar, la vigilancia en torno a la calidad de las normas y buenas prácticas administrativas; y una última, la función fiscalizadora en los procedimientos administrativos a los que son llamados. En consecuencia, es posible advertir en los últimos años, más allá de las concretas normas o expedientes sometidos a examen, una función pedagógica a favor de tales órganos, en orden a propiciar una buena legislación y el principio de buena administración, que ha calado en el reciente proceso de reformas estatutarias.

Ahora bien, y a pesar de la disparidad característica de las regulaciones autonómicas a la hora de configurar sus propios órganos consultivos, dichos entes reúnen unas líneas comunes, que deben ponerse de manifiesto. En primer lugar, todos son órganos colegiados, titulares de *auctoritas*, que gozan de plena autonomía orgánica y funcional. Además, su régimen de organización y funcionamiento pretende asegurar su independencia, objetividad y rigurosa cualificación técnica, reforzando así su posición institucional. Igualmente, tales entes cumplen una función esencialmente consultiva, que si bien varía en su contenido y alcance, se despliega en numerosas posibilidades derivadas de la función primaria, por cuanto que la función consultiva es, ante todo, una función de garantía, que se manifiesta tanto en sentido objetivo y subjetivo ya explicado anteriormente.

XI. En relación a los consejos consultivos autonómicos, y según establece la jurisprudencia del Tribunal Constitucional, la intervención preceptiva de un órgano consultivo autonómico, de las características del Consejo de Estado, sea o no vinculante, supone una importantísima garantía del interés general y de la legalidad objetiva, y de los derechos y legítimos intereses de quienes son parte de un determinado procedimiento administrativo, pudiendo establecerse por el legislador estatal supuestos de intervención preceptiva de dicho órgano respetando la potestad de autoorganización de las Comunidades Autónomas.

De igual modo, se permite la posibilidad de establecimiento de un órgano consultivo propio respetando la esfera de atribuciones y actividades de los respectivos Gobiernos y Administraciones autonómicas, en cuyo caso deberá dotarlo de las mismas facultades que el Consejo de Estado sin perjuicio del Estatuto de Autonomía y de lo dispuesto en el artículo 153 b) en relación con el 150.1 de la Constitución Española, por cuanto que la intervención de dicho órgano consultivo autonómico excluye la del Consejo de Estado, salvo que la Constitución, los Estatutos de Autonomía o la Ley Autonómica establezcan lo contrario para supuestos determinados. Ahora bien, allá donde tales órganos no existan, las garantías procedimentales exigen mantener la intervención preceptiva del Consejo de Estado, en tanto que órgano al servicio de la concepción global del Estado que la Constitución establece.

El informe del órgano consultivo autonómico sustituye al del Consejo de Estado en los asuntos cuya resolución competa al Gobierno de la Comunidad Autónoma, y en los de carácter local cuando las leyes así lo establezcan.

XII. Todas las Comunidades Autónomas, excepto Cantabria, cuentan con consejos consultivos autonómicos, propios y de carácter superior, con identidad de funciones y similares características a las del Consejo de Estado, por lo que cumplen con los requisitos que, tanto el Tribunal Constitucional como el Tribunal Supremo, exigen para suplir al Consejo de Estado en dichas autonomías. En aquellas Comunidades Autónomas donde no se ha procedido a la creación y puesta en funcionamiento de tales órganos, tal es el caso de Cantabria, no es posible prescindir de la intervención del Consejo de Estado en los supuestos en que su intervención es preceptiva, respecto de funciones que han sido asumidas por la correspondiente Comunidad Autónoma.

XIII. Los consejos consultivos autonómicos son una expresión del principio de autonomía y una respuesta institucional a las exigencias derivadas de la complejidad del sistema normativo, donde la coexistencia de una pluralidad de ordenamientos (el estatal, los autonómicos y el europeo) precisa instituciones autonómicas de garantía de la constitucionalidad, estatutoriedad y legalidad de las actuaciones de los centros de poder. Su creación pone de manifiesto la voluntad de las entidades regionales de garantizar la efectividad de los principios constitucionales esenciales del Estado constitucional de Derecho, añadiendo un plus para el ordenamiento, al asegurar el respeto de su Estatuto y del resto del sistema normativo desde las propias instituciones autonómicas.

La función de garantía en el respeto y observancia de la Constitución, el Estatuto de Autonomía, el bloque de constitucionalidad y resto del ordenamiento jurídico, resulta salvaguardada a través de los órganos consultivos autonómicos, los cuales terminan por conocer, bien a consultas facultativas, bien preceptivas, la gran mayoría de las actuaciones legislativas, reglamentarias o de defensa de la actuación de la propia Comunidad Autónoma, o bien, respecto a la actuación del Gobierno de la Nación frente a las mismas, a modo de un mimetismo y homogeneidad que es realmente llamativo.

XIV. De *lege ferenda*, no podemos terminar las presentes páginas sin una reflexión sobre el papel que el Consejo de Estado, y los consejos consultivos autonómicos, podrían desarrollar en torno a dos aspectos fundamentales. El primero, la garantía, en el ámbito del Derecho interno, de su intervención en el proceso de elaboración del Derecho, en cuanto control de la técnica y calidad normativa, extendido, como una forma de autonomía institucional, al caso del Derecho comunitario, tal y como ha sido desarrollado y completado por el Tribunal de Justicia de las Comunidades Europeas, en relación a la ejecución del ordenamiento comunitario.

El segundo de los aspectos citados se refiere a la posibilidad de desempeñar funciones cuasi arbitrales, colaborando, mediante una potenciación de los órganos consultivos en su capacidad preparadora de las normas, una reflexión sobre el complejo entramado de colaboración interadministrativa, y su intervención en relación con ciertas decisiones que suponen actuación pública sometida a moldes y estructuras de Derecho privado. En definitiva, potenciando la labor de nutrir y apoyar a la Administración, en aras de una actuación administrativa eficaz, objetiva y lo más eficiente posible, y todo ello en un ámbito que, por ser público, sufre en nuestros tiempos, un progresivamente deterioro. La intervención del Consejo de Estado en este campo, al igual que la de los consejos consultivos autonómicos, con una *auctoritas* basada en el prestigio adquirido durante muchos años a través de la elaboración de dictámenes jurídicos impecables, coadyuvaría a mejorar la pésima visión que el ciudadano administrado tiene hoy en día de la actuación pública española.

BIBLIOGRAFÍA

AGUILAR FERNÁNDEZ-ONTORIA, J. "Intervención crítica y dictamen del consejo de Estado en los expedientes indemnizatorios", en GÓMEZ-FERRER MORANT, R. (coord.), *Libro homenaje al profesor José Luis Villar Palasi*, Madrid, Civitas, 1989, págs. 25-48.

AGUILAR FERNÁNDEZ-ONTORIA, J. "A propósito del Defensor del Pueblo: los rasgos definidores de la posición jurídica de los órganos auxiliares", en VV.AA. *Las Cortes Generales*, Madrid, Abogacía General del Estado-Dirección General del Servicio Jurídico del Estado, 1987, I, págs. 337-444.

AGUILAR FERNÁNDEZ-ONTORIA, J. "A propósito del Defensor del Pueblo: los rasgos definidores de la posición jurídica de los órganos auxiliares", *Revista de Administración Pública*, nº 109, 1986, págs. 7-117.

ALONSO GARCIA, R. *Consejo de Estado y elaboración de Reglamentos estatales y autonómicos*, Madrid, Civitas, 1992.

ÁLVAREZ CONDE, E. "Reforma Constitucional y Reformas Estatutarias", *Revista Española de la Función Consultiva*, nº 4, 2005, págs. 35-78.

ÁLVAREZ CONDE, E. (Dir.), *El Derecho Público de la Comunidad de Madrid. Comentarios al XX Aniversario del Estatuto de Autonomía*, Madrid, Centro de Estudios Ramón Areces, 2003.

ÁLVAREZ CONDE, E. (coord.), *Administraciones Públicas y Constitución: reflexiones sobre el XX aniversario de la Constitución Española de 1978*, Madrid, Ministerio de Administraciones Públicas, 1998.

ÁLVAREZ CONDE, E. y PLAZA DE DIEGO, R. (dirs.), *Derecho Público y Administración de la Comunidad de Madrid, 1983-2008, XXV Aniversario de la Comunidad de Madrid*, Madrid, Comunidad de Madrid-IMAP-Tirant lo Blanch, 2008.

ÁLVAREZ CONDE, E. y VERA SANTOS, J.M. (Coords.). *Estudios sobre la Constitución de Bayona*, Madrid, La Ley, 2008.

ALVAREZ JUNCO, J. y RUBIO LLORENTE, F. (Dirs.), *El informe del Consejo de Estado sobre la reforma constitucional. Texto del informe y debates académicos*, Madrid, Centro de Estudios Políticos y Constitucionales, 2006.

ALZAGA VILLAMIL, O. (Dir.), *Comentarios a las leyes políticas; Constitución española de 1978*, Madrid, Editorial Revista de Derecho Privado, 1998, t. VII.

ALZAGA VILLAMIL, O. (Dir.), *Comentarios a la Constitución Española de 1978*, Madrid, Edersa, 1996, vol. III.

ALZAGA VILLAMIL, O., *La Constitución Española de 1978 (Comentario Sistemático)*, Madrid, Ed. del Foro, 1978.

AMÉRIGO ALONSO, J. "Consejo de Estado", *Revista española de la función consultiva*, nº. 9, 2008, págs. 179-183.

ANDRADE E SILVA J.J. (org.), *Collecção Chronologica da Legislação Portugueza..., 1640-1647,* Lisboa, Imprensa de F. X. de Souza, 1856.

ARAGÓN REYES, M. "El control jurisdiccional como paradigma del control jurídico", *Constitución y Control del Poder,* Buenos Aires, Ediciones Ciudad Argentina, 1995.

ARGÜELLLES, A. *Discurso preliminar a la Constitución de 1812,* Madrid, Centro de Estudios Constitucionales, 1981.

AROZAMENA SIERRA, J. "La caracterización constitucional del Consejo de Estado", *Documentación Administrativa,* nº. 244-245, 1996, pp. 137-160.

AROZAMENA SIERRA, J. "La función consultiva del Consejo de Estado", *Documentación Administrativa,* nº 226, 1991, págs., 129-152.

ASÍS ROIG, A. "Los efectos de la omisión del dictamen preceptivo del Consejo de Estado", *Poder judicial,* nº. 16, 1989, págs. 9-62.

AZPITARTE SANCHEZ, M. "El estado autonómico "unitario" y el informe del consejo de estado sobre la inserción del derecho europeo en el ordenamiento español", *Revista d'estudis autonòmics i federals,* nº. 9, 2009, págs. 129-164.

BALAGUER CALLEJÓN, F. "La constitucionalización del Estado Autonómico", *Anuario de Derecho Constitucional y Parlamentario,* nº 9, 1997, págs. 129-160.

BALBÍN DE UNQUERA, A. *El Consejo de Estado y la República,* Madrid, Servicio Cultural e Informativo de los Estados Unidos, 1873.

BALLÉN MOLINA, R, "El Consejo de Estado francés después de la Revolución", *Diálogos de saberes: investigaciones y ciencias sociales,* nº. 27, 2007, págs. 25-50.

BALLÉN MOLINA, R, "El Consejo de Estado francés en el antiguo régimen", *Diálogos de saberes: investigaciones y ciencias sociales,* nº. 25, 2006, págs. 13-22.

BARRIOS, F. *Los Reales Consejos. El gobierno central de la Monarquía en los escritores sobre Madrid del siglo XVII,* Madrid. UCM, 1988.

BARRIOS, F. *El Consejo de Estado en la Monarquía Española (1521-1812),* Madrid, Consejo de Estado, 1984.

BASTIDA FREIJEDO, F. "La reforma del Senado en el Dictamen del Consejo de Estado", *Revista Española de la Función Consultiva,* nº 4, 2005, págs. 79-90.

BELDA PÉREZ-PEDRERO, E. "Constitución de 1812 y función consultiva: evolución del Consejo de Estado en España", *Revista Española de la Función Consultiva,* nº. 13, 2010, págs. 149-183.

BELDA PÉREZ-PEDRERO, E. "Reforma constitucional y sucesión", en ALVAREZ JUNCO, J. y RUBIO LLORENTE, F. (Dirs.), *El Informe del Consejo de Estado sobre la reforma constitucional. Texto del informe y debates académicos,* Madrid, Centro de Estudios Políticos y Constitucionales, 2006, págs. 273-295.

BERMEJO CABRERO, J.L. "La Gobernación del Reino en las Comunidades de Castilla", *Hispania,* nº124, 1973, págs., 249-264.

BERNARD, M. "Le renouveau de la fonction consultative du Conseil d'État sous la V République", *EDCE*, nº 46, 1994.

BILBAO UBILLOS, J. M. "El informe del Consejo de Estado sobre la reforma de la Constitución", *Revista general de derecho constitucional*, nº.1, 2006.

BLANCO VALDÉS, R. "La función consultiva autonómica y su institucionalización tras la STC 204/1992; algunas reflexiones a propósito de la Ley del Consejo Consultivo de Galicia", *Autonomías. Revista Catalana de Derecho Público*, nº 22, 1997, págs.103-120.

BLANQUER CRIADO, D. V. *Consejo de Estado y Autonomías*, Madrid, Tecnos, 1994.

BOITEAU, C. "La legitimación en el procedimiento de urgencia precontractual L'Arrêt "Smirgeomes" del Consejo de Estado Francés", *Revista de Administración Pública*, nº 181, 2010, págs. 207-218.

BOSCH BENÍTEZ, O. "Consejo de Estado y Consejo Consultivo de Canarias: problemas de articulación de la competencia consultiva en el Estado autonómico", *Actualidad Administrativa*, nº 44, 1987, págs. 2497-2511.

BRAVO-FERRER DELGADO, M. "Consejo de Estado y Estado de Autonomías", *Civitas, Revista Española de Derecho Administrativo*, nº 60, 1988, págs. 569-596.

CABRERA BOSCH, M. I. "Algunas consideraciones en torno al Consejo de Estado en la Constitución de 1812", *Revista de Estudios Políticos*, nº 93, 1996, págs. 233-241.

CABRERA BOSCH, M. I. "Consejo Real de Castilla, legislación y revolución liberal. 1808-1834", *Revista de Cortes Generales*, nº 11, 1987, págs. 125-139.

CALVO GARCIA, J. "Consulta preceptiva al Consejo de Estado: cuestiones controvertidas", en *Constitución y el nuevo diseño de las administraciones estatal y autonómica: XIX Jornadas de Estudio*, Madrid, SOPEC, 1998, págs. 603-632.

CANO BUESO, J. "Consolidación de los Consejos Consultivos en España y su papel como garantes de la autonomía", *Revista Catalana de Dret Public*, nº 39, 2009, págs. 59-82.

CARRERAS SERRA, F. "El Consell d´Estat com a òrgan consultiu", en VV.AA. *El Govern a la Constitució i als Estatuts d´Autonomia*, Barcelona, Diputación de Barcelona, 1985.

CARRILLO DONAIRE, J.A. "Consideraciones en torno al bicentenario del Consejo de Estado Francés (1799-1999)", *Revista de Administración Pública*, nº 153, 2000, págs. 519-538.

CARRILLO LASSO, A. *Virtudes Reales*, Córdoba, Salvador de Cea, 1626.

CASTÁN VÁZQUEZ, J. M. *La representación de las Provincias americanas en el Consejo de Estado según la Constitución de Cádiz*, Madrid, Instituto de Estudios Fiscales, 1988.

CASSESE, S. "L'attivitá consultiva del Consiglio di Stato in materia di norme", en PALEÓLOGO, G. (dir.), *Consigli di Stato di Francia e d'Italia*, Milán, Giuffré, 1998.

CASSESE, S. "La funzione consultiva nei governi moderni" en Quaderni Constutuzionali, XI, Marzo,2001, núm. 1, págs.. 5-12.

CASTÁN VÁZQUEZ, J.M. "La representación de las provincias americanas en el Consejo de Estado según la constitución de Cádiz", *Gobierno y administración en la Constitución*

/ *Dirección General del Servicio Jurídico del Estado*, Madrid, Ministerio de Hacienda-IEF, 1988, vol. I, págs. 395-406.

CASTRO MARTOS, M. P. "El Archivo del Consejo de Estado", *Boletín de la ANABAD*, nº1, 1996, págs. 119-138.

CAVERO LATAILLADE, I. *La función consultiva del Consejo de Estado y su aportación al ordenamiento jurídico Lección inaugural del Cuso académico 2001-2002*, Madrid, Universidad San Pablo-CEU, 2002.

CAVERO LATAILLADE, I. "La alta función consultiva: Consejo de Estado y órganos consultivos semejantes de las Comunidades Autónomas. Perspectiva actual y de futuro", en *Constitución y el nuevo diseño de las administraciones estatal y autonómica: XIX Jornadas de Estudio*, Madrid, SOPEC, 1998, págs. 589-602.

CHECA GONZÁLEZ, C. "El papel de los consejos consultivos en la elaboración de las normas", *Jornadas sobre la Función Consultiva*, 17-18 septiembre de 2009, págs. 29-78. URL:
http://www.madrid.org/ccmadrid/attachments/043_Libro%20Jornadas%20sobre%20la%20Funcion%20Consultiva.pdf

COLMEIRO, M. *Derecho Administrativo Español*, Madrid, Imprenta de José Rodríguez, 1863.

COMELLA DORDA, R. *Límites del poder reglamentario en el Derecho administrativo de Estados Unidos: evolución de los modelos tradicionales, control judicial y técnicas de negociación*, Madrid, Cedecs, 1997.

CONARD, P. *La Constitution de Bayone (1808)*, París, Édouard Cornély et Cia, 1910.

CONSEJO DE ESTADO, *Informe sobre la reforma de la Constitución Española, de 16 de febrero de 2006*, Madrid, Centro de Estudios Políticos y Constitucionales, 2006.

CONSEJO DE ESTADO, "Observaciones y sugerencias sobre la posición institucional del Consejo de Estado", en CONSEJO DE ESTADO, *Memoria de 1992*, Madrid, Consejo de Estado-BOE, 1992.

CONSEJO DE ESTADO, *Estudios de Derecho Administrativo: Libro jubilar del Consejo de Estado*, Madrid, Consejo de Estado-Instituto Estudios Jurídicos, 1972.

Constitución Española. Trabajos Parlamentarios, Madrid, Servicios de Estudios y Publicaciones-Cortes Generales, 1980.

Constitución y el nuevo diseño de las administraciones estatal y autonómica: XIX Jornadas de Estudio, Madrid, SOPEC, 1998

CORDERO TORRES, J.M. *El Consejo de Estado. Su trayectoria y perspectivas en España*, Madrid, IEP, 1945.

COSTA, J. P. *Le Conseil d'État dans la societé contemporaine*, París, Económica, 1993.

CUESTA DOMINGO, M. "El Consejo de Estado ante la Independencia hispanoamericana, 1821", *Revista de la Universidad Complutense*, nº. 107, 1977, págs. 245-264 (Ejemplar dedicado a 1776. Bicentenario de la independencia norteamericana).

D'ALOIA, A. "Il Consiglio di Stato e la XIII disposizione transitoria e finale della Costituzione", en Quaderni costituzionali, XXI, diciembre, 2001, núm. 3.

DE ASÍS ROIG, A. "Los efectos de la omisión del dictamen preceptivo del Consejo de Estado en la elaboración de las disposiciones generales", *Poder Judicial*, nº 16, 1989, págs. 9-62.

DE CARRERAS SERRA, F. "El Consell d'Estat com a òrgan consultiu", en VV.AA. *El Govern a la Constitució i als Estatuts d'Autonomia,* Barcelona, Diputación de Barcelona, 1985, págs. 72-90.

DE CARRERAS SERRA, F. *El Consejo Consultivo de la Generalidad de Cataluña, Los procesos de formación de las Comunidades Autónomas. Aspectos jurídicos y perspectivas políticas, vol. II. Ed. Parlamentos Vasco, Catalán, Gallego y Andaluz,* Granada, Universidad de Granada, 1984.

DE DIOS, S. *Fuentes para el estudio del Consejo Real de Castilla,* Salamanca, Diputación de Salamanca, 1986.

DE DIOS, S. *El Consejo Real de Castilla (1385-1522),* Madrid, Centro de Estudios Constitucionales, 1982.

DE DIOS VIÉTEZ, M.V. "El dictamen del Consejo de Estado en los reglamentos ejecutivos, ¿control de legalidad o coparticipación en la potestad reglamentaria?", *Civitas. Revista española de derecho administrativo,* nº 60, 1988, págs. 631-643.

DE ESTEBAN, J. *El Estado de la Constitución. Diez años de gobierno del PSOE,* Madrid, Libertarias-Prodhufi, 1992.

DE ESTEBAN J. y otros, *Desarrollo político y Constitución Española,* Madrid, Ariel, 1973.

DE ESTEBAN, J. y GONZÁLEZ TREVIJANO, P.J. "La administración consultiva", en *Curso de Derecho Constitucional Español,* Madrid, UCM, 1994, vol. III, págs. 368-373.

DE LA CRUZ FERRER, J. "Una aproximación al control de proporcionalidad del Consejo de Estado francés: el balance costes-beneficios en las declaraciones de utilidad pública de la expropiación forzosa", *Civitas. Revista española de derecho administrativo,* nº 45, 1985, págs. 71-84.

DE LA CUADRA SALCEDO Y FERNÁNDEZ DEL CASTILLO, T. "El Consejo de Estado en las Constituciones de Cádiz y Bayona", *Documentación Administrativa,* nº 244-245, 1996, págs. 13-88.

DE LA QUADRA-SALCEDO Y FERNÁNDEZ DEL CASTILLO, T. *El Consejo de Estado en un Estado social y democrático de Derecho,* Madrid, Instituto de Estudios Fiscales, 1988.

DE TOCQUEVILLE, A. *El Antiguo Régimen y la Revolución,* Madrid, Akal, 2004.

DESDEVIZES DU DEZERT, G. *La España del Antiguo Régimen,* Madrid, Fundación Universitaria, 1989.

DÍAZ REVORIO, F. J., *Valores superiores e interpretación constitucional,* Centro de Estudios Políticos y Constitucionales, Madrid, 1997.

DÍAZ REVORIO, F.J. "Castilla-La Mancha" en ESPÍN TEMPLADO, E. (Dir.) *La Constitución de 1978 y la Comunidades Autónomas.* Madrid, 2003.

DÍAZ REVORIO, F.J. "Antecedentes y perspectivas para un defensor del Pueblo en Castilla-La Mancha. *Parlamento y Constitución. Anuario* nº1. 1997

DOMÍNGUEZ RODRIGO, L. M. "Consejo de Estado", *Revista española de la función consultiva*, nº. 9, 2008, págs. 93-98.

DURAND, C. *Études sur le Conseil d'État napoleonien*, París, P.U.F., 1949.

EDLEY JR. CH. *Derecho administrativo. Reconcebir el control judicial de la Administración pública*, Madrid, INAP, 1994.

ELLIOTT, J.H. *La España imperial 1469-1716*, Barcelona, Vicens-Vives, 1965.

ELLIOTT, J.H. *El conde-duque de Olivares*, Barcelona, Crítica, 1991.

EMBID IRUJO, A. "Los principios jurídicos necesarios en la organización y funcionamiento de los Consejos consultivos autonómicos", *Documentación Administrativa*, nº 244-245, 1996, págs. 335-362.

ENTRENA CUESTA, R. "Comentario al artículo 153 CE", en GARRIDO FALLA, F. y otros. *Comentarios a la Constitución*, Madrid, Civitas, 2001 pág. 2607

ESCOBAR KIRKPATRICK, J.I. (Marqués de las Marismas), "La institución del Consejo de estado en la actualidad", *Revista de Administración Pública*, nº1, 1950, págs. 11-38.

ESCOBAR MARTÍNEZ, L. "La actividad constitucional del Consejo de Estado Colombiano", *Universitas*, nº. 111, 2006, págs. 65-94.

ESCUDERO, J.A. *Curso de Historia del Derecho, Fuentes e instituciones político-administrativas*, Madrid, Dykinson, 1985.

ESCUDERO, J.A. *Los orígenes del Consejo de Ministros en España: La Junta Suprema de Estado*, 2 vols., Madrid, Ed. Nacional, 1979.

ESCUDERO, J.A. "Consultas al Consejo de Estado: trámites irregulares en el reinado de Carlos II", en *Homenaje al Dr. D. Juan Reglà Campistol*, Valencia, Universidad de Valencia, 1975, vol. I, págs. 661-664.

ESTEVE PARDO, J. *Técnica, riesgo y derecho*, Barcelona, Ariel, 1999.

FERNÁNDEZ ALBADALEJO, P. *Fragmentos de Monarquía*, Madrid, Alianza, 1993.

FERNÁNDEZ CAMACHO, I. y ORTEGA MUÑOZ, M. "El Consejo Consultivo de Castilla-La Mancha: nuevo órgano de relevancia estatutaria", *Parlamento y Constitución. Anuario*, nº 1, 1997, págs. 141-165.

FERNÁNDEZ CONTI, S. *Los Consejos de Estado y Guerra de la Monarquía Hispana en tiempos de Felipe II (1548-1598)*, Valladolid, Junta de Castilla y León, 1998.

FERNÁNDEZ DE VELASCO CALVO, R. *El acto administrativo: exposición doctrinal y estudio del Derecho español*, Madrid, V. de Suárez, 1929.

FERNÁNDEZ ONTORIA Y GARCÍA, R. (Conde de Torreánaz) *Los Consejos del Rey durante la Edad Media: su formación, autoridad y principales acuerdos en Europa y singularmente en Castilla*, Madrid, M. Tello, 1890, vol. 2.

FERNÁNDEZ SARASOLA, I. *La Constitución de Bayona (1808)*, Madrid, Iustel, 2008.

FERNÁNDEZ SARASOLA, I. *Proyectos Constitucionales en España (1786-1824)*, Madrid, CEPC, 2004.

FONT I LLOVET, T. "Control de la potestad reglamentaria por los órganos consultivos: legalidad y oportunidad", *Revista Española de Derecho Constitucional*, nº 62, 2001, págs. 57-76.

FONT I LLOVET. T. "La evolución del Gobierno local en España: de los "nuevos principios" a la "geometría variable", *Anuario del Gobierno local*, nº 1, 2001, págs. 13-36.

FONT I LLOVET, T. "Los órganos consultivos de las Comunidades Autónomas y la Administración Local", en *Actas de las Jornadas sobre la Función Consultiva*, Granada, Consejo Consultivo de Andalucía, 1998.

FONT I LLOVET, T. "Función consultiva y Estado Autonómico", *Revista de Administración Pública*, nº 138, 1995, págs. 37-68.

FONT I LLOVET, T. "Órganos Consultivos", *Revista de Administración Pública*, nº 108, 1985, págs. 53-86.

FOUGÈRE, L. *Le Conseil d'État. Son histoireà travers les documents d'époque (1799-1974)*, París, Centre National de la Recherche Scientifique, 1974.

FRANK MACERA, B. "El Consejo de Estado francés y la aplicabilidad directa de las directivas comunitarias: la confirmación del rechazo de la "invocabilidad de sustitución"", *Noticias de la Unión Europea*, nº 121, 1995, págs. 31-36.

FROMONT, M. "Relaciones entre el Consejo Constitucional, el Tribunal Supremo y el Consejo de Estado", en BACIGALUPO ZAPATER, E. MURILLO DE LA CUEVA, P.L y TRILLO TORRES, R. (Coords.), *El Tribunal Supremo en el ordenamiento constitucional : jornadas en conmemoración del XXV Aniversario de la Constitución de 1978*, Madrid, Consejo General del Poder Judicial, 2004, págs. 273-334.

GALERA VICTORIA, A. *Constitución, Función Consultiva y Estado Autonómico*, Madrid, Thomson Civitas, 2007.

GÁLVEZ MONTES, F.J. "Artículo 107 CE", en ALZAGA VILLAMIL, O. (Dir.), *Comentarios a las leyes políticas; Constitución española de 1978*, T. VII, Madrid, Editorial Revista de Derecho Privado, 1998, págs. 378-400.

GÁLVEZ MONTES, F.J. (ed.). *Ley Orgánica del Consejo de Estado: trabajos parlamentarios*, Madrid, Cortes Generales, 1980.

GARCÍA ÁLVAREZ, G. "La función consultiva en el Estado de las Autonomías", *Revista Española de la Función Consultiva* nº 2, 2004, págs. 96-112.

GARCÍA ÁLVAREZ, G., *Función Consultiva y Procedimiento (Régimen de los Dictámenes del Consejo de Estado)*, Valencia, Tirant lo Blanch, 1997.

GARCÍA ÁLVAREZ, G, *La función constitucional del Consejo de Estado*, Madrid, Cedecs, 1997.

GARCÍA ÁLVAREZ, G. "El fracaso en España del modelo francés de Consejo de Estado (1845-1904)", *Documentación administrativa*, nº 244-245, 1996, págs. 89-136.

GARCÍA ÁLVAREZ, G. *La función constitucional del Consejo de Estado*, Barcelona, Centro de Estudios de Derecho, Economía y Ciencias Sociales, 1996.

GARCÍA DE ENTERRÍA, E. *Justicia y seguridad jurídica en un mundo de leyes desbocadas*, Madrid, Civitas, 1999.

GARCÍA DE ENTERRÍA, E. *Revolución Francesa y Administración contemporánea*, Madrid, Civitas, 1994.

GARCÍA DE ENTERRÍA, E. *La administración española. Estudios de Administración*, Madrid, Instituto de Estudios Políticos, 1961.

GARCÍA DE ENTERRÍA, E. "Aspectos de la Administración consultiva", *Revista de Administración Pública*, nº 24, 1957, págs. 163-184.

GARCÍA DE ENTERRÍA E. y FERNÁNDEZ, T.R. *Curso de Derecho Administrativo*, Madrid, Civitas, 2011, vol. I.

GARCÍA DE VALDEAVELLANO, L. *Curso de Historia de las Instituciones Españolas*, Madrid, Alianza, 1984.

GARCÍA DE VALDEAVELLANO, L. y LALINDE ABADÍA, J. *Introducción histórica al derecho español*, Barcelona, Ariel, 1983.

GARCÍA FERNÁNDEZ, F.J. "Las funciones consultivas en el Estado democrático", *Documentación Administrativa*, nº 226, 1991, págs. 13-32.

GARCÍA ROCA, F.J. *El conflicto entre órganos constitucionales*, Madrid, Tecnos, 1987.

GARCÍA-DOBARCO GONZÁLEZ, B. "Reforma constitucional y unión europea: notas para un debate político", en *Revista Española de la Función Consultiva*, nº 4, 2005, págs. 91-104.

GARCÍA-PELAYO, M. "El status del Tribunal Constitucional", *Revista Española de Documentación Científica*, nº 1, 1981, págs. 11-34.

GARCÍA-TREVIJANO FOS, E. *Tratado de Derecho Administrativo*, Madrid, Marcial Pons, 1971.

GARCÍA-TREVIJANO GARNICA, E. "La Función Consultiva de las Administraciones Públicas, con especial referencia al Consejo de Estado y las Comunidades Autónomas", *Revista de Administración Pública*, nº 133, 1994, págs. 129-154.

GARCÍA-TREVIJANO GARNICA, E. "Dictamen preceptivo del Consejo de Estado y silencio administrativo negativo", *Civitas. Revista española de derecho administrativo*, nº 71, 1991, págs. 401-408.

GARCÍA-TREVIJANO GARNICA, E. "Posición Institucional del Consejo de Estado. (Comentario al Fundamento Jurídico núm. 37 de la Sentencia del Tribunal Constitucional 56/1990, de 29 de marzo)", *Revista de Administración Pública*, nº 122, 1990, págs. 323-328.

GARCÍA-TREVIJANO GARNICA, J.A. "El Consejo de Estado como garantía: competencias en materia de contratación", en GÓMEZ-FERRER MORANT, R. (coord.). *Comentario a la Ley de contratos de las Administraciones públicas*, Madrid, Civitas, 2004, págs. 397-431.

GARRIDO FALLA, F. y otros. *Comentarios a la Constitución*, Madrid, Civitas, 2001.

GARRIDO MAYOL, V. "Sobre la necesidad de crear el Consejo Consultivo de la Comunidad de Madrid", en ÁLVAREZ CONDE, E. y PLAZA DE DIEGO, R. (Dirs.). *Derecho Público y Administración de la Comunidad de Madrid, 1983-2008, XXV Aniversario de la Comunidad de Madrid*, Madrid, Comunidad de Madrid-IMAP-Tirant lo Blanch, 2008, págs. 813-842.

GARRIDO MAYOL, V. "Veinticinco años de Función Consultiva", *Revista de Derecho Político*, nº 58-59, 2003-2004, págs. 567-589.

GARRIDO MAYOL, V. "La función consultiva en la Comunidad Autónoma de Madrid", en ÁLVAREZ CONDE, E. (Dir.), *El Derecho Público de la Comunidad de Madrid. Comentarios al XX Aniversario del Estatuto de Autonomía*, Madrid, Centro de Estudios Ramón Areces, 2003.

GARRIDO MAYOL, V. "El Consejo Jurídico Consultivo de la Comunidad Valenciana, órgano equivalente y homologable al Consejo de Estado", *Revista de estudios de la administración local y autonómica*, nº 271-272, 1996, págs. 807-838.

GARRIDO MAYOL, V. "La función consultiva en el sistema constitucional español: Consejo de Estado y Consejos Consultivos autonómicos", en ÁLVAREZ CONDE, E. (coord.), *Administraciones Públicas y Constitución: reflexiones sobre el XX aniversario de la Constitución Española de 1978*, Madrid, Ministerio de Administraciones Públicas, 1998, págs. 917-929.

GIQUEL J. y HAURIOU, A. *Droit constitutionel et institutions politiques*, Paris, Editions Montchrestien, 1966.

GÓMEZ-FERRER MORANT, R. "La función consultiva en España: organización y competencias del Consejo de Estado y de los Consejos Consultivos de las Comunidades Autónomas. La reforma del Consejo de Estado a través de la Ley Orgánica 3/2004", *Jornadas sobre la Función Consultiva*, 17-18 septiembre de 2009, págs. 19-34. URL:

http://www.madrid.org/ccmadrid/attachments/043_Libro%20Jornadas%20sobre%20la%20 Funcion%20Consultiva.pdf

GÓMEZ-FERRER MORANT, R. "El Consejo de Estado y los derechos e intereses legítimos de los particulares", *Documentación Administrativa*, nº 244-245, 1996, págs. 211-236.

GÓMEZ MONTOSO, Á. J. *El conflicto entre órganos constitucionales*, Madrid, Centro de Estudios Constitucionales, 1992.

GONZÁLEZ ALONSO, B. *Sobre el Estado y la Administración de la Corona de Castilla*, Madrid, Siglo XXI, 1981.

GONZÁLEZ HERNÁNDEZ, E. "Estudios sobre la Constitución de Bayona", en ÁLVAREZ CONDE, E. (Dir.) y VERA SANROS, J.M. (Dir.) 2008, págs. 249-289.

GONZÁLEZ-TREVIJANO SÁNCHEZ, P.J. *El tribunal Constitucional*, Navarra, Aranzadi, 2000.

GONZÁLEZ-TREVIJANO SÁNCHEZ, P.J. y NÚÑEZ RIVERO, C. *El estado autonómico. Principios, organización y competencias*, Madrid, Universitas, 1998.

GRANADO HIJELMO, I. "La función consultiva ante la reforma de la justicia", en *Revista Española de la Función Consultiva*, nº 1, 2004, págs. 61-83.

GRANADO HIJELMO, I. "La función de los Consejos Consultivos (una reflexión de bienvenida al Consejo de Navarra)", *Revista Jurídica de Navarra*, nº 28, 1999, págs. 41-64.

GRANADO HIJELMO, I. *La Asistencia Jurídica a las Comunidades Autónomas*, Logroño, IER, 1996.

GRANADO HIJELMO, I. "Altos organismos consultivos y control preventivo de constitucionalidad", en *Actas de las Jornadas sobre la Función Consultiva*, Granada, Consejo Consultivo de Andalucía-Junta de Andalucía, 1998, págs. 73-111.

GUASP, J, "El Derecho Político como Derecho de Gobierno", en VV.AA. *Homenaje al Profesor Pérez Serrano*, Madrid, Reus, 1959, II, págs. 60-82.

GUICCIARDI, E. *Consiglio di Stato, Novissimo Digesto Italiano*, vol. IV, Turín, U.T.E.T, 1959.

GUTIÉRREZ NOGUEROLES, A. "Reflexiones en torno al régimen constitucional de sucesión a la Corona española", *Revista de Derecho Político*, nº 57, 2003, págs. 199-256.

HAURIOU, A. Y GICQUEL, J. *Droit constitutionnel et institutions politiques*, Montchrestien, París, 1980.

HAURIOU, M. *Précis de Droi Administratif Publique*, París, Sirey, 1892.

HERNÁNDEZ GIL, Guadalupe, "El Letrado del Consejo de Estado", en DIEZ-PICAZO, L. M. (coord.), *El oficio de jurista*, Madrid, Siglo XXI, 2006.

HERRÁIZ SERRANO, O. "La función constitucional del Consejo de Estado", *Civitas. Revista española de derecho administrativo*, nº 99, 1998, págs. 480-484.

HERRERO y RODRÍGUEZ DE MIÑÓN, M. "Consejo de Estado", *Revista española de la función consultiva*, nº. 10, 2008, págs. 93-97.

HERRERO Y RODRÍGUEZ DE MIÑÓN, M. *Memorias de estío*, Madrid, Temas de Hoy, 1993.

IRADIER, E. *Repertorio doctrinal por orden alfabético de la jurisprudencia administrativa española establecida por el Tribunal Contencioso-Administrativo, en sus Sentencias y Autos dictados desde el 1 de julio de 1896 al 31 de mayo de 1904 y de las decisiones recaídas a consulta del Consejo de Estado en el mismo, sobre competencias, conflictos de jurisdicción y recursos de queja*, Madrid, Revista de Legislación, 1911.

JAURALDE MORGADO, E. "Bases para una posible reforma de la Ley Orgánica del Consejo de Estado", en *Constitución y el nuevo diseño de las administraciones estatal y autonómica: XIX Jornadas de Estudio*, Madrid, SOPEC, 1998, págs. 667-672

JELLINEK, G. *Teoría General del Estado*, Buenos Aires, Albatros, 1978.

JIMENEZ-BLANCO Y DE ALBORNOZ CARRILLO, A. "Las competencias del Consejo de Estado y los criterios de inferencia de competencias necesarias de los Consejos consultivos autonómicos", *Documentación administrativa*, nº 244-245, 1996, págs. 305-334.

JORDANA DE POZAS, L, "El Consejo de Estado en la Constitución", *Anales de la Real Academia de Ciencias Morales y Políticas*, nº 56, 1979, págs. 205-234.

JORNADA DE POZAS, L, *El Consejo de Estado español y las influencias francesas a lo largo de su evolución*, Madrid, Consejo de Estado, 1953.

KESSLER, M.C. *Le Conseil d'État*, Paris, Presses de la Fondation Nationales des sciencies politiques, 1968.

LALINDE ABADÍA, J. *Introducción histórica al derecho español*, Barcelona, Ariel, 1983.

LANDI, G. *Consiglio di Stato. Premesa storica, Enciclopedia del diritto, tomo XIX*, Varese, Giuffrè, 1961.

LAVILLA ALSINA, L. *Seguridad jurídica y función del derecho*, Madrid, Real Academia de Jurisprudencia y Legislación, Madrid, 1999.

LAVILLA ALSINA, L. "La Administración consultiva del Estado", en VV.AA. *Administraciones públicas y Constitución, reflexiones sobre el XX aniversario de la CE de 1978*, Madrid, INAP, 1998, págs. 469-476.

LÓPEZ BENÍTEZ, M. "Nuevas consideraciones sobre la posición del Consejo de Estado en relación con las Comunidades Autónomas", *Revista Española de Documentación Administrativa*, nº 64, 1989, págs. 609-638.

LÓPEZ GUERRA, L. y otros, *Derecho Constitucional*, Valencia, Tirant lo Blanch, 2004.

LÓPEZ GUERRA, L. "El Gobierno en la Constitución de 1978", en *1812-1992. El arte de gobernar: historia del Consejo de Ministros y de la Presidencia del Gobierno*, Madrid, Tecnos, 1999, págs. 179-192.

LOPEZ MENUDO, F, "Presente y futuro competencial del Consejo de Estado y de los Consejos Consultivos autonómicos", en *Constitución y el nuevo diseño de las administraciones estatal y autonómica: XIX Jornadas de Estudio*, Madrid, SOPEC, 1998, págs. 673-688.

LÓPEZ MENUDO, F. "El Consejo de Estado como presunto modelo de los órganos consultivos autonómicos", *Documentación administrativa*, nº 244-245, 1996, págs. 265-304.

LÓPEZ PINA, A. "Consejo de Estado", en GONZÁLEZ ENCINAR, J.J. (Dir.): *Diccionario del Sistema Político Español*, Madrid, Akal, 2002.

LUXAN-MELÉNDEZ, S. *La Revolución de 1640 en Portugal, sus fundamentos sociales y sus caracteres nacionales. El Consejo de Portugal: 1580-1640*, Madrid, Tesis de doctorado, Universidad Complutense de Madrid, 1988.

MACHO, L. M. "Consejo de Estado y consejos consultivos autonómicos", *Revista de estudios políticos*, nº 89, 1995, págs. 408-412.

MALAGÓN-PINZÓN, M. Y GAITÁN-BOHÓRQUEZ, J. "Colonialismo cultural francés y la creación del Consejo de Estado en el Derecho Administrativo Colombiano", *Universitas*, nº 115, 2008, págs. 161-178.

MARCO, J.J. Y VISIEDO MAZÓN, F. J. "Estudio comparativo sobre la composición del Consejo Consultivo Valenciano y el Consejo de Estado", en PEÑA GONZÁLEZ, J. (coord.). *Homenaje a D. Iñigo Cavero Lataillade*, Valencia, Tirant lo Blanc, 2005, págs. 507-524.

MARTÍN OVIEDO, J.M. "Consejo de Estado", *Revista española de la función consultiva*, nº. 12, 2009, págs. 173-186.

MARTÍN OVIEDO, J.M. "El Consejo de Estado durante el régimen constitucional (1808-2012)", Consejo de Estado, Madrid, 2012.

MARTINÊZ ALCUBILLA, M. *Diccionario de Administración Pública*, Madrid, J. López Camacho, 1887, vol. VI.

MARTÍNEZ MARÍN, A. *Derecho Administrativo. La organización Administrativa*, Madrid, Tecnos, 1986.

MARTÍNEZ MARÍN, A. *Sistema político-administrativo y Administración Consultiva en Francia*, Madrid, IEAL, 1986.

MARTÍNEZ MARÍN, A. "Sistema Político-Administrativo y Administración Consultiva en Bélgica", *Anales de Derecho*, nº 5, 1984, págs. 185-250.

MARTÍNEZ MARTÍN, A. "Sistema político-administrativo y Administración consultiva en Bélgica", *Documentación Administrativa*, nº195, 1982, págs. 65-138.

MARTÍNEZ MILLÁN, J. (ed.). *Instituciones y elites de poder en la Monarquía Hispana durante el siglo XVI*, Madrid, UAM, 1992.

MARTÍNEZ MILLÁN, J. y VISCEGLIA, M.A. (Dirs.), *La monarquía de Felipe III: la corte*, Madrid, Fundación Mapfre, 2008, 2 vols.

MARTÍNEZ MILLÁN, J. y DE CARLOS MORALES, C.J (Dirs.). *Felipe II (1527-1598). La configuración de la Monarquía Hispana*, Salamanca, Junta de Castilla y León, 1998.

MARTÍNEZ-CARDÓS RUIZ, J, L. "Consejo de Estado", *Revista española de la función consultiva*, nº. 10, 2008, págs. 163-165.

MARTÍNEZ-CARDÓS RUIZ, J.L. "Doctrina Legal del Consejo de Estado", *Revista española de derecho militar*, nº. 55, 1990, págs. 213-236.

MARTÍNEZ-CARDÓS RUIZ, J.L. "La responsabilidad de la administración militar en la doctrina legal del consejo de estado", Revista *española de derecho militar*, nº. 44-50, 1987, págs. 149-164.

MASSOT, J. y GIRARDOT, T. *Le Conseil d'État*, París, DF, 1999.

MCILLWAIN, C.H. *Constitucionalismo antiguo y moderno*, Madrid, CEC, 1991.

MELLADO, P. y GÓMEZ, Y. "En torno a la posible inconstitucionalidad del apartado primero del artículo 57 de la Constitución Española de 1978", *Revista de Derecho Político*, nº 22, 1986, págs. 175-193.

MELO, F.M. de, *Tacito Portugués. Vida, e Morte, Dittos e Feytos de El-Rei Dom João IV*, Río de Janeiro, Centenario da Restaurada, 1940.

Memoria del Consejo de Estado. Año 1993, Madrid, Consejo de Estado, 1994.

MENÉNDEZ REXARCH, A. *Jefatura de Estado en el Derecho Público Español*, Madrid, Instituto Nacional de Administración Pública, 1979.

MERINO MERCHÁN, J.F. *Instituciones de Derecho Constitucional Español*, Madrid, Beramar, 1994.

MESTRE DELAGADO, J. F. "Reglamentos autonómicos y Consejo de Estado", *Civitas. Revista española de derecho administrativo*, nº 59, 1988, págs. 451-454.

MIGNONE, C. "Aspectos de la técnica legislativa en la jurisprudencia consultiva del Consejo de Estado (Italia)", *Revista Aragonesa de Administración Pública*, nº 10, 1997, págs. 529-550.

MOLAS BATLLORI, I. "El Consejo Consultivo de la Generalidad de Cataluña", *Anuario de Derecho Constitucional y Parlamentario*, n º4, 1992, págs. 61-78.

MONTANOS FERRÍN, E. y SÁNCHEZ-ARCILLA, J. *Historia del Derecho y de las Instituciones*, Madrid, Dykinson, 1991, II.

MONTORO CHINER, M.J. "De nuevo sobre Procedimiento y Seguridad Jurídica: los órganos consultivos autonómicos", *Revista Española de Administración Pública*, nº 122, 1990, págs. 381-408.

MOUASNIER, R. *Les institutions de la France sous la Monarchieabsolue, 1958-1789, tomo II (Les organes de L'État et de la societé)*, París, P.U.F., 1980.

MUÑOZ MACHADO, S. *Derecho Público de las Comunidades Autónomas*, Madrid, Iustel, 2007, vol. II.

MUÑOZ MACHADO, S. (Dir.), *Diccionario de Derecho Administrativo*, Madrid, Iustel, 2005, I.

NAVARRO CABALLERO, T.M. "El Consejo de Estado. Origen histórico y regulación actual a la luz de la Ley Orgánica 3/2004, de 28 de diciembre", en *Anales de Derecho*, nº. 24, 2006, págs. 9-40.

OLIVÁN, A. *De la Administración Pública con relación a España*, Madrid, Instituto de Estudios Políticos, 1954.

OLIVER ARAUJO, J. "La mayor "calidad democrática" del nuevo Estatuto de Autonomía de las Islas Baleares (Régimen electoral, consejo consultivo y procedimiento de reforma)", *Revista de Derecho Político*, nº 73, 2008, págs. 15-68.

OLIVER ARAUJO, J. "Consejos Consultivos Autonómicos y Administración Local", *Revista de Derecho Político*, nº 66, 2006, págs. 67-86.

OLIVER ARAUJO, J. "Consejo de Estado y Órganos Consultivos de las Comunidades Autónomas", *Revista de Estudios Políticos*, nº 98, 1997, págs. 25-58.

PARADA VÁZQUEZ, R. *Derecho administrativo*, 3 vols., Madrid, Marcial Pons, 2003.

PARADA VÁZQUEZ, R. *Organización y empleo público, Derecho Administrativo II*, Madrid, Marcial Pons, 1993.

PARADA VÁZQUEZ, R. "El Consejo de Estado", *Documentación Administrativa*, nº 226, 1991, págs. 113-128.

PAREJO ALFONSO, L. "La Función Consultiva en Europa: los Consejos de Estado francés e italiano", *Documentación Administrativa*, nº. 226, 1991, págs. 33-88.

PAREJO ALFONSO, L. "La eficacia como principio jurídico de la actuación administrativa", *Documentación Administrativa*, nº 218-219, 1989, págs. 15-66.

PEGORARO, L. Y VOLPI, M. "Diritto pubblico comparato", Torino, Giappichelli, 2004.

PERA VERDAGUER, F. "El Consejo de Estado en la responsabilidad de la Administración según el Tribunal Supremo", en *Gobierno y administración en la Constitución*, Madrid, Ministerio de Hacienda-IEF, 1988, vol. II, págs. 1431-1434.

PÉREZ HERNÁNDEZ, A. *El Consejo de Estado*, Madrid, Centro de Formación y Perfeccionamiento de Funcionarios, 1965.

PÉREZ-TENESSA HERNÁNDEZ, A. *Compendio de la doctrina del Consejo de Estado*, Madrid, Consejo de Estado, 2003.

PÉREZ-TENESSA HERNÁNDEZ, A. "Consejo de Estado. La Sección en sede consultiva. El Pleno del Consejo de Estado", en VV.AA. *Gobierno y Administración en la Constitución, Dirección General del Servicio Jurídico del Estado*, Madrid, Ministerio de Hacienda-IEF, 1988, vol. II, págs. 1435-1446.

PÉREZ-TENESSA HERNÁNDEZ, A. "Perspectivas del Consejo de Estado", *Revista Española de Documentación Administrativa*, nº. 22, 1979, págs. 339-350.

PICAUD, J. *Le Conseil d'État: organisation, rôle, méthodes de travail*, París, Conseil d'État, 1978.

POSADA HERRERA, J. *Lecciones de Administración*, Madrid, Establecimiento Tipográfico, 1843.

PONCE SOLÉ, J. *Deber de buena administración y derecho al procedimiento debido. Las bases constitucionales del procedimiento administrativo y del ejercicio de la discrecionalidad*, Madrid, Lex Nova, 2001.

PRESTAGE, E. "Memórias sobre Portugal no reinado de D. Pedro II", *Arquivo Histórico de Portugal*, 1935, págs. 12-30.

PRESTAGE, E. "Três Consultas do Conselho da Fazenda de 1656 a 1657", *Revista de História*, nº 34, 1920, págs. 17-20.

PRESTAGE, E. "O Conselho de Estado. D. João IV e D. Luísa de Gusmão", *Arquivo Histórico Português*, nº11, 1919 págs. 5-38.

Prontuario de las leyes y decretos del Rey nuestro señor, don José Napoleón I desde el año 1808, Madrid, Imprenta Real, 1810.

PUGET, H. *Tradition et progrès au sein du Conseil d'État*, París, Livre Jubilaire du Conseil d'État, 1954.

PULIDO QUEJEDO, M. "La reforma del Consejo de Estado", *Repertorio Aranzadi del Tribunal Constitucional*, nº 2, 2004, págs. 1293-1294.

REBOLLO PUIG, M. "Juridicidad, legalidad y reserva de ley como límites a la potestad reglamentaria del Gobierno", *Revista de Administración Pública,* nº 125, 1991, págs. 7-173.

REIS, P.P. dos, *Conselheiros e Secretários de Estado de Portugal, de D. João IV a D. José I (Subsídios para o seu estudo sócio-jurídico)*, Coimbra, Universidad de Coimbra, 1987.

RÉMION, F.M. *Le Conseil d'État. Ses competences, son avenir*, Bruselas, Bruylant, 1990.

REY MARTÍNEZ, F. "Derecho de sucesión en la Corona y discriminación por razón de sexo. Análisis de la posible supresión de la preferencia sucesoria de los varones (art. 57.1 de la Constitución Española)", en ALVAREZ JUNCO, J. y RUBIO LLORENTE, F. (Dirs.), *El informe del Consejo de Estado sobre la reforma constitucional. Texto del informe y debates académicos*, Madrid, Centro de Estudios Políticos y Constitucionales, 2006, págs. 403-441.

RODRÍGUEZ OLIVER, J.M. "Las competencias consultivas del Consejo de Estado y las Comunidades Autónomas", en ALBIÑAÑA GARCÍA-QUINTANA, C. (Dir.), *Homenaje a José Antonio García-Trevijano Fos,* Madrid, MAP, 1982, págs. 375-400.

RODRÍGUEZ-ARANA MUÑOZ, J. "La funcionalidad de los Consejos Consultivos", *Revista de la Comunidad Valenciana d'estudis autonomics*, nº 5/6, 1986, págs. 367-375.

RODRIGUEZ-ZAPATA Y PEREZ, J. "El Consejo de Estado y las Comunidades Autónomas", en *Don Luis Jordana de Pozas: creador de ciencia administrativa*, Madrid, UCM, 2000, págs. 101-116.

RODRÍGUEZ-ZAPATA Y PÉREZ, J. *Ley Orgánica del Consejo de Estado*, Madrid, Instituto Nacional de Prospectiva, 1980.

ROEHRSSEN, G. *Sintesi storica della evoluzione del Consiglio di Stato*, Roma, 1982.

ROLDÁN MARTÍN, A.M. "El dictamen del Consejo de Estado sobre el tratado por el que se establece una Constitución para Europa", *BFD: Boletín de la Facultad de Derecho de la UNED*, nº 26, 2005, págs. 335-354.

ROLDÁN MARTÍN, A.M. "La función consultiva de relevancia constitucional", en ÁLVAREZ CONDE, E. (coord.). *Administraciones Públicas y Constitución: reflexiones sobre el XX aniversario de la Constitución Española de 1978*, Madrid, INAP, 1998. págs. 477-496.

ROMANO, S. *Scritti minori*, Milán, Giuffrè, 1950, vol. I.

ROMANO, S. *Il Consiglio di Stato. Studi in occasione del centenario*, Roma, Instituto poligrafico dello stato, 1932.

ROYO-VILLANOVA, S. *Elementos de Derecho Administrativo*, Valladolid, Universidad de Valladolid, 1955.

RUBIO LLORENTE, F. "El Consejo de Estado, una institución deliberante e independiente", en *Enfoques de España*, Madrid, Nueva Economía Forum, 2006, vol. I, págs. 217-230.

RUBIO LLORENTE, F. "La función consultiva en el Estado de las Autonomías", *Revista Española de la Función Consultiva*, nº 2, 2004, págs. 96-112.

RUIZ LÓPEZ, M. A. "El Consejo de Estado y la Comisión de Estudios", *Actualidad administrativa*, nº 16, 2005, págs. 1924-1931.

RUIZ MIGUEL, C. "Los Consejos Consultivos como Guardianes de la Autonomía: Bibliografía, Jurisprudencia, Doctrina Legal y Perspectivas", *Revista Catalana de Pret Públic*, nº 39, 2009, págs. 209-240.

RUIZ MIGUEL, C. *Consejo de Estado y Consejos consultivos Autonómicos*, Madrid, Dykinson, 1995.

SAINZ MORENO, F. "La participación de miembros del Consejo de Estado en el Tribunal de conflictos jurisdiccionales", *Documentación administrativa*, nº 244-245, 1996, págs. 237-261.

SALGUEIRO CORTIÑAS, M.J. "Experiencia, casuística y doctrina del Consejo Consultivo de Castilla y León", *Revista Jurídica de Castilla y León*, nº 12, 2007, págs. 245-274.

SALVADOR MARTINEZ, M. "El Consejo de Estado ante la reforma constitucional", *Teoría y realidad constitucional*, nº 16, 2005, págs. 467-486.

SAN CID, C. *La Constitución de Bayona*, Madrid, Reus, 1922.

SÁNCHEZ DE TOCA, J. *Del Gobierno en el régimen antiguo y en el parlamentario*, Madrid, Tipografía, Ginés Hernández, 1890, vol. 1

SÁNCHEZ NAVARRO, A. "El Consejo de Estado y la reforma electoral", en ÁLVAREZ CONDE, E. LÓPEZ DE LOS MOZOS DÍAZ-MADROÑERO, A. y SANJUÁN ANDRÉS, F.J. (Coords.), *Estudios sobre la reforma de la Ley Orgánica del Régimen Electoral General: la reforma continua y discontinua*, Madrid, URJC-IEL, 2011, págs. 103-124.

SÁNCHEZ NAVARRO, A. "El Consejo de Estado y la Reforma Constitucional", *Revista de Derecho Político*, nº 71-72, 2008, págs. 517-550.

SÁNCHEZ NAVARRO, A. *Consejo de Estado. Función Consultiva. Reforma constitucional*, Madrid, Reus, 2007.

SÁNCHEZ NAVARRO, A. "La función constitucional del Consejo de Estado tras su reforma por la Ley Orgánica 3/2004", *Revista de Administración Pública*, nº 169, 2006, págs. 353-382.

SÁNCHEZ PATRÓN, J.M. "La contribución del Consejo de Estado a la aplicación de artículo 93 de la Constitución Española", en *Presente y futuro de la Constitución española de 1978*, Valencia, Tirant lo Blanc, 2005, págs. 777-788.

SANTAMARÍA PAREDES, V. *Curso de Derecho Administrativo según sus principios generales y la legislación actual de España*, Madrid, Imprenta Española, 1914.

SANTAMARÍA PASTOR, J.A. *Principios de Derecho Administrativo*, Madrid, Centro de Estudios Ramón Areces, 2002.

SANTAMARÍA PASTOR, J.A. *Fundamentos de Derecho Administrativo*, Madrid, Cera, 1988.

SAUVEL, T. *Libre Jubilaire du Conseil d'État*, París, Sirey, 1952.

SCHÄFFER, H. "Racionalización y creación del Derecho", *Documentación Administrativa*, nº 218-219, 1989, págs. 153-196.

SOLÉ TURA, J. y AJA, E. *Constituciones y períodos constituyentes en España (1808-1936)*, Madrid, Siglo XXI, 1990.

SUÁREZ VERDAGUER, F. *Documentos del reinado de Fernando VII. El Consejo de Estado, 1792-1834*, Pamplona, Universidad de Navarra, 1971.

TOLIVAR ALAS, L. "Renovación Legislativa y Consejo de Estado", *Revista Española de Derecho Administrativo*, nº 31, 1981, págs. 683-696.

TOMAS Y VALIENTE, F. "El Consejo de Estado en la Constitución de 1812", *Revista del Centro de Estudios Constitucionales*, nº 21, 1995, págs. 9-22.

TORNOS MAS, J. "El papel de los Consejos Consultivos en la tramitación y aprobación de las normas con fuerza de ley", *Revista Española de la Función consultiva*, nº 4, 2005, págs. 105-136.

TORRES DEL MORAL, A. "Reforma Constitucional de la Sucesión de la Corona", *Revista Española de la Función Consultiva*, nº 4, 2005, págs. 25-34.

TRAYTER, J.M. *¿Son nulos los reglamentos elaborados sin respetar el trámite de audiencia?*, Madrid, Tecnos, 1992.

TRAYTER, J.M. "Consejo de Estado y Comunidades Autónomas (Notas a la Sentencia del Tribunal Constitucional 204/92, de 26 de noviembre, Decreto Valenciano sobre el Juego del Bingo", *RJC*, nº 3, 1994, pág. 773-782.

TRILLO-FIGUEROA MOLINUEVO, M.J. "La función consultiva hoy: su sentido y alcance", *Revista Parlamentaria de la Asamblea de Madrid*, nº 18, 2008, págs. 129-156.

TRUJILLO, G. "Los Consejos Consultivos en la organización institucional de las Comunidades Autónomas", en MONREAL FERRER, A.L. (coord.), *El Estado de las Autonomías*, Madrid, Tecnos, 1991, págs. 13-33.

TRUJILLO, G. "La función consultiva en las Comunidades Autónomas: sus órganos específicos y sus relaciones con el Consejo de Estado", *Documentación Administrativa*, nº 226, 1991, págs. 153-198.

ULLMANN, W. *Principios de gobierno y política en la Edad Media*, Madrid, Tecnos, 1971.

URBANO GÓMEZ, S. "El papel del Consejo de Estado en el Estado autonómico español: especial consideración a la revisión de oficio de las normas forales de los territorios históricos vascos", *Actualidad administrativa*, nº 17, 2009, pág. 3.

URIBE VARGAS, D. *Las constituciones de Colombia*, t. II, Madrid, Ediciones Cultura Hispánica, 1985.

URUETA AYOLA, M. S. "El Consejo de Estado". *Revista de la Universidad Externado de Colombia*, nº 2, 1976, págs. 123-144.

VALERO TORRIJOS, J. *Los órganos colegiados. Análisis histórico de la colegialidad en la organización pública española y régimen administrativo vigente,* Madrid, Instituto Nacional de Administración Pública-Centro de Estudios Políticos y Constitucionales, 2002.

VARELA SUANZES-CARPEGNA, J. "La naturaleza jurídica del Defensor del Pueblo", *Revista Española de Derecho Constitucional,* nº 8, 1983, págs. 63-80.

VV.AA. *Conseil Constitutionnel et Conseil d'État,* París, Librerie Générale de Droit et Jurisprudence Montchestien, 1988.

VV.AA. *Las Cortes Generales,* Madrid, IEF, 1987, I.

VV.AA. *Le Conseil d'État-Livre Jubilaire,* París, Sirey, 1952.

VERA SANTOS, J.M. y DÍAZ REVORIO, F.J. (coords.). *La reforma estatutaria y constitucional,* Madrid, La Ley, 2009.

VERA SANTOS, J.M. *Las Constituciones de España,* Madrid, Thomson-Civitas, 2008.

VERA SANTOS, J.M. *La reforma constitucional en España,* Madrid, La Ley, 2008.

VERA SANTOS, J.M. *Las Constituciones de Francia,* Valencia, Tirant lo Blanch, 2004.

VERA SANTOS, J.M. *El Tribunal de Cuentas y los órganos de control externos de las Comunidades Autónomas,* Madrid, Centro de Estudios Políticos y Constitucionales, Madrid, 2001.

VERA SANTOS, J.M. "La influencia del constitucionalismo francés a la etapa de iniciación constitucional española (1808-1834)", *Revista de Derecho Político,* nº66, 2006, págs. 121-179.

VÍRGALA FORURIA, E. "El Informe de 2006 del Consejo de Estado sobre modificaciones de la Constitución Española", *Revista española de derecho constitucional,* nº 82, 2008, págs. 211-260.